Österreichische Grundrechtsreform

Rechts- und SozialWissenschaftliche Reihe

Herausgegeben von Wilhelm Brauneder

Band 30

PETER LANG
Frankfurt am Main · Berlin · Bern · Bruxelles · New York · Oxford · Wien

Peter Goller
Gerhard Oberkofler
(Hrsg.)

Österreichische Grundrechtsreform

Die Protokolle des Expertenkollegiums für Probleme der Grund- und Freiheitsrechte (1962-1965)

Unter Mitarbeit von
Hans R. Klecatsky

PETER LANG
Europäischer Verlag der Wissenschaften

Bibliografische Information Der Deutschen Bibliothek
Die Deutsche Bibliothek verzeichnet diese Publikation in der Deutschen Nationalbibliografie; detaillierte bibliografische Daten sind im Internet über <http://dnb.ddb.de> abrufbar.

Schriftenreihe des Ludwig Boltzmann-Instituts für vergleichende Rechtssystemforschung, Wien (gefördert von der Ludwig Boltzmann-Gesellschaft, Wien).

ISSN 0938-7277
ISBN 3-631-50217-6

www.peterlang.de

Inhaltsverzeichnis

Einleitung

Hans R. Klecatsky: Zur Geschichte der österreichischen Grundrechtsreform seit 1962 (als „Übergabebrief")

Em. o. Univ.-Prof. Dr. Hans R. Klecatsky
Bundesminister für Justiz a.D.
Institut für Öffentliches Recht, Finanzrecht
und Politikwissenschaft
Universität Innsbruck
A-6020 Innsbruck, Innrain 82

An das
Universitätsarchiv
der Leopold-Franzens-Universität Innsbruck
z.Hd. des Herrn Leiters Univ.-Prof. Dr. Gerhard Oberkofler
und des Herrn Rates Univ.-Doz. Dr. Peter Goller
im Hause

18. Februar 2002

Sehr geehrte Herren Kollegen!

Mit bestem Dank bestätige ich den Erhalt Ihres Schreibens vom 11. Juni 2001, wonach das Universitätsarchiv Innsbruck (ein Bundesarchiv, für das die gesetzlichen Bestimmungen des Österreichischen Staatsarchivs gemäß Bundesarchivgesetz 1999 gelten) von mir den Bestand „Österreichische Grundrechtskommission" – der klarer als *„Österreichische Grundrechtsreformkommission 1963 – 1983"* zu bezeichnen wäre – *für das Depot 022* übernimmt. *Ich füge folgende Beschreibung bei.* Soweit davon von mir persönlich die Rede ist, dient dies nur der Charakterisierung des *Werdens* und der *Systematik* dieses Depotbestandes.

I.

a) Ich hatte in den Jahren 1951 bis 1959 als Richter, schließlich als Sektionsrat dem *Bundeskanzleramt-Verfassungsdienst* angehört. Nach Vorarbeiten des Leiters des Verfassungsdienstes, Sektionschef Dr. Edwin *Loebenstein*, des damaligen MR Dr. Hans *Weiler* und mir (ich war zu dieser Zeit Hofrat des

Verwaltungsgerichtshofs) und zwei Sitzungen eines vorbereitenden Arbeitskreises vom 29. November 1962 wurde vom damaligen *Bundeskanzler Dr. Klaus* im Jahre 1964 (Erledigung vom 19. November 1964, Zl. 144.183-2/64) ein *Expertenkollegium für die Neuordnung der Grund- und Freiheitsrechte* eingesetzt, dem Vertreter der im Parlament vertretenen politischen Parteien (zusätzlich zu von ihnen namhaft gemachten Spitzenjuristen), der Rechtsberufe und der Wissenschaft angehörten. Wie das eben erwähnte Schreiben des Bundeskanzlers ausweist, wurde ich – ich war inzwischen an der Rechtswissenschaftlichen Fakultät der Universität Innsbruck auch habilitiert worden – unter der Charakteristik: "(parteiloser) *verfassungskundiger Wissenschaftler* und *Mitglied des Verwaltungsgerichtshofes* als eines *Höchstgerichtshofes*" in dieses Kollegium einberufen. Über die *Zielsetzung* dieses Kollegiums Bundeskanzler *Klaus* selbst (FS-Klecatsky 1980, I 422 f):

"Als im April 1966 Dr. Hans Klecatsky zum Bundesminister für Justiz in der ersten monokoloren Regierung der Zweiten Republik vorgeschlagen und ernannt worden war, (...) kam [dazu], dass er seit zwei Jahren schon prominentes Mitglied der Kommission war, die unter meinem Vorsitz im Bundeskanzleramt an der Neuordnung der Grund- und Freiheitsrechte arbeitete, einem Vorhaben, bei dem es uns um eine wirkliche und grundlegende Reform ging, also nicht nur um ein einheitliches System, sondern vor allem auch darum, dass die Entwicklung in Politik, Gesellschaft, Wissenschaft und Technik seit 1867, die die Situation des Menschen und des Staates radikal verändert hat, gebührende Beachtung bei unseren Beratungen fand. Aufgabe dieser Neuordnung war es nicht zuletzt, in dem Widerstreit der politischen und weltanschaulichen Meinungen einen vertretbaren Ausgleich zu finden, der den Sinngehalt einer Grund- und Freiheitsrechtsordnung widerspiegelt, nämlich die Freiheit durch das Gesetz zu sichern. Ziel einer solchen Neuordnung war es, den einzelnen Menschen auch unter veränderten Umständen und Vorstellungen von Staat und Gesellschaft gegen willkürliche Eingriffe des Staates sowie parastataler Einrichtungen und Machtträger zu schützen und jedem in Österreich Lebenden das Gefühl der Geborgenheit in der staatlichen Gemeinschaft bei voller Wahrung der Eigenständigkeit und freien Entfaltung der Persönlichkeit zu bieten. Diese Zielsetzungen lagen ganz auf der rechtsphilosophischen und rechtspolitischen Linie des Ministers Klecatsky und für sie tritt er auch heute noch als Mitglied des Redaktionskomitees des Expertenkollegiums für die Neuordnung der Grund- und Freiheitsrechte unentwegt ein".

Die konstituierende Sitzung des Expertenkollegiums hatte am 10. Dezember 1964 stattgefunden. Daran schlossen sich in der Zeit vom 22. Jänner 1965 bis 1. März 1974 insgesamt 87 Arbeitstagungen, in denen die Gegenwartsprobleme der Grund- und Freiheitsrechte unter Einschluss der europäischen und weltweiten Menschenrechtsentwicklung im einzelnen diskutiert, sodann im *Umfrageweg* die Vorstellungen der Kollegiumsmitglieder zu den einzelnen Grundwerten und -rechten festgestellt wurden. Seit 1974 war ein aus diesem Expertenkollegium emporgewachsenes kleineres *Redaktionskomitee* (Wiener Zeitung vom 7. 3.

1974, S. 2) damit beschäftigt, die Beratungsergebnisse in *präzise, vom Einzelmenschen im Rahmen eines zeitgemäßen Rechtsschutzsystems effektiv zu verteidigende Formulierungen* zu gießen. Mit der 94. Sitzung wurde die Arbeit dieses Komitees am 14. November 1983 abgeschlossen. Als Mitglied des Expertenkollegiums und des Redaktionskomitees habe ich an den Sitzungen dieser Kollegien teilgenommen und mich an den Diskussionen beteiligt. Soweit mir dies fallweise nicht möglich war – etwa gelegentlich während der Zeit meiner Mitgliedschaft in einer Bundesregierung als Bundesminister für Justiz (20. 4. 1966 – 20. 4. 1970) – habe ich mich jedenfalls an den zu den einzelnen Grundwerten erfolgten *Umfragen* schriftlich beteiligt.

b) Die Beratungsergebnisse des Expertenkollegiums und seines Redaktionskomitees liegen in zweifacher Form vor:
   1. in einer vom *Bundeskanzleramt – Verfassungsdienst* angefertigten „Zusammenstellung der Beratungsergebnisse des Redaktionskomitees für die Neuordnung der Grund- und Freiheitsrechte 1974 – 1983" (Erledigung des BKA-Verfassungsdienst vom 25.9.1984, GZ 600.635/14-V/1/84) und
   2. in einem von dem überaus verdienstvollen *geschäftsführenden Vorsitzenden* (die Formalvorsitzenden, die an den Arbeitssitzungen nicht teilnahmen, waren die Bundeskanzler) und ständigen Berichterstatter in den erwähnten Kollegien, dem jahrzehntelangen Leiter des Verfassungsdienstes im Bundeskanzleramt und schließlichen Präsidenten des Verwaltungsgerichtshofes, Hon. Prof. Dr.Dr.hc. Edwin *Loebenstein* (über seine Persönlichkeit und sein Wirken vgl. *Klecatsky*: „In memoriam Edwin Loebenstein 10. 5. 1911 – 27. 8. 1998", ZÖR 1999, 279 ff.) auf Grund der Beratungsergebnisse erstatteten „*Gutachten*" (mir mitgeteilt vom Bundeskanzleramt – Verfassungsdienst mit Erledigung vom 1. 10. 1985, GZ 600.635/14-V/1/84).
   3. Über die vorstehenden Reformarbeiten *im ganzen* vgl. etwa *Loebenstein*: „Die Behandlung des österreichischen Grundrechtskatalogs durch das Expertenkollegium zur Erneuerung der Grund- und Freiheitsrechte", EuGRZ 1985, 365 ff; oder *Klecatsky*: „Die gegenwärtige Lage der Grundrechte in Österreich" in dem von R. Novak u.a. herausgegebenen Werk: „Der Föderalismus und die Zukunft der Grundrechte" Graz 1982, 9 ff; *Klecatsky*: „Die Religionsfreiheit in der Reform der Grund- und Freiheitsrechte" in FS-Veiter (1982), 1 ff; *Klecatsky*: „Das Recht auf soziale Sicherheit in der österreichischen ‚Reform der Grund- und Freiheitsrechte'" in FS-Ermacora (1988), 309 ff; *Klecatsky*: „Menschenrechte, innerstaatlicher Rechtsschutz und Volksanwaltschaft", JBl 1985, 577 ff. u.a.

c) Am 4. August 1983 erklärte Bundeskanzler Dr. *Sinowatz* in einer parlamentarischen Anfragebeantwortung (II-270 BlgNR 16. GP):

„Wie in der Regierungserklärung ausgeführt wurde, wird die Bundesregierung nach geeigneten Wegen suchen, um unter Verwertung der bisherigen Arbeiten der Grundrechtsreformkommission sobald wie möglich eine konsensfähige Regierungsvorlage im Hohen Haus einbringen zu können. Als einen solchen geeigneten Weg sehe ich die Einsetzung einer *Kommission an, die nach politischen Gesichtspunkten* zusammengesetzt ist und über die im Vorschlag gebrachten Lösungsvarianten zu befinden haben wird“ (Hervorhebung von mir).

Am 30. November 1983 äußerte Bundeskanzler Dr. *Sinowatz* in einer weiteren parlamentarischen Anfragebeantwortung (II-642 BlgNR 16. GP), er werde sich bemühen, die politische Kommission „in Kürze“ einzuberufen. Laut „Wiener Zeitung“ vom 26. Jänner 1985 erklärte der zuständige Staatssekretär im Bundeskanzleramt Dr. *Löschnak*, die „politische Kommission zur Reform der Grund- und Freiheitsrechte“ solle nun tätig werden, sie werde sich allerdings nur „*schrittweise*“ vorwärtsbewegen und hiebei auch Gewicht auf eine öffentliche Diskussion legen.

Eine ernstzunehmende „*öffentliche Diskussion*“ fand indes niemals statt. Abgesehen von einer keineswegs weiterführenden „Neuregelung“ des Schutzes der persönlichen Freiheit (BGBl 1988/684) *kam aber auch „schrittweise“ nichts mehr zustande.* Auf einen kleinen Personenkreis beschränkte Teil-„*Enqueten*“ wurden von der „*politischen*“ Kommission unter Rückgriff auf die unter I b bezeichneten Ergebnisse zwar veranstaltet, sie blieben aber angesichts klar erkennbaren politischen Desinteressments völlig erfolglos. Über diese Enqueten vgl. die vom Bundeskanzleramt – Verfassungsdienst herausgegebenen „*Beiträge zum Verfassungsrecht*“:

Nr. 1: „Schutz der persönlichen Freiheit“ (21. 2. 1986);
Nr. 2: „Recht auf ein faires Verfahren“ (3. 11. 1986);
Nr. 3: „Recht auf soziale Sicherheit“ (2. 7. 1987);
Nr. 4: „Wirtschaftliche und soziale Rechte. Recht auf Arbeit (13. 6. 1990);
Nr. 5: „Das Recht auf Achtung des privaten Lebensbereiches“ (1. 10. 1992).

II.

a) Das vom Universitätsarchiv übernommene „Depot Nr. 022" ist wie folgt gegliedert:

1. *10 Bände*, beinhaltend die zeitlich geordneten Begleitprotokolle (vom Bundeskanzleramt angefertigte Tonbandabschriften) der *Beratungen des Expertenkollegiums* (1964 – 1974);

2. *2 Ordner*, beinhaltend die zeitlich geordneten Begleitprotokolle (vom Bundeskanzleramt angefertigte Tonbandabschriften) der *Beratungen des Redaktionskomitees;*
3. *1 Ordner*, beinhaltend „*Prozessleitende Papiere*";
4. *2 Ordner*, beinhaltend „Inländisches, ausländisches, internationales rechtsvergleichendes Material";
5. *4 Ordner*, beinhaltend Formulierungsvorschläge der *Mitglieder des Redaktionskomitees;*
6. *3 Ordner*, beinhaltend vom Expertenkollegium eingeholte Stellungnahmen öffentlicher Institutionen;
7. *1 Ordner: „Zusammenstellung der Beratungsergebnisse des Redaktionskomitees für die Neuordnung der Grund- und Freiheitsrechte 1974 – 1983"* (I b 1);

8.) *5 Hefte* des „*Gutachtens*" *Loebenstein* (I b 2).

b) Das Depot ist *unveröffentlicht.* Seine *Veröffentlichung* wurde mir vom Bundeskanzleramt – Verfassungsdienst (Erledigung seines gegenwärtigen Leiters Sektionschef Dr. Wolf *Okresek* vom 16.9.1997, erliegend im Ordner: „Prozessleitende Papiere", Abschnitt c) als „begrüßenswert, weil die im Rahmen der Kommission angestellten Überlegungen auch heute noch einen wertvollen Beitrag zur Diskussion über eine Reform der Grundrechte bilden können", anheimgestellt. Diese Äußerung geht – wie sich aus ihrem vollen Wortlaut ergibt, auf den *früheren* Leiter des Bundeskanzleramtes – Verfassungsdienst, den gegenwärtigen Präsidenten des Verfassungsgerichtshofes, Univ.Prof. Dr. Ludwig *Adamovich* zurück, der selbst der Grundrechtsreformkommission und ihres Redaktionskomitees angehörte.

III.

Ziel der Grundrechtsreformkommission war ein *moderner* Grundrechtskatalog, der dem *Einzelmenschen*, der gegenüber einer Unzahl mehr oder minder unverbindlicher Staatszielbestimmungen, sowie gegenüber einer Vielzahl von Programmsätzen, internationalen Proklamationen, Deklarationen oder Verträgen rechtlich chancenlos ist, im Rahmen eines zeitgemäßen Rechtsschutzsystems einen *rechtlich zu verteidigenden Grundrechtsraum* verschafft. Diese Chance wurde wie schon in der Ersten österreichischen Republik vertan. Der verfassungsrechtlich unzureichend reflektierte Sturz in die „Europäische Union" hat die Republik Österreich weithin ihrer Souveränität beraubt. Die „*Europäische Union*" hat keinen, dem Einzelmenschen zugänglichen Grundrechtskatalog. *Sie hat weder eine Verfassung noch ein demokratisch-rechtsstaatliches Rechtsetzungssy-*

stem; ihren „Grundrechtscharten", zuletzt der am 2. Oktober 2000 fertiggestellten (EuGRZ 2000, 554) fehlt die Rechtsverbindlichkeit. Die „Europäische Union" hat sich bislang als unfähig erklärt, auch nur der Europäischen Menschenrechtskonvention oder gar der Europäischen Sozialcharta beizutreten, von den beiden Weltmenschenrechtspakten ex 1966 ganz zu schweigen. Ich verweise etwa auf *Klecatsky* „Menschenrechte und Grundfreiheiten in der Europäischen Union" in „Recht und Europa" herausgegeben von Reichert-Facilides, Wien 1997, 63 ff, oder *Klecatsky*: „Unvergeßbare Erinnerungen an § 16 ABGB" in FS Kohlegger (2001), 275 ff (297 f). Die nach dem Ende des Zweiten Weltkrieges entwickelten Menschenrechtsideologien und -praktiken drohen international weithin in Vergessenheit zu geraten, ohne dass in den neokapitalistischen Ideologien von „Globalisation" und „Privatisierung" neue dem Einzelmenschen zugute kommende Ordnungselemente sichtbar würden.

IV.

Nach wie vor bleibt das nachstehende weltrechtspolitische Schema des *„Neuen Menschenrechtsstaates" verbindlich*, soll nicht der Mensch in seinem Streben nach „Freiheit von Furcht und Not" in überwundene gesellschaftliche Entwicklungsstufen zurückgeworfen werden.

Das Wesen des neuen Menschenrechtsstaates

W E L T F R I E D E N

Akzeptanz der gleichen *Menschenwürde*
jedes Einzelmenschen

Menschenrechte und Grundfreiheiten
(liberale, soziale, wirtschaftliche, kulturelle)

Gewaltenteilung in den Mitgliedern
der Staatengemeinschaft

Gesetzgebung Verwaltung Justiz

Demokratischer Menschenrechts-,
Verfassungs- und Rechtsstaat

als Überwindung des Machtstaates *in seinen* historisch *manifest gewordenen Erscheinungsformen.*

Hans R. Klecatsky

Vorbemerkung zur Edition

In vorliegende Edition werden die beiden Protokolle des beim Bundeskanzleramt-Verfassungsdienst eingerichteten Arbeitskreises zur Vorbereitung einer Grundrechtsreformkommission (29. November 1962 und 15. Mai 1963) aufgenommen.

Ferner werden zwei „Fragenprogramme" zur Grundrechtsreformdebatte (1962, 1964) abgedruckt. Das am 1. Dezember 1964 ausgesandte „Fragenprogramm" war Grundlage für die von Jänner bis Ende Oktober 1965 dauernde I. Tagungsperiode des „Expertenkollegiums für Probleme der Grund- und Freiheitsrechte".

Das Expertenkollegium selbst hatte sich schon am 10. Dezember 1964 konstituiert, wobei das Protokoll dieser Sitzung wegen seines ausschließlich geschäftsordnungsmäßigen Inhalts nicht widergegeben wird. Erwähnenswert ist daraus folgende Einführung von Bundeskanzler Josef Klaus: „Den österreichischen Grund- und Freiheitsrechten fehlt das einheitliche System, die einheitliche Sprache, verschiedene Zeiten und Rechtssysteme haben an ihnen ihre Spuren hinterlassen. Die Entwicklungen in Politik, Gesellschaft, Wissenschaft und Technik haben die Situation des Staates und des einzelnen Menschen in den letzten 100 Jahren grundlegend verändert." Der geschäftsführende Vorsitzende Sektionschef Edwin Loebenstein „wies zunächst darauf hin, daß die Konstituierung des Kollegiums an dem Tage stattfindet, an dem vor 16 Jahren die VN die Deklaration der Menschenrechte zum Beschluß erhoben haben".

Bezeichnend für die kommende Grundrechtspolitik ist folgende Haltung des sich konstituierenden Kollegiums: „Die von mehreren Kollegiumsmitgliedern vorgetragene Auffassung, daß im Interesse einer zielführenden, ruhigen Arbeit des Kollegiums auf Auseinandersetzungen zwischen den Kollegiumsmitgliedern in der Öffentlichkeit – sei es mit, sei es ohne Namensnennung – verzichtet werden sollte, wurde allgemein gebilligt. Nur so kann die unbedingt notwendige offene Aussprache sichergestellt werden. Es muß alles vermieden werden, was zur Folge haben könnte, daß im Kollegium 'zum Fenster hinausgesprochen wird'. Die 'hier gesprochenen Worte sollen hier in diesem Raum bleiben'. Eine Beschränkung des Rechtes auf die Freiheit der Wissenschaft und ihrer Lehre soll dadurch nicht eintreten."

Den zentralen Abschnitt der Edition bilden die vollständig abgedruckten, von 22. Jänner bis 2. Juni 1965 reichenden Protokolle der 1. bis 6. Arbeitstagung des Expertenkollegiums.

Die gleichfalls zur I. Tagungsperiode gehörenden, äußerst umfangreichen Protokolle der 7., 8. und 9. Arbeitstagung des Expertenkollegiums (17. September, 30. September und 29. Oktober 1965) konnten aus Platzgründen nicht mehr aufgenommen werden, sie wären in einem gesonderten Folgeband zu edieren. Um einen Ausblick auf den Abschluss der ersten Tagungsperiode zu ermöglichen, werden im Anhang hieraus Schlüsselpassagen vorgestellt.

Am Ende der 9. Arbeitstagung trat die Expertenrunde nach Abschluss der I. Tagungsperiode in die Beratungen über ein „Arbeitsprogramm für die II. Tagungsperiode des Expertenkollegiums für Probleme der Grund- und Freiheitsrechte" ein. Dieses Programm wurde den Mitgliedern vom Bundeskanzleramt-Verfassungsdienst in später nur mehr geringfügig modifizierter Weise am 23. September 1965, Zahl 124.367-2/65 (Änderungen unter BKA-VD Zl. 124.903-2/65 vom 8. November 1965) zugesandt. Das „Fragenprogramm" für die I. Tagungsperiode und das „Arbeitsprogramm" für die II. Tagungsperiode wurden 1969 im Anhang zu „Peter Pernthaler: Die Grundrechtsreform in Österreich, in: Archiv des öffentlichen Rechts 94 (1969), 31-84" veröffentlicht.

Seitens des Universitätsarchivs Innsbruck wird angemerkt: o.Univ.-Prof. Dr. Hans R. Klecatsky, Bundesminister für Justiz a.D., hat die von ihm als Mitglied des Expertenkollegiums verwahrten Protokollabschriften im Frühjahr 2002 dem Universitätsarchiv Innsbruck übergeben. Hans R. Klecatsky, 1964 in Innsbruck für Allgemeine Staatslehre und österreichisches Verfassungsrecht, Verwaltungslehre und österreichisches Verwaltungsrecht habilitiert und seit 21. Jänner 1965 Ordinarius des Öffentlichen Rechts an der Universität Innsbruck, war nicht der einzige „Innsbrucker" im Grundrechtsreformkollegium. Diesem gehörte auch ein Exponent der österreichischen Zivilistik wie Franz Gschnitzer (1899-1968, seit 1927 Professor des bürgerlichen Rechts an der Universität Innsbruck) an, ferner ein so bedeutender Vertreter des Öffentlichen Rechts wie Walter Antoniolli (Jg. 1907, von 1948 bis zur Berufung nach Wien 1956 Professor in Innsbruck). Jahrelang in Innsbruck gelehrt haben auch die Kollegiumsmitglieder Felix Ermacora (1923-1995, 1951 in Innsbruck habilitiert, von 1956 bis 1964 hier Professor) und Günther Winkler (Jg. 1929, 1955 in Innsbruck habilitiert, seit 1956 Professor an der Universität Wien). René Marcic (1919-1971) wurde 1964 – zu diesem Zeitpunkt war er schon Professor für Rechts- und Staatsphilosophie an der wieder gegründeten Universität Salzburg – die Wiener Dozentur für Allgemeine Staatslehre um das österreichische Verfassungsrecht erweitert an die Universität Innsbruck übertragen. 1954 habilitierte sich der spätere Salzburger Ordinarius Hans Floretta in Innsbruck für Sozialrecht.

Da sich mit der Grundrechtsreformdebatte ein Stück Geschichte der Innsbrucker Rechtswissenschaft verbindet, hat das Universitätsarchiv in Kooperation mit den Professoren Hans R. Klecatsky und Wilhelm Brauneder vorliegende Protokolle als wichtiges und bedeutsames Zeugnis der jüngeren österreichischen Rechts- und Wissenschaftsgeschichte herausgegeben.

Quellenverzeichnis

Universitätsarchiv Innsbruck

Akten der Österreichischen Grundrechtsreformkommission 1962-1983 – „Bestand Bundesminister für Justiz a.D. em.o.Univ.-Prof. Dr. Hans R. Klecatsky, gemäß Übergabeschreiben vom 18. Februar 2002":

* *BKA-VD Zl. 154.265-2a/62 vom 8. Dezember 1962*: Protokoll über die am 29. November 1962 abgehaltene 1. Sitzung des Vorbereitenden Arbeitskreises für Grundrechtsprobleme unter Beilage des „Fragenprogramms – Konzept".

* *BKA-VD Zl. 122.030-2a/63 vom 29. Mai 1963:* Protokoll über die am 15. Mai 1963 abgehaltene 2. Sitzung des Vorbereitenden Arbeitskreises für Grundrechtsprobleme.

* *BKA-VD Zl. 144.405-2/64 vom 1. Dezember 1964:* Endgültiges „Fragenprogramm", ausgesandt im Rahmen der Einladung zur konstituierenden Sitzung des Expertenkollegiums für Grundrechtsprobleme am 10. Dezember 1964.

* *BKA-VD Zl. 120.134-2/65 vom 27. Jänner 1965:* Protokoll über die am 22. Jänner 1965 abgehaltene 1. Arbeitstagung des Expertenkollegiums für Probleme der Grund- und Freiheitsrechte (kurz: Expertenkollegium) – Aussendung angekündigt.

* *BKA-VD Zl. 120.679-2/65 vom 26. Februar 1965:* Protokoll über die am 19. Februar 1965 abgehaltene 2. Arbeitstagung des Expertenkollegiums – Aussendung angekündigt.

* *BKA-VD Zl. 122.141-2/65 vom 18. Mai 1965*: Protokoll über die am 26. März 1965 abgehaltene 3. Arbeitstagung des Expertenkollegiums.

* *BKA-VD Zl. 124.184-2/65 vom 7. September 1965:* Protokoll über die am 30. April 1965 abgehaltene 4. Arbeitstagung des Expertenkollegiums.

* *BKA-VD Zl. 124.792-2/65 vom 21. Oktober 1965*: Protokoll über die am 21. Mai 1965 abgehaltene 5. Arbeitstagung des Expertenkollegiums.

* *BKA-VD Zl. 124.306-2/65 vom 15. September 1965 (!):* Protokoll über die am 2. Juni 1965 abgehaltene 6. Arbeitstagung des Expertenkollegiums.

* *BKA-VD Zl. 125.323-2/65 vom 17. Dezember 1965:* Protokoll über die am 17. September 1965 abgehaltene 7. Arbeitstagung des Expertenkollegiums (im Auszug abgedruckt!)

* *BKA-VD Zl. 90.555-2/66 vom 16. Februar 1966:* Protokoll über die am 30. September 1965 abgehaltene 8. Arbeitstagung des Expertenkollegiums (im Auszug abgedruckt!).

* *BKA-VD Zl. 91.130-2/66 vom 31. März 1966:* Protokoll über die am 29. Oktober 1965 abgehaltene 9. Arbeitstagung des Expertenkollegiums (im Auszug abgedruckt!)

Niederschrift über die am Donnerstag, den 29. November 1962, abgehaltene Sitzung des vorbereitenden Arbeitskreises für Grundrechtsprobleme

Vorsitz:	Sektionschef Dr. Loebenstein.
Teilnehmer:	Univ.Prof. Dr. Walter Antoniolli, Präsident des Verfassungsgerichtshofes, Wien; ObRegRat Dr. Alfred Kaltenberger, Linz; Hofrat des Verwaltungsgerichtshofes Dr. Hans Klecatsky, Wien; Parlamentssekretär Alfred Kobzina, Wien; Ministerialsekretär Dr. Kurt Ringhofer, Wien; ObMagRat Dr. Eduard Schütz, Wien; Univ.-Prof. Dr. Leopold Werner, Senatspräsident des Verwaltungsgerichtshofes, Wien.
Schriftführer:	Sektionsrat Dr. Hans Weiler.
Entschuldigt:	a.o.Univ.Prof. Dr. Hans Floretta; Univ.Doz. Dr. René Marcic.

Zu Beginn der Besprechung gab *Sektionschef Dr. Loebenstein* eine Übersicht über die Stellung und die Aufgaben des Arbeitskreises. Da von verschiedenen Seiten immer wieder die Meinung vertreten wird, es sei notwendig, die Grundrechtsordnung zu reformieren, erachtet es das Bundeskanzleramt (Verfassungsdienst) als die für die Vorbereitung der verfassungsrechtlichen Vorlagen der Bundesregierung zuständige Zentralstelle für geboten, der Bundesregierung in der Angelegenheit einen Bericht zu erstatten.

Zweck dieses Berichtes wäre es, eine Übersicht darüber zu geben, welche Umstände etwa für eine solche Grundrechtsreform sprechen, wie eine diesen Umständen Rechnung tragende Grundrechtsreform gestaltet werden müßte und welche Auswirkungen von einer solchen Reform zu erwarten wären. Zur Erarbeitung eines umfassenden Berichtes über diese bedeutungsvollen Fragen erscheint es zweckmäßig, dem Herrn Bundeskanzler die Befassung von Persönlichkeiten zu empfehlen, die sich als Wissenschafter oder in der Praxis mit dem umfassenden Komplex der Grundrechtsproblematik beschäftigen. Persönlichkeiten dieser Art wären einzuladen, sich im Rahmen eines Kollegiums an einer näheren Untersuchung der einzelnen Probleme zu beteiligen. Eine ähnliche Vorgangsweise ist vom Bundesministerium für Justiz für die Erarbeitung von Entwürfen für ein neues Strafgesetz, eine neue Strafprozeßordnung und eine neue Zivilprozeßordnung gewählt worden.

Bei der Prüfung der Frage, an welche Experten mit dem Ersuchen um Beteiligung an den Arbeiten des Kollegiums herangetreten werden soll, wird zu beachten sein, daß über das Wesen der Grundrechte und ihre Funktion im modernen Staat prinzipiell verschiedene Auffassungen vertreten werden. Es wird sich empfehlen, dafür zu sorgen, daß die verschiedenen Auffassungen im Expertenkollegium entsprechend vertreten sind. Außerdem wird beachtet werden müssen, daß im Interesse eines entsprechenden Fortganges der Arbeiten des Kollegiums die Zahl seiner Mitglieder nicht wird zu groß sein dürfen. Zusammenfassend kann gesagt werden, daß es Aufgabe des Kollegiums sein wird, das Bundeskanzleramt (Verfassungsdienst) bei der Erstellung eines Berichtes zu beraten, der für die von der Bundesregierung und in der Folge vom Nationalrat zu treffenden politischen Entscheidungen das erforderliche Tatsachenmaterial zusammenstellt. Die Arbeit des in Aussicht genommenen Kollegiums bedarf einer entsprechenden Vorbereitung. Das Bundeskanzleramt (Verfassungsdienst) bei diesen Vorbereitungsarbeiten zu beraten, sind die Mitglieder des Arbeitskreises gebeten. Zunächst wäre nach Ansicht des Bundeskanzleramtes (Verfassungsdienst) im Rahmen dieses Arbeitskreises ein Fragenprogramm zu verfassen, das den Beratungen des Kollegiums darüber, ob eine Grundrechtsreform eingeleitet werden soll, als Grundlage dienen könnte. Es sei aber nicht Aufgabe des Arbeitskreises selbst, diese Frage in einem oder dem anderen Sinne zu beantworten. Im Anschluß an diese Ausführungen skizzierte Sektionschef Dr. Loebenstein ein Fragenprogramm im Sinne dieser Erwägungen.

In der folgenden Diskussion wurde die von Sektionschef Dr. Loebenstein vorgeschlagene Vorgangsweise grundsätzlich gebilligt. Die Erstellung eines Fragebogens wurde insbesondere auch von *Professor Antoniolli* und von *Professor Werner* als zweckmäßig bezeichnet.

Professor Antoniolli führte aus, es wäre zu untersuchen, ob gegen den derzeitigen Zustand lediglich Bedenken formeller Art oder aber auch Bedenken bezüglich des Inhaltes der Grundrechtsregelung geltend zu machen sind. Die politische Entscheidung hierüber vorzubereiten sei Aufgabe der Juristen.

Professor Werner stellte fest, daß in der Praxis des Verfassungsgerichtshofes die Notwendigkeit einer Neuregelung bisher noch nicht sichtbar geworden ist.

Ministerialsekretär Dr. Ringhofer gab zu bedenken, daß die Frage, ob eine Reform durchzuführen ist, von der Frage, wie die Reform gestaltet werden soll, nicht getrennt werden kann.

In der anschließenden Diskussion, an der sich auch *ObRegRat Kaltenberger*, *Parlamentssekretär Kobzina* und *ObMagRat Schütz* beteiligten, wurde klargestellt, daß diese Erwägung zwar richtig ist, daß aber dieser Umstand nicht gegen eine Prüfung der Frage, ob eine Reform durchgeführt werden soll, und die Erstellung eines diesbezüglichen Fragebogens spricht. Selbstverständlich kann die Frage des „Ob“ nur anhand der Frage beurteilt werden, wie eine vollkommen entsprechende Regelung aussehen sollte. Es wird daher notwendig sein, im Fragebogen auf die Momente einzugehen, die für die Gestaltung einer „richtigen“ Grundrechtsordnung bestimmend sind. Es wäre aber nicht richtig, auf eine Erörterung des „Ob“ überhaupt zu verzichten und statt dessen sofort an die Erarbeitung eines neuen Grundrechtskataloges zu gehen.

Hofrat Dr. Klecatsky wies darauf hin, daß in der öffentlichen Diskussion in zunehmendem Maße die Frage einer Grundrechtsreform erörtert wird. Er hob die Notwendigkeit hervor, für eine sachliche Klärung der damit zur Diskussion gestellten Fragen Sorge zu tragen. Wenn man bedenke, daß die Strafrechtskommission sich mit der Frage eines neuen Strafgesetzbuches bereits seit acht Jahren befaßt, müsse wohl bei dem – ungleich komplexeren und schwierigeren – Gebiet der Grundrechte mit sehr langwierigen Arbeiten gerechnet werden. Im übrigen sei die Sorge, durch eine Reform in Jahrzehnten bewährtes Rechtsgut zu beseitigen, sicherlich berechtigt. Es müsse aber doch auch beachtet werden, daß sich die Verhältnisse in den letzten hundert Jahren stark verändert haben.

Parlamentssekretär Kobzina schlug vor, in das Fragenprogramm auch die Frage aufzunehmen, welche Funktion die Grundrechte haben und welche Änderungen vorgenommen werden können, ohne diesen Charakter und diese Funktion zu ändern und zu gefährden.

Professor Dr. Antoniolli schlug vor, das Bundeskanzleramt (Verfassungsdienst) möge den Mitgliedern des Arbeitskreises den Entwurf eines Fragenprogramms übermitteln, der die Grundlage für die weiteren Arbeiten bilden könnte. Die übrigen Sitzungsteilnehmer schlossen sich diesem Vorschlag an.

Sektionschef Dr. Loebenstein stellte die eheste Zusendung eines Entwurfes in Aussicht. Er ersuchte die Mitglieder des Arbeitskreises ihre Stellungnahmen bis etwa 25. Jänner 1963 schriftlich bekanntzugeben. Schließlich dankte Sektionschef Dr. Loebenstein den Mitgliedern des Arbeitskreises für ihre Mitarbeit und schloß sodann die Sitzung.

Fragenprogramm

[vom Bundeskanzleramt – Verfassungsdienst am 8. Dezember 1962 als Beilage B zu Zahl 154.265-2a/62 an die Mitglieder des vorbereitenden Arbeitskreises für Grundrechtsfragen ausgesandt]

Ziel dieses Fragenprogramms ist es, die Ermittlung und übersichtliche Darstellung aller Momente zu erleichtern, die für die staatspolitische Beurteilung der Frage einer Grundrechtsreform durch die Bundesregierung, durch den Nationalrat und durch den Bundesrat von Bedeutung sind.

A.

Welche Änderungern, die seit der Kodifizierung der geltenden Grundrechte außerhalb dieses Normenkomplexes eingetreten sind, sind für das Problem der Idee und der Gestaltung der Grundrechte von Bedeutung?

1. Änderungen im weltanschaulich-geisteswissenschaftlichen Bereich, z.B.: Entwicklung neuer politischer Theorien (Ideen des Sozialstaates, des Wohlfahrtsstaates); neue Entwicklungen in den Auffassungen über die Rechtsnatur der Grundrechte und ihr Verhältnis zur staatlichen Rechtsordnung, status negativus bzw. status positivus, Drittwirkung der Grundrechte; neue Entwicklungen in den Auffassungen über das Verhältnis Staat – Person; Frage nach der Rangordnung der Grundrechte; Entfaltung des weltanschaulichen Pluralismus; Idee der „sozialen Grundrechte" (Ergänzung der klassischen Grundrechte durch Richtlinien für den Gesetzgeber).
2. Änderungen im Bereich der Gesellschaft, z.B.: Entwicklung neuer Machtzentren und neuer Machtgebilde; politische Relevanz neuer sozialer Gruppen; Veränderungen in der Struktur der politischen Kräfte und in ihrem Verhältnis zueinander; Entfaltung des gesellschaftlichen Pluralismus.
3. Änderungen im Bereich des Staates, z.B.: Übergang von der konstitutionellen Monarchie zur demokratischen Republik; Entwicklung zur Parteiendemokratie; Vordringen des Egalitätsprinzips; Zunahme der privatwirtschaftlichen Funktionen des Staates; Entwicklung zum Kammerstaat.
4. Änderungen im Bereich der Staatengemeinschaft, z.B.: Neue Entwicklungen im Bereich des Völkerrechts; Ausbildung von supranationalen Organisationen; Übertragung von staatlichen Souveränitätsrechten an solche Organisatio-

nen; unmittelbare rechtliche Beziehungen der Organe dieser Organisationen zum einzelnen Staatsbürger.

5. Weiterentwicklung der Naturwissenschaften und der Technik, z.B.: Erkenntnisse über die „Manipulierbarkeit“ des Menschen.

B.

Welche Vorgänge in der Grundrechtsordnung selbst und welche Vorgänge bei ihrer Handhabung sind für das Problem der Idee und der Gestaltung der Grundrechte von Bedeutung?

1. Die Grundrechte sind derzeit nicht geschlossen kodifiziert, sondern auf verschiedene Rechtsquellen verstreut. Das „Aufstockungsgesetz“, dessen ehestes Zustandekommen – unabhängig von der Frage der Grundrechtsreform – eine unabweisbare Notwendigkeit ist, wird zu diesen Rechtsquellen hinzutreten. Ist dieser Zustand dem Wesen der Grundrechte gemäß?
2. Eine Reihe von Grundrechten ist mit einem Gesetzesvorbehalt versehen. Haben die Änderungen, die im Wesen der Gesetzgebung seit 1867 eingetreten sind, für diesen Vorbehalt Bedeutung?
3. Bei allen Grundrechten stellt sich die Frage ihrer Begrenzung. Der Verfassungsgerichtshof hat hiezu eine Reihe von Gesichtspunkten entwickelt. Im Text der Grundrechte ist – vom Gesetzesvorbehalt abgesehen – hierüber kaum etwas gesagt.
4. Der gegebenen Kodifikation der Grundrechte fehlt eine durchgehende Systematik. Wäre eine solche für die Handhabung der Grundrechtsnormen wertvoll?

C.

Für welche Maßnahmen sprechen die Ergebnisse der gemäß den Abschnitten A und B angestellten Untersuchungen?

1. Ist eine Totalreform zu erwägen?
2. Kann mit Änderungen an der bestehenden Grundrechtsordnung das Auslangen gefunden werden?
3. Würde eine Zusammenfassung der bestehenden Grundrechtsnormen in einem Katalog genügen?
4. Besteht zu legislativen Maßnahmen kein Anlaß?

D.

Welche Auswirkungen sind von Reformmaßnahmen zu erwarten?

1. Auswirkungen auf die Rechtsordnung (insbesondere Rechtsunsicherheit durch materielle Derogationswirkungen).
2. Verlust der in Jahrzehnten gewachsenen Judikatur des Verfassungsgerichtshofes, die dem Grundrechtskatalog erst seinen „wahren Inhalt" gibt (Adamovich). (Vgl. auch die Erläuternden Bemerkungen zur Regierungsvorlage 60. der Beilagen; IX. GP.; Abschnitt I, Teil B, Punkt 3).
3. Frage der Justiziabilität von „sozialen Grundrechten" und von Richtlinien für die Wirtschafts- und die Sozialpolitik. Bedeutung einer Zuständigkeit des Verfassungsgerichtshofes zur Rechtsprechung in diesem Bereich für dessen Struktur.
4. Auswirkungen einer Reform auf den Geschäftsanfall des Verfassungsgerichtshofes. Folgen eines stark vermehrten Geschäftsanfalles.
5. Auswirkungen einer Grundrechtsreform auf die staatspolitische Entwicklung (positiv: Ein Bekenntnis des österreichischen Volkes zu gemeinsamen Werten; negativ: Beeinträchtigung der Kontinuität im Verfassungsraum, Aktivierung von Kräften der Desintegration durch eine mögliche Verschärfung der politisch-weltanschaulichen Gegensätze, die mit den Auseinandersetzungen um die Gestaltung der Grundrechte verbunden sein könnte, vor allem im Falle eines Scheiterns der Reformbemühungen).

Niederschrift über die am Mittwoch, den 15. Mai 1963, abgehaltene 2. Sitzung des vorbereitenden Arbeitskreises für Grundrechtsprobleme

Vorsitz:	Sektionschef Dr. Edwin Loebenstein
Teilnehmer:	Universitätsprofessor Dr. Walter Antoniolli, Vorsitzender des Verfassungsgerichtshofes, Wien; Ob.Reg.Rat Dr. Alfred Kaltenberger, Landtagsdirektor, Linz; Hofrat des Verwaltungsgerichtshofes Dr. Hans Klecatsky, Wien; Parlamentssekretär Alfred Kobzina, Wien; Univ.Dozent Dr. René Marcic, Chefredakteur, Salzburg; Min.Sekretär Dr. Kurt Ringhofer, Wien; Univ.Professor Dr. Leopold Werner, Senatspräsident des Verwaltungsgerichtshofes, Wien.
Schriftführer:	Sektionsrat Dr. Hans Weiler.
Entschuldigt:	a.o. Univ.Professor Dr. Hans Floretta; Obermagistratsrat Dr. Eduard Schütz.

Zu Beginn begrüßte *Sektionschef Dr. Loebenstein* die Sitzungsteilnehmer und schlug unter Hinweis auf die Einladung folgende Tagesordnung vor:

1. Gestaltung des Fragenprogrammes.
2. Arbeitsweise des zu bildenden Expertenkollegiums für Grundrechtsprobleme.
3. Zusammensetzung des zu bildenden Expertenkollegiums.

Die vorgeschlagene Tagesordnung wurde von den Sitzungsteilnehmern gebilligt. Über die Behandlung der einzelnen Tagesordnungspunkte ist festzuhalten.

1. Gestaltung des Fragenprogrammes:

Sekt.Chef Loebenstein gab bekannt, daß die schriftlichen Stellungnahmen, die von den Mitgliedern des Arbeitskreises zu dem vom Bundeskanzleramt – Verfassungsdienst verfaßten und mit Schreiben vom 8.12.1962, Zl. 154.265-2a/62, versendeten Entwurf eines Fragenprogrammes abgegeben worden sind, diesen Entwurf grundsätzlich billigen.

Von *Min.Sekretär Ringhofer* ist vorgeschlagen worden, die Fragestellungen noch weiter zu konkretisieren und aufzugliedern. Dazu gab *Sekt.Chef Loebenstein* zu bedenken, daß eine Ausgestaltung des Fragenprogrammes in dieser Richtung der Arbeit des Expertenkollegiums zu sehr vorgreifen könnte. Zweck des Fragenprogrammes soll es nur sein, dem Expertenkollegium für seine Arbeiten eine Ausgangsbasis zu geben. Nach kurzer Diskussion erklärte sich Min.Sekr. Ringhofer mit einem Verzicht auf die von ihm vorgeschlagene Ausgestaltung des Programmes einverstanden.

Ob.Reg.Rat Kaltenberger hat angeregt, im Fragenprogramm auch das Problem der Terminologie zu berücksichtigen. Dieser Anregung könnte, wie *Sekt.Chef Loebenstein* weiter ausführte, gefolgt werden.

Parlamentssekretär Kobzina hat vorgeschlagen, im Abschnitt B des Fragenprogrammes den Punkt 2 durch die Frage zu ergänzen, ob der Gesetzesvorbehalt in einer vom Prinzip der Gesetzmäßigkeit der Verwaltung beherrschten Rechtsordnung sinnvoll ist. Von einer Ergänzung in diesem Sinn könnte, wie *Sekt.Chef Loebenstein* ausführte, deshalb Abstand genommen werden, weil der Gesetzesvorbehalt auch heute Einschränkungen des Grundrechtes gestattet, auf die Bedenken, denen diese Möglichkeit begegnet, im Pkt. 2 des Abschnittes B aber bereits Bezug genommen ist. Parl.Sekr. Kobzina stimmte dem Verzicht auf eine Ergänzung zu.

Ob.Mag.Rat Schütz hat vorgeschlagen, in das Fragenprogramm auch die Frage einer Revision der Kompetenzen des Verfassungsgerichtshofes gemäß Art. 144 B.-VG. einzubeziehen. *Sektionschef Loebenstein* führte zu diesem Vorschlag aus, daß es sich empfehlen dürfte, die Untersuchungen zunächst auf die Frage der Grundrechte selbst zu beschränken, also auf die Probleme des Rechtsschutzes noch nicht einzugehen.

Univ.Professor Antoniolli wies darauf hin, daß sicherlich vor der Formulierung eines Grundrechtskataloges die Klärung der politischen Probleme und davor wieder eine Bestandaufnahme der Situation stehen muß, daß es aber fraglich erscheint, ob diese Probleme aus dem Vorfeld einer Grundrechtsreform in das Fragenprogramm aufgenommen werden sollen, da dadurch die Arbeiten des zu bildenden Kollegiums zu sehr auf theoretische Probleme hingelenkt werden könnten, über die eine Einigung nicht möglich ist. Es sei anzunehmen, daß es eher möglich ist, sich etwa über die Frage zu einigen, inwieweit der Art. 5 des Staatsgrundgesetzes über die allgemeinen Rechte der Staatsbürger einer Revision bedarf, als über ein gemeinsames Konzept der verschiedenen weltanschaulichen und politischen Richtungen über die verfassungsrechtliche Stellung des Eigentums. An diese Ausführungen schloß sich eine ausführliche Debatte über die Frage, ob und in welcher Form die Probleme des Abschnittes A im Fragenprogramm Berücksichtigung finden sollen.

Univ.Professor Werner legte dar, daß Ausgangspunkt der Untersuchungen die Frage sein sollte, ob ein rechtstechnisches Bedürfnis nach einer Grundrechtsreform besteht.

Hofrat Klecatsky bezeichnete die Frage, ob die weit gespannte Problematik des Abschnittes A zum Ziele führen kann, als berechtigt, gab aber zu bedenken, daß an die Verfassung heute ganz außerordentliche Anforderungen gestellt werden. Er nannte als Beispiele die beim letzten Österreichischen Juristentag vertretene Forderung, das gegebene Sozialversicherungsrecht unter den Schutz der Verfassung zu stellen, ferner die Idee der sozialen Grundrechte, die Forderung nach verfassungsrechtlichem Schutz für die Tarifautonomie der Sozialpartner. Bei dieser Sachlage könne wohl nicht angenommen werden, daß sich eine Erörterung der Grundrechtsprobleme auf Fragen der Rechtstechnik beschränken läßt.

Parl.Sekretär Kobzina schlug vor, im Fragenprogramm die rechtstechnischen Fragen des Abschnittes B an die Spitze zu stellen und daran die Frage zu schließen, in welcher Richtung Änderungen der gegebenen Rechtslage notwendig erscheinen.

Univ.Dozent Marcic führte aus, es könne bezweifelt werden, ob die Zeit für eine Grundrechtskodifikation reif ist. Dessenungeachtet dürfe aber nicht übersehen werden, daß es viele Probleme gibt. Univ.Dozent Marcic verwies beispielsweise auf die Fragen des Asylrechtes, der Pressefreiheit, des Schutzes gegen eine „Gehirnwäsche" im Strafverfahren und der Drittwirkung der Grundrechte. Bei dieser Sachlage sei es geboten, die Frage der Grundrechtsreform umfassend zu prüfen. Für diese Prüfung sei der vorliegende Entwurf eines Fragenprogramms eine geeignete Ausgangsbasis.

Sekt.Chef Loebenstein führte aus, dem vorliegenden Entwurf eines Fragenprogrammes liege die Erwägung zugrunde, daß es nicht möglich sein wird, einen Grundrechtskatalog zu schaffen, ohne sich mit den Problemen auseinanderzusetzen, die jenseits der Rechtstechnik für die Gestaltung eines solchen Kataloges bestimmend sind. Probleme, wie sie etwa im Zusammenhang mit der Europäischen Sozialcharta und der Kodifikation des Arbeitsrechtes sichtbar geworden sind, können nicht übergangen werden. Sie müssen in Ruhe geprüft, für die Überbrükkung von Gegensätzen müssen Wege gesucht werden. Geschieht dies nicht, so besteht die Gefahr, daß die zuständigen staatlichen Stellen die ihnen obliegenden Aufgaben nicht erfüllen können, das heißt, sich eines Tages überraschend vor die Notwendigkeit gestellt sehen, sich mit der Frage der Grundrechtsreform auseinanderzusetzen, ohne entsprechend vorbereitet zu sein. Diese Erwägungen sprechen, wie Sekt.Chef Loebenstein weiter ausführte, nicht dagegen, daß im Fragenprogramm die rechtstechnischen Probleme des Abschnittes B vor den Problemen des Abschnittes A behandelt werden. Nur die Möglichkeit, die Probleme des Abschnittes A völlig aus der Diskussion auszuschalten, müsse in Frage gestellt werden. Sekt.Chef Loebenstein stellte schließlich zur Erwägung, die im Abschnitt B enthaltenen Ausführungen an den Beginn des Fragenprogrammes zu stellen und die Ausführungen des Abschnittes A in geeigneter Weise daran anzuschließen. Die Sitzungsteilnehmer erklärten sich mit dieser Anregung einverstanden.

Univ.Dozent Marcic wies darauf hin, daß in einer Reihe von Staaten es in den Jahren nach 1945 möglich war, über die Frage der Grundrechte auf breiter Basis Diskussionen zu führen, die auch nützliche Ergebnisse gezeitigt haben. Auch in Österreich müßte daher eine solche Diskussion möglich sein.

Min.Sekretär Ringhofer vertrat unter Hinweis auf die Ergebnisse der Bemühungen im Bereich der Schulgesetzgebung die Auffassung, daß die vom Bundeskanzleramt – Verfassungsdienst vorgeschlagene Erörterung der Grundrechtsprobleme zweckmäßig wäre und daher auch in Gang gebracht werden sollte. Auf eine Erörterung der im Abschnitt A des Entwurfes bezeichneten Probleme würde hiebei wohl nicht verzichtet werden können. Er führte des weiteren aus, daß in das Fragenprogramm auch das Problem einer umfassenden Verwirklichung des Grundrechtsschutzes einbezogen werden sollte.

Univ.Professor Antoniolli stellte klar, daß es ihm mit seinen Vorschlägen nur darauf ankomme, eine zügige Arbeit des Expertenkollegiums sicherzustellen, also uferlose Debatten zu vermeiden.

Sekt.Chef Loebenstein hob die Berechtigung dieses Bestrebens hervor und wies darauf hin, daß über die Arbeitsmethoden des Kollegiums beim nächsten Punkt der Tagesordnung zu sprechen sein wird.

2. Abeitsweise des Expertenkollegiums:

Sektionschef Loebenstein stellte folgende Arbeitsweise für das zu bildende Expertenkollegium zur Diskussion: Zunächst Beschlußfassung über das Fragenprogramm. Für die einzelnen in diesem Programm dargestellten Problemgruppen werden ein Berichter und ein Mit-Berichter bestellt. Schriftliche Ausfertigungen des Berichtes und des Mit-Berichtes, die jedem Mitglied des Kollegiums übermittelt werden, bilden die Grundlage einer Verhandlung und Abstimmung im Kollegium. Der demgemäß vom Kollegium beschlossenen Stellungnahme sind auch die Minderheitsvoten anzuschließen. In den Stellungnahmen wäre den Möglichkeiten einer Überbrückung von gegensätzlichen Auffassungen besondere Aufmerksamkeit zuzuwenden. Auch Berichter und Mit-Berichter hätten schon auf gegensätzliche Auffassungen und auf die Möglichkeit einer Überbrückung besonders Bedacht zu nehmen. Nach Behandlung aller Problemgruppen in der dargestellten Weise wird allenfalls in derselben Weise der entsprechende Entwurf eines Verfassungsgesetzes zu erstellen sein. Die auf diese Weise erarbeiteten Materialien werden sodann zu einem Bericht des Bundeskanzleramtes-Verfassungsdienst an die Bundesregierung zusammengefaßt werden. Als Quora für die Beschlüsse des Kollegiums könnten die Anwesenheit von wenigstens der Hälfte seiner Mitglieder und die absolute Mehrheit der abgegebenen Stimmen in Erwägung gezogen werden. Das Kollegium sollte, um einen zügigen Fortgang der Arbeiten zu gewährleisten, monatlich einmal zu einer ein- bis zweitägigen Sitzungsperiode zusammentreten.

Diese Vorschläge fanden die Zustimmung der übrigen Sitzungsteilnehmer.

3. Zusammensetzung des Expertenkollegiums:

Sektionschef Loebenstein führte aus, daß seiner Ansicht nach das Kollegium etwa 20, höchstens aber 25 Mitglieder haben sollte. An die Bildung von Unterausschüssen des Kollegiums sei zunächst nicht gedacht. Die vorgeschlagene, auf der Betrauung von Berichtern und Mit-Berichtern aufbauende Arbeitsmethode könnte die Bildung von Unterausschüssen entbehrlich machen, was im Interesse einer zügigen Arbeitsweise wohl zu begrüßen wäre. Er ersuchte die Sitzungsteilnehmer um Vorschläge für die Art der Zusammensetzung des Kollegiums und teilte mit, daß daran gedacht ist, jedenfalls die Mitglieder des vorbereitenden Arbeitskreises dem Herrn Bundeskanzler zur Berufung in das Kollegium vorzuschlagen.

Universitätsprofessor Werner schlug vor, in das Kollegium Vertreter der Bundesverwaltung, der Höchstgerichte, der Länder, der Kammern einschließlich der Anwaltskammern, der Rechtsfakultäten und der politischen Parteien zu berufen.

Universitätsprofessor Antoniolli stimmte dem zu und regte an, die Frage, welche Personen als Vertreter in Betracht kommen, mit den genannten Körperschaften und Institutionen zu klären.

Minsterialsekretär Ringhofer gab zu bedenken, daß das Kollegium erfolgreich nur wird arbeiten können, wenn es einen repräsentativen Querschnitt der weltanschaulichen und politischen Kräfte darstellt.

Parlamentssekretär Kobzina wies darauf hin, daß es notwendig sein wird, Persönlichkeiten heranzuziehen, die sowohl fachlich qualifiziert sind als auch das Vertrauen der maßgebenden Organisationen besitzen.

Hofrat Klecatsky bezeichnete die Heranziehung eines Rechtsanwaltes als wünschenswert.

Sektionschef Loebenstein führte aus, daß es sich wohl empfehlen wird, die Klubs der drei im Nationalrat vertretenen Parteien um die Entsendung von sachkundigen Vertretern zu ersuchen; daß weiters die Bundesministerien und die Kammern, aber auch die Interessenverbände wie etwa der Österreichische Gewerkschaftsbund und die Vereinigung österreichischer Industrieller für die Behandlung jener Probleme, die ihren Wirkungskreis berühren, um die Entsendung von Experten zu solchen Fragen ersucht werden könnten, daß es sich wohl aber auch empfehlen wird, in das Kollegium Persönlichkeiten zu berufen, die nicht Vertreter einer bestimmten Organisation sind, von denen aber im Hinblick auf ihre berufliche Stellung und wissenschaftliche Leistung ein wertvoller Beitrag, vor allem auch bei der Ermittlung von Möglichkeiten zur Überbrückung von Gegensätzen, erwartet werden kann. Aufgabe des Kollegiums kann es nicht sein, politische Entscheidungen zu treffen, sondern der Bundesregierung die für solche Entscheidungen notwendigen Materialien zur Verfügung zu stellen.

Auf Grund eines Vorschlages von *Parlamentssekretär Kobzina* stellte *Sektionschef Loebenstein* in Aussicht, daß das Bundeskanzleramt bei der Berufung von Angehörigen des öffentlichen Dienstes mit deren Dienststellen das Einvernehmen pflegen wird. Außerdem teilte Sektionschef Loebenstein mit, daß die erforderliche materielle Vorsorge für die Tätigkeit des Kollegiums und seiner einzelnen Mitglieder getroffen werden wird.

Schließlich dankte Sektionschef Loebenstein den Mitgliedern des Arbeitskreises für ihre Mitarbeit und schloß sodann die Sitzung.

Fragenprogramm

[vom Bundeskanzleramt – Verfassungsdienst am 1. Dezember 1964 als Beilage zu Zahl 144.405-2/64 an die Mitglieder des Expertenkollegiums für Grundrechtsprobleme ausgesandt – erstveröffentlicht von: Peter Pernthaler: Die Grundrechtsreform in Österreich, in: Archiv des öffentlichen Rechts 94 (1969), 31-84, hier 77-79]

Ziel dieses Fragenprogramms ist es, die Ermittlung und übersichtliche Darstellung aller Momente zu erleichtern, die für die staatspolitische Beurteilung der Frage einer Grundrechtsreform durch die Bundesregierung, durch den Nationalrat und durch den Bundesrat von Bedeutung sind.

A.

Welche Vorgänge in der Grundrechtsordnung selbst und welche Vorgänge bei ihrer Handhabung sind für das Problem der Idee und der Gestaltung der Grundrechte von Bedeutung?

1. Die Grundrechte sind derzeit nicht geschlossen kodifiziert, sondern auf verschiedene Rechtsquellen verstreut. Das „Aufstockungsgesetz“, dessen ehestes Zustandekommen – unabhängig von der Frage der Grundrechtsreform – eine unabweisbare Notwendigkeit ist, wird zu diesen Rechtsquellen hinzutreten. Ist dieser Zustand dem Wesen der Grundrechte gemäß?
2. Eine Reihe von Grundrechten ist mit einem Gesetzesvorbehalt versehen. Haben die Änderungen, die im Wesen der Gesetzgebung seit 1867 eingetreten sind, für diesen Vorbehalt Bedeutung?
3. Bei allen Grundrechten stellt sich die Frage ihrer Begrenzung. Der Verfassungsgerichtshof hat hiezu eine Reihe von Gesichtspunkten entwickelt. Im Text der Grundrechte ist – vom Gesetzesvorbehalt abgesehen – hierüber kaum etwas gesagt.
4. Der gegebenen Kodifikation der Grundrechte fehlt eine durchgehende Systematik. Wäre eine solche für die Handhabung der Grundrechtsnormen wertvoll?

B.

Welche Veränderungern, die seit der Konzipierung der geltenden Grundrechtsnormen außerhalb dieses Normenkomplexes eintraten, sind für das Problem der Idee und der Gestaltung der Grundrechte von Bedeutung?

1. Änderungen im weltanschaulich-geisteswissenschaftlichen Bereich, z.B.: Entwicklung neuer politischer Theorien, vor allem über das Verhältnis des Menschen zum Staat (z.B.: Ideen des Sozialstaates, des Wohlfahrtsstaates); Entfaltung des weltanschaulichen Pluralismus; neue Entwicklungen in den Auffassungen über die Rechtsnatur der Grundrechte und ihr Verhältnis zur staatlichen Rechtsordnung, status negativus bzw. status positivus, Drittwirkung der Grundrechte; Frage nach der Rangordnung der Grundrechte; Idee der „sozialen Grundrechte" (Ergänzung der klassischen Grundrechte durch Richtlinien für den Gesetzgeber); Idee der Institutionengarantie (z.B. für die Familie, für die Presse, für das Berufsbeamtentum); Idee der „wehrhaften Demokratie".
2. Änderungen im Bereich der Gesellschaft, z.B.: Entwicklung neuer Machtzentren und neuer Machtgebilde; politische Relevanz neuer sozialer Gruppen; Veränderungen in der Struktur der politischen Kräfte und in ihrem Verhältnis zueinander; Entfaltung des gesellschaftlichen Pluralismus.
3. Änderungen im Bereich des Staates, z.B.: Übergang von der konstitutionellen Monarchie zur demokratischen Republik; Entwicklung zur Parteiendemokratie; Vordringen des Egalitätsprinzips; Zunahme der privatwirtschaftlichen Funktionen des Staates; Entwicklung zum Kammerstaat.
4. Änderungen im Bereich der Staatengemeinschaft, z.B.: Neue Entwicklungen im Bereich des Völkerrechts; Ausbildung von supranationalen Organisationen; Übertragung von staatlichen Souveränitätsrechten an solche Organisationen; unmittelbare rechtliche Beziehungen der Organe dieser Organisationen zum einzelnen Staatsbürger.
5. Weiterentwicklung der Naturwissenschaften und der Technik, z.B.: Erkenntnisse über die „Manipulierbarkeit" des Menschen; Gefährdung des der Menschenwürde angemessenen Lebensraums.

C.

Für welche Maßnahmen sprechen die Ergebnisse der gemäß den Abschnitten A und B angestellten Untersuchungen?

1. Ist eine Totalreform zu erwägen?

2. Kann mit Änderungen an der bestehenden Grundrechtsordnung das Auslangen gefunden werden?
3. Würde eine Zusammenfassung der bestehenden Grundrechtsnormen in einem Katalog genügen?
4. Besteht zu legislativen Maßnahmen kein Anlaß?

D.

Welche Auswirkungen sind von Reformmaßnahmen zu erwarten?

1. Auswirkungen auf die Rechtsordnung (insbesondere Rechtsunsicherheit durch materielle Derogationswirkungen).
2. Verlust der in Jahrzehnten gewachsenen Judikatur des Verfassungsgerichtshofes, die dem Grundrechtskatalog erst seinen „wahren Inhalt" gibt (Adamovich). (Vgl. auch die Erläuternden Bemerkungen zur Regierungsvorlage 60. der Beilagen; IX. GP.; Abschnitt I, Teil B, Punkt 3).
3. Frage der Justiziabilität von „sozialen Grundrechten" und von Richtlinien für die Wirtschafts- und die Sozialpolitik. Bedeutung einer Zuständigkeit des Verfassungsgerichtshofes zur Rechtssprechung in diesem Bereich für dessen Struktur.
4. Auswirkungen einer Grundrechtsreform auf die staatspolitische Entwicklung (positiv: Ein Bekenntnis des österreichischen Volkes zu gemeinsamen Werten; negativ: Beeinträchtigung der Kontinuität im Verfassungsraum, Aktivierung von Kräften der Desintegration durch eine mögliche Verschärfung der politisch-weltanschaulichen Gegensätze, die mit den Auseinandersetzungen um die Gestaltung der Grundrechte verbunden sein könnte, vor allem im Falle eines Scheiterns der Reformbemühungen).
5. Auswirkungen einer Reform auf den Geschäftsanfall des Verfassungsgerichtshofes. Folgen eines stark vermehrten Geschäftsanfalles.

Protokoll über die am Freitag, den 22. Jänner 1965 im Bundeskanzleramt abgehaltene 1. Arbeitstagung des Expertenkollegiums für Probleme der Grund- und Freiheitsrechte

Vorsitzender: Sektionschef Dr. Edwin Loebenstein;

Teilnehmer: Rechtsanwalt Dr. Hans Beck;
Rechtsanwalt Dr. Armin Dietrich,
Präsident der Rechtsanwaltskammer für Kärnten;
Univ.Prof. Dr. Felix Ermacora;
Prok.Koär. Dr. Michael Graff;
Staatssekretär a.D. Univ.Prof. Dr. Franz Gschnitzer,
Mitglied des Bundesrates;
Hofrat der oberösterreichischen Landesregierung
Alfred Kaltenberger;
Univ.Prof. Dr. Hans Klecatsky;
Parl.Sekr. Alfred Kobzina;
Abgeordneter zum Nationalrat Dr. Karl Kummer;
Hofrat des Verwaltungsgerichtshofes Dr. Friedrich Lehne;
Hofrat der Kärntner Landesregierung Dr. Helmuth Lora;
Univ.Prof. Dr. René Marcic;
Abgeordneter zum Nationalrat Karl Mark;
Sektionsrat Dr. Kurt Ringhofer;
Rechtsanwalt Dr. Wilhelm Rosenzweig,
Mitglied des Verfassungsgerichtshofes;
Abgeordneter zum Nationalrat Dr. Emil van Tongel;
Univ.Prof. Dr. Robert Walter;
Min.Rat Dr. Hans Weiler;
Univ.Prof. Dr. Leopold Werner,
Senatspräsident des Verwaltungsgerichtshofes,
Mitglied des Verfassungsgerichtshofes;
Univ.Prof. Dr. Günther Winkler;

Entschuldigt: Univ.Prof. Dr. Hans Floretta, Kammeramtsdirektor der Kammer für Arbeiter und Angestellte in Salzburg;
Mitglied des Bundesrates Leopold Gratz;
Abgeordneter zum Nationalrat
Rechtsanwalt Dr. Alexander Nemecz.

I

Zu Beginn der Tagung begrüßte *Sektionschef Dr. Loebenstein* als Vorsitzender die Tagungsteilnehmer, gab die Entschuldigungen bekannt und schlug vor, im Sinne der Ergebnisse der konstituierenden Sitzung vom 10.12.1964 die Beratungen über den Abschnitt A des Fragenprogramms aufzunehmen. Sodann führte der Vorsitzende zum Punkt 1 des Abschnittes A erläuternd aus, daß im Sinne dieses Punktes eine Übersicht über die bestehenden Grundrechtsnormen zu gewinnen und anhand des so erfaßten Normenmaterials die Frage zu prüfen wäre, ob die bisherige Methode der Normsetzung auf dem Gebiete der Grundrechte als befriedigend angesprochen werden kann. Das auch im Fragenprogramm genannte „Aufstockungsgesetz" wäre als eine möglicherweise noch hinzukommende Rechtsquelle zu berücksichtigen. Auf die Problematik dieses Gesetzesentwurfes im Einzelnen einzugehen, bestehe hingegen bei Erörterung des Abschnittes A des Fragenprogramms kein Anlaß.

Auf Grund einer Anfrage stellte der Vorsitzende sodann den Begriff des Aufstockungsgesetzes klar: Es handelt sich um den in Verhandlung stehenden Entwurf eines Verfassungsgesetzes, durch den weitere Grundrechte inartikuliert werden sollen, die die Konvention zum Schutze der Menschenrechte und Grundfreiheiten (MRK) in Bestimmungen vorsieht, deren unmittelbare Vollziehbarkeit zu verneinen ist.

Die anschließende Diskussion befaßte sich mit der im Abschnitt A des Fragenprogramms unter Z.1 gestellten Frage.

Prof. Walter trat unter Hinweis auf die Erfordernisse der Rechtsklarheit und der Rechtssicherheit für eine geschlossene Kodifikation des Grundrechtssystems ein.

Rechtsanwalt Rosenzweig äußerte sich im selben Sinn. Seit die Menschenrechtskonvention Verfassungsrang erlangt hat, sei eine Gesamtkodifikation ein unabweisbares Erfordernis.

Prof. Marcic vertrat die gleiche Meinung, führte aber aus, daß auf das „Aufstockungsgesetz" als eine „Zwischenhilfe" nicht verzichtet werden könne, da ja nicht abzusehen ist, wann die an sich wünschenswerte Gesamtkodifikation zustande kommen wird.

Auch *Abgeordneter van Tongel* sprach sich für eine Gesamtkodifikation aus.

Ebenso trat *Prof. Winkler* für die Gesamtkodifikation ein. Er wies auf den inneren Begriffswandel der Grundrechte und auf die Schwierigkeiten hin, die die Menschenrechtskonvention mit sich gebracht hat. Es sei nicht möglich, die Lösung aller dieser Probleme der Lehre und der Judikatur zu überlassen.

Hofrat Lehne führte aus, er halte zwar ebenfalls eine Gesamtkodifikation für notwendig, sehe die Gründe aber nicht in der Systematik. Es gebe Rechtsordnungen ähnlich der österreichischen, in denen ebenfalls verschiedene Rechtsquellen nebeneinander die Grundrechtsordnung bilden, ohne daß sich daraus Schwierigkeiten ergeben.

Rechtsanwalt Beck vertrat die Auffassung, daß nur eine Generalkodifikation im „strikten Anschluß an das Recht, wie es sich gebildet hat durch Lehre und Judikatur" in Betracht kommt. Im übrigen führte auch Rechtsanwalt Beck aus, daß der formale Zustand der Grundrechtsquellen unbefriedigend ist.

Rechtsanwalt Rosenzweig führte aus, daß sich die Notwendigkeit einer Gesamtkodifikation weniger aus dem Vorhandensein verschiedener Grundrechtsquellen ergibt als aus der Tatsache, daß die gleichen Grundrechte mehrmals und in verschiedenen Formulierungen geregelt worden sind und erläuterte dies an Beispielen.

Präsident Dietrich vertrat die Auffassung, daß die gegenwärtige Situation auf dem Gebiete der Grundrechte weder in materieller noch in formeller Hinsicht zu befriedigen vermag. Da die Rechtsklarheit verloren und die Rechtssicherheit gefordert ist, sei eine Gesamtkodifikation erforderlich.

Prof. Werner gab zu bedenken, daß eine Gesamtkodifikation sicher notwendig ist, daß aber vordringlich eine „technische Zusammenfassung" der bestehenden Grundrechte anzustreben wäre. Es wäre nicht tragbar, dieses Erfordernis im Hinblick auf die in Aussicht genommene Gesamtkodifikation außer acht zu lassen. Die Gesamtkodifikation sei als Fernziel, die „technische Zusammenfassung" als Nahziel ins Auge zu fassen.

Prof. Winkler sprach sich gegen eine solche Gliederung der legislativen Maßnahmen in zwei Stufen aus. Die vorgeschlagene erste Stufe sei zwar notwendig, aber nur als ein Arbeitsbehelf für das Kollegium. Ihre legislative Verwirklichung wäre einerseits mit sehr schwierigen Rechtsproblemen belastet und würde andererseits den gegebenen Erfordernissen nicht Rechnung tragen. Außerdem wies Prof. Winkler darauf hin, daß eine Neukodifikation der Grundrechte nur dann sinnvoll ist, wenn die unmittelbare Vollziehbarkeit der völkerrechtlichen Vereinbarungen auf dem Gebiete der Grundrechte ausgeschlossen wird.

Prof. Klecatsky wies darauf hin, daß die einzelnen Abschnitte des Fragenprogramms miteinander in Zusammenhang stehen. Die Frage, welche Maßnahmen zu treffen sind, werde im Zusammenhang mit dem Abschnitt C zu prüfen sein. Dabei werde dann allerdings auch auf den Abschnitt D Bedacht genommen werden müssen. Zur Frage der Totalreform der Grundrechte jetzt schon Stellung zu nehmen, wäre verfrüht. Für die Beantwortung der unter A 1 gestellten Frage aber sei wichtig, daß die Grundrechte in einem Konnex zur Gesamtrechtsordnung stehen. Abstrakt gestellt könne die Frage mit ja und mit nein beantwortet werden.

Prof. Ermacora hob ebenfalls die Interdependenz der einzelnen Abschnitte des Fragenprogramms und die Notwendigkeit ihrer Beachtung hervor. Zu der unter A 1 gestellten Frage erklärte Prof. Ermacora sodann, der zur Zeit gegebene Zustand sei dem Wesen der Grundrechte nicht gemäß. Dies zunächst deshalb, weil die Grundrechte ihrem Ursprung nach ein „geschlossenes Bekenntnis zum Menschentum schlechthin“ sind. Dies aber fordere die Gesamtkodifikation. Die Gesamtkodifikation sei aber auch im Hinblick auf die große Rechtsunsicherheit erforderlich, die derzeit besteht. Und schließlich sei die Gesamtkodifikation aus der Erwägung erforderlich, daß sich der Zeitgeist in den Grundrechten spiegeln muß. Man könne nicht mit Grundrechten, die dem bürgerlichen Rechtsstaatsdenken entsprechen, in einer Zeit arbeiten, in der sich der soziale Rechtsstaat entfaltet. Es könne nicht daran vorbeigegangen werden, daß es keine zweite Verfassung der Welt gibt, deren Grundrechtskatalog so heterogen ist, wie jener der österreichischen Verfassung. Gegenüber diesen Erwägungen dürften allerdings die Gefahren nicht übersehen werden, die mit einer „abrupten“ Gesamtkodifikation verbunden wären. Die Gefahr bestünde vor allem darin, daß die Judikatur der Kodifikation nachhinken würde. Diese Gefahr könne an der Judikatur des Bundesgerichtshofes der Jahre 1934/38 und an der Judikatur zur Menschenrechtskonvention studiert werden. Auf Grund aller dieser Erwägungen sei der von Prof. Werner vorgeschlagenen Zweistufigkeit (Nah- und Fernziel) zuzustimmen. Aus dem Zusammenhalt der Fragestellung A 1 mit den Abschnitten C und D ergebe sich als Nahziel eine verbindliche Zusammenfassung der geltenden Normen, die die allmähliche Neuorientierung der Judikatur ermöglicht, und als Fernziel die umfassende Neukodifikation.

Sektionschef Loebenstein erinnerte daran, daß bei der konstituierenden Sitzung das Fragenprogramm akzeptiert worden ist und schlug unter Hinweis darauf vor, die Diskussion in den dadurch vorgezeichneten Bahnen zu halten. Die Intervention von Prof. Ermacora habe gezeigt, daß es durchaus sinnvoll ist, sich zunächst mit dem Abschnitt A unter Ausschaltung der Probleme des Abschnittes B zu befassen.

Prof. Walter gab zu bedenken, daß mit der Bejahung des Gedankens der geschlossenen Kodifikation noch nichts über den Inhalt der Kodifikation gesagt ist. Beim derzeitigen Stand der Diskussion könne daher auch noch nichts abschließendes über die Gefahren gesagt werden, die mit einer Gesamtkodifikation verbunden sind.

Sodann wies *Ministerialrat Weiler* darauf hin, daß das Ziel der Beratungen des Kollegiums die Klarstellung der Frage ist, ob und gegebenenfalls welche Maßnahmen auf dem Gebiet der Grundrechte erforderlich sind. Dem Fragenprogramm liege die Absicht zugrunde, Antwort auf diese Frage dadurch zu erhalten, daß die gegebene Situation von verschiedenen Gesichtspunkten aus analysiert und das Ergebnis der Analyse den entsprechenden Aspekten der Grundrechtsidee gegenübergestellt wird. Am Schlusse jeder dieser Gegenüberstellungen stehe dann die Frage, für welche der im Abschnitt C dargestellten legislativen Möglichkeiten sie – für sich betrachtet – spricht. Aus dem Zusammenhalt aller auf diese Weise gewonnenen Einsichten in Verbindung mit den gemäß dem Abschnitt D anzustellenden Erwägungen könne dann die abschließende Antwort im Sinne des Abschnittes C ermittelt werden. Für alle demnach anzustellenden Erwägungen sei das Prinzip der Gesetzgebungsökonomie als richtungsweisend anzusehen. Der als notwendig erkannte Effekt müsse mit dem geringstmöglichen legislativen Aufwand verwirklicht werden. Wenn daher die Frage A 1 im Sinne einer Gesamtkodifikation beantwortet wird, sei damit noch keineswegs gesagt, daß die abschließende Antwort im Sinne von C 1 ausfallen muß. Schließlich bemerkte Ministerialrat Weiler noch, daß die Judikatur des Verfassungsgerichtshofes zwar durch Jahrzehnte die ganze Grundrechtsordnung getragen habe, nunmehr aber, unter dem Eindruck der Menschenrechtskonvention möglicherweise – zumindest für eine länger dauernde Übergangsphase – außerstande sei, diese tragende Funktion weiter zu erfüllen.

Parlamentssekretär Kobzina führte zunächst aus, daß die Freiheitsrechte Ausdruck eines freiheitlichen politischen Wertsystems sind und daß dieser Umstand für ihre geschlossene Kodifikation spricht. Dies besage aber schon deshalb nicht viel, weil alle Grundrechtsnormierungen historisch zu erklären sind: Sie schützen jene Rechte, die in der konkreten Situation durch den Staat gefährdet schienen. Wolle man dessenungeachtet einem gewissen Perfektionismus das Wort reden, so sei nach dem Preis zu fragen, der dafür zu zahlen ist. Er ergebe sich aus der Einsicht, daß „Rechtssicherheit und Berechenbarkeit die Grundstrukturen jeder Rechtordnung schlechthin sind“ und da müsse nun die österreichische Grundrechtsordnung, so unsystematisch sie vielleicht auch sei, „ob der Rechtssicherheit verbürgender Dauer ihres Bestandes gerühmt werden“. Durch die Gesamtkodifikation würde in dieser Hinsicht eine wesentliche Änderung eintreten. Schließlich brauche Österreich einen Vergleich seiner Grundrechtsordnung mit anderen Staaten nicht zu scheuen. Dafür, daß im Jahre 1920 kein neuer Grundrechtskatalog geschaffen wurde, war, wie Hans Kelsen festgestellt hat, nicht zuletzt die Einsicht maßgebend, daß „die bestehende Regelung verhältnismäßig fortschrittlich war“. Im Lichte dieser Erwägungen sei die Frage, ob eine Gesamtrevision wünschenwert ist, zu verneinen.

Prof. Klecatsky gab zu bedenken, daß jede legislative Maßnahme nicht isoliert, sondern im Gesamtzusammenhang der Rechtsordnung gesehen werden muß. Im besonderen müsse das für Maßnahmen auf dem Gebiete der Grundrechte gelten. Sodann ging Prof. Klecatsky auf das Wesen der Grundrechte ein. Er qualifizierte sie als ein geschlossenes Bekenntnis zu einem bestimmten Menschenbild, gab jedoch zu bedenken, daß die Grundrechte insoweit, als sie sich in „steinerner Größe“ zeigen, nicht gegen eine gegenwärtige, sondern gegen eine bereits überwundene politische Macht erkämpft wurden. Grundrechte, die gegen eine aktuelle politische Macht proklamiert werden, seien entweder verwaschen und daher für die Rechtspraxis unbrauchbar, oder aber von vornherein nicht dazu angetan, jemals normative Bedeutung zu erlangen. Man solle daher mit Papieren, in denen Grundrechtsproklamationen erfolgen, keine übertriebenen Erwartungen verbinden. Sie müßten entweder gegen eine nicht mehr aktuelle Macht gerichtet oder verwaschen sein. Das wahre Wesen der Grundrechte sei aber ein viel gewaltigeres, als diese Ausführungen erkennen lassen, und zwar deshalb, weil sie sich, einmal proklamiert, entfalten und dann auch gegen die aktuelle Macht richten. Das sei ihr wahres Wesen. Diese wahren Wirkungen der Grundrechte um eines einheitlichen Papieres Willen zu beseitigen, wäre nicht richtig.

Prokuraturskommissär Graff befaßte sich zunächst mit dem Verhältnis der innerstaatlichen Grundrechtsordnung zur Menschenrechtskonvention und machte dann auf die Möglichkeit aufmerksam, die unmittelbare Anwendbarkeit der Menschenrechtskonvention nur für den Bereich der Gesetzeskontrolle durch den Verfassungsgerichtshof vorzusehen. Ungeachtet dieser Möglichkeit sei es aber doch notwendig, für den gesamten innerstaatlichen Rechtsbereich die Geltung der staatsvertraglichen Regelungen anzuschließen [!], auch auf die Gefahr hin, daß auf völkerrechtlicher Ebene die Völkerrechtswidrigkeit der innerstaatlichen Grundrechtskodifikation festgestellt wird. Schließlich sprach sich Prokuraturskommissär Graff gegen die zur Diskussion gestellte Zweistufigkeit aus. Das Kollegium solle davon Abstand nehmen, die vielen überaus schwierigen Rechtsprobleme zu lösen, die die derzeitige Rechtslage birgt und direkt sich der Neugestaltung der Rechtslage zuwenden.

Prof. Marcic ging sodann auf die Ausführungen von Prof. Klecatsky und Parlamentssekretär Kobzina ein, anerkannte ihre grundsätzliche Richtigkeit, gab aber zu bedenken, daß diese Überlegungen vor dem Beitritt Österreichs zum Europarat und zu den Vereinten Nationen hätten angestellt werden müssen. Sie jetzt anzustellen, sei zu spät. Aber selbst wenn man von diesem Gesichtspunkt absieht, könnte auch nicht übersehen werden, daß durch die gesellschaftliche Entwicklung neue Schutzbedürfnisse erwachsen sind, z.B. das Asylrecht, der Schutz gegen Eingriffe in das Persönlichkeitsrecht durch Laboranalyse und biochemische Manipulationen. Schließlich wies Prof. Marcic darauf hin, daß die mit Recht hervorgehobenen Werte der geltenden Grundrechtsordnung bei einer Neukodifikation keineswegs über Bord geworfen, sondern übernommen werden können.

Sektionschef Loebenstein führte anknüpfend an die Stellungnahme von Prof. Marcic aus, daß das Bundeskanzleramt-Verfassungsdienst die Schwierigkeiten, die der Beitritt zur Menschenrechtskonvention mit sich brachte, vorausgesehen und dementsprechend auch Vorschläge erstattet hat, wie ihnen begegnet werden könnte. Diesen Vorschlägen ist dann allerdings nicht Rechnung getragen worden.

Die Schwierigkeiten, mit denen Österreich jetzt zu kämpfen hat, seien auch die wahre Ursache dafür, daß Frankreich bisher der Konvention nicht beigetreten ist. Frankreich wolle sich diese Schwierigkeiten ersparen.

Prof. Winkler sprach sich sodann neuerlich für eine umfassende Neuordnung der Grundrechte aus. Im Zuge dieser Neuordnung solle jedoch nichts vom historisch gewachsenen Rechtsbestand preisgegeben werden.

Abg. Mark führte aus, daß nur 3 Staaten des Europarates die MRK nicht ratifiziert haben: Frankreich, die Schweiz und Zypern. Frankreich sei in Wahrheit aus Gründen, die mit dem Algerienproblem in Zusammenhang stehen, der MRK nicht beigetreten. Die Schweiz aber prüfe derzeit die Frage ihres Beitrittes. Für sie ergeben sich Schwierigkeiten im Zusammenhang mit der Frage des Wahlrechtes der Frau. Es werde ein diesbezüglicher Vorbehalt in Erwägung gezogen.

RA Rosenzweig vertrat die Meinung, die Frage A 1 solle richtig dahin lauten, ob der gegebene Zustand „befriedigend" ist. So gestellt müsse die Frage verneint werden, weil die Klarheit und Übersichtlichkeit der Rechtsordnung verloren gegangen ist.

Sektionschef Loebenstein bemerkte hiezu, daß das Fragenprogramm bei der konstitutierenden Sitzung des Kollegiums von allen Kollegiumsmitgliedern gutgeheißen worden ist. Außerdem gab Sektionschef Loebenstein zu bedenken, daß die Frage, ob der gegebene Zustand befriedigend ist, in Anbetracht des Umstandes, daß es sich um Grundrechtsnormen handelt, richtig nur mit dem Blick auf das Wesen der Grundrechte beurteilt werden kann. Schließlich schlug Sektionschef Loebenstein vor, den Begriff „Aufstockungsgesetz" nur zur Bezeichnung jenes in Aussicht genommenen Gesetzes zu verwenden, das die Rechtslage den durch die MRK gegebenen Erfordernissen anpassen soll.

Parl.Sekr. Kobzina und *Prof. Klecatsky* stellten sodann klar, daß sie ihre Ausführungen nicht als im Widerspruch zu jenen von Prof. Marcic verstanden wissen wollten. Es gehe ihnen nicht weniger um eine materiell umfassende Kodifikation der Freiheit. Prof. *Klecatsky* bekannte sich noch mit besonderem Nachdruck zur MRK und zur Deklaration der Menschenrechte und vertrat die Auffassung, daß diese Deklaration auf Grund des Art. 6 des Staatsvertrages von Wien bereits in Österreich geltendes Recht ist. Er wies außerdem darauf hin, daß die Grundrechtsnormen infolge ihres unbestimmten Wortbestandes einerseits und ihrer Zugehörigkeit zur höchsten Stufe der Rechtsordnung andererseits mit besonderen Staats- und gesellschaftspolitischen Problemen belastet sind. Während im einfachen Gesetzesrecht die bestehenden Interessengegensätze bereits vom Gesetzgeber gelöst sind, müssen sie hier erst im Bereich der Vollziehung, vor allem vom Verfassungsgerichtshof gelöst werden. Das sei für die Frage der Rechtssicherheit, einem der höchsten Güter, von entscheidender Bedeutung. Die Rechtssicherheit aber, die nunmehr angestrebt wird, dürfte nicht dadurch erreicht werden, daß dem Individuum bestehende Rechte genommen werden.

Prof. Ermacora machte vom Ergebnis eines Kongresses für Rechtsvergleichung in Hamburg Mitteilung, demzufolge die Zeit für große Kodifikationen nicht günstig ist. Er wies außerdem daraufhin, daß die Ausschaltung der unmittelbaren Anwendbarkeit der MRK die Ingerenzen der überstaatlichen Instanzen auf die österreichische Rechtsordnung nicht zu verhindern vermag. Schließlich wies Prof. Ermacora auf einzelne des Grundrechtsschutzes bedürftige Rechtsgüter hin, die mit einem Aufstockungsgesetz nicht gesichert werden könnten, z.B. Blutabnahme, Antisemitismus, Abhörmethoden.

Sekt.Chef Loebenstein schlug nun neuerlich vor, die spezielle Problematik des Aufstockungsgesetzes auszuscheiden und *Min.Rat Weiler* wies darauf hin, daß das Fragenprogramm zwischen dem Terminus „Aufstockungsgesetz“ (A 1) und “Zusammenfassung der bestehenden Grundrechte in einem Katalog“ (C 3) andererseits unterscheidet. *Min.Rat. Weiler* wies außerdem darauf hin, daß die Frage A 1 im Hinblick auf die Grundrechtsliteratur und auch im Hinblick auf die konkrete österreichische Situation den Verfassern des Fragenprogramms sinnvoll erschienen ist und daß eine Reihe von Diskussionsäußerungen ihre Berechtigung erwiesen hat. Er schlug neuerlich vor, zu den einzelnen Fragen gesondert Stellung zu nehmen, damit eine auf diesen Stellungnahmen aufbauende zusammenfassende Äußerung im Sinne des Abschnittes C möglich wird.

Nun führte *Prof. Werner* aus, die Fragestellung A 1 sei seiner Meinung nach nicht recht am Platze. Es sei zwar höchst unbefriedigend, wenn mehrere Rechtsquellen nebeneinander bestehen. Aus dem Wesen der Grundrechte heraus könne aber dazu schwer etwas gesagt werden.

Dazu gab *Sektionschef Loebenstein* zu bedenken, daß die Frage A 1 nicht abstrakt, sondern im Hinblick auf den Zustand der österreichischen Grundrechtsordnung gestellt ist. Die Beschaffenheit dieser Ordnung mit ihren vielfältigen Überschneidungen und Derogationsproblemen rechtfertige die Frage.

Hofrat Lora vertrat zunächst die Meinung, daß der Bestand mehrerer Grundrechtsquellen dem Wesen der Grundrechte gemäß ist, da sie im Laufe der geschichtlichen Entwicklung aus den jeweiligen sozialen Notwendigkeiten und Forderungen entstanden sind. Die „steinerne Größe“ der Grundrechte, von der Professor Klecatsky gesprochen habe, gehe aber verloren, wenn durch Widersprüche und durch Überschneidungen unklar wird, welches Grundrecht überhaupt noch gilt.

Professor Marcic bemerkte zu der Feststellung von Prof. Ermacora, die Zeit sei für Kodifikationen nicht günstig, daß sich alle Soziologen und Gesellschaftsphilosophen in der Annahme einig sind, die künftige Gesellschaft werde immer eine dynamische, nie mehr also eine statische sein. Das aber mache eine neue Kodifikationstechnik notwendig.

Da weitere Wortmeldungen zu Punkt A 1 des Fragenprogramms nicht mehr vorlagen, ersuchte *Sektionschef Loebenstein* nunmehr die Mitglieder des Kollegiums, zu der in diesem Punkt gestellten Frage zusammenfassend Stellung zu nehmen. Auf Grund dieses Ersuchens ergab sich sodann noch einmal eine Diskussion darüber, ob die Frage nicht, so wie von *Rechtsanwalt Rosenzweig* vorgeschlagen, lauten sollte: Ist dieser Zustand befriedigend? *Professor Ermacora* führte im Zuge dieser Diskussion aus, daß diese Frage eine praktische ist, während die Frage des Programms rechtstheoretischen Charakter hat. Schließlich wurde Übereinstimmung darüber erzielt, daß beide Fragen zu beantworten sind. Im Anschluß daran gaben die Mitglieder des Kollegiums folgende Stellungnahmen ab:

Professor Winkler erklärte, er ziehe im Punkt A 1 des Fragenprogramms den ersten mit dem letzten Satz zusammen zur Feststellung, daß die Grundrechte derzeit nicht geschlossen kodifiziert, sondern auf verschiedene Rechtsquellen verstreut sind und beantwortete die damit verbundene Frage, ob dieser Zustand dem Wesen der Grundrechte gemäß ist, mit nein.

Professor Werner: nein.

Professor Walter: nein.

Abgeordneter van Tongel: nein.

Rechtsanwalt Rosenzweig: nein.

Sektionsrat Ringhofer erklärte, zu der im Punkt A 1 gestellten Frage nicht Stellung nehmen zu können, zumal ja das Wesen der Grundrechte noch nicht Gegenstand der Verhandlungen war. Zur zweiten Frage erklärte Sektionsrat Ringhofer, der zurzeit gegebene Zustand sei unbefriedigend.

Abgeordneter Mark: nein.

Professor Marcic: nein.

Hofrat Lora: „Meiner Ansicht nach ist dieser Zustand dem Wesen der Grundrechte gemäß, aber sofern die Normen einander widersprechen, ist er nicht gemäß."

Hofrat Lehne: „Die Aufteilung des Rechtsstoffes in verschiedene Rechtsquellen widerspricht dem Wesen der Grundrechte nicht. Das konkrete Verhältnis dieser Normen in Österreich zueinander ist unbefriedigend."

Abgeordneter Kummer: nein.

Parlamentssekretär Kobzina bezeichnete den gegebenen Zustand als dem Wesen der Grundrechte nicht gemäß, erklärte dies aber als unerheblich. Die Frage, ob der gegebene Zustand befriedigend ist, verneinte Parlamentssekretär Kobzina ebenfalls, u.zw. mit der Begründung, daß der Grundrechtskatalog einer Ergänzung bedarf.

Professor Klecatsky erklärte, die Frage A 1 nicht beantworten zu können. Die Frage, ob der gegebene Zustand befriedigend ist, wurde von Professor Klecatsky verneint.

Hofrat Kaltenberger bezeichnete den Umstand, daß die Grundrechtsordnung auf verschiedene Rechtsquellen verteilt ist, als mit dem Wesen der Grundrechte vereinbar. Den derzeitigen Zustand bezeichnete er jedoch als unbefriedigend.

Prok.Koär. Graff: „Rechtstechnisch nicht befriedigend."

Prof. Gschnitzer: „Nicht befriedigend."

Präsident Dietrich: „Nicht befriedigend."

Rechtsanwalt Beck: „a) Die Frage, ob der gegenwärtige Zustand dem Wesen der Grundrechte entspricht, kann noch nicht beantwortet werden, weil zunächst das Wesen der Grundrechte zu definieren ist. b) Der Zustand ist nicht befriedigend, wegen Unübersichtlichkeit und Überschneidung im Sinne von Herrn Dr. Rosenzweig. c) Zusatz: Es ist diese Antwort aber nicht ergiebig, weil sie noch nicht erkennen läßt, welche Maßnahmen im Sinne des Punktes C sich daraus ergeben."

Prof. Ermacora erklärte zur Frage A 1 („Zur Wesensfragestellung"), die gegebene Situation sei der Idee der Grundrechte nicht gemäß, der praktischen Entwicklung hingegen gemäß. Die Frage, ob der gegebene Zustand befriedigend ist, verneinte Prof. Ermacora."

II.

Sektionschef Loebenstein leitete sodann die Diskussion zu Punkt 2 des Abschnittes A des Fragenprogramms ein und gab auf Wunsch mehrerer Mitglieder des Kollegiums zu diesem Punkt nähere Erläuterungen. Er wies zunächst darauf hin, daß die Grundrechte in der Sicht des Jahres 1867 gegen die Vollziehung, nicht aber gegen den Gesetzgeber gerichtet waren. Für die Vollziehung sollten durch die Grundrechte Schranken aufgerichtet werden. In dieser Sicht war es sinnvoll, in der Form des Gesetzesvorbehaltes nähere Regelungen über diese Schranken durch den Gesetzgeber vorzusehen. In der heutigen Sicht sind die Grundrechte nicht nur gegen die Vollziehung, sondern auch gegen den Gesetzgeber gerichtet. Diese Veränderung erfordere eine Prüfung der Frage, welche Bedeutung den nach wie vor in Geltung stehenden Gesetzesvorbehalten heute zukommt. Des weiteren müsse gefragt werden, ob die Gesetzesvorbehalte nicht etwa durch ihre Übernahme in die Verfassungsordnung des B.-VG. einen Wandel erfahren haben. Schließlich wies Sektionschef Loebenstein darauf hin, daß die auf Grund der Gesetzesvorbehalte ergangenen bzw. ergehenden Gesetze den Inhalt der Grundrechte mitbestimmen und daher diesen Inhalt auch verändern können.

Professor Klecatsky hob sodann hervor, daß das Legalitätsprinzip, als eines der wichtigsten Strukturprinzipien der freistaatlichen Verfassung überhaupt, in Gerichtsbarkeit und Verwaltung die Grundrechte absichert. Für den Bereich der Gesetzgebung aber sei festzustellen, daß die Meinung des Jahres 1867, der Einzelne finde seinen besten Schutz beim Volk und seiner Vertretung, nicht mehr trägt.

Professor Ermacora wies zunächst darauf hin, daß sich der Gesetzesvorbehalt auch in der Menschenrechtskonvention findet, hier aber eine andere Funktion habe wie in den innerstaatlichen Vorschriften. Sodann legte er den Wandel dar, der in der Schutzfunktion der Grundrechte durch den Übergang vom konstitutionellen Staat zur demokratischen Republik eintreten mußte. Ersterer war von verschiedenen Kräftegruppen (Monarch – Volk) getragen. In der demokratischen Republik beherrscht – zumindest für bestimmte Zeitabschnitte – eine einzige Kräftegruppe alle Staatsfunktionen. Im Prinzip sei dadurch das Wesen des Gesetzesvorbehalts gebrochen. Art. 18 des B.-VG. habe den Gesetzesvorbehalt nicht bedeutungslos gemacht, sondern in seiner Bedeutung gewandelt. Er deute die Einbruchstelle in das Wesen der Grundrechte an. Der Gesetzesvorbehalt habe aber auch eine positive Bedeutung. Richtig verstanden könne er dazu dienen, ein Grundrecht erst effektiv zu machen. So bringe etwa das Vereinsgesetz das „sehr schwammige Grundrecht" der Vereinsfreiheit in seine richtige Gestalt. Die Feststellung des Verfassungsgerichtshofes, wonach der § 3 des Versammlungsgesetzes 1953 verfassungwidrig ist, zeige deutlich, daß es durchaus möglich ist, dem Wesensgehalt der Grundrechte widersprechende Mißgriffe zu beseitigen.

Rechtsanwalt Rosenzweig stellte den Gesetzesvorbehalt des Jahres 1867 als „allgemeinen Gesetzesvorbehalt" jenem der Menschenrechtskonvention als „beschränkten Gesetzesvorbehalt" gegenüber. Letzterer bezeichnet die Materien, innerhalb welcher eine Beschränkung der Grundrechte möglich ist. Der allgemeine Gesetzesvorbehalt habe durch den Art. 18 des B.-VG. seine Bedeutung verloren. Den Gedanken, der einfache, den Gesetzesvorbehalt gebrauchende Gesetzgeber dürfe das Wesen des Grundrechte nicht berühren, bezeichnete RA Rosenzweig als höchst theoretisch. Zu beachten sei, daß der Verfassungsgerichtshof auf Grund des Art. 144 in bestimmten Fällen auch dann seine Zuständigkeit bejaht, wenn es sich um die Vollziehung von einfachen, in Anwendung des Gesetzesvorbehaltes ergangenen Gesetzen handelt. Die sich daraus ergebenden Schwierigkeiten in der Abgrenzung der Kompetenzen zum Verwaltungsgerichtshof bedürften in diesem Zusammenhang besonderer Beachtung.

Professor Werner erläuterte die Bedeutung des Gesetzesvorbehaltes am Beispiel des Art. 6 des Staatsgrundgesetzes über die allgemeinen Rechte der Staatsbürger (StGG.). Er wies darauf hin, daß es im Jahre 1867 nur wenige Einschränkungen der Gewerbefreiheit gegeben hat, heute aber sehr viele. Durch diese Entwicklung ist die Gewerbefreiheit immer mehr eingeschrumpft. Sie ist nur mehr Programm, besteht aber nicht. Wo die Grenze liegt, sei sehr schwer zu sagen. Es handle sich hier um ein Problem, das im Verfassungsrecht auch sonst sich zeigt. Schließlich bemerkte Professor Werner, es sei nicht ganz richtig, daß die Grundrechte 1867 nur auf die Verwaltung wirkten. Sie hätten auch damals schon Wirkungen für den Gesetzgeber gehabt.

Dazu erwiderte *Sektionschef Loebenstein*, die Wirkung auf den Gesetzgeber hätte insofern gefehlt, als es keine Kontrolle der Gesetzgebung auf ihre Verfassungsmäßigkeit gab.

Professor Winkler wies darauf hin, daß bei dem geringen Umfang der Gesetzgebung noch in den 70er Jahren der Gesetzesvorbehalt eine Bedeutung hatte, die in dem Maße, als die Gesetzgebung der Verwaltung den Zugang zu allen Lebensbereichen fortschreitend öffnete, immer mehr verloren ging. Mit der im Art. 18 des B.-VG. zum Ausdruck kommenden Generalisierung des Gesetzesvorbehaltes sei die Schutzfunktion der Grundrechte gegenüber dem Gesetzgeber zu voller Aktualität gelangt. Unter den heutigen Voraussetzungen dürfe der Gesetzesvorbehalt nicht als Blankett an die Gesetzgebung formuliert werden. Vielmehr sei er mit echten Kriterien der Grenzziehung auszustatten. Und es könne daran gedacht werden, damit eine Wesengehaltgarantie nach dem Vorbild des Bonner Grundgesetzes zu verbinden. Abschließend erklärte Prof. Winkler die Frage A 2 sei zu bejahen. Der Gesetzesvorbehalt sei der veränderten Situation anzupassen.

Professor Marcic wies darauf hin, daß in der demokratischen Republik an die Stelle des Gegensatzes: Monarch – Volk als ganzes, der Gegensatz: Mehrheit – Minderheit, getreten sei. Unter diesen geänderten Verhältnissen gebe es keinen ausreichenden Schutz mehr durch einfachen Gesetzesvorbehalt, da die Mehrheit ohne Rücksicht auf die Minderheit Gesetze abzuändern vermag. Daher müsse nunmehr die Inanspruchnahme des Gesetzesvorbehaltes dem einfachen Gesetzgeber verschlossen sein. Nur unter dieser Voraussetzung sei für die Berücksichtigung der Minderheit Gewähr geboten. In der heutigen Situation sei zu unterscheiden: a) der Vorbehalt zugunsten der einfachen Gesetzgebung; b) der Vorbehalt zugunsten der Verfassungsgesetzgebung; c) die Sperrklausel des Wesensgehalts.

Rechtsanwalt Beck führte aus, daß ein Gespräch über den Gesetzesvorbehalt auch ein Gespräch über den Gesetzesbegriff erfordert und befaßte sich im Anschluß daran mit dem besonderen Wandel dieses Begriffes. In den theoretischen Vorstellungen sei das Gesetz immer noch etwas heiliges, eine absolute Barriere gegen Willkür. Tatsächlich vermöge aber der Gesetzesbegriff nicht mehr das zu leisten, wofür er gedacht war. Dafür seien gerade die Verhältnisse in Österreich beispielhaft. Weder der Vorbehalt zugunsten der einfachen noch der Vorbehalt zugunsten der Verfassungsgesetzgebung könne daher einen ausreichenden Schutz gewähren. Es sei ein Mehr erforderlich.

Parlamentssekretär Kobzina wies darauf hin, daß der Gesetzesvorbehalt heute die Grundrechte in ihrem Kern träfe, ein Zustand, der vor allem auch durch den Verfall des Strukturprinzips der Gewaltenteilung bedingt sei. Schließlich wies Parlamentssekretär Kobzina, um die Bedeutung des Legalitätsprinzips zu unterstreichen, darauf hin, daß die deutsche Reichsverfassung des Jahres 1871 mit seiner Hilfe, ohne einen Grundrechtskatalog, die Freiheit des Einzelnen zu schützen vermochte.

Präsident Dietrich sprach sich sodann ebenfalls für Maßnahmen aus, die verhindern, daß der Gesetzesvorbehalt eine die Grundrechte zerstörende Wirkung entfalten kann.

Professor Klecatsky befaßt sich anknüpfend an Ausführungen von Professor Winkler mit dem Verhältnis des Gesetzesvorbehaltes zum Legalitätsprinzip und stellte fest, daß das Versagen des Gesetzesvorbehaltes das Vordringen des Legalitätsprinzips zur Folge hatte, nicht aber umgekehrt. Er hob außerdem hervor, daß heute nur ein Spannungsverhältnis bestehe: Kollektiv – Einzelner. In dieser Situation biete der Gesetzesvorbehalt nicht nur keinen Schutz, sondern sei die Einfallspforte der Gewalt. Alle Gesetzesvorbehalte müßten daher durch Gesetzgebungsverbote ersetzt werden.

Sektionsrat Ringhofer gab zunächst zu bedenken, daß der Gesetzesvorbehalt zwar theoretisch eine Blankettermächtigung ist, nicht aber in der Praxis. Die Judikatur des Verfassungsgerichtshofes habe diese Ermächtigung schon weitgehend beschränkt. Dann wies Sektionsrat Ringhofer darauf hin, daß der von einzelnen Kollegiumsmitgliedern geforderte „verfassungskräftige Gesetzesvorbehalt" einen Weg weisen würde, der auf einer anderern Seite sehr unerfreuliche Folgen haben müßte. Ein solcher Vorbehalt bedeute in Wahrheit dessen Streichung. Er habe nur die Bedeutung eines Programms, einer Ankündigung von verfassungsrechtlichen Sonderregelungen und stünde daher in striktem Gegensatz zu den Bemühungen, die Bundesverfassung in eine Form zu bringen, die für jedermann überschaubar ist.

Sektionschef Loebenstein bemerkte dazu, es werde notwendig sein, darüber zu sprechen, ob an einfache oder an qualifizierte Verfassungsgesetze gedacht ist. *Rechtsanwalt Beck* stellte fest, der „verfassungskräftige Vorbehalt" sei natürlich nur sinnvoll, wenn es zwei Stufen des Verfassungsrechtes gibt.

Prokuraturkommissär Graff wies sodann darauf hin, daß die Frage der Garantie der Grundrechte wesentlich ein Rangproblem ist. „Verfassungskräftige Gesetzesvorbehalte" seien nur sinnvoll, wenn den Grundrechten ein noch höherer Rang zukommt. Stünden die Grundrechte auf der Stufe eines einfachen Verfassungsgesetzes, so würde sich die Bedeutung des Gesetzesvorbehaltes in der Begründung der Kompetenz des Verfassungsgerichtshofes und „in einer gewissen Wesensgarantie" schöpfen.

Professor Winkler stellte zunächst fest, daß bei der Formulierung von Grundsätzlichem stets jenes Maß an Abstraktion zu wählen ist, das gerade noch vertretbar ist, um den Gegenstand der Regelung präzis zu erfassen. Sodann wies Professor Winkler darauf hin, daß sich eine Gesetzesunmittelbarkeit der Grundrechte nicht nur im Zusammenhang mit dem Gesetzesvorbehalt zeige. Als Beispiel für diesen weiteren Aspekt der Gesetzesunmittelbarkeit nannte Professor Winkler den dem Art. 5 des StGG. zugrundeliegenden Eigentumsbegriff. Er sei nach den Definitionen des Jahres 1867 zu bestimmen, sodaß Steuerpflichten, Nachbarrechte u.a. diesem Begriff immanent sind. Ebenso sei ohne den § 365 des ABGB. der Enteignungsbegriff nicht zu verstehen. Aus dieser Einsicht ergäbe sich die schwierige Frage, wie weit man sich bei der Formulierung der Grundrechte ohne nähere Regelung der vorgegebenen Begriffe der Rechtsordnung bedient und wie weit man hier die Notwendigkeit einer Zurückdrängung der einfachen Gesetzgebung annimmt.

Ministerialrat Weiler erinnerte daran, daß Ziel der Diskussion nicht nur die Klarstellung des Bedeutungwandels sei, den der Gesetzesvorbehalt durchgemacht hat, sondern auch die Klärung der Frage, ob der Gesetzesvorbehalt, wie wir ihn heute vorfinden, in Anbetracht der veränderten Situation noch tragbar ist. Anschließend daran sei die weitere Frage zu stellen, was vom Standpunkte der heutigen Rechtserkenntnis und der heutigen legislativen Möglichkeiten getan werden könnte, um besseres an seine Stelle zu setzen.

Sektionschef Loebenstein empfahl, diese Anregung aufzugreifen.

Rechtsanwalt Rosenzweig stellte sodann unter Bezugnahme auf die Ausführungen von Prokuraturkommissär Graff dar, daß er den Begriff „Gesetzesvorbehalt" nur im Sinne eines Vorbehaltes der Regelung durch den einfachen Gesetzgeber verstanden habe. Im übrigen sei es wohl unbestritten, daß Grundrechtsänderungen auch unter den Begriff einer Gesamtänderung der Bundesverfassung fallen könnten. Während bis zum Jahre 1920 im allgemeinen der Grundsatz gegolten habe, der Staatsbürger dürfe nur, was ihm das Gesetz erlaubt, und nur im Bereich der Grundrechte der Grundsatz wirksam gewesen sei, der Staatsbürger dürfe alles, was das Gesetz ihm nicht verbietet, gelte jetzt kraft des Art. 18 des B.-VG., daß der Staatsbürger alles darf, was das Gesetz nicht verbietet, der Staat aber nur das, was das Gesetz ihm erlaubt.

Professor Werner bemerkte zur Frage A 2, daß die entscheidenden Änderungen nicht im Bereich der Gesetzgebung sondern im Bereich der Verwaltung eingetreten seien und daß daher die Fragestellung auf die Verwaltung ausgedehnt werden sollte.

Sektionschef Loebenstein sprach sich gegen diesen Vorschlag aus. Die Veränderungen in der Verwaltung hingen mit dem Legalitätsprinzip zusammen. Die Diskussion auf diesen Bereich auszudehnen wäre im gegebenen Zusammenhang nicht sehr zweckmäßig.

Professor Werner stellte in Ergänzung zu seinen Ausführungen noch klar, daß die Annahme, die Gesetzesgebundenheit der Verwaltung sei erst mit dem 1.10.1920 Wirklichkeit geworden, nicht zutrifft. Zur Begründung seines Standpunktes verwies er auf die seit 1876 bestehende Verwaltungsgerichtsbarkeit, die die Gesetzesgebundenheit der Verwaltung voraussetzt.

Professor Klecatsky führte zunächst aus, daß die Vergesetzlichung der Verwaltung allmählich vor sich gegangen ist. Die Intensität der Bindung sei im Jahre 1877 eine andere gewesen als sie es im Jahre 1965 ist. Sodann stellte Professor Klecatsky fest, wenn die Diskussion auch schon die Probleme der Abschnitte B, C und D erfasse, sei es sehr schwierig, auf die unter A gestellten Fragen mit ja oder nein zu antworten. Die Frage, ob und wie der Gesetzesvorbehalt ersetzt werden kann, generell zu behandeln, sei nicht lohnend. Die Lage sei in jedem Falle anders. Im allgemeinen könne angenommen werden, daß es möglich ist, durch eine entsprechende Formulierung der Grundrechte den Gesetzesvorbehalt zu vermeiden.

Ministerialrat Weiler bemerkte hiezu, die Frage, vor der das Kollegium beim derzeitigen Stand der Verhandlungen stehe, sei, ob man den Gesetzesvorbehalt, wie er sich in der konkreten österreichischen Situation zeigt, hinnehmen kann oder nicht.

Sektionschef Loebenstein schlug ebenfalls eine Fragestellung in dieser Richtung vor und wies darauf hin, daß die bisherige Diskussion ja bereits den Wandel des Gesetzesvorbehaltbegriffes gezeigt habe. Zu prüfen bleibe, was mit dem unbeschränkten Gesetzesvorbehalt im Jahre 1920 geschehen ist und ob ein eingeschränkter Vorbehalt tragbar erscheint.

Nach längerer Diskussion wurde folgende Fragestellung festgelegt: a) Hat der Gesetzesvorbehalt, wie er sich in den österreichischen Grundrechtsnormen findet, in seiner Bedeutung eine Veränderung erfahren? b) Begründet ein allfälliger Bedeutungswandel die Notwendigkeit einer Reform? Diese Fragen wurden von allen Mitgliedern des Kollegiums bejaht. *Hofrat Kaltenberger* fügte hinzu, er wolle seine Erklärung nicht so verstanden wissen, daß der Gesetzesvorbehalt in seiner derzeitigen Form in allen Fällen ausgeschlossen ist.

Am Schluß der Vormittagssitzung wurde schließlich die Frage der Presseinformation über die laufende Arbeitstagung des Kollegiums erörtert. Diskutiert wurde vor allem darüber, ob in der Presseaussendung über eine Angabe der behandelten Themen hinaus weitere Mitteilungen gemacht werden sollen. Im Zuge der Diskussion wurde vorgeschlagen, im Falle einer Beschränkung auf die Themenangabe diese etwas auszugestalten, sodaß sie für den Zeitungsleser interessant wird.

Sektionschef Loebenstein schlug vor, die abschließende Behandlung dieses Problems dem Ende der Tagung vorzubehalten. Er wies außerdem darauf hin, daß die endgültige Entscheidung, da es sich um eine Aussendung des Bundeskanzleramtes handeln wird, vom Bundeskanzler getroffen werden wird.

III.

Am Beginn der Nachmittagssitzung stellte *Sektionschef Loebenstein* die Frage zur Diskussion, ob zunächst der Punkt A 3 des Fragenprogramms erörtert werden solle, oder aber die beim Punkt A 2 zurückgestellten Fragen des Ranges der Grundrechte und der im Gesetzesvorbehalt vorgesehenen Gesetzgebungsakte, mit welchem Thema dann die von Rechtsanwalt Beck zur Diskussion gestellten Fragen zu verbinden wären. Nach kurzer Diskussion wurde auf Grund eines Vorschlages von *Professor Gschnitzer* mit den Verhandlungen über den Punkt A 3 begonnen.

Einleitend gab *Sektionschef Loebenstein* eine Übersicht über die Problematik des Gegenstandes. Er wies auf das Erkenntnis des Verfassungsgerichtshofes vom 26. März 1962, B 361/61 hin, in dem ausgeführt ist, daß die Anwendung der Art.6 des StGG. neben den sonstigen verfassungsrechtlichen Vorschriften die in der Natur der zu regelnden Materie liegenden Grenzen zu beachten hat. Dann machte Sektionschef Loebenstein auf die Frage aufmerksam, ob der Wesensgehalt der Grundrechte von der jeweiligen Gesellschaftsordnung und den jeweils herrschenden Weltanschauungen abhängig oder unabhängig gestaltet werden soll. Weiters schlug Sektionschef Loebenstein vor, sich mit der Tatsache zu befassen, daß derselbe Wortlaut von Grundrechtsnormen in die Verfassungssysteme sowohl rechtsstaatlich-demokratischer als auch totalitärer Staaten Eingang gefunden hat. Außerdem stellte Sektionschef Loebenstein das System der Art. 19 und 79 des Bonner Grundgesetzes zur Diskussion, wonach jede Abänderung von Grundrechten als solche gekennzeichnet sein muß und Eingriffe in den Wesensgehalt der Grundrechte ausgeschlossen und darüberhinaus Art. 1 und 20 als unabänderlich bezeichnet sind.

Prof. Walter führte dazu aus, es sei wesentlich für die Grundrechte, daß sie von gewissen Veränderungen in der Gesellschaft unabhängig sind. Sinn der erschwerten Abänderbarkeit der Grundrechte sei es, daß sie auch bei Veränderungen der in der Gesellschaft herrschenden Anschauungen gewahrt bleiben. Als stärkste Sicherung der Grundrechte gegen Einwirkungen durch Veränderungen in der Gesellschaft käme die Erklärung ihrer Unabänderlichkeit in Betracht. Als

Folge hievon wäre eine Änderung nur durch Bruch der Rechtskontinuität möglich, wogegen rechtliche Sicherungen nicht verfügbar sind. Eine Sicherung sei allerdings nur dann gegeben, wenn die Grundrechtsnorm einen hinreichend präzisen Gehalt aufweist. Eine Bestimmung, die die Menschenwürde garantiert, als unabänderlich zu bezeichnen, sei wertlos, weil eine solche Bestimmung eine Auslegung im Sinne jeder jeweils herrschenden Ideologie ermöglichen würde. In der Stufenfolge der Sicherungen der Grundrechte käme als nächste Stufe dann die Bindung der Änderungern an die Erfordernisse einer Gesamtänderung der Verfassung, als nächste Stufe die des einfaches Verfassungsgesetzes und als letzte die Stufe des einfachen Gesetzes in Betracht. Zwischen dem Modus der Gesamtänderung und jenem des einfachen Gesetzes seien auch noch weitere Zwischenstufen denkbar, die allerdings noch näherer Erörterung bedürften. Die im Bonner Grundgesetz enthaltene Sicherung des Wesensgehaltes der Grundrechte sei in Wahrheit nur eine gesetzestechnische Ausflucht, da jede Änderung der gesellschaftlichen Entwicklung zu einer anderen Auffassung über das, was den Wesensgehalt bildet, führen könne. Wolle man Sicherungen dieser Art schaffen, so müsse man sich schon um Regelungen bemühen, die inhaltlich mehr bestimmt sind. In der Frage, wie die Gesetzesvorbehalte gestaltet werden könnten, könne allenfalls das Bonner Grundgesetz als Vorbild dienen, da es die Gründe anführt, die eine Einschränkung von Grundrechten durch einfaches Gesetz zulassen.

Prof. Winkler wies darauf hin, daß die formalen und die inhaltlichen Momente zur Begrenzung der Grundrechte zusammenhängen und ging dann auf die Frage der inhaltlichen Begrenzung näher ein. Prof. Winkler wies auf den in der Philosophie neuerdings insbesondere von Topitsch erhobenen Vorwurf hin, daß die Rechtsordnungen Wertbegriffe verwenden, die von den Interpreten beliebig ausgefüllt werden könnten. Diese Kritik sei bis zu einem gewissen Grad berechtigt, schieße aber über ihr Ziel. Man dürfe nicht vergessen, daß die Kritik von Leuten geübt wird, die außerhalb der konkreten Rechtserfahrung stehen und denen der Wertbegriff in seiner Isoliertheit entgegentritt. Auch sei zu beachten, daß es nicht immer ein Anliegen der Rechtsordnung ist, Werte verbindlich festzulegen. Vielfach nehme der Grundrechtsgesetzgeber auf die in der Gesellschaft herrschenden Wertvorstellungen Bezug, um sie einem qualifizierten Schutz zu unterstellen, ohne sie näher zu definieren. Der Verfassungsgesetzgeber gebe hier der gesellschaftlichen Entwicklung und dem Wandel der Überzeugungen Raum, um dem Menschen die Freiheit des Geistes zu sichern. Dort aber, wo der Verfassungsgesetzgeber gewissermaßen Wertbekenntnisse abverlangt, komme es zu einer Ideologisierung, die sich in 10 Jahren als Anachronismus erweisen könne. Angesichts des Umstandes, daß Österreich ein demokratischer Staat ist, in dem viele einander widerstreitende Weltanschauungen nebeneinander bestehen, wäre eine inhaltliche Vorbestimmung im Werthaften verfehlt. Das staatliche Ordnungsgefüge dürfe nicht zu einem glaubensmäßig Verbindlichen der Überzeugung des Einzelnen gemacht werden, da dies letztlich dazu führen könne, daß der Mensch nur zur Gemeinschaft erzogen wird und auf sein Selbst verzichten muß. Man müsse daher den Erkenntnissen in der modernen Wertbetrachtung Rechnung tragen, etwa Engisch und L[a]renz folgend, die das Werthafte mit größter Vorsicht ansprechen. Die Tatbestände, die Schutzbereiche sollten durch Begriffe der Erfahrung umschrieben und so kritisch nachprüfbar gemacht werden.

Rechtsanwalt Beck befaßte sich sodann eingehend mit dem Problem des Wesensgehaltes. Er verwies auf ein Erkenntnis des Verfassungsgerichtshofes vom 28.6.1963, B 22/62, in dem der Verfassungsgerichtshof sich mit dem Begriff der Enteignung befaßt und ausgeführt habe, daß dieser Begriff am verfassungsrechtlich geschützten Eigentumsbegriff seine Grenze findet. Der Begriff des Wesensgehaltes sei ein phänomenologischer Begriff. Es gehe um das Problem der Identität, nämlich um die Frage, wann durch Eingriffe etwa in das Eigentum oder in die richterliche Unabhängigkeit Veränderungen eintreten, die zur Folge haben, daß es sich nicht mehr um denselben Begriff handelt. Man könne hier nicht messen, auch nicht Beispiele geben, man könne nur „schauen", konkret in jedem einzelnen Fall. Dies sei für den Verfassungsgerichtshof gewiß nicht leicht, aber er handle so in ständiger Praxis. Österreich sei in dieser Hinsicht der Bundesrepublik Deutschland ungeachtet ihres Grundgesetzes weit voraus dank seiner „lebensgewachsenen Judikatur". Hiefür könne auch die Entwicklung des Gleichheitsprinzips in der verfassungsrechtlichen Judikatur als Beispiel genannt werden.

Prof. Klecatsky befaßte sich zunächst mit den Ausführungen von Prof. Walter zur Frage der Bestimmtheit der Grundrechte. Er pflichtete diesen Ausführungen bei, machte jedoch einen Vorbehalt hinsichtlich des von Prof. Walter gebrachten Beispiels betreffend die Menschenwürde. Sodann führte Prof. Klecatsky aus, die vergangenen Grundrechtskataloge hätten als Antworten auf bestimmte Bedrohungen – die allerdings vielfach keine mehr waren – dialektischen und punktuellen Charakter gehabt. Die Folge sei gewesen, daß die kollektive Macht die verbliebenen Leerräume für sich ausnützte. Das zwang dann zu den sehr umfassenden weiten Formeln der modernen Grundrechtskataloge. Damit aber stelle sich im Zusammenhang mit dem Punkt A 3 die Frage, was eigentlich zu begrenzen ist. Da das Individuum gegenüber dem Kollektiv den Vorrang hat, ist das Kollektiv zu umgrenzen, ist klarzustellen, was das Kollektiv tun darf. Das bedinge aber wieder die weit gespannten Formeln der Grundrechte im historischen Sinn.

Prof. Gschnitzer gab der Sorge Ausdruck, daß eine zu allgemeine Fassung der Grundrechte die Rechtssicherheit erschüttern könne, wodurch dann eigentlich dem Staatsbürger wieder ein unausgesprochenes Grundrecht entzogen würde. Anlaß zu dieser Sorge gäben Vorgänge in der Bundesrepublik Deutschland. Die im Art. 3 Abs. 2 des Grundgesetzes festgelegte Gleichberechtigung von Mann und Frau habe zu Erscheinungen geführt, die die gesamte Rechtsordnung im Grund erschüttern. Allgemeine Formulierungen zu verkünden, scheine eben sehr leicht zu sein. Die Schwierigkeiten zeigten sich, wenn diese Formulierungen anzuwenden sind. Die Rechtsprechung könne nicht Aufgaben wahrnehmen, die dem Gesetzgeber obliegen. Sie habe Einzelfälle zu entscheiden, nicht aber Regeln zu finden, die allgemein tragfähig sind. Wird die Rechtsprechung – so wie dies jetzt in der Bundesrepublik Deutschland der Fall ist – überfordert, so geht die Rechtssicherheit verloren. Es müsse alles getan werden, um in Österreich Entwicklungen, wie sie sich in der Bundesrepublik Deutschland zeigen, insbesondere auch auf dem Gebiete des Familienrechts, zu verhindern. Zusammenfassend stellte Prof. Gschnitzer fest, es sei Aufgabe des Gesetzgebers, die gebotenen Begrenzungen zu finden. Der Gesetzgeber dürfe diese ihm obliegende Aufgabe nicht auf die Praxis abschieben.

Rechtsanwalt Rosenzweig knüpfte an diese Ausführungen an und stellte fest, Ziel der Gesetzgebung müsse sein, daß die Norm selbst zum Ausdruck bringt, was auf Grund der Norm geschehen soll; das soll also nicht von irgendwelchen Wertungen, weltanschaulichen und gesellschaftlichen Vorstellungen außerhalb der Norm abhängen. Die Schwierigkeit ergebe sich daraus, daß der Gesetzgeber gezwungen ist, auch Ausdrücke zu verwenden, die nicht völlig eindeutig sind. Dieser Schwierigkeit habe der Verfassungsgerichtshof bisher dadurch Herr zu werden versucht, daß er auf die Bedeutung des Ausdruckes zurückgreift, die mit ihm im Zeitpunkt seiner Übernahme in die Bundesverfassung in der Rechtsordnung verbunden worden ist. Dadurch ist die Möglichkeit vermindert, daß ein Gericht durch den Rückgriff auf andere gesellschaftliche oder weltanschauliche Vorstellungen den Inhalt der Norm wandeln kann. Letzteres müsse verhindert werden. Und soweit in der Bundesverfassung noch Wertungen gemacht werden – unsere Bundesverfassung sei fast „wertungfrei“, – müsse getrachtet werden, diesen Wertungen einen konkreten Inhalt zu geben. Sicherlich sei es bei dieser Methode notwendig, bei der Klärung von Begriffen auf den Grundsatz der Betrachtung der ganzen Rechtsordnung zurückzugreifen. So müsse etwa das Wort „demokratisch“ im Art. 1 des B.-VG. in der Konkretisierung verstanden werden, die es im B.-VG. gefunden hat. Im weiteren Verlauf seiner Ausführungen befaßte sich Rechtsanwalt Rosenzweig mit der Frage des Wesensgehaltes. Er vertrat die Auffassung, daß ein allgemeiner Vorbehalt zugunsten des Wesensgehaltes der Rechtsprechung zu viel Spielraum läßt. Vorzuziehen wären beschränkte Gesetzesvorbehalte. In ihnen käme dann auch die Auffassung des Verfassungsgesetzgebers über den Wesensgehalt des Grundrechts zum Ausdruck. Dieser Weg solle auch bei Grundrechten beschritten werden, die in der Menschenrechtskonvention keine Einschränkung durch einen Gesetzesvorbehalt erfahren haben. Zu der Frage, auf welcher Stufe Einschränkungen von Grundrechten zulässig sein sollen, führte Rechtsanwalt Rosenzweig aus, es müßten Fälle, in denen dies nur im Wege einer Gesamtänderung der Verfassung zulässig ist, von Fällen unterschieden werden, in denen dies nicht zutrifft. Die Grenze zu ziehen, sei sehr schwierig. Keinesfalls könne sie derart gezogen werden, daß das eine Grundrecht in diesen und das andere in jenen Bereich gehört.

Prof. Winkler wies zunächst darauf hin, daß eine gewisse Unbestimmtheit der Grundrechtsnormen einfach aus der Natur des Verfassungsgesetzes heraus, das eben für längere Zeiträume bestimmt ist als das einfache Gesetz, hingenommen werden müsse. Sodann erinnerte Prof. Winkler an die Raffinesse, mit der der Nationalsozialismus die Wertformeln der Weimarer Verfassung für seine Ziele ausgenützt hat und wie umgekehrt wieder Wertformeln, die zum Teil in der Ära des Nationalsozialismus entstanden sind, später eine bedeutende Rolle spielen konnten. Es handle sich hier um das Phänomen des überschießenden Wertbegriffs, der Wertformeln bezeichnet, die dem Wertbewußtsein vorausgeeilt sind und dadurch die verschiedenen Deutungsmöglichkeiten involviert. Die Grundrechte müßten daher soweit nur irgend möglich durch konkrete Erfahrungs- und konkrete Rechtsbegriffe formuliert werden, während die Wertformeln möglichst weit im Hintergrund stehen sollten. Außerdem sollte für den Bereich der Grundrechte durch entsprechende gesetzestechnische Maßnahmen die Derogationsautomatik ausgeschlossen werden.

Prof. Marcic führte aus, daß die Lehre eine immanente und eine transzendente Begrenzung der Grundrechte kennt und befaßte sich dann mit dem funktionellen Zusammenhang zwischen Grundrechten und Judikatur. Ein Grundrechtskatalog ohne Gerichtsbarkeit und ohne Prozeßgrundrechte könne nicht funktionieren. Es sei Sache der Judikatur, die immanente Begrenzung jeweils ad hoc festzusetzen und es sei einfach nicht möglich, jemals einen Grundrechtskatalog so inhaltsbestimmt zu formulieren, daß er jeden Mißbrauch ausschließt. Das ergebe sich aus einem ganz konkreten Grund: Je tiefer ein Wertproblem in das Fundament der Existenz eingreift, desto abstrakter sei es in der Formulierung. In concreto aber sei die Möglichkeit gegeben, sogenannte Leerformeln doch anzuwenden. Ganz ohne Leerformeln werde es nicht gehen, u.zw. deshalb nicht, weil der Richter Interpretationsnormen braucht.

Min.Rat Weiler führte aus, die von mehreren Kollegiumsmitgliedern vorgetragenen Gedanken wiesen in eine Richtung, die bedeuten würde, daß der Grundrechtskatalog mit einer beträchtlichen Anzahl von Normen angereichert wird. Damit würde ein neuer, in gewissem Sinne revolutionärer Weg beschritten. Nun habe man es aber im österreichischen Grundrechtskatalog vielfach mit Formeln zu tun, die auf einer jahrhundertelangen Entwicklung beruhen, aus welcher Entwicklung diesen Formeln ein gewisses Maß an Solennität zukommt. Es sei zu prüfen, welche Folgen mit der Preisgabe dieser Formeln verbunden wären.

Schließlich bemerkte Min.Rat Weiler, daß die Beratungen bei der Frage nach der Begrenzung der Grundrechte auf eines ihrer entscheidenden Themen gestoßen sind. Hier, bei diesem Thema, stelle sich die Frage nach dem Verhältnis Staat – Individuum in voller Schärfe.

Hofrat Lehne verwies auf die Gefahren, die darin sichtbar werden, daß dieselben Grundrechtsbestimmungen in rechtsstaatlich-demokratischen Staaten und in totalitären Staaten möglich sind und anerkannte als eine mögliche Sicherung hiegegen die möglichste Bestimmtheit der Grundrechtsnormen. Jedem Bemühen in dieser Richtung seien aber aus den von Prof. Marcic, Prof. Winkler und Min.Rat Weiler angeführten Gründen enge Grenzen gesetzt. Außerdem vertrat Hofrat Lehne die Auffassung, daß dem Begriff der Würde der Person und jenem des Wesensgehaltes die festigende Bedeutung für den Schutz der Grundposition des Menschen nicht abgesprochen werden könne. Schließlich machte Hofrat Lehne auf die auch von Verdroß aufgezeigte Möglichkeit gemeinsamer Aussagen des anthropozentrischen und des theozentrischen Naturrechts aufmerksam. Dieser teilweise Konsens wäre zu erarbeiten. Er wäre die Grundlage für die größere inhaltliche Bestimmtheit der Grundrechtsformulierungen und für die Klärung von Auslegungsproblemen bei der Vollziehung der Grundrechte.

Prok.Koär. Graff schlug vor, die in den Rechtsordnungen entwickelten Techniken zur Regelung der Grundrechtsbegrenzung in einer Übersicht zusammenzustellen. Er nannte beispielsweise als solche Techniken die Begrenzung des Gesetzesvorbehaltes durch Befristungen, durch die Bestimmung des Zweckes sowie die Beschränkung von einschränkenden Maßnahmen auf richterliche Organe.

Prof. Ermacora befaßte sich ebenfalls mit den Grenzen der Grundrechte. Er machte auf die Differenziertheit der Vorbehalte in der MRK aufmerksam, sowie darauf, daß nicht nur Maßnahmen aufgezählt, sondern durch Adjektive näher bestimmt sind. Sodann ging Prof. Ermacora auf das im Zusammenhang mit den immanenten Grenzen gegebene Problem der Rangordnung ein. Er warf die Frage auf, ob nicht gewisse Grundrechte so versteinert sind, daß sie als „grundlegende Regulative" gelten können. Im Zusammenhang damit komme der Frage der Systematik der Grundrechte große Bedeutung zu. Er verwies auf das Beispiel des Bonner Grundgesetzes, das aus der Menschenwürde und den daraus abgeleiteten Grundrechten der Freiheit und der Gleichheit eine Trias geschaffen habe, die ein Regulativ in der Frage der immanenten Grenzen und des Wesensgehaltes darstelle. Zur Frage, welche Gesichtspunkte der VerfGH in der Frage der Begrenzung entwickelt hat, führte Prof. Ermacora aus, der VerfGH arbeite hier mit dem sachlich gerechtfertigten Grund, um zu belasten, nicht um zu begünstigen. Sodann ging Prof. Ermacora auf den vom VerfGH entwickelten Satz von der Denkmöglichkeit ein. Damit sei ein neues Interpretationsproblem geschaffen worden, denn was dem einen denkunmöglich erscheint, kann für den anderen durchaus denkmöglich sein. Im weiteren Verlauf der Ausführungen nannte Prof. Ermacora als einen Versuch, Begrenzungen zu positivieren, den Gleichheitssatz der Verfassung vom 1.5.1934. Schließlich gab Prof. Ermacora der Auffassung Ausdruck, daß die Frage der Begrenzung abstrakt nicht gelöst werden kann. Sie werde konkret im Zusammenhang mit der Diskussion über die einzelnen Grundrechte zu lösen sein. Zur Frage der Derogationswirkungen wies Prof. Ermacora noch darauf hin, daß es sich um ein Problem handelt, das bereits im Jahre 1867 die Wiener Juristische Gesellschaft im Zusammenhang mit dem Inkrafttreten des StGG befaßt hat.

RA Beck knüpfte an die Ausführungen von Prof. Gschnitzer an und führte aus, daß die „Überspitzung des Gleichheitsprinzips zum Diskriminierungsverbot" letztlich dazu führe, daß man nicht mehr weiter kann. Wenn man sich vom Recht als Seinsrecht entfernt, komme man ins Uferlose. Man solle sich an die Wirklichkeit halten, die in der Judikatur ausgedrückt ist. Das Recht sei ebenso Richterrecht wie Gesetzesrecht. Man müsse immer fragen: Was sagt der Richter auf Grund der Tatsachen und auf Grund des vorhandenen Gesetzesrechts. Erst dort solle man reformieren, wo ein neuer Sachverhalt auftaucht oder der Richter sagt, er komme zu einem unsinnigen Ergebnis.

Prof. Winkler bezeichnete als Ziel der Arbeiten einen praktikablen Grundrechtskatalog, der wirklich etwas aussagt und normativ Verbindlichkeit hat. Er führte ferner aus, daß die in einem solchen Katalog unentbehrlichen abstrakten Formeln im Zusammenhalt mit den konkreten Formulierungen der Verfassung zu verstehen sein werden und daß es daher unrichtig wäre, sie als Leerformeln zu bezeichnen. Trete man der Behauptung von den Leerformeln nicht entgegen, so sei es überhaupt nicht möglich, wertbezogene Formulierungen zu schaffen. Das ganze Recht sei aber werthaft. Es gehe darum, aus der Erkenntnis der Schwierigkeiten das gebotene Maß an Zurückhaltung zu gewinnen, um zu einem praktikablen Grundrechtskatalog zu gelangen.

Prof. Klecatsky führte unter Berufung auf Giacometti aus, die Zerlegung der individuellen Freiheit in einzelne Freiheitsrechte in den Grundrechtskatalogen könne nichts Endgültiges sein. Sie sei historisch zu erklären. Die einzelnen Verfassungen gewährleisteten nach dem Vorbild der Verfassung der USA und der französischen Erklärung der Menschen- und Bürgerrechte die Freiheiten, die damals vom Staat gefährdet waren. Die Aufzählungen der Freiheitsrechte in den modernen Menschenrechtskatalogen aber sei nur beispielhaft. Das liege in der Logik der freiheitlichen Verfassung. Unter diesem Gesichtswinkel stelle sich die Frage, welche Bedeutung es hat, von der Begrenzung der Grundrechte zu sprechen, wenn es sich doch nur um beispielhafte Normierungen einer umfassenden Freiheit des Individuums handelt. Die Frage der Begrenzung sei die Frage: Wo liegen die Grenzen der Kollektivmacht? Ein anderes Verständnis des Wortes

„Begrenzung“ sei nicht möglich, es sei denn, man vertrete die Meinung, das Individuum werde vom Kollektiv konstituiert.

Prof. Marcic bemerkte zu diesen Ausführungen, er würde sie begrüßen, nur habe sich leider noch kein Staat zu diesen Gedanken bekannt und von der Rechtsdogmatik könne man sich nicht leicht lösen. Des weiteren vertrat Prof. Marcic die Meinung, man werde zwar bei der Formulierung der Grundrechte in Kauf nehmen müssen, etwas unbestimmt zu sein, habe aber bei der Regelung der Begrenzung, der Gesetzesvorbehalte, die Möglichkeit, zu sehr präzisen Formulierungen zu gelangen. Außerdem müsse bei der Formulierung jeden Grundrechts die prozessuale Seite, die Frage des gerichtlichen Schutzes des Grundrechts im Auge behalten werden.

Sekt.Chef Loebenstein bemerkte hiezu, daß Grundrechte, denen der Charakter des subjektiven öffentlichen Rechts fehlt, ein Widerspruch in sich wären.

Prof. Marcic erklärte dazu, er glaube nicht, daß alle Grundrechtsnormen subjektive öffentliche Rechte erzeugen und nannte als Beleg hiefür den Art. 1 des Bonner Grundgesetzes. Man müsse bei der Formulierung der Grundrechte zwischen Normen unterscheiden, die subjektive öffentliche Rechte begründen auf der einen Seite, und Normen, die nur Interpretationsregeln sind, auf der anderen Seite.

Prof. Ermacora wies darauf hin, daß die Präambeln der Gesetze zum Schutz der persönlichen Freiheit und zum Schutz des Hausrechts die Freiheit als gegeben vorauszusetzen, also als nicht durch das Gesetz geschaffen ausweisen. Außerdem führte Prof. Ermacora aus, daß der Punkt A 3 des Fragenprogramms eine „essentielle Frage des Grundrechtskataloges“ betreffe, da die Grundrechte „überhaupt identisch sind mit den Grenzen der Staatsgewalt“. Anders verhalte es sich mit den sozialen Grundrechten, die positive Leistungen des Staates vorsehen.

Parl.Sekr. Kobzina führte aus, daß auf dem Gebiet der Grundrechte neben das Erfordernis der Rechtsicherheit das von der Grundidee der Grundrechte bestimmte weitere Erfordernis des umfassenden Rechtsschutzes tritt. Sodann brachte Parl.Sekr. Kobzina Stellen aus einer Festrede von Zaccharia Giacometti zur Verlesung, in der ausgeführt ist, daß jede neue Bedrohung der menschlichen Würde und des Eigenwertes der Person durch den Staat im Freiheitsrechtskatalog eine Schranke finden muß. In England könne der Richter gegen jede Freiheitsbeschränkung angerufen werden, die Rechtspraxis anerkenne also hier Freiheiten, die nicht namentlich in der Rechtsordnung verankert sind. Diesen Erfordernissen müßten auch in Österreich allenfalls neu zu schaffende Grundrechte genügen. Zur Frage, ob die Grundrechte von gesellschaftlichen Entwicklungen unbeeinflußt bleiben sollen, stellte Parl.Sekr. Kobzina die Gegenfrage, wann anders es denn sinnvoll sei, daß eine grundgesetzliche Norm gilt, als dann, wenn es darum geht, der gesellschaftlichen Macht standzuhalten. Und zur Frage der Grenzen der

Grundrechte führte Parl.Sekr. Kobzina aus, der im Zentrum jeder freiheitlichen Verfassung stehende Grundsatz der Gleichheit aller Staatsbürger vor dem Gesetz sei unteilbar. Daher bestehe dieser Grundsatz nur insolange, als er alle Rechtsgenossen umschließt. Eine Einschränkung seines personellen Geltungsbereiches sei nur im Wege einer Gesamtänderung der Verfassung möglich.

Prof. Gschnitzer gab zu bedenken, daß neben der Relation Individuum – Staat nicht die Reflexwirkungen der Grundrechte auf die Beziehungen der Staatsbürger zueinander außeracht gelassen werden dürfen. Auch in dieser Richtung sei an die Frage der Begrenzung der Grundrechte zu denken. Prof. Gschnitzer erläuterte diesen Gedanken anhand möglicher Auswirkungen eines nicht sachgerecht formulierten Gleichheitssatzes auf das Familienrecht.

Sekt.Chef Loebenstein stellte sodann fest, daß weitere Wortmeldungen nicht mehr vorliegen. Er ersuchte daher die Mitglieder des Kollegiums, zusammenfassend zu der Frage Stellung zu nehmen, ob die Art, in der gegenwärtig die Frage der Begrenzung der Grundrechte geregelt ist, hingenommen werden kann oder aber Reformen als notwendig erscheinen läßt. Sekt. Chef Loebenstein betonte in diesem Zusammenhang, daß durch diese Fragestellung und ihre Beantwortung der Behandlung der folgenden Abschnitte des Fragenprogramms, insbesondere auch der Behandlung des Abschnittes C, weder vorgegriffen werden soll noch vorgegriffen werden kann.

Bei der anschließenden Umfrage bezeichneten *alle Mitglieder des Kollegiums* die gegenwärtige Regelung der Begrenzung der Grundrechte als unbefriedigend und daher reformbedürftig.

IV.

Sodann wurde nach einer kurzen Diskussion Übereinstimmung darüber erzielt, daß die Auffassungen der Kollegiumsmitglieder zum Punkt A 4 des Fragenprogramms ohne weitere Beratungen durch Umfrage festgestellt werden sollen. Die Umfrage ergab:

Abg. Kummer: „Eine Systematik ist wertvoll."

Parl.Sekr. Kobzina: „Ich glaube, die Systematik wäre nicht von allzu großem Nutzen, gemessen an den Nachteilen, die eine Gesamtkodifikation, wie ich vorher schon gesagt habe, mit sich bringen müßte."

Prof. Klecatsky: „Ja, eine Systematik wäre wertvoll."

Hofrat Kaltenberger: „Ja. Eine besondere Bedeutung kann ich einer Systematik aber nicht beimessen."

Prok.Koär. Graff: „Für die Handhabung wertvoll."

Prof. Gschnitzer: „Systematik im allgemeinen bei Gesetzen nicht von übermäßigem Wert."

Präsident Dietrich: „Wertvoll."

RA Beck: „Im Sinne einer Rangordnung, einer Wertrangordnung wertvoll."

Prof. Ermacora: „Die Systematik der Grundrechte ist nicht nur von optischem und erkenntnistheoretischem Wert, sondern hat als Interpretationsrichtlinie eine juristische Bedeutung. Sehr wertvoll."

Prof. Winkler: „Die Beantwortung der Frage scheint mir leicht, denn wir haben sie ja im Hinblick auf die konkreten österreichischen Rechtsverhältnisse zu lösen und da kann ich nur ja sagen."

Prof. Werner: „Im Prinzip gewiß wertvoll, aber wichtiger ist mir der Inhalt und die Technik."

Prof. Walter: „Könnte als wertvoll gestaltet werden."

Rechtsanwalt Dr. Rosenzweig: „Ja."

Sekt.Rat Ringhofer: „Ich würde sagen wertvoll, wenn überhaupt möglich."

Hofrat Lora: „Wertvoll, wenn systematisch richtig."

Hofrat Lehne: „Ja."

Prof. Marcic: „Ja."

Nach der Umfrage stellte *Sekt.Chef Loebenstein* fest, es erweise sich als notwendig, die Diskussion über die von Rechtsanwalt Beck in Ergänzung zum Fragenprogramm dargestellten Probleme und die beim Punkt A 2 aufgetretenen Rangprobleme auf die nächste Tagung zu verschieben. Als nächste Tagungstermine gab Sekt.Chef Loebenstein sodann den 19. Feber und den 26. März bekannt. Ferner schlug Sekt.Chef Loebenstein vor, die Ausarbeitung des dem Bundeskanzler vorzuschlagenden Kommunique´s ihm zu überlassen, u.zw. eines Kommunique´s, das die wesentlichsten Punkte der Beratungen nennt, aber nicht die Art der in den Umfragen geäußerten Meinungen bekanntgibt. Gegen diesen Vorschlag wurde kein Einwand erhoben.

Abschließend dankte Sekt.Chef Loebenstein den Kollegiumsmitgliedern für ihr Erscheinen und für ihre Mitarbeit.

Protokoll über die am Freitag, den 19. Feber 1965 im Bundeskanzleramt abgehaltene 2. Arbeitstagung des Expertenkollegiums für Probleme der Grund- und Freiheitsrechte

Vorsitzender:	Bundeskanzler Dr. Josef Klaus
Berichterstatter:	Sektionschef Dr. Edwin Loebenstein

Teilnehmer:

Rechtsanwalt Dr. Hans Beck;
Rechtsanwalt Dr. Armin Dietrich,
Präsident der Rechtsanwaltskammer für Kärnten;
Univ.Prof. Dr. Felix Ermacora;
Univ.Prof. Dr. Hans Floretta,
Kammeramtsdirektor der Kammer für Arbeiter und Angestellte in Salzburg;
Prok.Koär. Dr. Michael Graff;
Mitglied des Bundesrates Leopold Gratz;
Staatssekretär a.D. Univ.Prof. Dr. Franz Gschnitzer,
Mitglied des Bundesrates;
Hofrat der oberösterreichischen Landesregierung
Landtagsdirektor Alfred Kaltenberger;
Univ.Prof. Dr. Hans Klecatsky;
Parl.Rat Alfred Kobzina;
Hofrat des Verwaltungsgerichtshofes
Dr. Friedrich Lehne;
Hofrat der Kärntner Landesregierung
Dr. Helmuth Lora;
Univ.Prof. Dr. René Marcic;
Abgeordneter zum Nationalrat Karl Mark;
Abgeordneter zum Nationalrat
Rechtsanwalt Dr. Alexander Nemecz;
Univ.Prof. Dr. Helfried Pfeifer;
Sektionsrat Dr. Kurt Ringhofer;
Rechtsanwalt Dr. Wilhelm Rosenzweig,
Mitglied des Verfassungsgerichtshofes;
Univ.Prof. Dr. Robert Walter;
Min.Rat Dr. Hans Weiler;

	Univ.Prof. Dr. Leopold Werner, Senatspräsident des Verwaltungsgerichtshofes, Mitglied des Verfassungsgerichtshofes; Univ.Prof. Dr. Günther Winkler;
Entschuldigt:	Abgeordneter zum Nationalrat Dr. Karl Kummer; Abgeordneter zum Nationalrat Dr. Emil van Tongel.

I.

Zu Beginn der Tagung begrüßte *Bundeskanzler Dr. Klaus* als Vorsitzender die Tagungsteilnehmer. Er gab seiner Freude darüber Ausdruck, an der Tagung teilnehmen zu können und ersuchte Sekt.Chef Loebenstein, die Verhandlungsleitung in materieller Hinsicht zu übernehmen.

Sekt.Chef Dr. Loebenstein gab zunächst die Entschuldigungen bekannt und teilte mit, daß mit Rücksicht auf die Verhinderung des Abgeordneten Dr. van Tongel Univ.Prof. Dr. Pfeifer gebeten worden ist, an der 2. Arbeitstagung teilzunehmen. Sekt.Chef Loebenstein brachte dann in Erinnerung, daß die 3. Tagung für den 26. März in Aussicht genommen worden ist und schlug für die 4. Tagung den 23. April vor. Nach kurzer Diskussion und einer Umfrage unter den Kollegiumsmitgliedern wurde für die 4. Tagung der 30. April festgelegt.

Bundeskanzler Klaus teilte mit, daß es ihm wegen seines Staatsbesuches in Jugoslawien nicht möglich sein wird, an der 3. Tagung teilzunehmen.

Auch *Abgeordneter Mark* entschuldigte sich für die 3. Tagung.

Sekt.Chef Loebenstein stellte fest, daß die Beratungen über die Abschnitte 1 bis 4 des Kapitels A des Fragenprogrammes bei der 1. Tagung abgeschlossen wurden und daß gemäß den bei dieser Tagung getroffenen Vereinbarungen im Rahmen der Verhandlungen über das Kapitel A noch die von RA Dr. Beck schriftlich bekannt gegebenen Erwägungen zu beraten wären. Sekt.Chef Loebenstein gab dann einen Überblick über die Problematik dieses Themas. Einleitend wies er darauf hin, daß es unrichtig wäre, sich in diesem Zusammenhang auf die Europäische Menschenrechtskonvention (MRK) zu konzentrieren. Vielmehr gehe es ganz allgemein um die Frage, wie sich völkerrechtliche Vereinbarungen nach Art der MRK auf die nationale Grundrechtsordnung auswirken. Als Fragen, die nunmehr zu diskutieren wären, nannte Sekt.Chef Loebenstein das Problem, in welcher Weise bereits bestehende völkerrechtliche Vereinbarungen auf dem Gebiet der Grundrechte sowie die Möglichkeit weiterer Vereinbarungen dieser Art bei innerstaatlichen Akten der Grundrechtsgesetzgebung berücksichtigt werden sollen. Im Zusammenhang damit sei zu prüfen, ob in diesem Bereich der durch

Art. 50 des B.-VG. gegebenen Möglichkeit der speziellen Transformation gegenüber der generellen Transformation der Vorzug zu geben wäre. Weiter sei zu untersuchen, ob das derzeitige Nebeneinander von völkerrechtlichen und nationalen Grundrechtsnormen befriedigend ist. Zu beachten sei ferner, daß die völkerrechtlichen Regelungen regelmäßig das Günstigkeitsprinzip enthalten, sodaß sich immer wieder das Problem des Verhältnisses zu den innerstaatlichen Grundrechtsnormen stellen muß. Schließlich nannte Sekt.Chef Loebenstein als eine noch offene Frage jene, ob sich das Fehlen von unabänderlichen Grundrechtsnormen in der österreichischen Rechtsordnung nachteilig ausgewirkt hat und ob hinsichtlich des Ranges eine Unterscheidung zwischen primären und sekundären Grundrechtsnormen wünschenswert wäre.

Prof. Marcic führte zur Frage der Bedachtnahme auf völkerrechtliche Grundrechtsregelungen zunächst aus, die Verstrickung der nationalen in die völkerrechtliche Rechtsordnung sei ein Zug der Zeit, der einfach zur Kenntnis genommen werden muß, ungeachtet der damit verbundenen Schwierigkeiten und Nachteile, wozu nicht zuletzt die „Unterwanderung des guten alten österreichischen Rechts" gehöre. Sodann vertrat Prof. Marcic die Auffassung, besondere Schwierigkeiten könnten sich aus der Anpassung an die völkerrechtlichen Regelungen deshalb nicht ergeben, weil diese aus denselben Quellen schöpften, wie der österreichische Gesetzgeber. Außerdem sei zu beachten, daß überall – Österreich ausgenommen – die Rechtstheorie folgende Meinung vertritt: Auch wenn in eine innerstaatliche Kodifikation das eine oder das andere Grundrecht nicht aufgenommen ist, so gilt es dennoch. Schließlich sei noch zu berücksichtigen, daß es bei den Grundrechten um den Schutz des Individuums geht. Dies mache zweierlei erforderlich: einerseits die Rechtsklarheit und andererseits eine angemessene prozessuale Regelung, d.h. eine angemessene Regelung der Frage, inwiefern der Einzelne ein Verfahren in Gang und zum Ziel bringen kann. Die Anpassung an den internationalen Standard wäre im Interesse der Rechtssicherheit wünschenswert. Auf prozessualem Gebiet aber sei Österreich den anderen Staaten weit voraus. Hier könnte es durch einen weiteren Ausbau unter Ausschöpfung aller Möglichkeiten, sei es des subjektiven öffentlichen Rechts, sei es im Wege von institutionellen Garantien, bahnbrechend wirken.

Prof. Pfeifer führte aus, daß Österreich nicht mehr prüfen kann, ob es die bereits eingegangenen völkerrechtlichen Verpflichtungen durchführen soll. Zu prüfen bleibe vielmehr nur, wie sie durchgeführt werden sollen.

RA Rosenzweig sprach sich zunächst für die grundsätzliche Gleichrangigkeit der Normen innerstaatlichen und völkerrechtlichen Ursprungs, also gegen eine grundsätzliche Höherrangigkeit der völkerrechtlichen Normen („Mezzanintheorie") aus. Damit sei selbstverständlich die Möglichkeit der Anwendung des Satzes von der lex posterior im Verhältnis der beiden Normengruppen zueinander –

insbes. auch hinsichtlich der MRK – nicht ausgeschlossen. Ebenso sei es notwendig, im Falle einer Kodifikation alle innerstaatlich noch nicht ausgeführten völkerrechtlichen Normen auszuführen. In dieser Hinsicht sei auf dem Gebiete der MRK noch viel zu tun. Insbesondere sei hier das Verhältnis der innerstaatlichen zur supranationalen Beschwerde zu klären.

RA Beck wies darauf hin, daß supranationale Staatsverträge in der Regel nur in fremden Sprachen authentisch sind, welcher Umstand im Hinblick auf den Art. 8 des B.-VG. eine authentische Übersetzung durch den Gesetzgeber notwendig mache. Dies spreche für eine spezielle Transformation. Durch die generelle Transformation könne eine Sprache zu geltendem Recht gemacht werden, die mit unserer Staatssprache und unseren Rechtsvorstellungen nicht in Einklang steht. Zu der Feststellung von Prof. Marcic, die österr. Grundrechtsordnung schöpfe aus denselben Quellen wie die übrigen Grundrechtsordnungen, bemerkte RA Beck, es bestehe zwar in der Diktion kein Unterschied, der Ideengehalt aber habe sich in den verschiedenen Teilen der Erde verschieden entwickelt. In der angelsächsischen Welt sei das theoretische Gedankengut unverändert geblieben. Bei uns hingegen habe sich der Ideengehalt durch ideologische Einwirkungen verschoben. Beispielsweise habe sich der Grundrechtsgehalt des Rechts auf Eigentum unter den Einwirkungen der Aufklärung, dann des Liberalismus, später des Positivismus und noch anderer Ideologien ständig gewandelt und schließlich – bei gleichbleibendem Wortlaut der Norm – beinahe zur Gehaltlosigkeit verdünnt. Als Folge des letzten Weltkrieges aber drängen nunmehr wieder über den Weg des Völkerrechts westliche Ideen in unser Grundnormensystem ein und geben ihm wieder, bei gleichbleibendem Wortlaut, einen anderen Charakter.

Prof. Winkler wies zunächst darauf hin, daß die bereits ratifizierten völkerrechtlichen Regelungen zweifellos zu beachten sind. Sodann wandte sich Prof. Winkler den Ausführungen von Prof. Marcic zu und gab zu bedenken, daß die Annahme der Geltung auch der nicht inartikulierten Grundrechte den Verzicht auf jeden Akt der Grundrechtsgesetzgebung nahe legen würde. So gesehen schienen Äußerungen der in Rede stehenden Art mehr rechtspolitischen als rechtsdogmatischen Charakter zu haben. Richtig gesehen soll man sich im gegebenen Zusammenhang an die Bestimmungen der Verfassung halten. Außerdem führte Prof. Winkler aus, daß zwischen völkerrechtlichen und innerstaatlichen Verpflichtungsgründen unterschieden werden muß. Demnach gelte eine staatsvertragliche Regelung, der durch eine innerstaatliche Norm derogiert worden ist, völkerrechtlich weiter und Österreich sei zu ihrer Durchführung nach wie vor verpflichtet.

Parl.Rat Kobzina befaßte sich mit dem Begriff des Grundrechts. Er zitierte zunächst aus der „Verfassungslehre" von C. Schmitt, demzufolge „Rechte, welche dem Belieben eines absoluten Fürsten oder einer einfachen oder qualifizierten Parlamentsmehrheit ausgeliefert sind, ehrlicherweise nicht als Grundrechte bezeichnet werden können" und demzufolge man von Grundrechten im Rechtsstaat nur dort sprechen könne, „wo es sich um vor- und überstaatliche Rechte handelt". Außerdem verwies Parl.Rat Kobzina auf Giacometti, der die „Zerlegung der individuellen Freiheit in einzelne Freiheiten in den Freiheitsrechtskatalogen der Staatsverfassungen" als „nicht endgültig", als „historisch zu erklären" bezeichnet hat. Es erscheine auch keine andere Art der Garantie persönlicher Freiheit möglich, da ja das Leben stets im Fluß ist und der Verfassungsgesetzgeber alle Einzelfreiheiten, die Aktualität erlangen können, nicht vorauszusehen vermag. Es sei aber vorstellbar, daß der Freiheitsrechtskatalog einzelne Rechte garantiert, andere hingegen ohne Gewährleistung läßt. Ein Bekenntnis zum Perfektionismus des Grundrechtskataloges bringe die Gefahr der Denaturierung dieser präpositiven Rechte mit sich. Als Mindesterfordernis müsse für die Grundrechte eine erhöhte Bestandsgarantie gefordert werden, wobei ein Zweidrittelquorum nicht als hinreichende Garantie angesehen werden könne. Man könne sich etwa ein Dreiviertelquorum und bei Volksabstimmungen ein Zweidrittelquorum als hinreichend ansehen.

Prok.Koär.Graff führte aus, daß im Falle einer Grundrechtskodifikation die Wirkung der völkerrechtlichen Regelungen auf die innerstaatliche Rechtsordnung vollkommen auszuklammern wäre, weil man nur so zu einer sauberen, in der Vollziehung praktikablen Lösung gelangen könne. Folge man dieser Auffassung, so sei für die bereits bestehenden völkerrechtlichen Regelungen ein geeigneter Vorschlag zu erarbeiten und hinsichtlich aller künftigen völkerrechtlichen Regelungen die unmittelbare Anwendbarkeit auszuschließen. Daß die demnach geschaffenen innerstaatlichen Normen beim Instanzenzug an supranationale Organe zugunsten der völkerrechtlichen Regelungen zurückzutreten haben, müsse in Kauf genommen werden. Es gebe im Interesse der Rechtssicherheit keine andere Lösung.

Prof. Marcic knüpfte an die Ausführungen von Parl.Rat Kobzina an und führte aus, daß sich die Rechtsetzungsmethode auf dem Gebiete der Grundrechte auf zwei Punkte zu konzentrieren habe. Das eine sei die Begrenzung der Möglichkeiten des Staates oder der Völkerrechtsordnung, die Grundrechte zu begrenzen. Das andere sei die Frage der prozessualen Situation des Rechtsuchenden. Nach der weithin – ausgenommen Österreich – herrschenden Theorie und Praxis gelten die Grundrechte ohne Rücksicht darauf, ob sie inartikuliert sind oder nicht. Ein Beispiel dafür sei Frankreich, dessen heutige Verfassung die Menschenrechtserklärung nur in der Präambel erwähnt. Duverger, der führende Verfassungsrechtslehrer, sei dessen ungeachtet der Meinung, daß die Gerichte die Menschenrechtserklärung der französischen Revolution als self executing anzuwenden haben. Auch in Österreich habe der VerfGH „das eine oder andere Grundrecht sozusagen aus der Taufe gehoben". Ein Beispiel sei die Judikatur zur Frage des rückwirkenden Gesetzes. Hier handle es sich um eine Art „institutioneller Bestandsgarantie", die grundrechtsartigen Charakter hat. Der VerfGH. habe hier ein im Grundrechtskatalog nicht enthaltenes Grundrecht „sozusagen entdeckt". Zusammenfassend führte Prof. Marcic schließlich aus, es sei – wie die Rechtslehre nachweise – für den Gesetzgeber unmöglich, im Zeitpunkte seines Tätigwerdens alle Grundrechte zu erfassen, die einmal aktuell werden könnten. Es sei auch gar nicht notwendig, allzu präzis und „für alle Zeiten" vorzugehen, da die supranationalen Rechtsordnungen, in die wir eingebettet sind, ohnehin ausführliche Grundrechtskataloge enthielten. Das Hauptgewicht sei auf die prozessuale Situation des Einzelnen zu legen, auf den Zugang zum Gericht, und überdies auf einen Ausbau des innerstaatlichen Instanzenzuges, der so fein sein sollte, daß die Anrufung von supranationalen Instanzen praktisch bedeutungslos wird. Schließlich müsse man auf nationaler und supranationaler Ebene in der Frage der Eingrenzung der Grundrechte mit größter Genauigkeit vorgehen.

Prof. Winkler stellte fest, daß er die zitierte Rechtsliteratur natürlich kenne, daß aber für ihn Literatur kein Gesetz sei. Man müsse von der Verfassungslage ausgehen und da ergebe sich eben, daß die von Kelsen inspirierte österreichische Verfassung andere Konsequenzen nach sich zieht als andere Verfassungen. Schließlich müsse man bei der Zitierung von Rechtslehrern unterscheiden, ob es sich um dogmatische oder rechtspolitische Äußerungen handelt.

RA Rosenzweig führte aus, daß die Frage der Geltung der Grundrechte im Zusammenhang mit der geltendenVerfassungsordnung zu klären ist und in dieser Sicht müsse man feststellen: Alle Grundrechte, ob sie aufgezählt sind oder nicht, sind insoferne Bestandteil der Bundesverfassung, als Art. 18 des B.-VG. bestimmt, daß ohne Gesetz ein Eingreifen in die Freiheit des Staatsbürgers nicht möglich ist. Neben den Grundrechten gebe es die verfassungsgesetzlich gewährleisteten Rechte. Sie seien durch Verfassungsgesetz bestimmt. Man müsse daher davon ausgehen, daß „ein Schutz von Grundrechten im Sinne verfassungsgesetzlich gewährleisteter Rechte nur dort besteht, wo sie ausdrücklich durch Verfassungsgesetz geschützt sind". An die Ausführungen von Prof. Marcic anknüpfend bemerkte RA Rosenzweig, eine Rechtsprechung des VerfGH., wonach rückwirkende Gesetze ganz allgemein unzulässig sind, sei ihm nicht bekannt. Lediglich bei Strafgesetzen bestehe auf Grund der MRK ein solches Verbot. Sodann befaßte sich RA Rosenzweig mit der Frage, ob es unabänderliche Grundrechte geben soll. Diese Frage sei deshalb schwierig, weil es nicht möglich sei, durch eine Aufzählung die unabänderlichen von den abänderbaren Grundrechten zu trennen. Bei jedem Grundrecht seien Abweichungen notwendig. Würde man etwa das Abgehen vom Gleichheitssatz an eine Volksabstimmung binden, so müßte man wohl in Fragen, die „den Grundsatz der Gleichheit betreffen, immer durch

Volksabstimmung handeln". Würde man aber die Unabänderlichkeit des Gleichheitssatzes festlegen, so könnte sich die Frage der absoluten Nichtigkeit von Gesetzen stellen, die dem Gleichheitssatz widersprechen. Richtig gesehen müsse man vom Gewicht der jeweils in Betracht kommenden Einschränkung eines Grundrechtes ausgehen. Nach dem Gewicht der Einschränkung müsse beurteilt werden, ob eine Gesamtänderung der Verfassung vorliegt oder nicht oder ein viel weitgehenderer Schutz, als ihn die Verfassung vorsieht, möglich ist. Zur Frage der Übernahme von völkerrechtlichen Regelungen in die österreichische Rechtsordnung führte RA Rosenzweig schließlich aus, daß die spezielle Transformation im Interesse der Rechtssicherheit zweifellos vorzuziehen wäre. Es sei aber zu befürchten, daß bei dieser Vorgangsweise „gewisse Normen ewig auf dem Papier stehen und nie zum Bestandteil der Rechtsordnung werden". Um dem vorzubeugen, müsse gesagt werden, daß nach ergebnislosem Ablauf einer Frist – etwa 3 Jahre – die generelle Transformation eintritt.

Auf Grund einer Frage von *Sekt.Chef Loebenstein* ergänzte *RA Rosenzweig* seine Ausführungen noch dahin, daß er seine Bedenken gegen die spezielle Transformation, da nur die Frage der Grund- und Freiheitsrechte zur Diskussion stehe, nur hinsichtlich der völkerrechtlichen Normen über diese Rechte verstanden wissen wolle. Er wies außerdem darauf hin, daß seine Bedenken weniger für die Fälle gelten, in denen die Möglichkeit der Beschwerde an eine supranationale Instanz besteht, als vielmehr für die Fälle, in denen kein Instanzenzug dieser Art offen steht.

Präsident Dietrich führte aus, daß die Annahme der Geltung einer nicht gesatzten Norm dem Rechtsunterworfenen nichts nützen könne. Die Arbeiten des Kollegiums hätten daher nur Sinn, wenn es gelingt, jedes Grund- und Freiheitsrecht klar zu erfassen und eindeutig festzuhalten. Aus praktischen Erwägungen müsse auch der speziellen Transformation der Vorzug gegeben werden, da sie der Rechtsklarheit diene. Schließlich trat Präsident Dietrich dafür ein, den Bestand der grundlegenden Freiheitsrechte von parlamentarischen Mehrheiten unabhängig zu machen.

Prof. Ermacora stellte zunächst fest, man müsse sich darüber klar sein, daß die den Gegenstand der Diskussion bildenden Grundrechte eher keine Grundrechte im philosophischen Sinn sind. Vielmehr gehe es hier um die Grenzen, die dem Staat für sein Eindringen in die Freiheit gesetzt sind. Und deshalb komme jeder Positivierung besondere Bedeutung zu. Im Bereich des Völkerrechts seien zwei grundlegende Tendenzen zu unterscheiden. Die eine sei das Bemühen der UN um die Grundrechte. Hier hätten sich aber erst sehr allgemeine Prinzipien entwickelt, die für sehr divergente Standpunkte in Anspruch genommen werden könnten. Eine zweite Tendenz zeige sich in der MRK. In ihr zeige sich ein europ. Standard hinsichtlich der Eingrenzung des Staates gegenüber der Freiheit des

Menschen. Man dürfe aber nicht übersehen, daß ungeachtet dieses Standards in vielen Einzelheiten keine Übereinstimmung besteht. Als Beispiel nannte Prof. Ermacora den Begriff der reasonable time im Art. 5 der MRK, der in England wesentlich anders verstanden wird als etwa in Österreich oder der BRD. Trotz des europ. Standards seien also Verschiedenheiten möglich, wobei allerdings die Möglichkeit der Beschwerdeführung an supranationale Instanzen Grenzen setzt. Selbstverständlich müsse auch hier auf den Gesichtspunkt der Rechtssicherheit Bedacht genommen werden. Als dritte Gruppe von Völkerrechtsnormen seien der Staatsvertrag von St. Germain und der Staatsvertrag von Wien (1955) zu erwähnen, deren Grundrechtsnormen aber deshalb weniger Wirkkraft zukomme, weil die Möglichkeit der Beschwerdeführung an supranationale Instanzen fehlt. Die gegenwärtige Eingliederung der völkerrechtlichen Grundrechtsnormen in die österreichische Rechtsordnung entspreche keineswegs den Erfordernissen der Rechtssicherheit. Es sei ein einheitliches System mit Hilfe der verfassungsrechtlich vorgesehenen Möglichkeiten anzustreben, wobei dem Art. 50 (2) des B.-VG. besondere Bedeutung zukomme. Allerdings sei zu beachten, daß die spezielle Transformation an sich nichts nützt, wenn man sich nicht aller Unterschiede bewusst wird, die die Staatsvertragsregelungen gegenüber ihrem Ursprung nach österreichischen Regelungen auszeichnen. Ein genauer Vergleich zwischen der MRK und der österreichischen Grundrechtsordnung zeige nämlich erhebliche Divergenzen. Als Beispiel hiefür nannte Prof. Ermacora den Art. 15 der MRK. Nach einer an die Ausführungen von RA Rosenzweig anknüpfenden Feststellung des Inhaltes, daß an der österreichischen Grundrechtsordnung der Gleichheitssatz nicht an der Spitze stehe, sondern sich Freiheits- und Gleichheitssatz zumindest die Waage hielten, ging Prof. Ermacora auf diese Bestimmung näher ein. Er wies darauf hin, daß kraft des Abs. 2 des Art. 15 der Art. 3 der MRK unabänderlich ist, also einen höheren als den durch das BVG. BGBl. Nr. 59/1964 begründeten Verfassungsrang besitzt. Und in diesem Art. 3 komme der Gedanke der Menschenwürde zum Ausdruck. Derselbe Rang wie dem Art. 3 komme auch den Art. 4 Abs. 1 und 7 der MRK zu. Auf diese Rangverhältnisse werde bei der innerstaatlichen Durchführung geachtet werden müssen. Schließlich ging Prof. Ermacora auf den Zusammenhang zwischen der Sprache der Staatsverträge einerseits und der Rechtssicherheit andererseits ein. Er wies darauf hin, daß die MRK ihrem Art. 66 zufolge authentisch nur in ihrem englischen und in ihrem französischen Text ist. Diese Regelung sei im Wege der generellen Transformation ungeachtet des Art. 8 des B.-VG. innerstaatlich verbindlich geworden. Auch auf dieses Problem sei Bedacht zu nehmen, wenn ein auch die Normen völkerrechtlichen Ursprungs umfassender Grundrechtskatalog geschaffen werden soll.

Sektionschef Loebenstein erinnerte nunmehr daran, daß die insbes. von Prof. Marcic erörterte Frage der präpositiven Geltung der Grundrechte zum Abschnitt

B des Fragenprogramms zu behandeln sein wird. Im gegebenen Zusammenhang sei lediglich die Bedeutung der völkerrechtlichen Grundrechtsregelungen für eine innerstaatliche Grundrechtskodifikation zu erörtern, wobei es aber wieder nicht richtig wäre, sich mit Spezialproblemen der MRK näher zu befassen. Diesen Problemen könne im gegebenen Zusammenhang nur beispielhafte Bedeutung zukommen.

Prof. Pfeifer führte aus, daß, zumindest in Österreich, zwischen Grundrechten und Menschenrechten unterschieden werden müsse. Nach früheren Arbeiten von Prof. Marcic seien Grundrechte jene Menschenrechte, die eine konkrete Verfassung katalogisiert hat. Nunmehr aber werde der Begriff der Grundrechte offenbar viel weiter gefaßt. Es sei daher notwendig, über den Begriff „Grundrechte" dahin Klarheit zu gewinnen, ob er im philosophischen oder in dem in Zentraleuropa üblichen Sinn verstanden werden soll. Zu beachten sei auch, daß das B.-VG. den Begriff „Grundrechte" nicht kenne. Es verwende nur den Begriff des verfassungsgesetzlich gewährleisteten Rechts, der aber jedenfalls weiter sei als der des Grundrechts. Prof. Pfeifer ging dann auf den Art. 1 des Bonner Grundgesetzes ein, der zwischen vorstaatlichen, vielleicht gar nicht genau beschreibbaren Menschenrechten einerseits und aus diesen Menschenrechten entnommenen, positivierten und mit besonderem Schutz ausgestatteten Grundrechten andererseits unterscheide. Richtig gesehen seien als Grundrechte bestimmte verfassungsgesetzlich gewährleistete Rechte anzusehen. Zu beachten sei also, daß der Kreis der verfassungsgesetzlich gewährleisteten Rechte weiter ist als der der Grundrechte. Sodann wies Prof. Pfeifer darauf hin, daß durch den Art. 15 der MRK bereits gewisse Grundrechte den Rang der Unabänderlichkeit erlangt haben. Darüber zu diskutieren, ob dies wünschenswert ist, sei müßig. Ähnlich verhalte es sich mit dem Art. 17 der MRK. Diese Bestimmungen hätten einen Einbruch in den Art. 44 (2) des B.-VG. bewirkt, da sie für bestimmte Fälle auch die Möglichkeit einer Änderung im Wege der Volksabstimmung ausschließen.

Sektionschef Loebenstein erinnerte nunmehr neuerlich daran, daß nicht die Probleme der MRK zu erörtern seien, sondern die Frage der Rangordnung der Grundrechte.

Prof. Marcic stellte sodann fest, daß das Wort „Grundrechte" heute einen Sammelbegriff bezeichne, der sowohl die Menschenrechte erfaßt, als auch die verfassungsgesetzlich gewährleisteten Rechte, als auch die Bestandsgarantien, als auch die sozialen Grundrechte. Das Kollegium habe sich darauf geeinigt, diesen „konfusen Sammelbegriff" als Diskussionsgrundlage hinzunehmen.

Min.Rat Weiler vertrat die Auffassung, daß es in der Frage der Transformation der völkerrechtlichen Grundrechtsregelungen keine andere Möglichkeit geben könne als die, vom Art. 50 (2) des B.-VG. Gebrauch zu machen. Es sei notwendig, die unmittelbare Anwendbarkeit der völkerrechtlichen Regelungen auszuschließen, sofern man nicht den Gedanken einer geschlossenen Grundrechtskodifikation vorweg fallen lassen wolle. Die von RA Rosenzweig für den Fall der speziellen Transformation aufgezeigte Gefahr, daß der Gesetzgeber die danach erforderlichen Maßnahmen nicht trifft, sei im Zusammenhang mit den Vorarbeiten zur Novellierung des Art. 50 des B.-VG. und später in der Literatur zu dieser Novelle eingehend erörtert worden. Es könne vom Gesetzgeber, der eine völkerrechtliche Verpflichtung begründet hat, wohl erwartet werden, daß er dann diesen Verpflichtungen auch Rechnung trägt. Schließlich ging Min.Rat Weiler noch auf die von Prof. Ermacora im Zusammenhang mit der Sprache der Staatsverträge aufgezeigten Probleme ein. Die in den multilateralen Staatsverträgen immer wieder vorkommende Bestimmung, daß Authentizität bestimmten Sprachen zukommt, zu denen nicht die deutsche gehört, betreffe lediglich die Authentizität für den Bereich des Völkerrechts, nicht aber für den innerstaatlichen Bereich. Das ergebe sich aus dem Sinne dieser Normen. Es könne nicht angenommen werden, daß sich die Vertragsstaaten mit der Frage der innerstaatlich maßgebenden Sprache hätten befassen wollen. Zur Frage des Ranges der Grundrechte bemerkte Min.Rat Weiler schließlich, daß für einzelne Grundrechte noch andere Formen der Mehrheitsbildung ins Auge gefaßt werden könnten, als derzeit zur Verfügung stehen. Es sei anzunehmen, daß in dieser Hinsicht eine Reihe von noch nicht näher untersuchten Möglichkeiten erschlossen werden könne.

Hofrat *Lehne* sprach sich zunächst ebenfalls für die spezielle Transformation der völkerrechtlichen Grundrechtsregelungen und für eine weitere Stufung in der Bestandsgarantie der Grundrechte aus. Sodann ging Hofrat Lehne unter Hinweis auf das Bonner Grundgesetz auf die Problematik der Unabänderlichkeit von Normen ein und führte aus, daß die Vorstellung des „guten, alten, unverbrüchlichen Rechts" dem Rechtshistoriker als ein Urphänomen wohl bekannt ist. Sie habe im europäischen Rechtsdenken sich bis in die Zeit des Absolutismus behauptet. In der Naturrechtslehre, bei Pufendorf finde sich erstmalig der Gedanke, daß es Derartiges nicht geben könne. Die souveräne Versammlung könne ihm zufolge alles, was sie versprochen hat, wieder ändern. Ein feierlicher Schwur, nichts zu ändern, binde demselben Autor zufolge nur die, die ihn geleistet haben. Hier beginne das neue Denken, das auch die Lösung des Bonner Grundgesetzes in Frage stellt. Man solle aber doch jenen Gesichtspunkt ernst nehmen, den der Ausschuß, der die Regelung des Bonner Grundgesetzes vorberaten hat, wie folgt formulierte: Eine Revolution kann und soll dadurch nicht verhindert werden. Eine revolutionäre Bewegung kann ggf. auch neues Recht schaffen. Aber sie soll nicht imstande sein, eine ihr selbst fehlende Legitimität und Rechtsqualität, z.B. infolge des Fehlens jedes Rechtsgedankens, durch Berufung auf ihr äußerlich legales Zustandekommen zu ersetzen.

Parl.Rat Kobzina betonte neuerlich, „die vor- und überstaatliche Geltung“ der Grundrechte und führte dann anknüpfend an Präsident Dietrich aus, daß es nicht möglich sei, an die Grundrechtsnormen den durch das Legalitätsprinzip vorgezeichneten Maßstab der Erfülltheit der Normen zu legen. Dies deshalb, weil die Grundrechte ihrer Substanz nach keine Rechtsgüter, sondern Freiheitsverbürgungen seien und sich der Inhalt des echten Grundrechts nicht aus dem Gesetz ergebe, sondern ihm vorgegeben sei. Sodann führte Parl.Rat Kobzina, anknüpfend an RA Rosenzweig, aus, es sei schon heute unmöglich, durch Verfassungsgesetz Ausnahmen vom Gleichheitssatz zu gestatten. „Wann immer eine Gruppe, ja ein Einzelner von diesem Recht der Gleichheit aller ausgenommen werden soll, wird dieses Recht nicht durch eine Ausnahme durchbrochen, nicht auf die Verbleibenden eingeschränkt, sondern zur Gänze vernichtet.“ Jede Einschränkung könne daher nur um den Preis einer Gesamtänderung der Bundesverfassung verfügt werden. Schließlich sprach sich Parl.Rat Kobzina für die spezielle Transformation der völkerrechtlichen Grundrechtsregelungen aus.

Hofrat Lora führte aus, daß eine Rangordnung der Grundrechte bereits bestehe. Es gebe Grundrechte, die nur im Wege des Art. 44 (2) des B.-VG. abgeändert werden können. Dazu seien der Gleichheitssatz und das Recht auf den gesetzlichen Richter zu zählen. Den zweiten Rang innerhalb der gegebenen Rangordnung nähmen jene Grundrechte ein, die zu achten Österreich auch völkerrechtlich verpflichtet ist. Den dritten Rang hätten jene Grundrechte, die im Wege eines einfachen Verfassungsgesetzes abgeändert werden können. Mit Rücksicht auf diese Gliederung sei kaum anzunehmen, daß weitere Stufungen erforderlich sind, es sei denn, man sollte für einzelne Grundrechte das derzeit erforderliche Zweidrittel- in ein Dreiviertelquorum umwandeln. Auch an ein erhöhtes Quorum bei Volksabstimmungen sei zu denken. Schließlich sprach sich auch Hofrat Lora für die spezielle Transformation der völkerrechtlichen Grundrechtsnormen aus.

RA Rosenzweig ging noch einmal auf die Frage ein, ob der VerfGH. ein gegen rückwirkende Strafgesetze wirkendes Grundrecht angenommen hat, und stellte fest, daß dies nicht der Fall sei. Wohl habe aber der VerfGH. ausgeführt, daß das Grundrecht auf den gesetzlichen Richter verletzt ist, wenn eine Strafe verhängt wird, die im Gesetz nicht vorgesehen ist. Außerdem stellte RA Rosenzweig, anknüpfend an die früher von ihm und von Prof. Ermacora gemachten Ausführungen klar, daß es seiner Auffassung nach Grundrechte gibt, die in ihrem Rang über den Gleichheitssatz zu stellen sind. Als solche nannte RA Rosenzweig beispielsweise den Schutz gegen willkürliche Verhaftung, das Verbot der Sklaverei und den Schutz des Hausrechtes.

Bundeskanzler Klaus ersuchte nunmehr, im Interesse des Fortganges der Beratungen weitere grundsätzliche Ausführungen über das Wesen der Grundrechte für die Beratungen über den Abschnitt B des Fragenprogramms zurückzustellen.

Prof. Marcic sprach sich für eine weitergehende Abstufung in den Bestandsgarantien der Grundrechte aus. Auch Kelsen habe in seiner allgemeinen Staatslehre anerkannt, daß Sperrklauseln einen Sinn haben, nämlich den, daß man sich im Fall der Änderung nicht mehr auf die Rechtskontinuität berufen kann. In Anbetracht der Bedeutung, die der Rechtskontinuität in der Politik beigemessen wird, handle es sich hier keineswegs um eine lediglich theoretische Feststellung. Es solle also einen Grundrechtsnormenkomplex geben, der dem Gesetzgeber unzugänglich ist. Als zweite Abstufung soll es Grundrechte geben, die für den Gesetzgeber nur im Wege einer Volksabstimmung zugänglich sind, wobei klargestellt werden könnte, daß es sich in diesen Fällen nicht um eine Totalrevision der Verfassung handelt. Als dritte Abstufung kämen schließlich Grundrechte in Betracht, die auch der einfache Verfassungsgesetzgeber abändern kann. Für den Fall eines Notstandes seien Sonderregelungen denkbar. Zu bedenken sei ferner, wie Prof. Marcic ausführte, ob nicht in den Grundrechtsbestimmungen eine Bestimmung aufgenommen werden sollte, wie sie sich im Zusatzartikel 9 zur Verfassung der USA und im Art. 2 der Verfassung von Appenzell findet. Da nicht vorauszusehen sei, welche Grundrechte jeweils aktuell werden, müsse klargestellt werden, daß auch jene Grundrechte dem Menschen zustehen, die der Katalog nicht nennt, wobei auf die Gerichtsbarkeit und auf die Rechtstheorie besonderes Gewicht zu legen sei. Weiters stellte Prof. Marcic fest, die Aussprache habe ergeben, daß über die Notwendigkeit, der prozessualen Seite größtes Gewicht beizumessen, Einhelligkeit besteht. Schließlich sprach sich Prof. Marcic ebenfalls für die spezielle Transformation aus, forderte aber Sicherungen gegen ein Untätigbleiben des Gesetzgebers im Wege der Verfassungsgerichtsbarkeit.

Sektionschef Loebenstein schlug sodann vor, zu folgenden Fragen eine Umfrage durchzuführen:

1. Sollen völkerrechtliche Regelungen, die die Grundrechte zum Gegenstand haben, im Wege der generellen oder der speziellen Transformation in die österr. Rechtsordnung übernommen werden?
2. Soll die Rangordnung der Grundrechte gegenüber der geltenden Rechtslage verändert werden und sollen im Zusammenhang damit bestimmte Grundrechtsbestimmungen als unabänderlich erklärt werden?

Die Mitglieder des Kollegiums nahmen zu den beiden Fragen wie folgt Stellung:

Prof. Klecatsky: „Ich bin für die spezielle Transformation und bin für die Normierung einer gewissen Unabänderlichkeit gewisser Grundrechte."

Hofrat Kaltenberger: „Spezielle Transformation und Schaffung einer Rangordnung, wobei ich als mögliches weiteres Moment der bestehenden Rangordnung noch einfügen möchte, oder anmerken möchte, daß sich auch föderalistische Momente anbieten, daß also auch die Länder befragt werden können, ob eine Änderung von Grundrechten wünschenswert ist oder nicht."

Prof. Gschnitzer: „Spezielle Transformation und Stufenfolge. Über die Art der Stufen müßte man sich dann noch unterhalten. Den föderalistischen Gedanken halte ich für sehr richtig."

Prok.Koär. Graff: „Spezielle Transformation und Stufenfolge und gerichtsförmige Kontrolle von Stufe zu Stufe, auch bei den hohen Stufen."

Präs. Dietrich: „Spezielle Transformation und eine weitergehende Bestandsgarantie als bisher."

Prof. Floretta: „Eine möglichst spezielle Transformation und bezüglich der Stufenfolge einverstanden, aber nicht unabänderlich."

RA Beck: „Spezielle Transformation. Stufenfolge mit verschiedener Wirkung und bis zur Unabänderlichkeit, wobei gefunden werden müßte, im Abschnitt B, welche Grundrechte ihrem Wesen nach die Unabänderlichkeit als Qualität verlangen."

Prof. Ermacora: „Spezielle Transformation, wobei ich den Ausdruck speziell noch qualifizieren möchte, nämlich eine speziell qualifizierte Transformation, d.h. eine Transformation, die den zu übernehmenden Normbestand auslotet und nicht expressis verbis einfach übernimmt. Was die Rangordnung angeht, Rangordnung u.zw. des Rechtes § 16 ABGB, Art 7 B.-VG. Gleichheitssatz, Art. 5 MRK in Bezug auf die persönliche Freiheit mit verschiedenen formalen Unterstützungen, die vom Art. 44 bis zur Kombination mit föderalistischem Prinzip usw. reichen können. Allerdings möchte ich hinzufügen, daß bei einer Umwälzung der Staatsordnung jedes Rangordnungsproblem nichts nützt."

Prof. Winkler: „Ich bin für spezielle Transformation und für eine stufenmäßige Anordnung von Grundrechten mit einem unabänderlichen Kernbestand und schließe mich der Auffassung Dr. Graff's, daß das kontrollierbar sein soll, an."

Prof. Werner: „Ebenfalls spezielle Transformation. Ebenso für eine Stufenfolge mit der Anerkennung gewisser unabänderlicher Grundrechte einzig und allein in der Erwägung, daß man irgendwelchen Machthabern die Rechtsordnung nicht zur Verfügung stellen soll, die gewisse Grundrechte liquidieren."

Prof. Walter: „Spezielle Transformation, erhöhte Bestandsgarantien mit Rechtsschutz."

Prof. Pfeifer: „Pro futuro gesprochen: spezielle Transformation aber ich habe schon szt. bei der Enquete über die Novelle vom 4.3.1964 gesagt, die große Gefahr ist die, daß der Nationalrat nichts macht, jahrelang nichts macht. Infolgedessen müßte man doch, wie schon von einer anderen Seite auch bemerkt wurde, irgendeine Frist setzen, innerhalb welcher die spezielle Transformation durchzuführen ist. Ansonsten auch verschiedene Rangordnungen, ich bin der Meinung, daß sie schon vorweggenommen sind zum Teil, durch die Menschenrechtskonvention, ob man das haben will oder nicht. Stufenförmig verschieden erhöhte Garantien, zum Teil unabänderlich, zum Teil unter erschwerten Bedingungen abänderlich."

Dr. Rosenzweig: „Ich glaube, daß hinsichtlich der Frage generelle oder spezielle Transformation die Regelung, wie sie durch das Verfassungsgesetz vom März 1964 geschaffen wurde, die zweckmäßigste ist, d.h. generelle Transformation, aber dort wo die zu transformierende Norm es zweckmäßig erscheinen läßt, eine spezielle Transformation anzuwenden, dort soll die spezielle Transformation eintreten, aber es sollen Möglichkeiten geschaffen werden, daß bei Inaktivität des Gesetzgebers doch irgendeine Abhilfe geschaffen wird, wenn diese spezielle Transformation unterbleibt. Zur zweiten Frage glaube ich, daß lediglich notwendig ist, eine Klarstellung zu schaffen, welche Änderung von Grundrechten als eine Gesamtänderung der Bundesverfassung anzusehen ist, d.h. daß eine nähere Ausführung zu den Bestimmungen des Art. 44 der Bundesverfassung kommt. Darüber hinausgehende Änderungen halte ich nicht für notwendig."

Dr. Ringhofer: „Zur ersten Frage möchte ich sagen, daß ich die Frage im gegebenen Zusammenhang nicht verstehe. Alles was bis jetzt an Staatsverträgen abgeschlossen wurde, ist generell transformiert. Was in Hinkunft abgeschlossen werden wird, bestimmt sich, ob generell oder speziell transformiert, nach der Novelle vom 4. März 1964 und ich glaube nicht, daß im gegebenen Zusammenhang eine allfällige Abänderung dieser Novelle zur Frage steht. Ich kann daher diese Frage im gegebenen Zusammenhang nicht verstehen. Zur weiteren Frage, erhöhte Bestandsgarantie, glaube ich, mich den Ausführungen des Herrn Dr. Rosenzweig anschließen zu können. Eine Unabänderlichkeit halte ich im gegebenen Zusammenhang nicht für notwendig, weil die für eine solche Garantie ins Treffen geführten Gründe, die nicht zu leugnen sind, doch erfahrungsgemäß nicht bei den Grundrechten aktuell werden, sondern bei anderen Einrichtungen des Staates, bei jenen, die das Gesicht des Staates, die Verfassung betreffen, aber nicht bei jenen Fragen, die hier zu behandeln sind, bei den individuellen Grundrechten des einzelnen."

Abg. Mark: „Bezüglich des ersten Punktes möchte ich mich Herrn Dr. Ringhofer anschließen. Ich glaube auch, daß praktisch die Frage durch das Gesetz eigentlich von 1964 gelöst ist. Wenn es hier notwendig erscheint, eine Kontrollmöglichkeit anzubringen, ich kann sie mir nicht sehr gut noch vorstellen, wie eine Kontrollmöglichkeit hier bestehen könnte, nämlich eine Kontrollmöglichkeit durch den VerfGH., wenn das möglich ist. Zur zweiten Frage bin ich auch der Meinung, daß Unabänderlichkeit praktisch nicht durchführbar ist."

Abg. Nemecz: „Spezielle Transformation. Stufenfolge mit Rechtsschutz."

Prof. Marcic: „Spezielle Transformation. Allerdings mit einer Institution, die diese spezielle Transformation vom Gesetzgeber auch, wenn man es so nennen will, erzwingen kann. Ich schlage vor, VerfGH. von amtswegen auf Anzeigepflicht, also ohne daß jemand ein subjektives öffentl. Recht eingeräumt wird; man kann nur anzeigen oder vorstellig werden beim VerfGH., daß dann der VerfGH. von amtswegen in Prüfung tritt. Das wäre einmal die eine Sicherung. Und den zweiten Punkt: Abstufung mit absolut unveränderlicher Spitze. Über die übrigen Erschwernismethoden können wir dann in Einzelheiten sprechen."

Hofrat Lora: „Spezielle Transformation nach Ausführungen des Dr. Rosenzweig. Klarstellen der Abstufung nach Maßgabe der Ausführungen des Dr. Rosenzweig, wobei kein unabänderliches Recht sein soll, weil – wie der Herr Dr. Ringhofer ganz richtig ausgeführt hat – die Unabänderlichkeit gar nicht die Grundrechte betrifft, sondern gewisse staatliche Institutionen."

Hofrat Lehne: „Spezielle Transformation, bessere Herausarbeitung der Stufenfolge mit unabänderlichem Kern. Rechtschutz."

Parl.Rat Kobzina: „Wenn wir hier politische Überlegungen anstellen, möchte ich auch die 1. Frage beantworten: Bei allen Grundrechten spezielle Transformation mit Rechtsfolgen für das Untätigwerden des Gesetzgebers. 2. Aufwertung aller echten Grundrechte im Stufenbau der Rechtsordnung möglichst nach den Ausführungen des Herrn Dr. Beck, Dreiviertelmajorität Konsensquorum im Vertretungskörper plus Volksabstimmung mit Zweidrittelmajorität der abgegebenen Stimmen."

In Ergänzung zu seiner Stellungnahme erklärte *Prof. Gschnitzer*, sein Eintreten für die spezielle Transformation dürfe nicht dahin verstanden werden, daß er auch die von einigen Kollegiumsmitgliedern geforderte verfassungsgerichtliche Sicherung gegen ein Untätigsein des Gesetzgebers bejahe. Der Gesetzgeber müsse in seinen Entschlüssen frei bleiben."

Prof. Ermacora erklärte in Ergänzung seiner Stellungnahme, er schließe sich, „was die Formulierung der Transformation angeht", der Meinung von RA Rosenzweig an. Er denke an eine „Kombination von genereller und spezieller Transformation", an eine „qualifizierte Transformation".

[II.]

Bundeskanzler Klaus schlug sodann vor, mit der Behandlung des Abschnittes B des Fragenprogramms zu beginnen und ersuchte Sekt.Chef Loebenstein, über die Thematik dieses Abschnittes eine Übersicht zu geben.

Sekt.Chef Loebenstein führte zunächst aus, daß die Ausführungen unter den Z. 1 bis 5 dieses Abschnittes lediglich der Erläuterung und der Aufgliederung der an die Spitze des Abschnittes B gestellten Hauptfrage dienen. Sekt.Chef Loebenstein schlug sodann vor, die gesamte unter Z. 1 erfaßte Problematik nicht auf einmal zu behandeln, sondern sie im Interesse einer zielführenden Diskussion in mehrere Teile zu gliedern und stellte zur Erwägung, sich mit den durch die Entwicklung neuer politischer Theorien, durch die Entfaltung des weltanschaulichen Pluralismus und durch neue Entwicklungen in den Auffassungen über die Rechtsnatur der Grundrechte (status negativus, status positivus, Drittwirkung) bedingten Veränderungen, wie sie im Punkt 1 des Abschn. B angesprochen sind, zu befassen.

In einer kurzen Diskussion über diesen Vorschlag wies *Parl.Rat Kobzina* auf die Zusammenhänge zwischen den einzelnen unter Punkt 1 erfaßten Problemen hin und bezeichnete eine Generaldebatte hierüber als notwendig.

Prof. Ermacora gab zu Bedenken, daß zwischen den von Sekt.Chef Loebenstein zur Diskussion gestellten Problemen ein engerer Zusammenhang besteht, sodaß es richtig wäre, diesem Vorschlag zu entsprechen.

Nach einer kurzen Diskussion gab *Bundeskanzler Klaus* zu Bedenken, daß die Behandlung der von Sekt.Chef Loebenstein vorgeschlagenen Themen die gewünschte Generaldebatte ermöglichen wird und empfahl, nunmehr diesem Vorschlag gemäß vorzugehen. Das Kollegium stimmte dem zu.

Sekt.Chef Loebenstein gab sodann einen einleitenden Überblick über die zur Behandlung gelangenden Probleme. Zu prüfen sei, ob seit dem Inkrafttreten des Grundrechtskataloges in den maßgebenden philosophischen Konzeptionen Verschiebungen vor sich gegangen sind, die die Rechtsstellung des Individuums im Verhältnis zum Staat in irgendeiner Weise beeinflußt haben. Insbes. erhebe sich in diesem Zusammenhang die Frage, ob objektive Wertordnungen in den Mittelpunkt der Erkenntnis getreten sind, die auch das Rechtsdenken beherrschen und ob diese Wertvorstellungen ggf. einen Niederschlag in der Rechtsordnung fordern. Weiter sei zu fragen, ob der Grundrechtskatalog ein Spiegel der gemeinsamen Wertvorstellungen des Staatsvolkes in den verschiedensten politischen Richtungen sein soll. Ebenso sei zu prüfen, ob es nicht nach wie vor Aufgabe der Grundrechtsordnung ist, den Menschen als autonomes Wesen zu sichern und das Gedankengut des § 16 des ABGB zu wahren. Ebenso stelle sich die Frage, ob das Menschenbild, das dem Grundrechtskatalog zugrunde liegt, auch für die heutige Rechtsordnung noch maßgebend zu sein hat. Die Entwicklung totalitärer Ideologien dränge zu Erwägungen darüber, welche Mittel in der Rechtsordnung zur Abwehr der damit gegebenen Gefahren bereitgestellt werden könnten. Im Zusammenhang mit der Prüfung der Veränderungen in den Auffassungen über das Verhältnis des Menschen zum Staat werde der Unterscheidung zwischen dem formellen und dem materiellen Rechtsstaatsbegriff besonderes Augenmerk zuzuwenden sein. Sektionschef Loebenstein gab dazu seiner persönlichen Meinung Ausdruck, daß es nur einen Rechtsstaatsbegriff geben könne, der sowohl formale als auch materiale Werte enthält. Er verwies dazu auf seine Ausführungen beim

2. österr. Juristentag. Wenn es gelänge, eine gemeinsame Auffassung darüber zu erzielen, was der mögliche und zulässige Inhalt einer Norm sein darf, würde auch die zum Punkt 5 des Abschnittes A erörterte Problematik wesentlich an Schärfe verlieren.

Prof. Marcic führte aus, daß im Falle einer Neukodifizierung der Grundrechte gewisse Grundwertentscheidungen neu zu treffen oder zu wiederholen seien. Er gab dann einen Überblick über die weltanschauliche Situation und wies zunächst auf das Phänomen des weltanschaulichen Pluralismus hin. Die Frage, ob durch dieses Phänomen ein Zusammentreffen in Grundwertentscheidungen erschwert wird, verneinte Prof. Marcic. Dem Pluralismus entspreche ein „interessantes Treffen in gewissen Grundfragen der menschlichen Gesellschaft". Von niemandem mehr werde heute im Bereich der Ideologie bezweifelt, daß der Mensch „auch als Individuum unabdingbar ist u. unverlierbar, einen unvergänglichen, unverlierbaren Wert hat". Dies gelte für den demokratischen Sozialismus ebenso wie für den Liberalismus und den marxistischen Sozialismus, für den Konservativismus und die kommunistische Ideologie ebenso wie für den christlichen Sozialismus. Selbst die kollektivistischen Ideologien seien heute zur Einsicht gelangt, daß „das Kollektiv letztlich die absolute Existenz des Individuums voraussetzt und daß das Kollektiv nicht Selbstwert ist, sondern seinen Wert von der Existenz des Individuums bezieht". Eine ähnliche Annäherung sei in der Frage des Verhältnisses von Mensch und Staat festzustellen. Während das Credo des Liberalismus früher in der absoluten Staatsferne bestanden habe, sehe heute sogar der orthodoxe Liberalismus ein, daß das Individuum zwar einen unvergänglichen Wert hat, aber immer miteinbezogen ist in die Gemeinschaft. Es breche sich wieder die römische Vorstellung Bahn, wonach der Staat nicht allein Magistrat ist, sondern „magistratus et populus". Bei dieser Sachlage könnten keine Schwierigkeiten bestehen, im Rahmen des Kollegiums die Grundwertvorstellungen zu klären und zu einem System der Grundrechte zu gelangen, in dem sich alle einigen können. Zentraler Fundus dieses Systems müßte die Menschenwürde sein.

Prof. Klecatsky erinnerte zunächst an seine bei der 1. Arbeitstagung gestellte Frage, ob es sinnvoll sein könne, von einer Begrenzung der Grundrechte zu sprechen, ob nicht richtig von einer Begrenzung der Kollektivmacht gesprochen werden müßte. Darüber sei ja auch bei der Behandlung des Punktes A 5 des Fragenprogramms wieder gesprochen und insbes. auch Giacometti – der Positivist und nicht Naturrechtslehrer war – zitiert worden. Hier lägen gewisse fundamentale Irrtümer vor. Wie Prof. Klecatsky weiter ausführte, wolle er, um nicht auch seine Ausführungen mit diesen Irrtümern zu belasten, vorweg klarstellen, daß er sich im Rahmen der positiven österreichischen Verfassungsrechtsordnung halten wolle. Im Beschluß der Provisorischen Nationalversammlung vom 30.10.1918, StGBl. Nr. 3, sei von „dem Grundrecht" der Staatsbürger, und nicht von einem bestimmten Grundrecht und nicht von „den Grundrechten“ die Rede. Damit habe die Provisorische Nationalversammlung „eine fundamentale Freiheitssphäre anerkannt, die nicht aufgeschlüsselt war in dem Grundrechtskatalog, wie er heute als abschließend betrachtet wurde“. Diese Auffassung sei mit der Rezeption des Beschlusses vom 30.10.1918 durch den Art. 149 des B.-VG. bestätigt worden. Man werde im Rahmen des Kollegiums über Reformen nur weiter sprechen können, wenn diese grundsätzliche Haltung des Bundesverfassungsgesetzgebers als verbindlich anerkannt wird. Nur dann könnte man das angestrebte Reformwerk „als einen Fortschritt und nicht als einen ungeheuerlichen Rückschritt betrachten“.

RA Beck stimmte den Ausführungen von Prof. Marcic grundsätzlich zu, gab aber zu bedenken, daß die Praxis von den wissenschaftlichen Vorstellungen noch weitgehend abweicht. Der weltanschauliche Pluralismus verschwinde zwar im gegebenen Zusammenhang weitgehend, müsse aber doch beachtet werden, da sonst die Gefahr von falschen Alternativen und der Koppelung von nicht Zusammengehörendem bestehe. RA Beck erläuterte dann diese Gefahr anhand von Beispielen aus der praktischen Politik und führte aus, daß in diesem Zusammenhang auch an sich längst abgestorbene Werte noch eine Rolle spielten, wofür er den Liberalismus im Sinne der Negierung alles Präpositiven als Beispiel nannte. Für die Arbeiten des Kollegiums seien neben dem positiven Recht auch metajuristische Vorstellungen wichtig, ohne die es unmöglich sei, zu einem einheitlichen Grundrechtssystem zu gelangen. Die Erreichung dieses Zieles werde dadurch in Frage gestellt, daß in der Praxis die verschiedensten Wertvorstellungen miteinander gekoppelt werden, wodurch eine Verzerrung der Ideen eintrete. Wenngleich sich gemeinsame Gehalte der Ideen zeigten, gelte doch der Satz, daß Wahrheit und Irrtum nicht miteinander bestehen können. Es gehe nicht darum, Kompromisse zu schließen, sondern das Dritte, den gemeinsamen Grund zu finden, der eben von der wahren Natur des Menschen bestimmt werde. Dieser aufzufindende gemeinsame Nenner müsse der Grundrechtsreform zugrundegelegt werden.

Prof. Gschnitzer zeigte sodann am Beipiel des Gleichheitssatzes, daß wesentliche Veränderungen im Sinne der an die Spitze des Abschnittes B des Fragenprogramms gestellten Frage tatsächlich eingetreten sind. Im Jahre 1867 habe bestimmt niemand an die Gleichheit der Geschlechter gedacht. Und im Staatsvertrag von St.Germain, der den Gleichheitssatz neuerlich festlegte, ist, wie Prof. Gschnitzer weiter ausführte, die Gleichheit der Geschlechter noch immer nicht genannt. Im B.-VG. ist sie zwar genannt, aber man habe dabei nur an die Gleichheit im öffentlichen Leben gedacht. Heute aber denke man auch an die Gleichheit im Privatrecht. Diese Entwicklung zeige nicht zuletzt, wie sehr sich der Inhalt der Grundrechtsnormen bei Gleichbleiben des Wortlautes wandeln kann. In seinen weiteren Ausführungen wies Prof. Gschnitzer darauf hin, daß neben der Beziehung des Individuums zum Staat nicht die Familie vergessen werden dürfe.

Sektionschef Loebenstein bemerkte zu diesen Ausführungen, daß die Rechtsstellung der Familie dem Fragenprogramm zufolge im Zusammenhang mit den Institutionengarantien zu behandeln sein wird.

Bundeskanzler Klaus bemerkte hiezu, es wäre zu überlegen, ob nicht zu sagen wäre, daß es sich auf dem Gebiete der Grundrechte um den Schutz der Einzelperson und der kleinen Gemeinschaften vor der Willkür irgendwelcher Mächte handelt.

Prof. Ermacora führte aus, daß es die nunmehr zur Diskussion stehenden Fragen notwendig machten, sich auf das maßgebende Menschenbild zu besinnen. Und in dieser Hinsicht stehe er in vollem Widerspruch zu den Ausführungen von Prof. Marcic. Das als maßgebend anerkannte Menschenbild dürfe nicht aus Büchern und Meinungen, sondern nur aus dem praktischen Handeln geschlossen werden. Während es „auf unserer Seite" wirklich um den Menschen, wie er ist, und um die kleine Gemeinschaft, wie sie ist, gehe, gehe es „bei den anderen" danach, wie „der Mensch nach seiner Erziehung durch das Kollektiv sein wird und wie der Mensch als Teil eines bestimmt gedachten Kollektivs ist". Es gehe nicht „bei den anderen um den Menschen an sich". Diese Einsicht sei wesentlich für die richtige Beurteilung des Punktes B 1 des Fragenprogramms. Es wäre ein Fehler, zu glauben, daß da und dort das Menschenbild ein und dasselbe ist, auch wenn der Wortlaut in internationalen Dokumenten derselbe ist. An die Ausführungen von Prof. Klecatsky anknüpfend stellte Prof. Ermacora sodann fest, daß der Gesetzgeber nicht erst 1920 und 1918, sondern schon 1862 den Gedanken der komplexen Freiheit des einzelnen Menschen anerkannt habe: Im Gesetz zum Schutz der persönlichen Freiheit ist von der Freiheit der Person schlechthin die Rede.

Parl.Rat Kobzina wies zunächst darauf hin, daß die zur Diskussion stehenden Probleme einer grundsätzlichen Stellungnahme bedürfen und stellte fest, daß er sich auch bei der Abgabe dieser Stellungnahme der positiven Rechtsordnung verpflichtet wisse. Alle Maßnahmen de lege ferenda setzten eine Besinnung auf die geltende Rechtsordnung voraus. Dies festzustellen sei in einer Zeit notwendig, in der die Vorstellung tief verwurzelt sei, daß alles, auch die Verfassungsordnung manipulierbar ist. Tatsächlich habe die Manipulierbarkeit der Verfassungsordnung rechtliche Grenzen. Zu diesen Grenzen gehöre es, daß die Bundesverfassung vom Geiste einer rechtsstaatlich-freiheitlichen Ordnung bestimmt ist. Diese Ordnung verlange die Anerkennung des Individuums insbes. durch die Gewährleistung einer staatsfreien Sphäre. Eine Säule der rechtsstaatlich-freiheitlichen Ordnung seien die Grundrechte. Sie seien Ausdruck einer Wertordnung, die den Menschen und seine freie Entfaltung dem Staat vorausgehen läßt.

Jede Maßnahme des Verfassungsgesetzgebers habe sich an diesem Wertsystem zu orientieren. Grundrechte seien Freiheitsverbürgungen, dazu bestimmt, den Einzelnen vor unwillkürlichem Zugriff sozi[al]er Mächte zu schützen. Die Grundrechte seien daher Baugesetz des materiellen Rechtsstaates, wie er in der Bundesverfassung seine normative Ausprägung erfahren hat. Prinzipiell unbegrenzte Freiheit des Einzelnen stehe einer prinzipiell begrenzten, meßbaren und kontrollierbaren Eingriffsmöglichkeit des Staates gegenüber. Parl.Rat Kobzina wandte sich dann im einzelnen den im Fragenprogramm angeführten Problemen zu und führte aus, daß sich gewiß ein vielgestaltiger Wandel vollzogen habe. Er nannte die Ideen des Sozialstaates, des Wohlfahrtsstaates, das Phänomen des Leistungsstaates sowie Strukturwandlungen in den Trägern der gesellschaftlichen Macht. Diese Vorgänge hätten die überkommene Ordnung des Verhältnisses Bürger-Staat umgebrochen, um das Fundamentalprinzip des freiheitlichen Rechtsstaates, die Begrenzung der Staatsgewalt im Interesse des Einzelnen, allmählich preiszugeben und die Institutionalisierung von subjektiven öffentlichen Rechten zu suchen, die rechtslogisch und rechtspolitisch in Antithese zu den echten Grundrechten stehen, da sie nicht die Freiheit des Einzelnen, sondern einen umfassenden Wirkungsbereich der gesellschaftlichen Ordnung verbürgen. Damit verkehrten sich „diese sogenannten Grundrechte“ in ihr Gegenteil, da sie „den Einzelnen zusehends an den Arm des Staates binden“. Es könnten daher nur solche Rechte als Grundrechte normative Anerkennung finden, die den angeführten Merkmalen des Grundrechtsbegriffes entsprechen. Neben diese Forderung stellte sodann Parl.Rat Kobzina die weitere, daß Grundrechte zu schaffen wären, die den Einzelnen auch dort schützen, wo ihn neue gesellschaftliche Mächte in seiner Freiheit bedrohen können.

Prof. Walter stellte zunächst die zwei in der Gegenwart wirksamen wertphilosophischen Richtungen einander gegenüber: Die eine, insbes. von der Wiener Schule des logischen Positivismus repräsentiert, vertrete die Auffassung, daß sich objektive Werte der menschlichen Erkenntnis entziehen; man könne an Werte zwar glauben, aber man könne sie nicht wissenschaftlich erkennen. Die andere repräsentiert durch die deutsche Wertphilosophie Hartmanns und Schelers, gehe dahin, daß es Methoden gebe – etwa die Wesensschau -, die objektive Werte sichtbar machen. Im Rahmen des Kollegiums über diese Frage eine Einigung zu erzielen, sei wohl nicht möglich. Dies sei aber zur Bewältigung der gestellten Aufgabe auch gar nicht erforderlich. Es sei mehr oder weniger gleichgültig, ob man für die verfassungsgesetzliche Verankerung bestimmter Rechte deshalb eintritt, weil man sie erkannt hat, oder aber deshalb, weil man sich zu ihnen bekennt. Die Chance für die Arbeiten im Kollegium liege darin, daß man aus verschiedenen Richtungen zu gemeinsamen Wertvorstellungen als Basis für deren Positivierung gelangt. Daher spiele auch der Gegensatz zwischen Positivismus und Naturrecht für die Arbeiten des Kollegiums nicht die Rolle, die man auf den ersten Blick vermuten könnte. Auch der Positivist sei ein Mensch, der sich zu gewissen Werten bekennt und deshalb für deren Positivierung eintritt. Prof. Walter gab sodann der Überzeugung Ausdruck, daß in Österreich gemeinsame Wertvorstellungen bestehen. Wie weit sie im einzelnen gehen, müsse die Diskussion zeigen. Der Warnung von Prof. Ermacora, nicht an die Ehrlichkeit aller Internationalen Deklarationen zu glauben, sei gewiß zuzustimmen. Nichts destoweniger gebe es aber Beispiele für ein nahezu völliges Übereinstimmen zwischen westlichen und östlichen Vorstellungen. Ein Beispiel böten das Legalitätsprinzip und die „sozialistische Gesetzlichkeit". Ihnen liege das weltweite Bedürfnis nach Rechtssicherheit und damit eine gemeinsame Wertvorstellung zugrunde. Niemand vertrete heute noch den Standpunkt, daß die Gesellschaft oder der Einzelne alles ist. Es gehe allein um das richtige Maß. Diese Frage sei nicht immer auf Grund einer Formel, sondern im einzelnen zu lösen. Sodann führte Prof. Walter aus, daß nicht nur das Verhältnis des Einzelnen zum Staat, sondern auch zu anderen kollektiven Mächten zu untersuchen sei. Ebenso müsse auf das Verhältnis kleiner zu größeren Kollektiven Bedacht genommen werden. Zur Frage des einer Grundrechtskodifikation zugrunde zu legenden Menschenbildes wies Prof. Walter auf eine Abhandlung von Franz Klein in der Hundert-Jahre-Festschrift zum ABGB hin, derzufolge das Menschenbild des ABGB ein zu idealistisches gewesen ist. Richtig müsse man bei einer Grundrechtskodifikation vom Menschen ausgehen, so wie er wirklich ist. Zur Unterscheidung zwischen formellem und materiellem Rechtsstaatsbegriff bemerkte Prof. Walter schließlich, beide Begriffe seien wertgeladen. Der formelle Begriff stelle allerdings nur auf den Wert der Rechtssicherheit ab. Bei den Arbeiten des Kollegiums aber gehe es um den Rechtsstaat sowohl im formellen als auch im materiellen Sinn.

Hofrat Lehne stimmte zunächst der von Prof. Walter vertretenen Ansicht grundsätzlich zu, daß die Frage: subjektive Wertordnung – objektive Wertordnung für die Arbeit des Kollegiums nicht entscheidend sei, wenngleich er persönlich hoffe, daß jene geistesgeschichtlichen Kräfte im Vormarsch sind, die sich zu der Erfaßbarkeit objektiver Werte bekennen. Zu der Kontroverse zwischen den Professoren Marcic und Ermacora sei zu sagen, daß beide Teile recht haben. Es sei keineswegs uninteressant, daß in der Theorie die Vorstellung vom Wert des Menschen überall im Vormarsch ist. Es handle sich hier nicht um bloßen Schein, sondern um eine sehr wesentliche Entwicklung. Freilich dürfe auch nicht übersehen werden, daß die Praxis und ein Teil der Theorie diese Bekenntnisse in Frage stellen. Das Hervortreten der Anerkennung des Menschen im humanistischen Sozialismus sei jedenfalls von viel größerer Bedeutung als gewisse Ansätze in der kommunistischen Theorie. Sodann zitierte Hofrat Lehne zur Frage des Zusammenhanges zwischen Consens und Dissens der Staatsbürger in Bezug auf die Grundrechte eine Stelle aus der Staatslehre von Kr[ü]ger: „Die Grundrechte als erklärte und festgestellte Einigkeit darüber, daß ein Volk sich in bestimmten Fragen nicht einig werden kann und daß daher diese Fragen in die Sphären des Besonderen und des Privaten zu verweisen sind, und die peinlichste Einhaltung dieser Grundrechte, insbes. also auch die Vermeidung des bösen Anscheins, erweisen sich damit als die Grundlage des Vertrauens zwischen den Staatsbürgern und damit als das wichtigste Staatsband." Hier sei der Consens über die Dissensmöglichkeit als eine sehr wesentliche Seite des Grundrechtskataloges hervorgehoben. Sodann wandte sich Hofrat Lehne der Problematik des § 16 des ABGB zu und führte aus, daß man dieser Bestimmung doch eine sehr wichtige Rolle zuzumessen habe. Auch die Aufklärung und das an Kant orientierte Denken sei nicht von der optimistischen Auffassung ausgegangen, daß der Mensch immer rational handelt; vielmehr hätten sie an der Würde des Menschen angeknüpft, die auch dem innewohnt, der von diesem optimistischen Bild absolut verschieden ist. Schließlich führte Hofrat Lehne aus, die Tendenz von den Extremen des Kollektivismus und des Individualismus zur Mitte sei eine klar erkennbare Linie. Das praktische Erlebnis der Unfreiheit, bedingt durch die totalitären Systeme, habe diese Entwicklung wesentlich gefördert.

Prof. Marcic erklärte sodann, ihm sei es, da der weltanschaulich-geisteswissenschaftliche Bereich zur Diskussion stehe, auf eine Erfassung der theoretischen Grundströmungen angekommen. Und hier zeigten sich Tendenzen zu einer Begegnung. Daß es in der Praxis und in der parteiprogrammatischen Theorie anders aussieht, stehe außer jeder Diskussion. Aber der Umstand, daß heute kein Theoretiker von Rang die Menschenrechte als indiskutabel bezeichnet, wie dies einmal Marx getan hat, obwohl er sich später davon wieder distanzierte, zeige, daß ein gewisser Consensus der ganzen Menschheit gegeben ist. Der große Unterschied zwischen Ost und West aber sei in der Frage der Durchsetzbarkeit der gewährleisteten Rechte gegeben. Sodann erklärte auch Prof. Marcic seine Übereinstimmung mit der von Prof. Walter vertretenen Auffassung, daß das Problem: subjektive Wertordnung – objektive Wertordnung die Arbeit des Kollegiums nicht unmittelbar zu beeinflussen braucht. Sodann bemerkte Prof. Marcic zu den Ausführungen von Prof. Walter, den metaphysischen Denker, der behauptet, objektive Werte seien mit „präziser wissenschaftlicher Manier" erfaßbar, gebe es nicht. Vielmehr sage man, in der Metaphysik gelten andere, transzendentale Methoden. Positivismus und Metaphysik stünden auf verschiedenen Ebenen und könnten daher einander nicht begegnen.

Der Zug zur Objektivität aber wirke sich im Schutzsystem aus. Gerade bei Kelsen, der die objektiven Werte verneint, sei ein Zug zur Objektivität gegeben, der darin besteht, daß es um den Schutz der objektiven Rechtsordnung und der Werte, die in die objektive Rechtsordnung hineingelegt worden sind, geht und nicht um die subjektive Stellung. Sodann ging Prof. Marcic auf die Ausführungen von RA Beck ein und stellte zunächst fest, daß der Freiheitsrechtskatalog seiner Idee nach die Koexistenz von Freiheit und Unfreiheit ausschließe. In dieser Hinsicht bestehe also ein „Entweder – Oder". Man solle aber die päpstliche Enzyklika „Pacem in terris" lesen, wo ex offo über die Grundrechte gesprochen werde. Das Problem: Wahrheit – Irrtum, werde heute auch im Raum der kath. Kirche anders gesehen. Man sei etwas bescheidener geworden und sage sich: „Ja wer sichert mir denn, daß ich die ganze Wahrheit sehe und daß auf der anderen Seite der totale Irrtum ist?" Dies hänge auch mit dem Toleranzproblem und mit der pluralistischen Struktur der Gesellschaft zusammen, die auch in der katholischen Lehre positiv bewertet werde, da durch sie der Reichtum der Gedanken größer wird, obwohl sie auch die Möglichkeit des Irrtums einschließt. Auf die Ausführungen von Prof. Ermacora zurückkommend bemerkte Prof. Marcic sodann, daß gewiß nicht alle Deklarationen ernst genommen würden, daß aber gewisse Deklarationen doch auch Voraussetzungen schafften, auf die man sich zu gegebener Zeit berufen kann, was die Geschichte zur Genüge bewiesen habe. Die von Prof. Gschnitzer aufgeworfene Frage der Zwischenglieder habe große Bedeutung. Man dürfe nicht nur das Individuum und den Staat sehen. In der allgemeinen Staatslehre, in der Rechts- und Sozialphilosophie und im Zusammenhang mit der Grundrechtsproblematik sei die Frage der „intermediären Zwischenglieder" – z.B. der Familie, der Verbände – von entscheidender Bedeutung. Hier könne man von „unechten Grundrechten" sprechen. Dieser Punkt dürfe selbstverständlich nicht übergangen werden.

RA Rosenzweig schlug vor, den Begriff „Pluralismus" nur im weltanschaulichen Sinn zu verwenden, nicht aber dort, wo es um die politischen Grundlagen geht. Es müsse wohl angenommen werden, daß RA Beck seine Ausführungen nicht auf den weltanschaulichen Pluralismus bezogen hat, denn einen gemeinsamen Nenner zwischen dem Agnostizismus und der Strenggläubigkeit zu suchen sei wohl nicht gut möglich. In weltanschaulicher Beziehung müsse der „absolute Pluralismus, die absolute geistige Freiheit eines jeden bestehen". Der Staat habe zu gewährleisten, daß in dieser Hinsicht verschiedene Auffassungen nicht nur theoretisch, sondern auch praktisch zum Ausdruck kommen können. Wenn der Gedanke des Pluralismus bejaht werde, aber „an den Universitäten entweder nur das eine oder nur das andere gelehrt wird, so steht der Pluralismus in weltanschaulicher Beziehung auf dem Papier". Anders verhalte es sich mit den politischen Grundlagen. Neben dem Grundprinzip der freiheitlich-demokratischen Ordnung könne kein Pluralismus gestattet sein. Es müsse sich die freiheitlich-demokratische Ordnung auch dagegen schützen, daß jemand für ihre Beseitigung eintritt, indem er „grundsätzlich den Standpunkt eines totalitären Regimes, eines autoritären Regimes" vertritt. In dieser Hinsicht gelte also sicherlich der Satz vom gemeinsamen Nenner. „Gemeinsamer Nenner ist die freiheitliche Demokratie". Zum Problem: Individuum – Kollektiv stimmte RA Rosenzweig der Auffassung von Prof. Marcic zu, daß in unserem Bereich „vollste Anerkennung dafür da ist, daß das Wesen jeder staatlichen und politischen Tätigkeit sein muß, das Maximum der menschlichen persönlichen Entfaltung zu gewährleisten". Es ergebe sich hier allerdings ein Problem daraus, daß vielfach nicht das Zwischenverhältnis zwischen Freiheit und Gleichheit gesehen wird, daß vielmehr ein Gegensatz zwischen Freiheit und Gleichheit und eine Gefährdung der Freiheit durch die Gleichheit angenommen wird. Man müsse erkennen, daß eine lediglich auf dem Papier stehende Gleichheit, die in Wirklichkeit große Ungleichheiten enthält, zur Folge hat, daß immer größeren Kreisen der Gesellschaft die Frage der politischen Freiheit nebensächlich wird. Das Ende sei, daß die politische Freiheit aus Gründen einer vermeintlichen oder tatsächlichen Verbesserung der sozialen Lage preisgegeben wird. Das erkläre den Nationalsozialismus in Deutschland und die Fortschritte des Kommunismus in den unterentwickelten Ländern. Schließlich vertrat RA Rosenzweig die Ansicht, die Entwicklung zu den Ideen des Sozial- und des Wohlfahrtsstaates zeige, daß der Gegensatz zwischen Personalismus und Kollektivismus auf einer falschen Sicht beruht, da die Herstellung wirklicher Gleichheit auf sozialem Gebiet, die Sicherung der Wohlfahrt für die größtmögliche Zahl der Staatsbürger zur Gewährleistung der Freiheit notwendig ist.

Prof. Winkler verwies zunächst auf die von Kelsen getroffene Feststellung, daß der Richter auf die Frage, ob jemand in seinen Rechten verletzt ist, nur mit ja oder mit nein antworten kann, woraus folgt, daß es kein menschliches Verhalten gibt, das schlechthin außerhalb der Rechtsordnung steht, da ja der Richter auch dann, wenn er mit nein antwortet, die Sache in seine Kompetenz zieht. Die Konsequenz dieser Feststellung Kelsens sei, daß die Rechtsordnung im Grunde – formal gesehen – eine totale ist. Diese formale Feststellung lasse freilich außer-acht, daß der Richter im einen Fall die rechtliche Bindung und im anderen Fall die natürliche Freiheit des Einzelnen behandelt. Hier aber sei der Angelpunkt des Problems zu suchen, auch für das Problem des weltanschaulichen Pluralismus. Man könne ihn nur aus der Person erklären. Nur wenn man dem Menschen die Freiheit lasse, sich eine Meinung zu bilden, und wenn man diese Meinung dann schützt, könne man sinnvoll eine Ordnung herstellen, wie sie eine Grundrechtsordnung gewährleisten soll. Sodann wandte sich Prof. Winkler dem Problem des offenen und des geschlossenen Grundrechtskataloges zu. Vom Rechtschutzsystem her sei jeder Grundrechtskatalog geschlossen. Das sage aber nicht, daß nicht die Freiheit vorausgesetzt ist. Die österr. Rechtsordnung sei dadurch gekennzeichnet, daß der Einzelne neben den Rechten eben die Freiheit hat. Das sei etwas wesentlich anders als der Grundsatz, daß der Einzelne nur jene Möglichkeiten hat, die ihm das Recht gibt. Daß in der Theorie eine Annäherung der Standpunkte stattfindet, stehe außer Zweifel. Ebensowenig sei zweifelhaft, daß Sozialbindung und Sozialverantwortung des Einzelnen in der Gemeinschaft absolut anerkannt sind. Man dürfe aber auch nicht die Entwicklungen übersehen, die durch eine Verdichtung der Rechtsnormen und durch technische wie auch bürokratische Vorgänge den Einzelnen rechtlich und tatsächlich mehr und mehr in ein Ordnungsgefüge verstricken. Daraus ergebe sich das Problem neuer Gefährdungs- und Schutzbereiche und die Frage, wie die Freiheit des Menschen als Person gesichert werden kann. Im Zusammenhang mit diesen Erwägungen ging Prof. Winkler auf das Wertproblem ein und führte aus, daß Kelsen in der 2. Auflage der Reinen Rechtslehre von objektiven Werten gesprochen habe. Kraft habe eine objektive Wertlehre entwickelt und es Scheler geradezu nachgerühmt, daß er die subjektive Wertlehre Brentano's überwunden hat. In Wahrheit gehe es nicht um den Gegensatz subjektiv-objektiv, sondern um den Gegensatz relativ-absolut. Es gebe also eine durchaus objektive Werterkenntnis. Die von der Judikatur überlieferten Werte seien bis zu einem hohen Grad erfahrbar und erfaßbar. Darauf gründe sich ja auch die Möglichkeit des Gesetzgebers, Wertbezüge in eine Ordnung aufzunehmen. Es gebe, wie Prof. Winkler weiter ausführte, für den Gesetzgeber zunächst die Möglichkeit, eine Wertbindung zugunsten der Allgemeinheit vorzunehmen. Es könne etwa „der Sozialstaat sozusagen als Recht des Staates und nicht nur als Programm formuliert" werden. Das sei in diesem Zusammenhang nicht gemeint. Darüberhinaus bleibe für den Gesetzgeber die Werttoleranz, d.h. die Freiheit des Einzelnen bei der Wahl der Werte, zu denen er sich bekennt und in denen er leben möchte, und darüberhinaus die Lebensgütergarantie für den Einzelnen und die kleinen Gemeinschaften. Je mehr sich der Gesetzgeber von einer unmittelbaren Wertbindung zurückhalte, desto mehr werde er sich von einer kollektiven und totalitären Erfassung des Einzelnen freihalten. Je mehr das Gewicht auf Werttoleranz, Wert- und Gütergarantie gelegt wird, umso mehr werde der Einzelne hervorgehoben und geschützt werden. Freilich werde dabei die soziale Verantwortung zu bedenken sein, aber nicht als Alternative, sondern als Frage der Grenzziehung zwischen den Bereichen des Einzelnen und der Gemeinschaft.

Prof. Floretta knüpfte an die Ausführungen der Professoren Ermacora und Klecatsky an und warf die Frage auf, ob die Annahme eines präpositiven Freiheitsbereiches mit der Rechtsstaatstheorie vereinbar ist, die die Omnipotenz des Volkes bzw. des Verfassungsgesetzgebers voraussetze. Das habe nichts mit der Delegation gewisser Verbände zu tun, wohl aber damit, daß die Grundrechte vom Verfassungsgesetzgeber eingeräumt werden müßten. Professor Floretta fügte seiner Frage hinzu, daß er sich zu Grundwerten bekenne, die zu sichern Aufgabe des Staates sei. Ob diese Aufgabe eine Rechtspflicht darstellt, sei eine weitere Frage. Sodann befaßte sich Prof. Floretta mit der „Entwicklung verschiedener Auffassungen, verschiedener Weltanschauungen" in der Entwicklung des österreichischen Rechts. Vor allem das ABGB zeige, wie sich die Auffassung über die Rechtswerte geändert hat. Der Ausgangspunkt dieser Entwicklung sei die Vertragsfreiheit gewesen. Die ursprüngliche Fassung des ABGB habe fast keine unabdingbaren Bestimmungen enthalten. Allmählich aber und auch im Einklang mit der Schaffung der Grundrechte habe ein materielles Auffüllen stattgefunden, sei „eine gewisse Sozialstaatlichkeit, eine materielle Rechtsstaatlichkeit" eingedrungen. Sodann befaßte sich Prof. Floretta mit der künftigen Entwicklung und führte aus, daß die öffentliche Gewalt dem Gedanken der Subsidiarität gemäß nur dort wirksam werden soll, wo die Möglichkeiten des Einzelnen nicht ausreichen. Wo bei vernünftiger Betrachtungsweise anzunehmen ist, daß diese Möglichkeit nicht ausreiche, solle „die größere Gemeinschaft oder eventuell sogar der Staat eingreifen und die formelle Rechtsstaatlichkeit mit einer materiellen auszufüllen helfen". In diesen Fällen bestehe „ein gewisses Recht des Kollektivs" und „eine Verpflichtung dieses Kollektivs" auf Herstellung des materiellen Rechtsstaates. Man habe es hier mit einem „schöpferischen Ausfüllen und daher auch von der Weltanschauung her mit einem schöpferischen Pluralismus" zu tun. Hier sei eine gemeinsame Wertvorstellung zu finden, man könne sich treffen „bei einer freiheitlichen und zusätzlich bei einer sozialstaatlichen Demokratie".

Sektionschef Loebenstein stellte sodann zur Vermeidung von Mißverständnissen fest, er habe sich lediglich zur Frage geäußert, ob eine Norm jeden beliebigen Inhalt haben darf. Er habe die Auffassung vertreten, daß diese Frage vom Standpunkt der Bundesverfassung zu verneinen ist, da ihr nicht ein rein formeller Rechtstaatsbegriff immanent ist, sondern ihr auch Wertvorstellungen zugrunde liegen.

Prof. Marcic knüpfte an die Ausführungen von Prof. Floretta an und stellte fest, die Annahme, daß die Rechtsstaatsidee von der Omnipotenz des Gesetzgebers ausgehe, sei unrichtig. Das sei die Theorie der Demokratie. Die Rechtsstaatstheorie setze eine natürliche Freiheit voraus. Gerade die Urheber der Bundesverfassung hätten „der liberalen, der rechtsstaatlichen Theorie sozusagen ihr ganzes Herz geschenkt". Aus Kelsens „Vom Wesen und Wert der Demokratie" gehe klar hervor, daß die Theorien des Rechtsstaates und der Demokratie „eine gewisse Polarität" bilden. Vom Standpunkt der Rechtsstaatstheorie „sind wir also vollkommen im Recht, wenn wir behaupten, daß die natürliche Freiheit vorausgesetzt wird".

Nach diesen Ausführungen von Prof. Marcic wurden die Beratungen um 13 Uhr unterbrochen und um 15 Uhr wieder aufgenommen.

RA Beck stellte zunächst fest, daß der Begriff der menschlichen Persönlichkeit nicht nur von seiten der Rechte des Menschen zu begreifen ist. Vielmehr müßten auch die Pflichten im Auge behalten werden. Damit seien nicht die politischen Pflichten etwa im Sinne der Menschenrechtsdeklaration, sondern die sittlichen Pflichten des Menschen gemeint. Diese Pflichten seien im Art. 2 (1) des Bonner Grundgesetzes positiviert, wo vom Sittengesetz die Rede ist, und im Art. 7 (2) der MRK in „den von den zivilisierten Völkern allgemein anerkannten Rechtsgrundsätzen." Hier trete das präpositive Urstrafrecht in eine positive Form. RA Beck ging dann auf den Begriff der Freiheit ein und bezeichnete als „eigentliche und wahre Freiheit" die „Möglichkeit, Recht und Unrecht zu unterscheiden und sich danach auf Grund des Sittengesetzes zu entscheiden". Diese Freiheit mache die Persönlichkeit des Menschen aus, sie verleihe die Menschenwürde. Und deshalb sei als die für die Grundlegung und die Bestimmung der Menschenrechte maßgebende Grundvorstellung die Menschenwürde anzuerkennen. Diese Grundvorstellung aber sei nicht geeignet, durch Abstimmungen eines Parlaments oder auch eines Volkes sanktioniert zu werden oder nicht sanktioniert zu werden. Nicht einmal mit Einstimmigkeit. „Auch wenn ein ganzes Volk einstimmig sagt, der Mensch soll keine Würde haben, so gilt das nicht. Wir befinden uns hier in einem Bereich, wo diese Begriffe der Wahl oder der Mehrheit in der Abstimmung nicht mehr gelten." Auf die Frage eingehend, wie diesen Erwägungen praktisch Rechnung getragen werden könne, führte RA Beck aus, er sei von dem Gedanken abgekommen, im Art. 44 Abs. 2 des B.-VG. die unabänderlichen Grund- und Freiheitsrechte zu verankern. Dazu wäre eine Gesamtänderung der Verfassung erforderlich, die auf Grund folgender Überlegung vermieden werden könne: Die Norm, um die es gehe, sei keine Rechtsnorm im positiven, aber auch nicht im präpositiven Sinn. Sie sei das, was Kelsen die Grundnorm nennt. Kelsens Grundnorm sei leer und inhaltslos und es sei daher notwendig, ihr einen materiellen Inhalt zu geben. Trotzdem bleibe sie, „etwas Vorausgesetztes oder – wie man auch sagen kann – auch bei Kelsen, Geglaubtes". Es handle sich hier um den Bereich des Glaubens, nicht des religiösen Glaubens, es gehe um eine Annahme, die nicht in der Erfahrung, auch nicht in der Rechtserfahrung gegründet ist. Diese vorausgesetzte Grundannahme sei die der sittlichen Persönlichkeit des Menschen. Das müßte wohl fixiert werden, aber dazu sei es nicht notwendig, eine Norm der Verfassung zu ändern. Vielmehr könnte diese Fixierung in der Form der Präambel erfolgen. Eine Feststellung etwa des Inhaltes, daß die Grundrechte da sind, um die freie, sittliche und frei entscheidende Persönlichkeit des Menschen zu sichern. Und dann hätten eben gegliedert die elementaren und sekundären Grundrechte zu folgen.

Prof. Pfeifer führte sodann aus, im Verhältnis: Mensch-Staat zeige sich vor allem, daß man nicht nur darauf bedacht ist, die Freiheit des Menschen vor staatlichen Eingriffen sicherzustellen, sondern auch darauf, dem einzelnen Menschen ein menschenwürdiges Dasein zu sichern. Das sei der Sinn der sozialen Grundrechte. Die einfache Gesetzgebung sei in dieser Hinsicht der Verfassungsgesetzgebung schon vorausgeeilt. Schon in der Weimarer Reichsverfassung finden sich die sozialen Grundrechte. In der allgemeinen Erklärung der Menschenrechte und in der Europ. Sozialcharta seien sie ausführlich entwickelt. Es gebe da zwei Systeme. Zu dem einen habe sich Friedrich Naumann bekannt, der im Grundrechtskatalog eine „Art Bekenntnis zu den Grundprinzipien, von denen der Staat und die Gesellschaft erfüllt und getragen sind", erblickte. Das habe aber zur Folge, daß in die Grundrechte auch programmatische Grundsätze Eingang finden, Richtlinien für den Gesetzgeber, die nicht justiziabel sind, sondern zu ihrer Realisierung des einfachen Gesetzgebers bedürfen. Trotzdem habe die Aufnahme solcher Programmsätze Bedeutung, da sie den Gesetzgeber verpflichten und überdies für die Interpretation Bedeutung haben. Der Wandel der Ideen könne auch daran erkannt werden, daß das Bonner Grundgesetz im Art. 28 vom sozialen Rechtsstaat spricht, aus welchem Begriff sich sehr viel ableiten lasse. In dem Umstand, daß ein Staat als sozialer Rechtsstaat bezeichnet wird, komme eine Änderung der Geisteshaltung zum Ausdruck. Es handle sich um die Idee eines Staates, der dem Einzelnen ein menschenwürdiges Dasein sichern soll. In diesem Zusammenhang stelle sich allerdings die bereits von RA Beck aufgeworfene Frage, ob nicht den sozialen Rechten soziale Pflichten gegenübergestellt werden sollten, wie sie auch in der Weimarer Verfassung vorgesehen waren. Sie seien das Gegenstück zum Anspruch auf ein menschenwürdiges soziales Dasein.

Präsident Dietrich führte aus, daß die ursprüngliche Tendenz der Grundrechte, Sicherheit gegen den Monarchen und seine Verwaltung zu gewähren, im demokratischen Staat an Schärfe verloren habe und daß mit dieser Entwicklung auch Gefahren verbunden seien. Weite Kreise fragten heute nicht mehr nach ihrer Freiheitssphäre gegenüber dem Staat, sondern nach dem, was vom Staat an Leistungen gefordert werden kann. Wenn aber ein Großteil der Staatsbürger nicht mehr für seine Freiheit eintritt, würden die mit den Freiheitsrechten gegebenen Sicherungen an Wirksamkeit verlieren. Bei der Kodifizierung der Grundrechte dürfe daher nicht so sehr auf das gesehen werden, was der Einzelne vom Staat verlangen kann, sondern auf die ursprüngliche Tendenz der Grund- und Freiheitsrechte, nämlich Grenzen der staatlichen Gewalt zu sein. Man solle nicht verschwommene Begriffe wie den des Sozialstaates aufnehmen, da es sich hier nicht um durchsetzbare Normen, sondern um Programme handle. Programme aber hätten mit einem Gesetz wenig zu tun.

Prof. Ermacora ging sodann auf die im Fragenprogramm aufgeworfene Frage der Bedeutung des weltanschaulichen Pluralismus für die Grundrechte ein. Er führte aus, als Ursache für den weltanschaulichen Pluralismus sei vor allem auch anzusehen, daß sich die Machthaber der verschiedenen weltanschaulichen Konzeptionen angenommen und ihnen dadurch eine größere Entfaltung gegeben hätten, als dies je zuvor der Fall war. Dadurch sei es auch zu einer Verwandlung dieser Konzeptionen gekommen. Deren Ergebnis sei, daß die Gesellschaft nicht mehr als eine bürgerliche, sondern als eine bürgerlich soziale gesehen wird. Dem entspreche der Gedanke des sozialen Rechtsstaates. Man spreche nicht mehr schlechthin von der Gesellschaft, sondern differenziere zwischen bürgerlicher und sozialer Gesellschaft. Die Säkularisation des öffentlichen Lebens sei eines der Ergebnisse dieser Wandlungen im weltanschaulich-geisteswissenschaftlichen Bereich, ebenso die Emanzipation der Frauen und der Jugendlichen, und die Technisierung des Kollektivs, das technische Kollektiv. Das Ergebnis für den Menschen und seine Stellung aber sei, daß er als gemeinschaftsgebundenes Wesen angesehen wird, u. zw. im Sinne einer Gebundenheit nicht nur an den Staat, sondern an andere Gemeinschaften. Resultante für den Einzelnen sei: Persönlichkeitsentfaltung auf der einen, Gemeinschaftsgebundenheit auf der anderen Seite, eine Situation, die dem Liberalismus, sieht man vom Recht auf Eigentum ab, fremd gewesen sei. Für einen modernen Grundrechtskatalog werde daher eine Kompromißlösung erforderlich sein, die sowohl die Persönlichkeitsentfaltung schützt als auch die Gemeinschaftsgebundenheit gewährleistet. Der moderne Gesetzgeber sehe sich vor ein Dilemma gestellt, das der Art. 2 des Bonner Grundgesetzes dadurch zu lösen suche, daß er einerseits zur Persönlichkeitsentfaltung einladet, andererseits aber auf die Schranken durch die Rechte der anderen und durch das Sittengesetz verweist. Im Vergleich dazu sei die Konzeption des § 16 des ABGB sehr individualistisch, man könne auch sagen egoistisch. Das Problem der Menschenwürde sei auch in ihm berücksichtigt, das Problem der Verbundenheit mit den anderen aber nicht in der Schärfe erfaßt wie im Art. 2 des Bonner Grundgesetzes. Prof. Ermacora wandte sich dann dem Problem der sozialen Grundrechte zu und führte unter Bezugnahme auf persönliche Beobachtungen in Indien aus, daß „ohne Minimum eines Sozialstatus des Einzelnen nicht einmal das Bewußtsein der Grundrechte auftauchen kann". Es könne daher ohne ein Minimum sozialer Rechte keine effektiven Grundrechte im klassischen Sinn geben. Ob diese Einsicht aber für Österreich, das ein „Sozialsystem ersten Ranges" besitze, eine verfassungsrechtliche Gewährleistung sozialer Rechte erfordert, sei noch zu prüfen. Zusammenfassend stellte Prof. Ermacora fest, daß seit 1867 ein grundsätzlicher Wandel zwar nicht hinsichtlich des Freiheitsbegriffes, wohl aber hinsichtlich der „Bezogenheit der Freiheit der Gemeinschaft" eingetreten sei. Diesen Wandel müßte ein moderner Grundrechtskatalog einfangen. Dabei wäre aber sicherzustellen, daß durch die Beachtung der sozialen Stellung des Einzelnen der Mensch nicht „der Technisierung des Kollektivs anheim fällt".

Prok.Koär. Graff führte aus, daß seit der Konzipierung des gegenwärtigen Grundrechtskataloges sehr große Veränderungen stattgefunden hätten. Gewisse Wertvorstellungen, die damals gegolten haben, seien auch heute noch anerkannt. Andere Wertvorstellungen seien hinzugekommen, manche auch weggefallen.

Wie immer aber auch sich die Vorstellungen von den rechtlich zu schützenden Gütern gewandelt haben, an den für die Gestaltung maßgebenden Erwägungen sollte festgehalten werden. Jede Regelung, welche Werte immer sie schütze, müsse so beschaffen sein, daß sie ein größtmögliches Maß an Durchsetzbarkeit gewährleistet. Der Einzelne oder auch die kleine Gemeinschaft müßten möglichst viel von ihrem Grundrecht haben. Deklarationen und Programmen müsse mit größter Skepsis begegnet werden.

Prof. Marcic führte sodann aus, die von „Vertretern der orthodoxen liberalen Theorie" allenfalls vertretene Annahme der Unvereinbarkeit des Gedankens der sozialen Grundrechte mit den „klassischen absoluten Grundrechten des Individuums" sei heute auch im Rahmen der Theorie des liberalen Rechtsstaats überholt, u.zw. unter dem Gesichtspunkt einer extensiven Deutung der Menschenwürde. Prof. Marcic erwähnte in diesem Zusammenhang, daß „das Grundrecht auf Arbeit das einzige originelle Recht der französischen Deklaration war". Damit wolle er sagen, daß „dieser Gedanke nicht so neu ist, nicht so revolutionär und dem liberalen Denken des Rechtsstaates nicht abträglich". Dazu komme aber noch als weiterer Gesichtspunkt, daß man heute, selbst wenn man von der Menschenwürde als einem präpositiven Wert ausgehe, dazu gelangen müsse, daß sich die Menschenwürde nicht in Abwehrrechten – also den klassischen Grundrechten – erschöpfen könne. Vielmehr komme es darauf an, daß der Einzelne am Zustandekommen der sozialen Ordnung, in der er lebt, mitwirkt, u.zw. nicht nur im Wege der Wahl, sondern auch auf prozessualem Wege. Nicht die Staatsferne, sondern das Mitwirken des Individuums an der Ordnung des Staates sei anzustreben. Dem diene aber u.a. eine grundrechtsartige Institution, die man ungenau „soziale Grundrechte" nenne.

Bundeskanzler Klaus gab zu Bedenken, ob nicht in der Diskussion der Bereich der Grundrechte viel zu weit gefaßt werde. Die Grundrechte seien eines der Elemente des Rechtsstaates. Er wolle, wie Bundeskanzler Klaus weiter ausführte, unter keinen Umständen den Gedanken abweisen, daß irgendwie in der Verfassung z.B. das Recht auf Arbeit festgehalten wird. Aber ob diese Regelung zu den Grundrechten gehört, das sei zu bezweifeln. Grundrechte müßten durchsetzbar sein. Wenn etwa im Bonner Grundgesetz das Prinzip des sozialen Rechtsstaates festgelegt ist, so sei damit gewiß sehr viel gesagt. Daß das aber zu den Grundrechten gehört, müsse bezweifelt werden. Vielleicht könnte die Diskussion durch eine einvernehmliche Feststellung des Inhaltes erleichtert werden, daß Elemente der freiheitlich-rechtsstaatlichen Ordnung nicht etwa deshalb vernachlässigt werden sollen, weil sie nicht im Rahmen des Grundrechtssystems Berücksichtigung finden.

Sektionschef Loebenstein stellte sodann fest, daß die Diskussion über den ersten Teil des Abschnittes B 1 des Fragenprogramms als abgeschlossen betrachtet werden kann. Die sehr wertvolle Beratung habe als Ansicht aller Diskussionsteilnehmer ergeben, daß einer Gesamtkodifikation der Grundrechtsordnung aus widersprechenden weltanschaulichen und politischen Theorien keine unübersteiglichen Schwierigkeiten erwachsen. Es habe sich die Auffassung ergeben, daß ungeachtet einer Vielfalt von Meinungen ein Grundrechtskatalog möglich wäre, der „die Freiheit des Einzelnen und den Menschen in den Mittelpunkt und in den Blickpunkt seiner Zielsetzungen stellt".

Sodann ersuchte *Sekt.Chef Loebenstein* die Mitglieder des Kollegiums zu folgender Frage Stellung zu nehmen:

Lassen die Änderungen im weltanschaulich-geisteswissenschaftlichen Bereich, die Entwicklung neuer politischer Theorien und die Entfaltung des weltanschaulichen Pluralismus Änderungen auf dem Gebiete der Grundrechte wünschenswert und möglich erscheinen?

Diese Frage wurde von *allen Mitgliedern* des Kollegiums bejaht.

Parl.Rat Kobzina nahm jedoch folgende Einschränkung vor: „Grundsätzlich ja, jedoch mit der Einschränkung, die ich am Vormittag gemacht habe, nämlich nur insoweit, als sich diese Grundrechte in das System der Grundrechte, nämlich das System, Freiheitssphären zu sein, einfügen lassen. Darüber hinaus nicht nur nicht wünschenswert, sondern darüber hinaus mit Rücksicht auf den normativen Gehalt der Gesamtrechtsordnung unmöglich, es sei denn durch Gesamtänderung."

Prof. Ermacora gab folgende Erklärung ab: „Ja, aber nicht zweifelhaft in Bezug auf die Einschränkung des Kollegen Kobzina."

Sodann stellte *Sektionschef Loebenstein* folgende weitere Frage: Soll der Grundrechtskatalog einen Spiegel der gemeinsamen Wertvorstellungen des Staatsvolkes darstellen oder von diesen Wertvorstellungen im Interesse größtmöglicher Bestandfestigkeit unabhängig sein?

Hiezu äußerte sich zunächst *Prof. Ermacora* im Sinne möglichster Bestandfestigkeit.

Dann äußerte *RA Rosenzweig* Bedenken gegen die Fragestellung mit der Begründung, die der Frage zugrunde liegende Problematik sei bisher so wenig erörtert worden, daß ein Substrat für eine individuelle Meinungsäußerung noch nicht vorliege. Damit solle die Stellungnahme zu dieser Frage in einem späteren Zeitpunkt, wenn die Problematik eingehender diskutiert worden sei, nicht ausgeschlossen werden.

Sektionschef Loebenstein stellte sodann zur Erwägung, zu der in Rede stehenden Frage nach Abschluß der Diskussion über den Punkt B 4 des Fragenprogramms Stellung zu nehmen.

Prof. Marcic schlug eine Fragestellung des Inhaltes vor, ob eine Grundrechtsregelung überhaupt möglich ist, wenn nicht eine Wertformel gefunden werden kann, die den consensus omnium findet.

Sektionschef Loebenstein bemerkte hiezu, auch dieser Frage könnte entgegengehalten werden, sie sei nicht ausreichend diskutiert worden.

Min.Rat Weiler gab zu bedenken, daß die erste Frage bereits den von Prof. Marcic vorgebrachten Gesichtspunkt enthalten habe. Der mit ihr zur Diskussion gestellte Gesichtspunkt, ob Änderungen als möglich angesehen werden, habe ja bereits die Möglichkeit eines Consenses im weltanschaulichen Bereich eingeschlossen.

Sektionschef Loebenstein regte neuerlich an, die Stellungnahme zu der in Rede stehenden Frage zurückzustellen.

Bundeskanzler Klaus gab seinem Bedauern über die Zurückstellung der Frage Ausdruck. Die Vormittagssitzung habe den Eindruck vermittelt, daß alle Mitglieder des Kollegiums auf einer rechtsstaatlich-freiheitlich-demokratischen Basis stehen. Es wäre nun für die Arbeiten des Kollegiums von größtem Wert, wenn die von Sektionschef Loebenstein gestellte Frage mit ja in dem Sinne beantwortet würde, daß zwar nicht bis in alle Verästelungen Übereinstimmung besteht, aber doch im Sinne der Bejahung einer rechtsstaatlich-sozialstaatlich-freiheitlichen Ordnung und daß man im Hinblick auf die Stellung des Einzelnen, was die Grundrechte anlangt, eine Revision für wünschenswert hält.

RA Rosenzweig stellte fest, daß bei dieser von Bundeskanzler Klaus gewählten Formulierung die Klarheit da wäre. Gerade die Bemerkung von Min.Rat Weiler betreffend den Konsens auf weltanschaulichem Gebiet habe gezeigt, wo Unklarheiten entstehen. Auf weltanschaulichem Gebiet müsse die Pluralität gelten. Der Konsens müsse auf politischem Gebiet, in der Frage der politischen und sozialen Grundrechte angestrebt werden, hier sei die Basis des freiheitlich demokratischen Staates zu suchen.

Sektionschef Loebenstein gab zu bedenken, daß der Begriff der sozialen Grundrechte noch eingehend zu behandeln sein werde. Außerdem sei auch er der Auffassung, daß die Vormittagssitzung doch zu der Annahme berechtigt habe, es bestehe die Möglichkeit einer Symbiose der scheinbar unversöhnlich nebeneinander stehenden Auffassungen, bei der keiner der Beteiligten seinen politischen oder weltanschaulichen Theorien abschwören muß. Diese Freiheit der weltanschaulichen Überzeugungen werde von niemandem bestritten. Diese Freiheit der weltanschaulichen Überzeugung dürfe aber nicht so weit gehen, daß sie den Staat zugrunde richten kann. Hier müsse der Begriff der wehrhaften Demokratie die Grenze ziehen.

Hiezu bemerkte *RA Rosenzweig*, diese Vorgänge verbinde er mit dem Begriff der politischen Einrichtungen, nicht mit jenem der Weltanschauung.

Sektionschef Loebenstein gab der Hoffnung Ausdruck, daß es bei dieser Sachlage doch noch möglich sein werde, die in Rede stehende Frage zur Diskussion zu stellen. Auf Grund einer Frage von Bundeskanzler Klaus stellte Sektionschef Loebenstein sodann klar, daß er mit seiner Frage jene Wertvorstellungen gemeint habe, die für eine Grundrechtskodifikation Bedingung sind, insbes. also die mit den Begriffen der Freiheit und der Gleichheit verbundenen Wertvorstellungen.

Rechtsanwalt Rosenzweig erklärte hiezu, unter dieser Voraussetzung wäre die notwendige Klarheit gegeben.

Prof. Pfeifer gab hingegen zu bedenken, daß es neben den freiheitlichen auch soziale, kulturelle und prozessuale Grundrechte gebe. Je nach dem Kreis der in die Fragestellung einbezogenen Grundrechte werde die Frage nach dem Konsens wahrscheinlich verschieden beantwortet werden.

Bundeskanzler Klaus wies darauf hin, daß die Idee der Freiheit in allen Grundrechten wirksam ist.

Prof. Winkler führte aus, daß die Grundrechte zunächst die Voraussetzung für die Entfaltung von Weltanschauungen sind. Darüber bestehe wohl Einigkeit. Außerdem könne wohl Einigkeit darüber erzielt werden, daß grundsätzliche Wertvorstellungen von Gleichheit und Freiheit unbestritten sind.

Min.Rat Weiler knüpfte klarstellend an seine früheren Ausführungen an und vertrat die Meinung, man solle fragen, ob der Eindruck besteht, daß jenes Minimum an Konsens in den Auffassungen erwartet werden kann, das für eine zielführende legislative Arbeit auf dem Gebiet der Grundrechte Voraussetzung ist. Dieses Minimum aber liege in einem Bereich, den man, vielleicht unscharf, als weltanschaulichen Bereich bezeichnen kann. Man könne ihn auch als Bereich der Werte bezeichnen. Daß es möglich sein könnte, absolute Einhelligkeit auf weltanschaulichem Gebiet zu erzielen, habe er nie angenommen.

Prof. Marcic bezeichnete die von Sekt.Chef Loebenstein gestellte Frage neuerlich als richtig und wichtig und gab dann zu bedenken, daß ohne Konsens über ein bestimmtes Minimum an Werten kein Staat Bestand haben kann. Sodann führte Prof.Marcic aus, er glaube, es sei bei einigen Mitgliedern des Kollegiums die irrige Meinung entstanden, der Herr Bundeskanzler wolle das Problem der sozialen Grundrechte von der Diskussion ausschließen, weil sie im Bereich der Grundrechte nichts zu suchen hätten. Diese sicherlich den Konsens in Frage stellende Auffassung sei aber vom Herrn Bundeskanzler nicht vertreten worden. Daher müsse der Konsens möglich sein.

Bundeskanzler Klaus stellte zunächst fest, er sei der Auffassung, daß es soziale Grundrechte gibt. Die Grundrechte, um die es hier gehe, müßten aber justiziabel sein. Das sei etwa beim Recht auf Arbeit nicht vorstellbar. Damit sei aber keineswegs gesagt, daß nicht „irgendwo in der Verfassung oder sonst in einer feierlichen Deklaration stehen kann, in Österreich hat jeder Mensch das Recht auf Arbeit". Nur sei das eben kein Grundrecht im Sinne des Kataloges, um den es gehe. Schließlich stellte Bundeskanzler Klaus noch fest, daß es sich hier um seine persönliche Auffassung handle und daß das letzte Wort über diese Frage gewiß noch nicht gesprochen sei.

RA Beck führte aus, es solle die Frage gestellt werden, ob die Mitglieder des Kollegiums ungeachtet des Umstandes, daß nicht alle dieselben Werte zu erkennen vermögen, bereit sind, die Folgen gemeinsamer Werte anzuerkennen.

Hofrat Lora führte aus, daß die Grundrechte nur dann beständig sein können, wenn sie ein Spiegelbild gemeinsamer Wertvorstellungen sind.

Abg. Mark führte aus, bei ihm sei durch die Ausführungen des Herrn Bundeskanzlers der Eindruck entstanden, daß eine einheitliche Auffassung in Bezug auf die Grundrechte nicht erzielt werden kann. Dies deshalb, weil ein Teil der Grundrechte, nämlich die sozialen Grundrechte ausgeschaltet worden seien. Eine Trennung zwischen verschiedenen Arten von Grundrechten sei nicht möglich. Auch das Recht auf Arbeit und das Recht auf Freiheit von Angst und Not müßten als Grundrechte anerkannt werden.

RA Rosenzweig gab der Auffassung Ausdruck, daß die bestehenden Meinungsverschiedenheiten in Wahrheit nicht so groß seien, wie es scheine. Ob die sozialen Grundrechte justiziabel sind, hänge von ihrer Formulierung ab. Es komme nicht darauf an, daß der Einzelne ein subjektives Recht geltend machen kann. Es seien auch Grundrechte denkbar, die „subjektive kollektive Rechte schaffen als Bindungen des Gesetzgebers an gewisse Verfassungsnormen und dadurch eine Justiziabilität gegeben ist". An und für sich sei das eine Frage der Detailuntersuchung.

Prof. Winkler traf sodann, anknüpfend an die Ausführungen von Prof. Klecatsky und Parl.Rat Kobzina die Feststellung, daß wohl kaum bei einer Rechtsreform, zumindest in Kreisen, die mit dem Wesen des Rechts vertraut sind, die Vorstellung bestehen könne, schlechthin etwas Neues um des Neuen Willen schaffen zu wollen. Jeder, der mit dem Recht vertraut ist, wisse um den Wert des historisch in einer Gemeinschaft – auch aus politischen Spannungen – Gewachsenen.

III.

Sekt.Chef Loebenstein schlug daraufhin vor, sich nun den weiteren Problemen des Abschnittes B 1 des Fragenprogrammes zuzuwenden. Als erstes dieser Probleme nannte er jenes des status negativus und des status positivus. Sektionschef Loebenstein ging dann auf dieses Problem näher ein und führte aus, die Grundrechte, wie sie heute in den meisten Verfassungsordnungen vorgefunden werden, seien zunächst gegen den Staat gerichtet, als eine gegen den Staat gerichtete Schranke gedacht gewesen. Neben diesem, vom Begriff des status negativus erfaßten Gesichtspunkt stehe jener des status positivus. Er beziehe sich auf die politischen Rechte im klassischen Sinn, auf die Pflicht, an der Staatswillensbildung teilzunehmen und gewisse allgemeine Rechtsgrundsätze zu respektieren. Des weiteren sei nunmehr der Problemkreis der sozialen Grundrechte zu untersuchen. Es sei auf die Frage einzugehen, ob diese Rechte ihrem Wesen und ihrer Durchsetzbarkeit nach ident sind mit dem, was gemeiniglich unter Grundrechten verstanden wird, oder ob es sich hier etwa um Programmsätze, um Auslegungsregeln, um Befehle an den einfachen Gesetzgeber, gewisse Regelungen zu treffen, handelt, die dann insofern justiziabel sind, als eben ein Gesetzesprüfungsverfahren möglich ist. Als letzter Punkt des nunmehr begonnenen Teilabschnittes könne dann schließlich das Problem der Institutionen- und Institutsgarantien behandelt werden.

Prof. Pfeifer schlug vor, der Dreiteilung zwischen status negativus, status positivus und status activus im Sinne von Abwehrrechten, Leistungsrechten und politischen Rechten zu folgen.

RA Beck ging sodann auf das Problem der sozialen Grundrechte ein. Er gab der Meinung Ausdruck, daß es nicht möglich ist, das Recht auf Arbeit oder das Recht auf soziale Sicherheit justiziabel zu gestalten. Nichts destoweniger seien diese Rechte zu sichern, zwar nicht als Grundrechte, wohl aber in der Form der institutionellen Garantien. Bei Maunz-Dürig sei zwischen Institutionen-Garantien, Institutsgarantien und institutionellen Garantien unterschieden, und zwar nicht nur als Unterschied zwischen privater und öffentlicher Sphäre, sondern im Hinblick auf die Frage der Grundrechtsbezogenheit. Die institutionelle Garantie gebe die Möglichkeit, etwas als garantiert zu bezeichnen, ohne daß damit ein Grundrecht verbunden sein müßte. Auf diese Weise könne eine Garantie ausgesprochen werden, ohne daß dadurch ein subjektives justiziables Recht entstehe. Dieser Weg solle auch für die sozialen Grundrechte beschritten werden. Dadurch wäre erreicht, daß Verletzungen der damit festgelegten Normen in derselben Weise der Kontrolle durch den VerfGH. unterlägen wie heute schon die Verletzung von Verfassungsnormen durch den Gesetzgeber in allen Fällen, in denen ein subjektives verfassungsgesetzlich gewährleistetes Recht nicht gegeben ist. RA Beck gab in diesem Zusammenhang der Meinung Ausdruck, daß eine Erweiterung des Kreises der Stellen, die ein Gesetzesprüfungsverfahren in Gang bringen können, nicht erforderlich ist und auch im Falle der von ihm vorgeschlagenen institutionellen Garantien nicht erforderlich wäre. Das demnach institutionalisierte Recht auf Arbeit würde etwa bedeuten, daß die Arbeitsämter nicht abgeschafft werden dürfen. Oder das Recht auf soziale Sicherheit würde ausschließen, daß der Nationalrat die Sozialversicherung abschafft. Zusammenfassend gab RA Beck der Meinung Ausdruck, daß die sozialen Rechte gesichert werden sollten, daß es aber unmöglich sei, sie als Grundrechte zu sichern.

Hofrat Lehne gab zunächst seiner Überzeugung von der Existenz eines Rechts auf Arbeit Ausdruck und wies darauf hin, daß es auch in der Enzyklika „Pacem in terris" anerkannt ist. Aus dieser Enzyklika gehe aber auch hervor, daß in ihr nicht eine Realisierung des Rechts auf Arbeit derart gedacht ist, daß im Rahmen einer „Kommandowirtschaft durch den Einzelnen im Prozeß eine Einstellung in einen Staatsbetrieb erkämpft werden könnte". Auch hier sei also nicht an subjektive Rechte des Einzelnen gedacht. Man könne daher allenfalls annehmen, daß die Meinungen im Kollegium nicht über die Frage der Anerkennung von sozialen Grundrechten divergierten, sondern über die Frage der Technik zur Realisierung solcher Rechte. Bemerkenswert seien in diesem Zusammenhang einige Thesen, die Forsthoff in seinem Aufsatz „Begriff und Wesen des sozialen Rechtsstaates" formuliert habe. Hofrat Lehne las dann aus diesen Thesen vor: „Die rechtsstaatliche Gewährleistung geschieht grundsätzlich in der Form der Ausgrenzung. Die klassischen Grundrechte stellen solche Ausgrenzungen dar. Soziale Teilhaberechte bedürfen der Abstufung, da sie nur im Rahmen des jeweils Angemessenen sinnvoll sind. Deshalb sind sie der Verbürgung durch eine notwendig lapidare, die spezielle gesetzliche Regelung nicht ersetzende Verfassungsnorm nicht fähig. Soziale Verbürgungen, die auf Ausgrenzungen beruhen – Koalitionsfreiheit etwa – sind der rechtsstaatlichen Verfassungsnormierung ohne weiteres zugänglich. Das Bekenntnis des Grundgesetzes zum Sozialstaat ist eine an das Ermessen gerichtete und für die Gesetzesauslegung verbindliche Staatszielbestimmung."

Prof. Winkler trat sodann dafür ein, in den Grundrechtskatalog auch den status activus einzubeziehen. Daß er dzt. kaum berücksichtigt ist, sei wohl darauf zurückzuführen, daß die politischen Mitwirkungsrechte eigentlich unbestritten und nicht echt gefährdet waren, vielleicht aber auch deshalb, weil man sich gewisse Manipulationen in den Wahlordnungen vorbehalten wollte. Im Bereich des status positivus aber, also in den Bereichen, in denen der Staat zu Leistungspflichten verhalten wird, solle man sich, wie Prof. Winkler weiter ausführte, größte Zurückhaltung auferlegen. Wenn man sich etwa frage, was die institutionelle Garantie der Arbeit bedeute, komme man zu dem Problem, ob dadurch der Gesetzgeber verhalten ist, jedermann zu verpflichten, jedermann zu beschäftigen. Auch der Staat könne dann ein Begehren auf Beschäftigung ohne Rücksicht auf das Erfordernis fachlicher Qualifikation nicht ablehnen. Wandlungen in der Sozial- und Wirtschaftsordnung könnten daher die Folge sein. Daher sei größte Zurückhaltung zu empfehlen. Sicher seien im sozialen Bereich Rechte vorstellbar, die dem Einzelnen noch zugesprochen werden könnten, etwa ein Recht auf Notstandshilfe. Aber gerade das Recht auf Arbeit sei ein Extremfall, bei dem sich wahrscheinlich die Geister scheiden müßten.

Prof. Ermacora wies darauf hin, daß der von Jellinek erstmals so bezeichnete Begriff des status activus schon lange vor dem Jahre 1919 bei Ofner ein Rolle spielte, der auch den Terminus „sozialer Rechtsstaat" geprägt habe. Kodifizierungen in diesem Sinne hätten 1919 mit der Weimarer Reichsverfassung eingesetzt. Ebenso habe der von der österreichischen Sozialdemokratischen Partei im Jahre 1919 vorgeschlagene Grundrechtskatalog entsprechende Regelungen enthalten. Und schließlich habe die Entwicklung zur Europ. Sozialcharta und zu einem Konventionsentwurf der VN geführt. Bei allen diesen sogenannten Grundrechten stelle sich aber die Frage ihrer Justiziabilität. Bei den VN hätten alle Ostblockstaaten erklärt, die Klärung dieser Frage sei nicht Sache der VN, das müsse vielmehr jeder Staat für sich beurteilen. Es sei, führte Prof. Ermacora weiter aus, nicht möglich, über die sozialen Grundrechte schlechthin zu sprechen. Ein fruchtbares Gespräch sei nur denkbar, wenn jedes dieser Rechte für sich untersucht werde, wobei es am zweckmäßigsten wäre, an Hand der Europ. Sozialcharta vorzugehen. Diese Vorgangsweise würde zeigen, daß die Charta einerseits dem Bereich der Deklarationen zugehört und andererseits als soziale Grundrechte auch Rechte erfaßt, die dem status negativus zugehören. Es gebe also einerseits Rechte, die vom Staat Leistungen fordern und im Zusammenhang mit dem Gleichheitssatz stehen. Diese Rechte seien nicht justiziabel in dem durch die verfassungsgerichtliche Judikatur entwickelten Sinn. Andererseits gab es hier echte Freiheitsrechte, die sicherlich justiziabel seien. Die Gewährleistung der auf soziale Leistungen des Staates zielenden, nicht die Freiheit des Einzelnen betreffenden sozialen Grundrechte hänge aber „ausschließlich von der wirtschaftlichen Demokratie im Staate" ab. Es gehe hier um ein Problem, das die Wirtschaftsordnung des Staates schlechthin betrifft. Es müsse bezweifelt werden, ob diese sozialen Grundrechte gewährleistet werden können, wenn man nicht mit ihnen den Gedanken der Wirtschaftsdemokratie verbindet. Die österreichische Verfassungsgeschichte zeige ganz klar, worauf die Zielsetzungen der Sozialdemokratischen Partei in den Jahren 1919/1920 gerichtet waren. Die Protokolle des Verfassungsunterausschusses und „die Konferenzen in Linz und Salzburg beweisen es, daß man unmittelbar mit dem Demokratiebegriff eben den Begriff der Wirtschaftsdemokratie verbunden hat." Man werde daher in der Frage der Justiziabilität der sozialen Grundrechte mit der „herkömmlichen Institution eines Gerichtshofes" nicht unbedingt das Auslangen finden, sondern auf das Problem der Wirtschaftsdemokratie eingehen müssen. Weiters wies Prof. Ermacora darauf hin, daß auch das Verhältnis der sozialen Grundrechte zum status negativus zu prüfen sein werde. Hier liege eines der Hauptprobleme. Hier sei an den „Iversen-Fall" in Norwegen zu erinnern, in dem Dentisten um des Wohlfahrtsstaates Willen gezwungen wurden, 2 Jahre lang in Lappland ihre Praxis auszuüben. Hier sei einerseits den Lappländern die Möglichkeit der Zahnbehandlung gesichert, den Dentisten aber, die an den Süden Norwegens gewohnt waren, die Freiheit ihrer Lebensgestaltung in einschneidender Weise eingeschränkt worden. Hier zeige sich, daß die Einführung sozialer Grundrechte immer auch den status negativus tangiert. Prof. Ermacora schloß mit der Feststellung, es sei nicht möglich, mit einem überzeugenden ja oder nein zur Frage der sozialen Grundrechte Stellung zu nehmen, bevor nicht alle Seiten des Problems diskutiert worden sind.

RA Rosenzweig vertrat die Auffassung, gerade die MRK zeige, daß sehr viele Grundrechte über den status negativus hinausgehen und daß die Grenzen zwischen „diesen Beschränkungen der Freiheit und den Einrichtungsgarantien durchaus verschwommen sind". So könne man etwa verschiedener Meinung darüber sein, ob der Eigentumsschutz ein echtes Grundrecht oder eine Eigentumsgarantie ist und und wie das in der MRK vorgesehene Recht auf fair trial qualifiziert werden soll. Es handle sich hier um Grundrechte, die den Gesetzgeber zu einem positiven Tun verpflichten. Ebenso sei es aber auch bei den sozialen Grundrechten. Sie ließen sich in einer Weise formulieren, die die Möglichkeit gibt, Gesetze an ihnen zu messen, so wie ein Gesetz auch am Grundsatz des fair trial gemessen werden kann. Der VerfGH. habe zwar wiederholt erkannt, daß es ihm nicht möglich ist, den Gesetzgeber zu einem positiven Tun zu verpflichten. Das bedeute aber auch im Fall der Aufhebung einer Norm wegen eines Widerspruches zum Grundsatz des fair trial, daß der VerfGH. die Schließung der so entstandenen Lücke nicht erzwingen kann. Eine nähere Untersuchung werde zeigen, daß es auch soziale Grundrechte gibt, die durchaus zu subjektiven Rechten des Einzelnen gestaltet werden können. Das Recht auf Arbeit etwa könne so gesichert werden, daß die Unterlassung einer Politik der Vollbeschäftigung durch den Gesetzgeber für den Einzelnen das verfassungsgesetzlich gewährleistete Recht auf Arbeitslosenunterstützung bedingt. In gleicher Weise könnte das Recht auf Schutz im Falle der Krankheit und das Recht auf Versorgung im Falle des Alters gestaltet werden. In gewisser Beziehung stünde die Frage nach der Möglichkeit der Schaffung subjektiver Rechte auch mit dem Problem der Drittwirkung im Zusammenhang. Es sei durchaus vorstellbar, auf diese Weise ein Grundrecht auf ein bestimmtes Urlaubsausmaß und auf ein bestimmtes Höchstausmaß der Arbeitszeit zu schaffen. Eine Detailuntersuchung müsse zeigen, in welcher Weise bei den einzelnen Grundrechten Sicherungen gegen eine Verletzung durch den Gesetzgeber möglich sind. Es könne angenommen werden, daß bei den sozialen Grundrechten neben dem einzelnen, subjektiv Berechtigten „auch gewisse kollektive Gruppen die Möglichkeit von Beschwerden haben, z.B. Personen, denen durch die Rechtsordnung die Kollektivvertragsfähigkeit zuerkannt ist."

Prof. Floretta vertrat die Auffassung, es gehe vor allem um die Sicherung des durch den Ausbau des Sozialrechts erreichten Status. Es solle verhindert werden, daß die bereits gegebenen Rechte wieder genommen werden können. Und in dieser Hinsicht sei eine Verbindung der Institutsgarantie mit einem individuellen Recht möglich. Es sei anzunehmen, daß sehr viele Institutsgarantien auch ein individuelles Recht einschließen.

So sei etwa die – heute nicht gegebene – Garantie, durch Kollektivverträge die soziale Selbstverwaltung effektuieren und steuern zu können, mit dem individuellen Recht auf Koalition verbunden. Bei der Garantie der sozialen Selbstverwaltung handle es sich um ein „kollektives Grundrecht", das dem Staat verwehrt, sich in diese Selbstverwaltung einzumengen. Zu prüfen und denkbar sei, daß durch den Eingriff des Staates in die soziale Selbstverwaltung auch ein individuelles Grundrecht verletzt wird. Als eine weitere Garantie dieser Art sei das Arbeitskampfrecht zu nennen, das Streikrecht auf Seite der Arbeitnehmer und das Recht der Aussperrung auf Seite der Arbeitgeber. Hier würde es sich zweifellos sowohl um eine Institutsgarantie als auch um ein individuelles Grundrecht handeln. Prof. Floretta wandte sich dann dem Recht auf Arbeit zu und führte aus, es habe niemand daran gedacht, darin ein Grundrecht zu sehen, das gegen einen bestimmten Partner gerichtet ist. Vielmehr müßten an dieses Recht immer „subsidiäre Rechte anknüpfen, also das Recht auf Unterstützung, Arbeitslosengeld, Notstandsunterstützung". Zusammenfassend gab schließend Prof. Floretta der Überzeugung Ausdruck, daß die sozialen Grundrechte nicht nur Programmsätze seien, nicht nur Institutsgarantien, sondern daß eine nähere Prüfung bei einer Reihe von sozialen Grundrechten auch „echte individuelle Rechte" zeigen werde.

Sektionschef Loebenstein wies darauf hin, daß die Frage der Justiziabilität von Programmsätzen beim Abschnitt D des Fragenprogramms eingehend zu prüfen sein werde. Außerdem gab Sektionschef Loebenstein zu bedenken, daß es notwendig sein werde, über die Begriffe der Institutionen- und der Institutsgarantie zur Vermeidung von Mißverständnissen Klarheit zu gewinnen.

Prof. Winkler legte dar, daß die Aufnahme des Rechts auf Arbeit in den Grundrechtskatalog zur Frage führen werde, welche rechtliche Bedeutung dem Begriff der Arbeit zukommt. Es werde sich die Frage stellen, ob darunter eine soziale Freiheit oder eine soziale Pflicht zu verstehen ist. Hier stehe man vor einer sehr grundsätzlichen, vom Herrn Bundeskanzler schon am Vormittag aufgeworfenen Frage. In den Grundrechten sei nur ein Aspekt unserer freiheitlichen Demokratie normativ zum Ausdruck zu bringen, nicht aber die ganze Rechtsordnung und das Wirtschaftsgefüge neu zu konzipieren. Würden soziale Grundrechte in den Grundrechtskatalog aufgenommen, so würde in etwa 10 oder 20 Jahren eine völlige Verlagerung der Schwergewichte eintreten. Die Staats- und Sozialgestaltung würde im Wege von Beschwerderechten kollektiver Mächte durch den VerfGH. und nicht mehr durch den Gesetzgeber bewirkt werden. Man dürfe von den natürlichen Funktionen nicht abgehen und müsse bedenken, daß bestimmte grundsätzliche Voraussetzungen der Staatsführung erhalten bleiben müssen.

Prof. Marcic ging sodann, an die Ausführungen von Sektionschef Loebenstein anknüpfend, auf den Begriff der institutionellen Garantien ein und führte aus, daß es sich hier um einen noch nicht ganz geklärten Begriff handle. Ebenso unklar sei ja auch der Begriff des Grundrechts, woraus sich in der Diskussion immer wieder Schwierigkeiten ergeben. Für den Begriff der institutionellen Garantie seien zwei Merkmale wesentlich: 1. daß es sich nicht um individuelle Grundrechte des status negativus handelt; 2. daß keine öffentlichen subjektiven Rechte erzeugt werden. Es handle sich um Bestandsgarantien, deren Ziel es sei, zu verhindern, daß der einfache Gesetzgeber den Verfassungsgesetzgeber desavouieren kann. Es handle sich um einen „grundrechtsartigen Schutz", aber nicht um ein subjektives Recht des Individuums. Prof. Marcic bezeichnete sodann die im Fragenprogramm enthaltenen Fragen nach neuen Entwicklungen in den Auffassungen über die Rechtsnatur der Grundrechte als sehr wesentlich und richtig. Die neuen Entwicklungen seien da, aber noch nicht abgeschlossen und deshalb sei die Diskussion so schwierig. Man habe über den Grundrechtsbegriff und die in ihm möglichen Abstufungen noch nicht völlige Klarheit gewonnen. Im Verlauf seiner weiteren Ausführungen befaßte sich Prof. Marcic mit der Unterscheidung zwischen status negativus und status positivus und gab zu bedenken, daß die mit Recht geforderte Justiziabilität ein positives Tun des Staates notwendig mache. Auch hier handle es sich also um eine Erscheinungsform des status positivus. Es sei also infolge der Problemstruktur möglich, status negativus und status positivus miteinander zu verquicken. Schließlich wandte sich Prof. Marcic dem Problemkreis der Drittwirkung zu und führte aus, man gehe vielleicht von der falschen Voraussetzung aus, daß der Staat das einzige Kollektiv ist, welches die Freiheit des Einzelnen bedroht. Tatsächlich sei heute der Staat verhältnismäßig die letzte Kollektivmacht, von der eine solche Bedrohung ausgeht. Man müsse sich daher Gedanken darüber machen, ob sich die Abwehrrechte nur gegen den Staat oder auch gegen andere kollektive Mächte, aber auch gegen Einzelpersonen richten sollen.

Parl.Rat Kobzina führte aus, daß die Grundrechte „auf der fundamentalen Vorstellung einer prinzipiell unbegrenzten Freiheitssphäre des Einzelnen und einer ausschließlich nach Maßgabe des Gesetzes erfolgenden Beschränkung durch den Staat" beruhen. „Dieses Unbegrenztsein der Grundrechte, also der Freiheitssphäre des Einzelnen, ist das Um und Auf des materiellen Rechtsstaates überhaupt." Sodann wandte sich Parl.Rat Kobzina dem Problem der sozialen Grundrechte zu. Er stelle an den Beginn dieser Erwägungen die Feststellung, daß er sich nicht gegen eine soziale Gesetzgebung ausspreche, da ja „der Besitz sozialer Rechte den Besitz des Rechtsstaates voraussetzt“. Dann wies Parl.Rat Kobzina darauf hin, daß soziale Grundrechte Rechte des Einzelnen auf Leistungen des Staates seien. Solche Rechte könnten nicht unbegrenzt sein. Darüberhinaus setzten sie etwas voraus, was sich mit der Vorstellung vom freiheitlichen Rechtsstaat nicht decke: Sie erforderten eine zumessende, rationierende und reglementierende Organisation. Seiner logischen Struktur nach sei also das soziale Grundrecht ein Gegensatz zum echten Grundrecht. Daher sei es auch irreführend, hier unterschiedslos von Grundrechten zu sprechen. Auch die Institutionengarantie sei etwas vom Grundrecht wesenhaft Verschiedenes. Das Grundrecht sei ein Recht des Einzelmenschen im staatlichen Verband. Die Institutionengarantie betreffe „die rechtlich anerkannten, also die von der Rechtsordnung geschützten und anerkannten Institutionen, also das von der Rechtsordnung Geschaffene, während der Mensch, dem also diese Grundrechte zustehen, unabhängig von der Rechtsordnung in seiner Existenz ist“. Für die Institutionengarantie kämen einerseits Einrichtungen in Betracht, die die Rechtsordnung schon vorfindet und voraussetzt, andererseits aber auch Einrichtungen, die die Rechtsordnung erst schafft. Im Weiteren wandte sich Parl. Rat Kobzina dem Begriff des sozialen Rechtsstaates zu und verwies auf die Ausführungen H. Triepels auf der 7. Tagung der Vereinigung deutscher Staatsrechtslehrer 1931, wonach die Klassifizierung des Rechtsstaates in einen liberalen, einen bürgerlichen und einen sozialen Rechtsstaat eine Abwertung des Rechtsstaatsbegriffes, eine „Station des Unterganges“ darstellt. Triepel habe sich ganz entschieden und – wie die folgende Entwicklung gezeigt habe – völlig zu Recht gegen diese Aufspaltung ausgesprochen. Parl.Rat Kobzina warf dann die Frage auf, ob es etwa einen Sozialstaat auf Kosten des Rechtsstaates geben kann. Die Diskussion in Deutschland habe bewiesen, daß es nicht möglich ist, den Begriff des sozialen Rechtsstaates zu klären. Schließlich stellt Parl.Rat Kobzina fest, daß er persönlich keine Grundpflichten kenne, da die Natur des Grundrechts unbegrenzt sei, eine Grundpflicht aber, die unbegrenzt ist, die Auflösung des Rechtsstaates bedeute. Man könne nur von verfassungsrechtlichen und öffentlich-rechtlichen Pflichten sprechen, aber nicht von Grundpflichten.

Prof. Pfeifer vertrat sodann die Auffassung, daß man vielleicht größere Schwierigkeiten sehe als tatsächlich bestehen. Wenn man die Europ. Sozialcharta durchsehe, so zeige sich, daß fast alles, was sie vorsieht in Österreich schon verwirklicht ist. Man könne sich vorstellen, daß in unserem Grundrechtskatalog die sozialen Rechte nicht detailliert angeführt werden, sondern auf die Sozialcharta, sofern sie unterdessen ratifiziert wurde, verwiesen wird. So wie das Recht auf Arbeit in der Sozialcharta gestaltet ist, stelle es keine institutionelle Garantie, sondern die „Verpflichtung zu einer bestimmten Politik und einer bestimmten

Gesetzgebung des Staates" dar, die „vielleicht in weiteren Entfernungen auch irgendwelche Einrichtungen mit sich bringt". Im Weiteren befaßte sich Prof. Pfeifer mit der Unterscheidung zwischen Institutsgarantien und institutionellen Garantien. Er wies darauf hin, daß unter den ersteren die Gewährleistung von privatrechtlichen Einrichtungen wie Ehe und Familie und unter letzteren die Gewährleistung von öffentlich rechtlichen Einrichtungen wie Berufsbeamtentum, gemeindliche Selbstverwaltung verstanden wird. In der neueren Lehre – etwa in dem Kommentar von Mangoldt-Klein – sei man von dieser Unterscheidung schon wieder abgekommen. Man spreche einfach von Einrichtungsgarantien, da ja auch die Grenze zwischen öffentlichem und privatem Recht nicht klar gezogen werden könne. Einrichtungsgarantien im Sinne des Fragenprogramms seien, wie Prof. Pfeifer weiter ausführte, durchaus zu begrüßen, sie sollen in den Grundrechtskatalog aufgenommen werden. Zu den im Zusammenhang mit den sozialen Grundrechten gegen Leistungspflichten des Staates geltend gemachten Bedenken sei zu beachten, daß solche Pflichten ja nicht nur auf dem Gebiet des Sozialrechts, sondern etwa auch auf dem Gebiet des Prozeßrechts in der Gestalt der Entscheidungspflicht der Behörden auftreten. Auch auf kulturellem Gebiet zeige sich der status positivus, etwa in dem Recht auf unentgeltlichen Besuch der Pflichtschulen; der Einzelne habe hier ein Recht auf Bildung in Anstalten, die der Staat zu erhalten habe. Die Frage sei nur, wo die Grenze gezogen werden soll und ob man sich – inbes. auf sozialem Gebiet – nach dem Muster der Sozialcharta mit einer generellen Umschreibung begnügen will, um die Einzelheiten dem einfachen Gesetzgeber zu überlassen. An sich aber sei gegen die Rechte des status positivus nichts zu sagen. Schließlich hob Prof. Pfeifer noch einmal hervor, daß vom status positivus und vom status negativus die Rechte des status activus, also die Rechte der Teilhabe an der Staatswillensbildung, zu unterscheiden sind. Sie seien bisher in der Diskussion zu kurz gekommen. Es werde später zu untersuchen sein, ob man auch diese Rechte in den Grundrechtskatalog aufnehmen soll oder aber auf verschiedene Abschnitte der Verfassung verstreut läßt.

Prof. Walter wies darauf hin, daß die positive Verfassungslage einerseits den Begriff des verfassungsgesetzlich gewährleisteten Rechts und andererseits viele Vorschriften kennt, die der einfache Gesetzgeber zu beachten hat, deren Verletzung geltend zu machen aber bestimmten Stellen vorbehalten ist. Das Kollegium würde, wie Prof. Walter weiter ausführte, die ihm gesetzten Grenzen überschreiten, wenn es über den Begriff des verfassungsgesetzlich gewährleisteten Rechts hinausgehen wollte. Denn dann müßte es die gesamte Verfassung in seine Untersuchungen einbeziehen. Der Gedanke von RA Rosenzweig, gewissen kollektiven Gruppen die Legitimation zur Anfechtung von Gesetzen wegen Verfassungswidrigkeit einzuräumen, erweise sich im Lichte des positiven Verfassungsrechts als eine Frage, die mit den Grundrechten nichts zu tun hat. Sie gehöre in das Kapitel:

Ausdehnung der Antragslegitimation im Gesetzesprüfungsverfahren. Zwischen diesen beiden Problemen müsse streng unterschieden werden. Ebenso müsse zwischen verfassungsgesetzlich gewährleisteten Rechten und Institutionengarantien unterschieden werden. Die verfassungsgesetzlich gewährleisteten Rechte gewährten ein subjektives Recht, die Institutionengarantien hingegen binden nur den Gesetzgeber und ihre Verletzung könne nur im Wege des Gesetzesprüfungsverfahrens geahndet werden. Zur Frage der sozialen Grundrechte stellte Prof. Walter fest, die Diskussion habe – von Parl.Rat Kobzina abgesehen – eine Ablehnung nicht in dem Sinn ergeben, daß es solche Rechte nicht geben dürfe. Vielmehr sei geltend gemacht worden, daß diese Rechte nur schwer justiziabel gemacht werden können. Diesem Bedenken schloß sich Prof. Walter an. Es wäre zu erwägen, daß im Falle einer prinzipiellen Einigung über die Aufnahme von sozialen Grundrechten die Vertreter der Idee der sozialen Grundrechte zur Bekanntgabe der demnach im einzelnen in Betracht kommenden Rechte eingeladen werden, um dann die Frage ihrer Justiziabilität im einzelnen untersuchen zu können. Es sei auch zu beachten, daß nicht alle sozialen Grundrechte, deren Einführung erwogen werden könnte, praktische Bedeutung erlangen würden. Dies gelte etwa mit Rücksicht auf das Ende des Instanzenzuges in Leistungssachen der Sozialversicherung beim OLG Wien für ein Grundrecht auf soziale Sicherheit.

Bundeskanzler Klaus wandte sich, an diese Ausführungen anknüpfend, an Abg. Mark und stellte fest, er stimme mit den Ausführungen von Prof. Walter überein. Es sei, entgegen den Ausführungen von Abg. Mark nicht der Fall, daß von ihm – dem Bundeskanzler – die sozialen Grundrechte abgelehnt würden. Vielmehr bezweifle er nur die Justiziabilität der sozialen Grundrechte und er sei der Meinung, man solle keine Grundrechte schaffen, die undurchsetzbar sind. Wie Bundeskanzler Klaus weiter ausführte, sei er keineswegs gesinnungsmäßig oder weltanschaulich ein Feind der sozialen Grundrechte. Klarzustellen aber sei die Frage ihrer Justiziabilität. Wenn ein justiziables Recht, wie etwa die Koalitionsfreiheit, vorliegt, sei dessen Inartikulierung selbstverständlich möglich.

Abg. Mark bemerkte hiezu, daß RA Rosenzweig die Frage der Justiziabilität am Recht auf Arbeit untersucht und die Möglichkeit einer entsprechenden Formulierung gezeigt habe.

Bundesrat Gratz stellte zunächst grundsätzlich fest, daß über die Vollbeschäftigungspolitik der Bundesregierung nicht durch eine Verfassungsbestimmung, sondern durch den Stimmzettel zu entscheiden sei. Deshalb sei das Recht auf Arbeit das denkbar ungeeignetste Demonstrationsobjekt für soziale Grundrechte. Die Sozialgesetzgebung zeige, daß es eine ganze Reihe justiziabler sozialer Rechte gibt. Zu prüfen sei, ob einzelne dieser Rechte den Rang von verfassungsgesetzlich gewährleisteten Rechten bekommen sollen, „also von Grundrechten, wie wir hier sagen“. Das sei im Einzelfall zu prüfen und es könne daher diese Möglichkeit auch nicht von vornherein ausgeschlossen werden. In diesem Sinne sei die Frage, ob es soziale Grundrechte gibt, zu bejahen. Sie sei allerdings nicht in dem Sinn zu bejahen, wie sie im Fragenprogramm gestellt sei, da der Klammerausdruck „Ergänzung der klassischen Grundrechte durch Richtlinien für den Gesetzgeber" bereits eine Einschränkung in einem Sinn darstellt, der den Begriff des verfassungsgesetzlich gewährleisteten Rechts ausschließe. Sodann wies Bundesrat Gratz darauf hin, daß der VerfGH selbst den Kreis der verfassungsgesetzlich gewährleisteten Rechte ausgeweitet habe. So sei die Gesetzmäßigkeit der Verwaltung kein verfassungsgesetzlich gewährleistetes Recht, sie werde es aber doch in vielen Fällen über die Judikatur des Gerichtshofes zum Grundrecht auf den gesetzlichen Richter.

Prof. Winkler führte anknüpfend an die Feststellung von Prof. Walter aus, man müsse sich nicht nur an die gegebene Verfassungsordnung, sondern an die gegebene Rechtsordnung halten. Auch im Jahre 1867 habe man aus dem vorgefundenen Rechtsbestand Grundrechte herausgehoben. So habe man etwa das Eigentum aus der einfach-gesetzlichen Ebene herausgehoben und unter Garantie gestellt. Dieser Weg werde auch jetzt nicht verlassen werden können. Man solle daher heute die Begriffe nach der heute gegebenen Rechtslage, also unter Bedachtnahme auf die Sozialgesetzgebung formulieren. Auf diese Weise formulierte Grundrechte seien Regelungen vorzuziehen, die letztlich nur den Gesetzgeber zu binden vermögen, ohne dem Einzelnen ein subjektives Recht zu gewähren.

Hofrat Lora vertrat den Standpunkt, daß die laufende Diskussion auf die Grundrechte zu beschränken sei. Es sei sicher, daß die institutionelle Garantie der Gemeindefreiheit ein verfassungsgesetzlich gewährleistetes Recht ist, da die Gemeinden die Möglichkeit haben, Bescheide der Aufsichtsbehörde beim Verfassungsgerichtshof anzufechten. Es handle sich aber nicht um ein Grundrecht. Von dieser Einsicht werde die Frage der Stellung zu den sozialen Grundrechten wesentlich beeinflußt. Es komme wesentlich auf die Formulierung an, ob ein Grundrecht oder eine institutionelle Garantie vorliegt.

Prof. Marcic bemerkt, es sei zuzugeben, daß in die Grundrechtsdiskussion ein Fragenkomplex gerät, der mit den echten Grundrechten nichts zu tun hat, der aber trotzdem im Zusammenhang mit den Grundrechten behandelt werden müsse. Man könne in diesem Zusammenhang eine echte Rangordnung der Grundrechte aufstellen. An erster Stelle stünden die verfassungsgesetzlich gewährleisteten Rechte, die dem status negativus entsprechen. Sie seien echte Grundrechte. Bei ihnen könne man unter Umständen an eine absolute Sperrklausel denken. An zweiter Stelle kämen jene verfassungsgesetzlich gewährleisteten Rechte, die „nicht individuelle sind", „kollektiv verfassungsgesetzlich gewährleistete Rechte". Hier seien etwa die Rechte der Gemeinde zu nennen. In Lehre und Praxis werde die Auffassung vertreten, daß nicht nur dem Individuum, sondern auch einer Institution oder einem Verband verfassungsgesetzlich gewährleistete Rechte zukommen können. Es sei in der Schweiz so, auch in Deutschland und auch bei uns sei das denkbar. Die dritte Gruppe schließlich sei jene der institutionellen Garantien. Sie erzeugen überhaupt kein subjektives Recht. Bei ihnen gehe es um die Bindung des Gesetzgebers an den Verfassungsgesetzgeber.

Prof. Ermacora vertrat die Auffassung, daß der Unterschied zwischen verfassungsgesetzlich gewährleisteten Rechten und institutionellen Garantien im gegebenen Zusammenhang gar nicht relevant sei, da die in Österreich garantierten Institutionen zugleich verfassungsgesetzlich gewährleistete Rechte seien, etwa die Gemeindeautonomie, die richterliche Unabhängigkeit und der gesetzliche Richter. Es wäre auch falsch, zu erklären, daß „diese institutionellen Garantien, die im Grunde verfassungsgesetzlich gewährleistete Rechte sind, nicht im Hintergrunde eminente grundrechtliche Fragen berühren". Das zeige etwa der Satz: „Die freie Gemeinde ist die Grundfeste des freien Staates." Auch die Institution der richterlichen Unabhängigkeit sei hier zu nennen. Der Richter sei mit seinem Amt so verbunden, daß Amt und Person nicht mehr getrennt werden könnten. Mit Rücksicht auf die Formulierung des Art. 144 des B.-VG. sei die Frage der institutionellen Garantien in Österreich praktisch nicht von Bedeutung. Auf die Ausführungen von Prof. Walter zurückkommend gab Prof. Ermacora sodann zu bedenken, daß das Kollegium die Frage einer Reform zu erörtern und sich daher nicht „an alle gegebenen Größen" zu halten habe. Zur Forderung nach Justiziabilität der sozialen Grundrechte stellte Prof. Ermacora schließlich zur Erwägung, daß auch die Richtlinien für den Gesetzgeber durchsetzbar sind. Es wäre zu prüfen, ob man sich nicht mit dieser Durchsetzbarkeit begnügen könnte.

Prof. Werner stellte sodann, anknüpfend an die Ausführungen von Bundesrat Gratz, fest, es sei durchaus richtig, daß es ein subjektives öffentliches Recht auf Gesetzmäßigkeit der Verwaltung nicht gibt. Der Art. 18 binde nur Gesetzgebung und Vollziehung. Die Gesetzmäßigkeit der Verwaltung sei nicht direkt, sondern über den Umweg der Behauptung erzwingbar, in einem einfach-gesetzlichen Recht verletzt zu sein. Im Gegensatz dazu sei das Recht auf den gesetzlichen Richter ein echtes Grundrecht, das die persönliche Freiheitssphäre zum Gegenstand hat und das durch gesetzwidrige Eingriffe verletzt werden kann. Zusammenfassend stellte Prof. Werner fest, daß es eben neben den Grundrechten leitende Verfassungsgrundsätze gibt, deren Verletzung der Einzelne nicht direkt vor den Richter bringen kann.

Prof. Winkler befaßte sich mit der Frage der Grundrechte für kollektive Mächte. Er wies zunächst darauf hin, daß in den Verfassungsentwürfen der Jahre 1848 bis 1862 des öfteren das Recht auf Selbstverwaltung als Grundrecht aufscheint. Sodann warf Prof. Winkler die Frage auf, ob es sinnvoll ist, dem Machthaber seine Macht als Grundrecht zu garantieren. Richtig gesehen müßten die

Grundrechte gegen die Träger der Macht gerichtet sein. Von dort gehe die Gefährdung aus und dagegen sei Schutz zu gewähren. Die einzelnen kollektiven Mächte dem Einzelnen gleichzustellen, sei daher verfehlt. Das Verhältnis der einzelnen staatlichen Mächte zueinander aber sei ein gänzlich anderes Problem. Die Verfassungskonflikte dieser Mächte dürften nicht mit den Bereichen des Einzelnen in der Gemeinschaft auf eine Ebene gestellt werden.

Rechtsanwalt Beck bemerkte sodann, auf dem Boden des Grundsatzes, daß der Gesetzgeber vom Verfassungsgerichtshof nicht zu positivem Tun verpflichtet werden kann, sei auf sozialem Gebiet bisher ein einziges subjektives verfassungsgesetzlich gewährleistetes Recht genannt worden, nämlich jenes der Koalitionsfreiheit. Und dieses Recht sei bereits durch den Art. 11 (1) der Menschenrechtskonvention gewährleistet.

Sekt.Rat Ringhofer wies zunächst daraufhin, daß die „hier zum Teil unterschiedslos als Grundrechte oder verfassungsgesetzlich gewährleistete Rechte" bezeichneten Rechte in Österreich zu einer Zeit geschaffen wurden, zu der das subjektive öffentliche Recht „noch nicht erfunden war". „Die Justiziabilität dieser Grundrechte war also zu einer Zeit vorhanden, wo das subjektive öffentliche Recht auf anderen Gebieten noch nicht aktuell war". Heute sei man über diese Verhältnisse weit hinaus. Die Verfassungs- und die Verwaltungsgerichtsbarkeit gewähre heute dem Einzelnen einen weitgehenden Schutz gegen Verletzungen seiner subjektiven öffentlichen Rechte. Bei dieser Sachlage sei zu fragen, ob „diese Diskussion über die Justiziabilität von Grundrechten unter diesen Gesichtspunkten heute noch wirklich diese Bedeutung verdient". Die ganze Problematik hänge mehr oder weniger an der Konstruktion des Art. 144 des B.-VG. Man gehe einfach von der Annahme aus, daß verfassungsgesetzlich gewährleistete Grundrechte solche sind, die der Einzelne vor dem Verfassungsgerichtshof geltend machen kann. In Wahrheit handle es sich hier um eine mögliche Konstruktion, nicht aber „um die Konstruktion, von der man sich nicht etwa trennen könnte, wenn sich eine andere Möglichkeit anbietet". Man müsse fragen, ob die Justiziabilität der Grundrechte eine Bedeutung hat, die über das hinausgeht, was das positive Recht auch hinsichtlich jedes anderen subjektiven Rechts gewährleistet. Die besondere Bedeutung sei darin zu suchen, daß die Justiziabilität der Grundrechte die Möglichkeit bietet, nicht nur das Verhältnis des individuellen Verwaltungsakts zum Gesetz, sondern auch das Verhältnis des Gesetzes zur Verfassung prüfen zu lassen. Dieser Effekt aber könne auf eine viel einfachere Weise erreicht werden, als das heute der Fall ist. Es gehe heute nicht darum, einen Schutz für subjektive Rechte zu schaffen. Jedes subjektive öffentliche Recht sei heute „durch Verwaltungsgerichtsbarkeit ausreichend und weitestgehend geschützt". Heute gehe es um die Frage, ob dem Einzelnen eine Legitimation gegeben werden soll, den Staat zur Prüfung der Frage zu veranlassen, ob das dem individuellen Akt zu Grunde liegende Gesetz mit der Verfassung in Einklang steht. Diese Betrachtungsweise aber ziehe auch die Frage der Justiziabilität der sozialen Grundrechte in ein andere[s] Licht. Man könne zwar nicht dem Verfassungsgericht die Möglichkeit geben, den Gesetzgeber zu einem positiven Tun zu verpflichten. Wohl könne man aber einem Gericht die Befugnis geben, ein Gesetz daraufhin zu prüfen, ob es einer Verfassungsnorm entspricht, die „da etwa anordnet, daß der Gesetzgeber vorzusorgen hat, daß niemand materielle Not leidet". Und wenn in Verbindung damit jedermann legitimiert wird, den Verfassungsgerichtshof „allein mit der Behauptung anzurufen, daß sich dieser an ihn gerichtete Verwaltungsakt auf ein verfassungswidriges Gesetz stützt, dann wäre die Schwierigkeit, wie ich glaube, ausgeräumt". Sekt.Rat Ringhofer wies sodann daraufhin, daß sich eine gleichartige Konstruktion schon im Entwurf einer Verfassungsnovelle findet, die der Verfassungsdienst im Jahre 1960 in der Frage der divergierenden Judikatur ausgearbeitet hat. Zusammenfassend stellte Sekt.Rat Ringhofer fest, man solle die Frage der Justiziabilität der Grundrechte nicht allein unter dem Gesichtswinkel des Art. 144 betrachten. Es gehe nicht nur um die Frage, ob der Einzelne ein subjektives verfassungsgesetzlich gewährleistetes Recht hat, das besonderen Schutz verleiht. Es gehe vor allem darum, ob der Einzelne nicht nur einen individuellen Verwaltungsakt auf seine Übereinstimmung mit dem Gesetz, sondern auch die Übereinstimmung des Gesetzes mit der Verfassung prüfen lassen kann.

Sekt.Chef Loebenstein führte sodann zusammenfassend aus, die Diskussion habe ergeben, daß die Frage, ob der Grundrechtskatalog einen Spiegel gemeinsamer Wertvorstellungen darstellen soll oder nicht, erst nach Abschluß der Diskussion über die sozialen Grundrechte zu klären sein wird. In der bisherigen Diskussion über die sozialen Grundrechte hätten sich drei Richtungen gezeigt. Zunächst eine Richtung, derzufolge die sozialen Grundrechte schlechthin den bisher in der Verfassung enthaltenen verfassungsgesetzlich gewährleisteten Rechten gleichzuhalten sind, insbesondere auch mit den gleichen Schutzmöglichkeiten. Die zweite Richtung besage, daß zunächst die einzelnen in Betracht kommenden Rechte untersucht werden müßten und erst dann ein abschließendes Urteil möglich sei. Die dritte Richtung schließlich gehe dahin, in die Verfassung Grundsätze im Sinne der sozialen Grundrechte aufzunehmen, die dann für die Gesetzgebung bestimmend zu sein haben. Wer die Verletzung dieser Grundsätze geltend zu machen berechtigt sein soll, sei in diesem Zusammenhang noch offen geblieben. Zurückzustellen sei auch die Frage, wie solche Programmsätze allenfalls beschaffen sein müßten, damit durch sie nicht die Verfassungsgerichtsbarkeit überfordert wird. Sektionschef Loebenstein verwies in diesem Zusammenhang auf die Judikatur des VerfGH., derzufolge unbestimmte Rechtsbegriffe jedenfalls so konkret sein müssen, daß an ihnen gemessen werden kann, ansonsten sie unvollziehbar sind. Bei der nächsten Tagung des Kollegiums werde mit den Institutionengarantien im Sinne des Abschnittes B 1 begonnen werden. Zu beachten sei, daß es sich hier um eine Problematik handelt, die von jenen Gedankengängen wesenhaft verschieden ist, die mit den Themen der Punkte 2 und 3 die Idee der Institutionengarantie verbinden.

Bundeskanzler Klaus erklärte die Tagung für beendet und dankte den Mitgliedern des Kollegiums für ihre Teilnahme und die gute Zusammenarbeit.

Protokoll über die am Freitag, den 26. März 1965 im Bundeskanzleramt abgehaltene 3. Arbeitstagung des Expertenkollegiums für Probleme der Grund- und Freiheitsrechte

Vorsitzender:	Sektionschef Dr. Edwin Loebenstein
Teilnehmer:	Rechtsanwalt Dr. Hans Beck; Rechtsanwalt Dr. Armin Dietrich, Präsident der Rechtsanwaltskammer für Kärnten; Univ.Prof. Dr. Hans Floretta, Kammeramtsdirektor der Kammer für Arbeiter und Angestellte in Salzburg; Prok.Koär. Dr. Michael Graff; Hofrat der oberösterreichischen Landesregierung Landtagsdirektor Alfred Kaltenberger; Univ.Prof. Dr. Hans Klecatsky; Parl.Rat Alfred Kobzina; Abgeordneter zum Nationalrat Dr. Karl Kummer; Hofrat des Verwaltungsgerichtshofes Dr. Friedrich Lehne; Hofrat der Kärntner Landesregierung Dr. Helmuth Lora; Univ.Prof. Dr. René Marcic; Abgeordneter zum Nationalrat Rechtsanwalt Dr. Alexander Nemecz; Univ.Prof. Dr. Helfried Pfeifer; Sektionsrat Dr. Kurt Ringhofer; Rechtsanwalt Dr. Wilhelm Rosenzweig, Mitglied des Verfassungsgerichtshofes; Univ.Prof. Dr. Robert Walter; Min.Rat Dr. Hans Weiler; Univ.Prof. Dr. Leopold Werner, Senatspräsident des Verwaltungsgerichtshofes, Mitglied des Verfassungsgerichtshofes; Univ.Prof. Dr. Günther Winkler.
Entschuldigt:	Univ.Prof. Dr. Felix Ermacora; Mitglied des Bundesrates Leopold Gratz; Staatssekretär a.D. Univ.Prof. Dr. Franz Gschnitzer;

Abgeordneter zum Nationalrat Karl Mark;
Abgeordneter zum Nationalrat Dr. Emil van Tongel.

I.

Zu Beginn der Tagung begrüßte *Sektionschef Loebenstein* die Mitglieder des Kollegiums, entbot auch die Grüße des durch seinen Staatsbesuch in Jugoslawien verhinderten Bundeskanzlers und teilte mit, daß er in Vertretung des Bundeskanzlers den Vorsitz führen werde. Sodann gab Sektionschef Loebenstein die Entschuldigungen bekannt und brachte in Erinnerung, daß bereits bei der letzten Tagung als Termin der Apriltagung der 30. d.M. festgelegt worden ist. Im Anschluß daran wurde nach kurzer Diskussion als Termin der 5. Tagung der 21. Mai bestimmt. Im weiteren Verlauf seiner Ausführungen erinnerte Sektionschef Loebenstein daran, daß in der Einladung zur 3. Arbeitstagung jene Mitglieder des Kollegiums, die die Inartikulierung von „sozialen Grundrechten" für wünschenswert erachten, gebeten worden sind, schriftlich an Hand von Beispielen bekanntzugeben, wie ihrer Meinung nach Normen dieser Art zu gestalten wären. Auf Grund dieser Bitte seien nur wenige Äußerungen eingegangen. Eine Stellungnahme liege nur von RA Beck vor. *Sekt.Rat Ringhofer* habe in einem persönlichen Schreiben mitgeteilt, er könne zu dem Problem nichts beitragen, da er an seinem bei der 2. Arbeitstagung vertretenen Standpunkt festhalte, wonach nicht von Grundrechten, sondern von verfassungsgesetzlich gewährleisteten Rechten gesprochen werden solle, mit welchen Rechten für den Einzelnen die Möglichkeit zu verbinden wäre, Gesetze auf ihre Verfassungsmäßigkeit prüfen zu lassen. Auf die damit angeschnittene Problematik im gegebenen Zusammenhang einzugehen, sei aber nicht zweckmäßig. Darüber sei auch mit Sekt.Rat Ringhofer das Einvernehmen hergestellt worden. RA Rosenzweig schließlich habe mitgeteilt, es sei ihm infolge Arbeitsüberlastung nicht möglich gewesen, der Bitte des BKA-VD zu entsprechen. Er werde aber bei der nunmehrigen 3. Arbeitstagung seinen Standpunkt mündlich darlegen. Nach diesen Mitteilungen schlug Sektionschef Loebenstein vor, in weiterer Verfolgung des Fragenprogramms zunächst die Verhandlungen über das Problem der „sozialen Grundrechte" fortzusetzen und abzuschließen. Er erinnerte daran, daß bei der letzten Tagung die Frage, ob der Grundrechtskatalog einen Spiegel der gemeinsamen Wertvorstellungen des Staatsvolkes darstellen oder von diesen Wertvorstellungen im Interesse größtmöglicher Bestandfestigkeit unabhängig sein soll, zurückgestellt worden ist und nach den Beratungen über den Abschnitt B 4 des Fragenprogramms zur Behandlung gelangen soll. Schließlich wies Sektionschef Loebenstein auf die Notwendigkeit hin, die Beratungen über das vorliegende Fragenprogramm spätestens im

Juni abzuschließen und ersuchte unter Hinweis darauf, sich möglichst kurz und präzise zu fassen.

In der anschließenden Diskussion über das Problem der „sozialen Grundrechte" meldete sich zunächst *Prof. Pfeifer* zum Wort. Er vertrat unter Hinweis auf das von Melichar dem 2. österr. Juristentag erstattete Gutachten über die Entwicklung der Grundrechte in Österreich die Auffassung, daß das Problem der „sozialen Grundrechte" wesentlich leichter zu lösen wäre, wenn Österreich bereits die Europäische Sozialcharta ratifiziert hätte. Die Ratifikation würde Klarheit darüber bringen, welche „sozialen Grundrechte" in einen Grundrechtskatalog aufzunehmen sind.

Sektionschef Loebenstein erinnerte daran, daß die Frage der Ratifikation der Sozialcharta nicht Verhandlungsthema ist. Zu beraten sei über die mögliche Gestaltung von „sozialen Grundrechten".

Prof. Marcic stellte zunächst fest, daß es beim momentanen Stand der Beratungen schwer sei, eine präzise Antwort zu geben, da ja noch nicht feststehe, ob man das System der „echten Grundrechte" verlassen wolle oder nicht. Wenn aber das Kollegium einmal dazu kommen sollte, als oberste Interpretationsnorm einen zentralen Wert, etwa die Menschenwürde, einzuführen, so wäre es vorstellbar, mit dieser Norm die Feststellung zu verbinden, daß für den Menschen auch die materiellen Lebensbedingungen gesichert sein müssen. Andererseits sei zu bedenken, daß auch im Falle der Ausdehnung des Grundrechtsschutzes auf „nicht echte Grundrechte" nur „grundrechtsähnliche Sozialrechte" geschaffen werden dürften, da es nicht angehe, den Staat im Wege der Grundrechte zu einem bestimmten wirtschaftlichen System zu zwingen. Man könne also nur solche sozialen Rechte einbeziehen, die „irgendwie grundrechtsähnlich" sind. Ein solches Recht wäre z.B. der Schutz jedes Arbeiters vor dem Zwang, einer bestimmten Organisation beitreten zu müssen. Oder etwa das Recht des Arbeiters auf gesunde Arbeitsbedingungen. Es gehe hier um Rechte, die dem einzelnen Arbeitnehmer Schutz vor kollektiven Mächten und vor dem Arbeitgeber gewähren.

RA Rosenzweig bemerkte zunächst, auch er sei der Meinung, daß die Europ. Sozialcharta ratifiziert und in den Verfassungsrang erhoben werden soll und ging dann auf das Problem der „sozialen Grundrechte" im allgemeinen ein. Der gegen die „sozialen Grundrechte" vorgebrachte Einwand, man könne sie nur um den Preis justiziabel machen, daß der VerfGH. in Wahrheit nicht mehr über Rechtsfragen, sondern über politische Fragen zu entscheiden habe, müsse sehr ernst genommen werden. Bei allen Formulierungen von „sozialen Grundrechten" sei vor allem darauf zu achten, daß in die Freiheit des Gesetzgebers, politische Wertentscheidungen zu treffen, nicht eingegriffen und der VerfGH nicht dadurch überfordert wird, daß man ihm an Stelle von rechtlichen politische Entscheidungen überträgt. Diesem Erfordernis Rechnung zu tragen, sei möglich. Auch sei es in den meisten Fällen möglich, die „sozialen Grundrechte“ als subjektive Rechte zu formulieren. Wenn Prof. Marcic darauf hinweise, daß es nicht Aufgabe der Verfassung sein könne, dem Staat eine bestimmte Wirtschaftsform vorzuschreiben, so dürfe doch auch nicht übersehen werden, daß die „fundamentalen Grundrechte der Freiheit und der Gleichheit sehr eng mit dem fundamentalen Grundrecht auf soziale Sicherheit zusammenhängen“, da die Freiheit nur bei Wahrung der sozialen Sicherheit gewährleistet sei. Außerdem könne in der Verfassung ja ohnehin nur festgelegt werden, was der communis opinio entspricht. Somit könnte auch als soziales Grundrecht nur formuliert werden, worüber es „unter der überwiegenden Bevölkerung und den politischen Parteien, die sie repräsentieren“, keine Meinungsverschiedenheit gibt. Sodann brachte RA Rosenzweig mit dem Vorbehalt, für eine alle Einzelheiten berücksichtigende Untersuchung nicht genügend Zeit gehabt zu haben, Beispiele für die Formulierung „sozialer Grundrechte“. Durch folgende Bestimmung könnte z.B. „aus dem Arbeitslosenrecht die Grundnorm in den Verfassungsrang erhoben“, die Möglichkeit der Überprüfung einfachgesetzlicher Regelungen gesichert und ein Zwang auf den einfachen Gesetzgeber ausgeübt werden:

„Jeder Staatsbürger, der arbeitsfähig und arbeitswillig ist, hat im Falle der Arbeitslosigkeit Anspruch auf Gewährung einer Unterstützung, die seinen angemessenen Unterhalt und den angemessenen Unterhalt seiner unterhaltsberechtigten Angehörigen sicherstellt. Die Geltendmachung dieses Anspruchs wird durch besondere Gesetze geregelt.“

Als weiteres Beispiel brachte RA Rosenzweig folgende Formulierung: „Jeder Staatsbürger hat Anspruch auf Fürsorge für den Fall der Hilfsbedürftigkeit. Hilfsbedürftig ist, wer den Lebensbedarf für sich und seine unterhaltsberechtigten Angehörigen nicht oder nicht ausreichend aus eigenen Mitteln und Kräften schaffen kann und auch nichts von anderer Seite, insbes. von Angehörigen erhält. Die Geltendmachung dieses Anspruches wird durch besondere Gesetze geregelt.“

Weiter nannte RA Rosenzweig nachstehende Formulierung: „Jedermann hat im Falle seiner Erkrankung Anspruch auf die notwendige ärztliche Hilfe und Betreuung. Ärztliche Hilfe und Betreuung ist jedem Erkrankten in öffentlichen Krankenanstalten oder sonstigen öffentlichen Gesundheitsstellen unentgeltlich zu gewähren, der ohne Gefährdung seines Unterhaltes oder des Unterhaltes seiner unterhaltsberechtigten Angehörigen für die Kosten der ärztlichen Hilfe und Betreuung nicht aufkommen kann und diese Kosten nicht vom Träger der Sozialversicherung auf Grund der Sozialversicherungsgesetze oder den unterhaltspflichtigen Angehörigen des Erkrankten erlangt werden können.“

Ebenso könne das Recht auf Altersversicherung in Form eines subjektiven Rechts durch eine Verfassungsnorm gewährleistet werden. Auch das Recht männlicher und weiblicher Arbeitnehmer auf gleichwertiges Entgelt für gleichwertige Arbeit könne derart gewährleistet werden. Ebenso das Recht der Arbeitnehmer auf eine angemessene Kündigungsfrist oder das Verbot der Beschäftigung von Personen unter 15 Jahren. Schließlich gab RA Rosenzweig der Überzeugung Ausdruck, eine Durcharbeitung der Europ. Sozialcharta würde zeigen, daß ein großer Teil ihrer Regelungen „in Form subjektiver Rechte in justiziabler Form formuliert werden kann".

Sektionschef Loebenstein stellte im Anschluß an diese Ausführungen fest, daß die Frage, in welcher Weise die Europ. Sozialcharta ratifiziert werden soll, insbes. also auch die Frage einer Ratifikation im Verfassungsrang, von der Bundesregierung noch nicht geprüft worden ist.

RA Beck führte zu den Vorschlägen des RA Rosenzweig aus, durch sie würden Arbeitnehmerschutzbestimmungen in den Verfassungsrang gehoben, wobei noch unklar sei, ob subjektive Rechte entstünden. Gewiß wären solche Normen von rechtlicher Bedeutung, ihr praktischer Wert müsse aber bezweifelt werden. Jeder Versuch, dem Problem der „sozialen Grundrechte" näher zu kommen, müsse von der Einsicht ausgehen, daß der Gesetzgeber nicht von gerichtswegen verhalten werden darf, Gesetze zu erlassen. Eine Regelung, die dem VerfGH. eine solche Möglichkeit gibt, würde dem Gedanken der Gewaltentrennung in schärfster Weise widersprechen. Von dieser Einsicht ausgehend erkenne man, daß die meisten der „sozialen Grundrechte" nicht in die Form eines subjektiven Rechts gebracht werden können. Dies gelte für das Recht auf Arbeit ebenso wie für das Recht auf soziale Sicherheit. Eine Ausnahme stelle das Koalitionsrecht dar. Um das Problem der „sozialen Grundrechte" zu lösen, könnte an die Idee der Institutionengarantie, also die grundrechtsbezogene Einrichtungsgarantie angeknüpft werden. Dies dürfe aber nicht ohne nähere Bestimmung der von der Garantie erfaßten Institutionen geschehen. RA Beck erläuterte sodann seinen Vorschlag an Hand des Gedankens einer die Sozialversicherung betreffenden Garantie. RA Beck ging in diesem Zusammenhang auf die vom VerfGH. herausgearbeiteten Wesensmerkmale der Sozialversicherung ein und vertrat die Ansicht, daß diese Merkmale in die Institutionengarantie übernommen werden müßten.

Prok.Koär. Graff ging auf die Frage ein, unter welchen Voraussetzungen ein für den Grundrechtskatalog geeignetes Recht angenommen werden kann. Er nannte in dieser Hinsicht die Qualität des subjektiven Rechts, worüber bereits Einigkeit bestehe, sowie das Individuum, nicht aber ein Kollektiv als Rechtsträger, worüber eine Einigung noch nicht erzielt worden sei. Als Individuum im Sinne dieser Feststellung seien auch juristische Personen zu verstehen, einschließlich der Gewerkschaften, soweit es sich allein um ihre eigenen Rechte handelt, nicht aber, soweit der Grundrechtsschutz dritter Personen in Betracht kommt. Weiters sei erforderlich, daß es sich um ein Rechtsgut von Gewicht handelt. Ferner sei erforderlich, daß es sich um ein Freiheitsrecht handelt, das vor Eingriffen „in erster

Linie des Staates, möglicherweise auch eines Dritten" Schutz gewährt. Außerdem müsse die Regelung so konkretisiert sein, daß Staatsakte an ihr gemessen werden können. Schließlich müßten die Grundrechtsregelungen justiziabel sein, u.zw. in dem Sinne, daß das vom Einzelnen angerufene Gericht auch dem Einzelnen zu seinem Recht verhelfen kann. Die von RA Rosenzweig vorgeschlagenen Regelungen hätten beim gegenwärtigen System der Verfassungsgerichtsbarkeit zur Folge, daß der Einzelne zwar die – amtswegige – Prüfung von einfachen Ausführungsgesetzen erreichen könnte, jedoch gewärtigen müßte, nach der Aufhebung der einfach gesetzlichen Regelungen weniger zu haben als vorher. Würde man aber, um dem zu entgehen, dem Einzelnen die Möglichkeit der Leistungsklage gegen den Staat einräumen, so gerate man in die Gefahr, das zu tun, was nach übereinstimmender Auffassung vermieden werden müsse: die Berufung der Gerichte zu politischen Entscheidungen. Prok.Koär. Graff schloß seine Ausführungen mit der Feststellung, daß er in Anbetracht der von ihm angestellten Erwägungen die von RA Rosenzweig gebrachten Formulierungen nicht für geeignet halte, in einen Grundrechtskatalog aufgenommen zu werden.

Abg. Kummer brachte zunächst seine Übereinstimmung mit den Ausführungen von Prok.Koär. Graff zum Ausdruck und führte dann weiter aus, daß neben dem Einzelnen auch „bestimmte Gruppen" unter den Schutz der Grundrechte zu stellen wären. Gruppen dieser Art seien die Ehe und die Familie. Entscheidend sei, daß Grundrechte sowohl für den Einzelnen als auch für die Gruppen durchsetzbar sind. Sobald über diese Fragen Klarheit bestehe, werde es viel leichter sein, das Problem der „sozialen Grundrechte" zu diskutieren. Die Europ. Sozialcharta aber sollte daraufhin untersucht werden, ob und inwieweit sie Grundrechte enthält. Ob die so erfaßten Grundrechte dann als „soziale Grundrechte" bezeichnet werden oder nicht, sei nicht mehr entscheidend.

In einer anschließenden kurzen Diskussion zwischen *Sektionschef Loebenstein* und *RA Rosenzweig* wurde klargestellt, daß im gegebenen Zusammenhang zwar die von Prok.Koär. Graff aufgeworfene Frage des „kollektiven Grundrechtsschutzes", nicht aber die Frage der Einrichtungsgarantien für Ehe und Familie zu behandeln ist.

Prof. Marcic stellte zunächst fest, daß er in der Tendenz mit RA Rosenzweig übereinstimme und führte dann weiter aus, das erste von RA Rosenzweig gebrachte Beispiel führe die Unmöglichkeit, subjektive Rechte im Verfassungsrang zu statuieren, klar vor Augen, da zum subjektiven Recht nicht nur der Rechtsträger gehöre, sondern auch die „bestimmte konkrete Trägerschaft der Rechtspflicht". Hingegen könnte etwa der Anspruch auf sichere und gesunde Arbeitsbedingungen als subjektives Recht formuliert werden. Ebenso könnte ein Anspruch auf Arbeitslosenunterstützung als subjektives Recht formuliert werden. Nicht aber etwa das Recht auf Arbeit, da hier der Verpflichtete fehle. Die von RA Rosenzweig gebrachten Beispiele sollten daher im Zusammenhang mit den Einrichtungsverbürgungen besprochen werden. Sodann ging Prof. Marcic auf die Ausführungen von RA Beck ein und vertrat die Meinung, es sei nicht schlechthin undenkbar, daß der VerfGH. als positiver Gesetzgeber in Erscheinung tritt. Auch die Bestimmungen des Art. 139 Abs. 2 und des Art. 140 Abs. 4 des B.-VG. würden als Ermächtigungen zu Akten der positiven Gesetzgebung qualifiziert. Weiter wandte sich Prof. Marcic gegen die Ansicht, daß Normen mit programmatischem Charakter zwecklos sind. Es handle sich hier um „Leitlinien für den Rechtsanwender", die die Vollziehung wohl zu beeinflussen vermögen. Man müsse hier vorsichtig sein. Es sei eine bedauerliche Tatsache, daß heute der Großteil der Richter sich mit den in der Verfassung enthaltenen „Leitnormen" überhaupt nicht befaßt. Die eine oder andere Entscheidung wäre anders ausgefallen, wenn man „die Leitnormen und sogenannten Programmsätze der Verfassung ernst nehme".

Sektionschef Loebenstein hob aus den Ausführungen von Prof. Marcic den Gedanken hervor, daß Grundrechte nicht nur gegenüber dem Staat und mittelbar, auf Grund der Drittwirkung gegenüber Dritten, sondern auch unmittelbar gegenüber Dritten bestehen können. Er regte an, diesen Gedanken in der Diskussion noch näher zu untersuchen.

Prof. Werner gab zu bedenken, daß das Grundrecht der Freiheit des Individuums dient, „des Menschen als einer Erscheinung, die vor einer positiven Rechtsordnung da ist". Es gehe also immer um Persönlichkeitsrechte. Wenn es auch nicht unerwünscht sein möge, in die Verfassung Leitsätze aufzunehmen, so habe dies doch mit den Grundrechten nichts zu tun. Die Grundrechte hätten dem Schutz des Individuums vor dem Kollektiv zu dienen, wobei zu beachten sei, daß es neben dem Staat auch noch andere Kollektive gibt, die die Freiheit des Einzelnen bedrohen.

RA Rosenzweig knüpfte an die Ausführungen von Prof. Werner an und vertrat die Auffassung, daß die Diskussion im Falle ihrer Beschränkung auf den Schutz des Individuums vor dem Kollektiv entbehrlich wäre. Richtig gesehen gehe es auch um die Frage, welche Ansprüche der Einzelne gegenüber dem Kollektiv zum Schutze dessen hat, was ebenfalls zu den angeborenen Rechten gehört, nämlich eine gegen Hunger und Elend gesicherte Existenz. Es müßten also auch die Rechte gegenüber dem Staat, die Rechte gegenüber Dritten und die Frage der Einrichtungsgarantien behandelt werden. Sodann ging RA Rosenzweig auf die Frage der Justiziabilität und auf die dazu von Prok.Koär. Graff angestellten Erwägungen ein. Auch heute sei es so, daß die amtswegige Aufhebung einer Norm, zu der es auf Grund einer Beschwerde gemäß Art. 144 des B.-VG. gekommen ist, für den Beschwerdeführer u.U. keinen Vorteil bedeutet. Und doch hebt der VerfGH. auch in solchen Fällen die verfassungswidrige Norm in der Erwartung auf, daß der Gesetzgeber die erforderlichen Maßnahmen trifft. Ebenso sei es, führte RA Rosenzweig weiter aus, bei den von ihm vorgetragenen Regelungen. Sie würden auf Grund einer Beschwerde zur Aufhebung der ihnen widersprechenden einfachen Gesetze auch dann führen, wenn als Folge hievon die durch die Verfassungswidrigkeit benachteiligte Gruppe zunächst nichts bekommt. Darin zeige sich die Justiziabilität. Der Gesetzgeber habe in solchen Fällen die entsprechenden neuen Regelungen zu treffen. Wesentlich sei, daß ein subjektives Recht besteht, die behauptete Verfassungswidrigkeit des einfachen Gesetzes geltend zu machen. Zu dem von Prok.Koär. Graff vorgetragenen weiteren Gedanken, daß die Geltendmachung der Verletzung von Grundrechten des Einzelnen diesem vorbehalten, nicht also einem Kollektiv übertragen werden dürfe, behielt sich RA Rosenzweig eine Stellungnahme vor. Den Gedanken, in die Grundrechtsregelung Einrichtungsgarantien einzubeziehen, bezeichnete RA Rosenzweig als durchaus erwägenswert. Jedenfalls müßten die sozialen Grundrechte so formuliert werden, daß sie praktische Bedeutung haben. Reine „Schaustücke“ seien abzulehnen. Für gewisse Rechte sollte „nicht nur dem Einzelnen, sondern auch gewissen Kollektivgruppen, also insbes. denjenigen, denen die Rechtsordnung das Kollektivvertragsrecht eingeräumt hat, das Beschwerderecht eingeräumt werden“. So wäre es nicht sehr sinnvoll, hinsichtlich des Streikrechts nur dem Einzelnen, nicht aber auch der kollektivvertragsfähigen Gruppe das Beschwerderecht einzuräumen, da der Einzelne möglicherweise gegenüber dem Dienstgeber zu schwach ist, um sein subjektives Recht wahrzunehmen. Dem von Prof. Marcic geäußerten Gedanken, durch Grundrechte unmittelbar nicht nur den Staat, sondern auch Dritte zu verpflichten, stimmte RA Rosenzweig zu. Diese Möglichkeit müsse ebenso wie jene der Einrichtungsgarantien und der Drittwirkung in den Kreis der Erwägungen über den Schutz der sozialen Grundrechte einbezogen werden.

Prok.Koär. Graff stellte zur Vermeidung von Unklarheiten fest, daß er mit seinen Ausführungen nicht die Beschwerdelegitimation von Kollektiven in den Fällen in Frage stellen wollte, in denen sie in ihren eigenen Rechten verletzt sind, wohl aber in den Fällen, in denen der Verletzte mit dem Kollektiv nicht identisch ist. In letzteren Fällen sollte das Kollektiv die Legitimation nur durch Bevollmächtigung erlangen können, nicht aber schon kraft eigenen Rechts.

Prof. Klecatsky erklärte zunächst, sich grundsätzlich dem anschließen zu müssen, was von Prof. Werner ausgeführt wurde und führte dann aus, es sei notwendig, ein „gemeinsames Motto“ für die Behandlung „dieser klassischen Grundrechte und dieser sozialen Rechte“ zu finden. Ein solches Motto könne gefunden werden, wenn der Wandel des Staates ins Auge gefaßt wird. Der Staat von heute gestalte durch – vielfach gesetzlose – Wirtschaftsakte die Sozialordnung und damit auch das Leben des Einzelnen. Auf diese Weise könnten viel nachhaltigere Wirkungen erzielt werden als in früheren Zeiten, wo nur mit politischen Geboten und Verboten gearbeitet wurde. Diesem vollkommen neuen Staat gegenüber, der zweifellos auch der Staat der Zukunft sein werde, müßten entsprechende Sicherungen geschaffen werden, Sicherungen, die zunächst dem Einzelnen zugute kommen müßten, denn die Großgruppen würden sich schon selbst zu helfen wissen. „Die Frage ist, wer dem Einzelnen hilft“. Es sei festzustellen, daß der Einzelne mit seinen Interessen im Interessenkampf der Großgruppen häufig durchfällt. Um diesen Gefahren zu begegnen, sei an ein spezielles Gleichheitsrecht des Einzelnen dem neuen Staatstyp gegenüber zu denken, zu dessen Effektuierung ein der Säumnisbeschwerde ähnliches Rechtsinstitut in Erwägung zu ziehen sei. Auf diese Weise würde dem Einzelnen gegeben, was die Großgruppen schon haben, ihm aber vorenthalten ist. In diesem Zusammenhang in die Souveränität des Gesetzgebers einzugreifen, wäre vertretbar. Letztlich sei ja die Existenz des VerfGH. auch schon in seiner heutigen Erscheinungsform eine Beschränkung dieser Souveränität, und wenn es darum gehe, den Einzelnen gegenüber den Repräsentationsorganen des Gesamtvolkes in Schutz zu nehmen, seien eben solche Beschränkungen unvermeidlich. Ein ähnlicher Gedanke finde sich bereits im Art. 68 (2) des Staatsvertrages von St. Germain. Es gehe also darum, dem Einzelnen ein spezielles Gleichheitsrecht gegenüber dem Leistungsstaat, dem Wirtschaftsstaat, dem Sozialstaat zu sichern, das er vor dem VerfGH. im Wege einer Säumnisbeschwerde durchsetzen kann.

Sektionschef Loebenstein schlug vor, dieses von Prof. Klecatsky angeschnittene Problem im Zusammenhang mit dem Abschnitt B 2 des Fragenprogramms im einzelnen noch zu untersuchen.

Prof. Floretta wies zunächst auf die Allgemeine Erklärung der Menschenrechte vom Jahre 1948 hin, von deren Artikeln etwa die erste Hälfte den klassischen Grundrechten gewidmet sei, während die zweite Hälfte sich mit den “sozialen Grundrechten“ befasse. Die Verfasser der Deklaration seien also offenbar der Auffassung gewesen, daß die klassischen Grundrechte nur gesichert sind, wenn zu ihnen eine „große Anzahl wichtiger, bedeutender Grundrechte hinzukommt“. Es sei daher anzunehmen, daß die strenge Trennung zwischen klassischen und sozialen Grundrechten nicht ganz richtig ist. Die Deklaration enthalte eine Reihe von Bestimmungen, von denen angenommen werden könne, daß sie die in der Diskussion für Grundrechte geforderten Merkmale aufweisen; sie könnten daher übereinstimmend auch als Grundrechte anerkannt werden. Prof. Floretta nannte in dieser Hinsicht, der Menschenrechtsdeklaration folgend, das Recht auf angemessenen Arbeitslohn, das Recht auf gleichen Lohn für gleiche Arbeit, das Recht auf Leistungen bei Arbeitslosigkeit, das Recht auf Sicherung gegen Krankheit, gegen Arbeitsunfähigkeit u.a. Das ebenfalls angeführte Recht auf Arbeit bezeichnete Prof. Floretta im Sinne der Ausführungen von Prof. Marcic als ein bloßes Leitbild. Richtig sei auch die von Prof. Marcic getroffene Feststellung, daß der durch ein Grundrecht Verpflichtete konkret genannt sein müsse, da sonst kein Grundrecht vorliege. Dazu sei aber festzustellen, daß die österreichische Rechtsordnung ein ganz erhebliches Maß an sozialen Rechten kennt. Wenn man von diesen Rechten das Wesentliche in die Sphäre der Grundrechte erhebe, bedeute das für den Einzelnen eine bedeutende Sicherung. Solche Regelungen könnten, entsprechend den Ausführungen von Prok.Koär. Graff, als Individualrechte angesprochen werden. Das gelte auch für ein zu inartikulierendes Recht der Arbeitgeber- und Arbeitnehmerverbände, „im autonomen Weg die Rechtsbeziehungen der ihnen unterworfenen Arbeitgeber und Arbeitnehmer zu regeln". Es handle sich also um eine Garantie der „jetzigen sozialen Rechte" durch ihre Gleichstellung mit den klassischen Grundrechten. Schließlich befaßte sich Prof. Floretta noch mit einzelnen „sehr individualen Rechten", bei denen ein Bedarf bestehe, sie „in die Kategorie der sozialen Grundrechte zu heben". Er nannte in diesem Zusammenhang das Recht auf Freizeit, auf bezahlten Urlaub und den Kündigungsschutz, zu dem er bemerkte, daß für den Schutz der Menschenwürde die Sicherung des Arbeitsplatzes, „soweit es die objektive wirtschaftliche Situation des Arbeitgebers erlaubt", wesentlich sei.

Prof. Pfeifer bemerkte zunächst, in der Europ. Sozialcharta seien „so viele sehr klare Formulierungen, daß man sich viele von ihnen zu eigen machen könnte und nutzbar machen könnte in einem neuen Grundrechtskatalog". Weiter vertrat Prof. Pfeifer die Meinung, die Grundrechte müßten sich nicht in Freiheitsrechten des Einzelnen erschöpfen. Die „klassischen Grundrechte" seien Ausdruck einer bestimmten Zeit. „Aber wir sind alle längst über das hinausgewachsen." Außerdem gehe auch schon der geltende Grundrechtskatalog über die Freiheitsrechte hinaus, da er ja das Recht der Gleichheit vor dem Gesetz normiert. Hier habe insoferne eine Entwicklung stattgefunden, als der Gleichheitssatz heute nicht mehr nur auf die gleiche Behandlung aller bei Anwendung des Gesetzes, sondern auch auf ein an den Gesetzgeber gerichtetes Verbot abzielt, Gleiches ungleich und Ungleiches gleich zu behandeln. Ähnlich dieser außerhalb des Gesetzes vorgegangenen Entwicklung verhalte es sich mit den „sozialen Grundrechten". Hier handle es sich um eine neue Kategorie, die „zeitgemäß in den Grundrechtskatalog einzubauen ist". Dies könne in der Form eines subjektiven Rechts, aber auch in der Form einer Verpflichtung des Staates geschehen, deren Erfüllung in Ausführungsgesetzen näher geregelt wird. Ebenso wie bei den Freiheitsrechten sei auch beim Gleichheitssatz und bei den sozialen Rechten der Ausgangspunkt die Menschenwürde. Es gehe darum, durch die Grundrechte ein menschenwürdiges Dasein sicherzustellen. Es sei denkbar, daß sich das eine oder andere „soziale Grundrecht" in der „überkommenen Form des individuellen Anspruchs des Einzelnen" sicherstellen läßt, aber es genüge auch „eine Verpflichtung des Staates, etwas zu leisten", oder etwas „wirksam zu schützen", wie dies etwa im Art. 1 der

Europäischen Sozialcharta für das Recht bestimmt ist, den „Lebensunterhalt in einem frei eingegangenen Arbeitsverhältnis zu verdienen". Abschließend gab Prof. Pfeifer seiner Auffassung Ausdruck, daß „nicht nur die Form des Individualrechtes und noch dazu in der Gestalt eines Freiheitsrechtes die einzige Form eines Grundrechtes ist und sein kann, sondern daß man darüber heute schon weit hinaus ist, daß wir in dieser Hinsicht manches nachzutragen haben."

Prof. Winkler führte aus, das von RA Rosenzweig vorgeschlagene Programm bringe „nichts wesentlich neues oder mehr gegenüber einem Kompetenzkatalog, der in unserer Verfassung zum Teil da ist, zum Teil auch verändert werden könnte". Was RA Rosenzweig anstrebe, sei eine „etwas differenziertere und stärker pointierte Formulierung der Staatsziele, die wir letzten Endes in den Kompetenztatbeständen auch haben". Wenn etwa im Art. 10 des B.-VG. der Kompetenztatbestand „Sozialversicherungswesen" genannt ist, so sei damit dem Gesetzgeber eine Möglichkeit gegeben, von der Gebrauch zu machen er nicht verpflichtet ist. Wenn dem gegenüber von RA Rosenzweig vorgeschlagen werde, Grundrechte in der Form einer Verpflichtung des Staates zu formulieren und ihre Durchführung, damit aber die Anwendbarkeit des Grundrechts, von einer gesetzlichen Ausführung abhängig zu machen, sei „nicht wesentlich anderes gewonnen, als man durch das Konzept der Kompetenztatbestände an sich gewinnen kann". Man solle sich gründlich überlegen, inwieweit für die vorgeschlagenen Formulierungen eine echte Notwendigkeit besteht und ob sie ausreichen. Im Stil der klassischen Grundrechte ausgedrückt könnte etwa bestimmt werden: Die Freiheit von Not durch unverschuldete Arbeitslosigkeit, durch Invalidität und durch Alter ist gewährleistet. Dadurch wäre der Gesetzgeber zu keinem Tun verpflichtet. Der VerfGH. allerdings könnte aus Anlaß eines konkreten Beschwerdefalles ein Gesetz darauf prüfen, ob es gegen diesen Grundsatz verstößt. Das wäre die alleinige Sanktion, wenn man den Grundsatz ernst nimmt, daß der Gesetzgeber von Gerichts wegen zu einem positiven Tun nicht verpflichtet werden kann. Prof. Winkler sprach sich sodann gegen die Aufnahme „so starker programmatischer Erklärungen" in den Grundrechtskatalog aus. Tatsache sei, daß „hinter den klassischen Grundrechten die Freiheit und hinter den sozialen Grundrechten die Bindung steht". Weit davon entfernt, „für den Gesetzgeber schlechthin zu plädieren", müsse er doch, wie Prof. Winkler weiter ausführte, feststellen, daß „die Gestaltung der Wirtschafts-, Sozial- und Gesellschaftsordnung eine Aufgabe ist, die dynamisch zu verstehen ist und die zeitgebunden ist, der man nur den Rahmen geben soll". Mit Rücksicht darauf müßten die von von Prof. Floretta aus der Erklärung der Menschenrechte vorgelesenen Formulierungen als zu weitgehend bezeichnet werden. Es müsse auch an den Fall gedacht werden, daß der Staat nicht zu leisten vermag, was gegenwärtig als angemessen und erreichbar angesehen wird. In diesem Falle würden dann solche Rechte zu einem „Fetzen Papier".

Nicht alles, was in einem Parteiprogramm als Zielsetzung durchaus möglich ist, müsse auch in der Verfassung als Programm enthalten sein. Auf die Formulierungen von RA Rosenzweig zurückkommend gab Prof. Winkler schließlich der Meinung Ausdruck, sie formulierten „in höherem Maße Staatsziele als Grundrechte".

Parl.Rat Kobzina brachte zunächst seine bei der letzten Tagung des Kollegiums getroffenen Feststellungen in Erinnerung, wonach „in einem Rechtsstaat vom Standpunkt der allgemeinen Staatslehre nur die Freiheitsrechte des Einzelmenschen als Grundrechte gelten können, da nur sie dem fundamentalen Verteilungsprinzip des materiellen Rechtsstaates: grundsätzlich unbeschränkte Freiheit des Einzelnen, grundsätzlich beschränkte Eingriffsmöglichkeiten, entsprechen". Entsprechend dieser Auffassung erschöpften sich Grundrechte darin, Gesetzgebungs- und Verwaltungsverbote zu sein. Zum Beleg hiefür verwies Parl.Rat Kobzina auf Kelsen, Reine Rechtslehre, S. 145: „Die sogenannten Grund- und Freiheitsrechte stellen sich als Verbote dar, die garantierte Freiheit und Gleichheit durch Gesetz zu verletzen, d.h. aufzuheben oder einzuschränken". Ferner S. 230: „Der einen typischen Bestandteil moderner Verfassungen bildende Katalog von Grund- und Freiheitsrechten ist im wesentlichen nichts anderes als ein Versuch, solche Gesetze nicht zustande kommen zu lassen". Es sei zwar üblich, aber irrig, den Grund- und Freiheitsrechten eine korrespondierende Pflicht des Staates gegenüberzustellen, die garantierte Freiheit und Gleichheit nicht zu verletzen. Tatsächlich stehe einem Gesetzgebungsverbot allein die Möglichkeit gegenüber, in einem besonderen Verfahren das Verbot verletzende Gesetz aufzuheben. Mit dem Begriff der historischen Grundrechte verbinde sich also nie die Vorstellung einer Rechtspflicht des Staates. Wenn man daher Normen etwa nach den Vorschlägen von RA Rosenzweig schaffen wolle, deren Ernst er sich, wie Parl.Rat Kobzina bemerkte, durchaus nicht entziehen könne, müsse man darüber im klaren sein, daß damit die Kontinuität mit dem, was bisher unter einem Grundrecht verstanden wurde, unterbrochen sei.

Min.Rat Weiler gab zunächst der Meinung Ausdruck, die bisherige Diskussion sei sehr fruchtbar gewesen, da versucht worden sei, von verschiedenen Seiten her an das Problem der „sozialen Grundrechte" im allgemeinen, vor allem aber an die Lösung der Frage heranzukommen, mit welchen rechtstechnischen Mitteln das Problem der „sozialen Grundrechte" bewältigt werden könnte. Gerade das sei ja eine der großen Fragen, vor denen man bei den „sozialen Grundrechten" stehe. Niemand habe die Meinung vertreten, daß die Rechtsordnung als Ganzes sozialem Elend gegenüber gleichgültig bleiben soll. Die Gegensätze hätten sich erst bei der Frage nach der Rechtserzeugungsstufe gezeigt. Tatsächlich sei das Problem der rechtstechnischen Bewältigung keineswegs auf die „sozialen Grundrechte" beschränkt. Es zeige sich auch beim Grundrechtsschutz gegenüber dem wirtschaftenden Staat, wozu von Prof. Klecatsky schon sehr wertvolle Anregungen gegeben worden seien. Ebenso zeige es sich bei dem von Prof. Marcic aufgeworfenen Problem des Grundrechtsschutzes gegenüber nichtstaatlichen und parastaatlichen Mächten, worüber noch näher zu sprechen sein werde. Ähnlich verhalte es sich mit den Bestandsgarantien, die zwar immer wieder im Zusammenhang mit den „sozialen Grundrechten" genannt wurden, in ihrer Bedeutung aber darüber hinaus reichen, etwa auf das Gebiet der Ehe, der Familie, der Presse und des Berufsbeamtentums. Nicht zuletzt sei schließlich das Problem der rechtstechnischen Bewältigung des Grundrechtsschutzes im Zusammenhang mit den unter B 5 des Fragenprogramms erfaßten Entwicklungen noch ungelöst. Ob es möglich sein werde, diese Probleme nur mit gegen den Staat gerichteten Verboten zu lösen, sei fraglich. Ebenso fraglich sei es aber, ob es vertretbar wäre, den Gefahren, die dem Menschen hier drohen, nicht auf dem Gebiet der Grundrechte zu begegnen.

Hofrat Lehne gab zunächst seiner Auffassung Ausdruck, daß „die Wohlfahrt eine Aufgabe des Staates ist, die er unter Beachtung der Subsidiarität und damit der Freiheit zu bewältigen hat", sowie daß der „Wohlfahrtsstaat zum Versorgungsstaat entartet, wenn er sich die Wohlfahrt zum Anliegen macht, ohne die Freiheit und Subsidiarität zu berücksichtigen". Wenn es daher bei den „sozialen Grundrechten" darum ginge, ein „präzises Bekenntnis zu bestimmten Wohlfahrtsaufgaben des Staates abzulegen, wäre er, so führte Hofrat Lehne weiter aus, durchaus für dieses Bekenntnis, da beispielsweise der Satz am Beginn der Enzyklika „Pacem in terris" ernst genommen werden müsse, wonach der Mensch das Recht auf Leben und auf Unversehrtheit des Leibes hat – hier handle es sich um klassische Grundrechte – aber auch das Recht auf geeignete Mittel zur angemessenen Lebensführung. Beides gehöre zusammen. Im gegebenen Zusammenhang aber sei zu fragen, was Grundrechte sind. Wenn man mit Smend, Verfassung und Verfassungsrecht, 1928, Seite 158f., die sozialen Grundrechte als Verfassungsnormen anspreche, deren spezifische Eigenbedeutung in dem Bekenntnis zu einem Wert- und Kultursystem besteht, das sowohl die Verfassung als Ordnung eines bestimmten Herrschaftssystems legitimiert als auch das Ermessen aller Staatsorgane bindet, und wenn man Smend folgend in den Grundrechten vor allem ein Element der sachlichen Integration sehe, dann wäre er, stellte Hofrat Lehne fest, durchaus für solche Bekenntnisse. Nun habe man sich aber, worüber viel Consens bestehe, etwas präziseres vorgestellt, wie insbes. der Katalog von Prok.Koär. Graff zeige. Man habe ja – und auch RA Rosenzweig habe dies getan – von subjektiven Rechten gesprochen. Wenn man also mehr wolle als Elemente der Integration im Sinne Smends, nämlich für den Einzelnen durchsetzbare Rechte, dann entstehe die von Forsthoff aufgezeigte schwierige Problematik, daß die „sozialen Teilhaberechte der Abstufung bedürfen, da sie nur im Rahmen des

Angemessenen sinnvoll sind". Dieser Problematik entsprechend komme sowohl in der Allgemeinen Erklärung der Menschenrechte als auch in den Vorschlägen von RA Rosenzweig immer wieder das Wort „angemessen" vor. Mit Rücksicht darauf seien nach der Meinung Forsthoffs „diese sozialen Teilhaberechte der Verbürgung durch eine notwendig lapidare, die spezielle gesetzliche Regelung nicht ersetzende Verfassungsnorm nicht fähig". Es sei sehr zu bedauern, daß es nicht möglich war, dem Kollegium schriftlich ausgearbeitete Modelle für die Formulierung von „sozialen Grundrechten" zu unterbreiten. Daß es möglich sein könnte, ohne Überforderung des VerfGH. „den bejahten Grundgedanken der Wohlfahrtsaufgabe des Staates auszuprägen in Rechte dieser Art" müsse er, wie Hofrat Lehne weiter ausführte, bezweifeln. Es sei durchaus einzusehen, wenn im Hinblick auf den demokratischen Wechsel von Mehrheit und Minderheit das Bestreben bestehe, den „Sieg über die Gefahren von gestern, nämlich über Gefahren, die für arbeitende Menschen aus dem Liberalismus entstanden sind, irgendwie zu stabilisieren". Nur wenn man sich zur Aufgabe stelle, die Stabilisierung nicht nur durch Bekenntnisse, sondern durch subjektive Rechte zu erreichen, müsse die Möglichkeit eines Erfolges bezweifelt werden.

Sektionschef Loebenstein schlug nunmehr vor, die Frage der sozialen Rechte im Zusammenhang mit dem Problem der Einrichtungsgarantien weiter zu behandeln, die Frage aber, wer zur Auslösung der Normenkontrolle berechtigt sein soll, dem Abschnitt D des Fragenprogramms vorzubehalten. Hingegen könne, wie Sekt.Chef Loebenstein weiter ausführte, die von Prof. Marcic angeschnittene Frage, wie weit der Kreis der durch die Grundrechte Verpflichteten gezogen werden soll, im Zusammenhang mit dem Abschnitt B 2 des Fragenprogramms behandelt werden. In der 2. Tagungsperiode des Kollegiums, die der Frage der konkreten Maßnahmen in den einzelnen Grundrechtsbereichen gewidmet sein soll, könnte dann neben den „Grund- und Freiheitsrechten im engeren Sinn" auch die Frage der Bestandsgarantien sowie auf die von Prof. Floretta aufgeworfenen Fragen des kollektiven Grundrechtsschutzes und der Gewährleistung der Autonomie gewisser Verbände eingegangen werden. Auf diese Weise wäre es vielleicht möglich, die Verhandlungen weiter zu bringen, ohne daß von den einzelnen Mitgliedern des Kollegiums eine Preisgabe von Standpunkten erwartet würde. An derartiges sei nicht im entferntesten gedacht. Vielmehr sei ein geschlossenes Normensystem anzustreben, das einen Ausgleich zwischen den verschiedenen Standpunkten darstellt. Sektionschef Loebenstein schlug sodann vor, die Diskussion über das Problem der „sozialen Grundrechte", denen aber auch kulturelle und wirtschaftliche Rechte an die Seite zu stellen seien, durch eine Umfrage des Inhalts zu beenden, ob solche Rechte im Verfassungsrang zu inartikulieren wären, wobei die weitere Frage, ob dies in der Gestalt von subjektiven Rechten oder von Bestandsgarantien geschehen soll und ob auch an einen kollektiven Grundrechtsschutz zu denken wäre, im Zusammenhang mit dem Abschnitt B 2 des Fragenprogramms näher geprüft werden könnte.

Hofrat Kaltenberger führte aus, daß das Bestreben legislativen Maßnahmen durch die Ausstattung mit dem Verfassungsrang verstärkte Sicherung gegen ihre Änderung oder Beseitigung zu verschaffen, immer mehr um sich greife. Die wahren Motive für diese „Flucht in den Verfassungsrang", bei der es angeblich um die Schaffung einer höheren Ordnung gehe, könnten verschiedenster Art sein, etwa der „Wunsch nach verstärkter Sicherung eines einmal geschöpften politischen Werturteiles", oder die Erhaltung einer vom VerfGH. als verfassungswidrig aufgehobenen Regelung.

Prof. Marcic gab seiner Übereinstimmung mit RA Rosenzweig und Prof. Floretta dahin Ausdruck, daß in Fällen, in denen der Einzelne zur Inanspruchnahme des Grundrechtsschutzes zu schwach ist, ein Kollektiv für ihn diesen Schutz in Anspruch zu nehmen in der Lage sein soll. Selbstverständlich komme eine derartige Intervention nur mit Zustimmung des in seinem Recht Verletzten in Betracht.

RA Beck knüpfte an das von RA Rosenzweig gebrachte Beispiel an, in dem eine Beschwerde gemäß Art. 144 des B.-VG. zwar zur Aufhebung eines Gesetzes wegen Verfassungswidrigkeit führte, aber gerade deshalb das Beschwerdeverfahren die Lage des Beschwerdeführers nicht verbessern konnte. Dieses Beispiel zeige deutlich, daß das verfassungsgesetzlich gewährleistete Recht kein geeignetes Mittel ist, um die Normenkontrolle in Bewegung zu setzen. Dort, wo es sich um die Normenkontrolle handelt, kämen Individualrechte nicht in Betracht. Die Normenkontrolle in Gang zu bringen, müsse anderen Faktoren vorbehalten bleiben. Wie weit der Kreis dieser Faktoren zu ziehen ist, werde in anderem Zusammenhang zu prüfen sein. Da es aber bei den sozialen Grundrechten immer um die Normenkontrolle gehe, könne deren Gewährleistung nicht im Wege eines individuellen verfassungsgesetzlich gewährleisteten Rechts erfolgen.

RA Rosenzweig knüpfte an diese Ausführungen von RA Beck an und stellte fest, es gehe um die Frage, ob eine Norm für den VerfGH. immer dann Voraussetzung der Entscheidung im Sinne der Art. 139 und 140 des B.-VG. ist, wenn sie bei der Prüfung einer Beschwerde anzuwenden ist oder nur dann, wenn im Falle der Aufhebung der Norm der Beschwerde Folge zu geben ist. Der VerfGH. habe vor langer Zeit den letzteren Standpunkt verlassen. Darin aber liege eine „entscheidende Erleichterung für die Beurteilung des Problems der subjektiven Rechte." Sei doch schon längst Übereinstimmung darüber erzielt, daß die vom VerfGH zum Recht auf den gesetzlichen Richter geübte Praxis auch ausdrücklich in der Verfassung dahin verankert werden soll, daß jedermann das Recht der Beschwerde gegen Bescheide hat, von denen er behauptet, daß im Zusammenhang mit ihrer Erlassung ein verfassungswidriges Gesetz oder eine gesetzwidrige Verordnung angewendet worden ist. Gehe man aber davon aus, so sei der Begriff des subjektiven Rechts auch in diesem Zusammenhang sehr klar. Ein subjektives Recht sei immer dann verletzt, wenn von einem Gericht oder einer Verwaltungsbehörde ein verfassungswidriges Gesetz angewendet wird, „denn dann hat bei einem Bescheid der Einzelne, ansonsten nur das Gericht, das diese Norm anzuwenden hat, die Möglichkeit, die Überprüfung zu veranlassen; und überall dort sind subjektive Rechte verletzt." Der von Prof. Winkler vertretenen Meinung, daß der „Kompetenzkatalog irgend etwas mit den Grundrechten zu tun hätte", könne er, wie RA Rosenzweig weiter ausführte, nicht zustimmen. Die Meinung, daß der Kompetenzkatalog Staatsziele zum Ausdruck bringe, sei nicht richtig. Vielmehr würden durch den Kompetenzkatalog alle möglichen Staatstätigkeiten auf die einzelnen Normsetzungsorgane aufgeteilt. Jene Mitglieder des Kollegiums aber, die den Begriff des Grundrechts im engen Sinn, im Sinne des Schutzes vor Eingriffen des Staates verstanden wissen möchten, könne man als „edle Ritter des 19. Jahrhunderts", nicht aber als Kodifikatoren des 20. Jahrhunderts bezeichnen. Man würde die Erfordernisse der Gegenwart vergessen, wenn man sich darauf beschränkte, die Regelungen des 19. Jahrhunderts „ein bißchen umzuformulieren". Die von Hofrat Lehne verlesene Feststellung über die Integrationsfunktion der Grundrechte enthalte einen „sehr entscheidenden Grundsatz, der zeige, daß es wirklich notwendig ist, die Werte der sozialen Sicherheit so in der Verfassung zu verankern, daß die Gesetzgebung daran gebunden ist". Gewiß dürften die von Hofrat Lehne im Zusammenhang mit dem Begriff der Angemessenheit aufgezeigten Schwierigkeiten nicht übersehen werden. Vielleicht sei der Begriff „angemessen" durch einen anderen Begriff zu ersetzen, der eher die Möglichkeit gibt, „Rechtsentscheidungen zu fällen und nicht politische Wertungen des Gesetzgebers durch ein Gericht zu ersetzen". Gerade als Mitglied des VerfGH. müsse er, führte RA Rosenzweig abschließend aus, „dagegen auftreten, daß man versucht, dem Gerichtshof Aufgaben zu geben, die ihn zu einer politischen Instanz machen würden und damit abwerten, statt ihn rein zu erhalten als einen Gerichtshof, der über Rechtsfragen zu entscheiden hat".

Präsident Dietrich warf die Frage auf, wie das Recht auf gleiche Entlohnung für gleiche Leistung inartikuliert werden sollte, um durchsetzbar zu sein. Letzten Endes müßte die Möglichkeit eröffnet werden, beim VerfGH. die zu unrecht vorenthaltene Lohndifferenz einzuklagen. Das habe aber mit den Grundrechten nichts mehr zu tun. Das Grundrecht müsse darin bestehen, bei einem Arbeitgeber, der den gerechten Lohn vorenthält, nicht bleiben zu müssen, also in der Freiheit der Arbeitsplatzwahl. Alles andere gehöre in die einfache Gesetzgebung und in die Kollektivverträge.

Sektionsrat Ringhofer führte aus, daß es für das Kollegium primär doch nicht um die Frage gehen könne, ob die „sozialen Grundrechte" wirklich Grundrechte sind. Er wolle, führte Sekt.Rat Ringhofer weiter aus, „ganz klar dazu sagen:

selbstverständlich sind es keine Grundrechte, wenn man diesen Worten jene klassische Bedeutung zugrunde legt, die insbes. Dr. Kobzina durch Zitate belegt, aber dabei verschwiegen hat, daß es sich in allen diesen Zitaten um Äußerungen handelt, die das wirkliche, das empirische Recht betrachten und nicht die Frage des möglichen Rechtes". Wesentlich sei nur die ebenfalls schon behandelte Frage, ob es möglich ist, die „sozialen Grundrechte" so zu inartikulieren, daß sie nicht Programm bleiben, sondern „irgendwelche rechtliche Relevanz haben". Bei dieser Frage müsse aber davor gewarnt werden, die „Dinge so zu simplifizieren, daß man fragt, ob subjektive Rechte begründet werden oder nicht". Man denke in Klischees und übersehe dabei völlig, daß die Möglichkeiten zur Effektuierung von Rechtsansprüchen vielfältig sind, der Art 144 des B.-VG. keineswegs die einzig denkbare Lösung ist. Sodann griff Sekt.Rat Ringhofer auf das von Prof. Winkler gebrachte Modell der Formulierung von „sozialen Grundrechten" zurück und wies darauf hin, daß diese Formulierung etwa die Beseitigung der Sozialversicherung im Wege der einfachen Gesetzgebung ausschließen würde. Es sei daher unrichtig, sie als bloßes Programm zu qualifizieren. Gewiß sei die Problematik der Durchsetzbarkeit von Leistungsansprüchen gegen das Kollektiv „völlig anders und weitaus komplizierter gelagert als die Durchsetzbarkeit von irgendwelchen Freiheitsgarantien". Insoferne unterschieden sich die „sozialen Grundrechte" sehr wesentlich von den „klassischen Grundrechten". Es gebe aber sicher Wege, auch solche Leistungsansprüche „in gewissem Maße effektiv zu machen". Die rechtstechnischen Möglichkeiten hiezu seien zu erforschen. Sekt.Rat Ringhofer verwies in diesem Zusammenhang auf die Möglichkeit der Anrufung des VerfGH. gegen Bescheide, deren gesetzliche Grundlage verfassungswidrig ist.

Prof. Pfeifer knüpfte an die Ausführungen von Präsident Dietrich zum Recht auf gleichen Lohn für gleiche Arbeit an und vertrat die Auffassung, die entsprechende Bestimmung der Europäischen Sozialcharta sei nichts anderes als ein praktischer Anwendungsfall des Gleichheitssatzes, der sich in allen österreichischen Verfassungsurkunden findet.

Prof. Winkler bemerkte zu den Ausführungen von Sekt.Rat Ringhofer, er habe die von ihm gebrachte Formulierung nicht etwa als Vorschlag, sondern als Studienobjekt gedacht gehabt. Sodann stelle er, auf die Ausführungen von RA Rosenzweig zurückkommend, fest, er bleibe dabei, daß „man Staatsaufgaben und Staatsziele nicht in die Grundrechte legen soll". Weiter führte Prof. Winkler aus, er habe nicht gesagt, daß die Grundrechte mit dem Kompetenzkatalog zu identifizieren sind. Vielmehr habe er gemeint, daß sich vielleicht im Zusammenhang mit diesem Katalog die Möglichkeit biete, die Frage der Staatsziele zu lösen.

Parl.Rat Kobzina stellte zu den Ausführungen von Sekt.Rat Ringhofer fest, wenn er sich das tatsächliche Recht zum Vorbild genommen habe, so sei dies „kein Akt der Unlauterkeit, sondern ein Umstand, der darin begründet ist, daß ich das tatsächliche Recht kenne, die Wirkungsweise aber von Rechtsinstituten, die erst instituiert werden sollen, von denen ich als Verfassungsrechtsnorm nicht überzeugt bin, nicht kenne". Zu seiner Qualifizierung als „edler Ritter des 19. Jh." durch RA Rosenzweig bemerkte Parl.Rat Kobzina, sie sei ausgezeichnet, in der Beschränkung auf das 19. Jh. allerdings nicht ganz zutreffend. Man müsse nämlich fragen, was heute mehr bedroht ist, die Freiheit des Einzelnen und die Minoritäten oder der Wohlstand. Diese Frage müsse wohl zugunsten der Freiheit entschieden werden. Sie sei vom Staat und von neuen kollektiven Mächten mehr bedroht. Und deshalb sei es für ihn, schloß Parl.Rat Kobzina, ein größeres Anliegen, die Freiheit zu schützen.

Prof. Klecatsky stellte zunächst fest, die bisherige Diskussion habe ergeben, daß nach Ansicht aller Mitglieder des Kollegiums die Aufnahme der „sozialen Rechte in den Grundrechtskatalog ausschließlich davon abhängen soll, ob sie durchsetzbar sind, u.zw. vom Einzelnen her gesehen". Sodann brachte Prof. Klecatsky seinen Vorschlag in Erinnerung, die Möglichkeit einer Säumnisbeschwerde an den VerfGH. zu schaffen, die „gerichtet sein kann auf eine Leistung, die vom Gesetzgeber bestimmten Personen nicht erbracht wurde, die aber anderen Großgruppen erbracht worden ist". Außerdem sei im gegebenen Zusammenhang der bisher noch viel zu wenig in seiner Bedeutung ausgeschöpfte Art. 137 des B.-VG. zu beachten. Gerade diese Bestimmung werde vom VerfGH. „offenbar verwendet, um präpositive Gedankengänge in das positive Recht herein zu ziehen".

Da weitere Wortmeldungen nicht mehr vorlagen, schloß *Sektionschef Loebenstein* die Beratungen über das Problem der „sozialen Grundrechte" und ersuchte die Mitglieder des Kollegiums, zu folgender Frage Stellung zu nehmen:

Sollen auf Grund der Beratungsergebnisse Normen, die über Freiheit und Gleichheit hinausgehende Werte zum Gegenstand haben, im Verfassungsrang inartikuliert werden?

Diese Frage schließe, wie *Sektionschef Loebenstein* feststellte, nicht das Problem mit ein, ob die Inartikulierung in der Gestalt eines subjektiven Rechts, einer Einrichtungsgarantie oder eines Programmsatzes bewirkt werden soll. Dieses Problem werde zu behandeln sein, sobald über die einzelnen Gruppen von Grundrechten konkret beraten wird. Dasselbe gelte auch für das Problem der Geltendmachung von Grundrechtsverletzungen durch ein Kollektiv im Namen des Verletzten.

Die Umfrage ergab:

Hofrat Lora: „Meiner Meinung nach nein. Zusatz: Die Weimarer Verfassung hatte das Recht auf Arbeit, wobei die Arbeitslosigkeit groß war."

Prof. Marcic: Ja.

Abg. Nemecz: Nein.

Prof. Pfeifer: Ja.

Sekt.Rat Ringhofer: „Ich bedauere unendlich, Herr Sektionschef! Ich kann keine Antwort auf diese Frage geben. Sie fordert von mir, etwas vorweg zu nehmen, was noch nicht ausdiskutiert wurde. Ich kann also nur eine sehr bedingte Antwort geben. Ja, allerdings mit der Beschränkung, soweit aus einer solchen Inartikulierung von Rechtssätzen mehr als ein Programm entsteht. Also insoweit, als irgendwo eine Möglichkeit zur Effektuierung ist."

Sektionschef Loebenstein: „Ich habe ja alle Varianten zur Diskussion gestellt."

Dr. Rosenzweig: Ja.

Prof. Walter: Ja.

Prof. Werner: „Ja, soferne es sich um wirkliche Grundwerte des Individuums handelt."

Prof. Winkler: Nein.

RA Beck: „Ja, soweit es gelingt, diese Rechtssätze so zu fassen, daß sie durchsetzbar sind."

Prof. Floretta: „Ja, wobei ich aber bemerken möchte, daß ein Teil der Grundrechte im Rahmen der Freiheit und Gleichheit bleibt, eine Reihe von sozialen Grundrechten."

Präsident Dietrich: Nein.

Prok.Koär. Graff: „Keine generelle Antwort. Es ist von Fall zu Fall zu prüfen."

Hofrat Kaltenberger: Ja.

Abg. Kummer: „Grundsätzlich nein. Ich bin aber der Meinung, daß es aber auch von Fall zu Fall zu prüfen ist."

Prof. Klecatsky: „Ja, soweit sie dem Einzelnen zustehen sollen und soweit sie durchsetzbar sind und soweit sie sich nur gegen das Kollektiv richten."

Parl.Rat Kobzina: „Ja, soweit sie den Grundsätzen entsprechen, die ich in meiner heutigen Wortmeldung zuletzt erwähnt habe."

Hofrat Lehne: Ja.

Hofrat Kaltenberger: „Durch die vielen Einschränkungen, die die einzelnen Herren gemacht haben, käme es jetzt heraus, als hätten die, die nur rein mit ´ja´ geantwortet haben, damit sagen wollen, sie würden für alle Möglichkeiten gutstehen und sich einsetzen."

Sektionschef Loebenstein: „Herr Hofrat, ich möchte das ausdrücklich auch protokollarisch festhalten, daß ein ´ja´ nicht heißt: bedingungslos, sondern unter den Einschränkungen, daß bei der Diskussion im Kapitel 2 über die Gestaltung dieser Frage dann zu diskutieren sein wird, die Herren sich damit offenhalten, ob sie das als subjektives Recht angesehen wissen wollen, als einen bloßen Programmsatz, als eine Frage der Einrichtungsgarantien oder als sonst etwas, oder gar nicht".

Prof. Winkler: „Bitte, nach dem Abstimmungsbild muß ich meine Meinung korrigieren. Ich kann nicht schlechthin nein sagen, nachdem ..."

Sektionschef Loebenstein: „Also dann korrigieren wir die Meinung des Herrn Prof. Winkler dahin, daß er sich auch mit ´ja´ zu der gestellten Frage äußert, mit dem Vorbehalt, wie solche Regelungen dann zu gestalten sein werden, das wollen Sie dann in der zweiten Phase der Enquete näher behandelt wissen."

II.

Nach Abschluß der Umfrage schlug *Sektionschef Loebenstein* vor, nunmehr wegen des engen Zusammenhanges mit dem Problem der „sozialen Grundrechte" die Frage der Einrichtungsgarantien zu beraten. Nach einer kurzen Diskussion wurde diesem Vorschlag zugestimmt.

Zu Beginn der Beratungen gab *Sektionschef Loebenstein* eine Übersicht über die für die Erfassung des Gegenstandes maßgebenden Begriffe. Er führte aus, daß es sich beim Begriff der Einrichtungsgarantie um einen von der Rechtswissenschaft entwickelten Begriff handelt, der dem Begriffe des Grundrechts im klassischen Sinn gegenübergestellt wurde. Die Einrichtungsgarantien seien wieder in die Instituts- und in die Institutionengarantien unterteilt worden. Dieser in der Wissenschaft allerdings nicht unbestrittenen Einteilung zufolge hätten die Institutsgarantien die Verbürgung von Einrichtungen des Privatrechts – z.B. Ehe, Familie, Erbrecht, Vertragsfreiheit – und die Institutionengarantien die Verbürgung von Einrichtungen des öffentlichen Rechts – z.B. Selbstverwaltung der Gemeinden, Berufsbeamtentum – zum Gegenstand. Diese Unterscheidung sei nicht zuletzt wegen der Schwierigkeiten in der Abgrenzung zwischen öffentlichem und privatem Recht problematisch. In letzter Zeit habe sich eine andere Unterscheidung weitgehend durchgesetzt, derzufolge unter Institutsgarantien grundrechtsbezogene Gewährleistungen verstanden werden, während mit dem Begriff der Institutionengarantien eine Gewährleistung von Einrichtungen verbunden wird, die dem Einzelnen kein subjektives Recht gewähren. Hierher gehöre etwa die Gewährleistung des Berufsbeamtentums und der gemeindlichen Selbstverwaltung. Sodann machte Sektionschef Loebenstein darauf aufmerksam, daß der Begriff der Institutsgarantie nicht zuletzt weltanschaulich-politischen Erwägungen seine Entstehung danke, da er die Möglichkeit gebe, die Ablehnung gegenteiliger Standpunkte zum Ausdruck zu bringen. Beispielsweise sei an die Garantie der Ehe, der Familie, des Privateigentums zu denken. Auch dürfe nicht übersehen werden, daß diese Garantien nur um des Menschen, nicht aber um ihrer selbst

Willen bestehen können. Mit Rücksicht darauf gebe etwa eine Bestimmung des Inhalts, daß die „Ehe im Staat eingeführt ist" zu Bedenken Anlaß, da sie nicht die Freiheit der Eheschließung zum Ausdruck bringe. Auch der Art. 6 des Bonner Grundgesetzes sei in dieser Hinsicht, zum Unterschied vom Art. 12 der MRK, nicht sehr klar. Schließlich wies Sektionschef Loebenstein noch darauf hin, daß auch für die Beratungen über das Problem der Einrichtungsgarantien die im Fragenprogramm an die Spitze des Abschnittes B gestellte Frage richtungsweisend sein müsse. Es gehe um die Frage, ob die Einführung von Einrichtungsgarantien vom Standpunkt einer Neuordnung des Grundrechtssystems geboten erscheint.

Prof. Walter bezeichnete als normativen Sinn der Institutionengarantien die Beschränkung des einfachen Gesetzgebers in gewissen Richtungen. Das bedeute, daß die Einführung von Institutionengarantien in der österreichischen Rechtsordnung automatisch auch mit Rechtsschutzwirkungen verbunden wäre, da ja der Garantie widersprechende einfache Gesetze der Prüfung und Aufhebung durch den VerfGH. unterworfen wären. Für die Beantwortung der Frage, ob Institutionengarantien eingeführt werden sollen, sei entscheidend, ob Formulierungen möglich sind, mit denen eine meßbare Begrenzung des Gesetzgebers verbunden ist. Formulierungen wie etwa: Die Familie steht unter besonderem Schutz, seien so vage, daß es fraglich erscheine, ob sie „irgendeinen entscheidenden Nutzen bringen". Daß versucht wird, etwa die Ehe, die Familie, das Eigentum schlechthin unter Wahrung der Verfassungskontinuität, also nicht auf revolutionärem Weg, abzuschaffen, könne wohl ausgeschlossen werden. Wohl kämen aber Maßnahmen in Betracht, die darauf abzielen, diese Rechtsinstitute durch Änderungen schrittweise auszuhöhlen. Dagegen böten aber vage Formulierungen keinen Schutz.

RA Beck führte aus, im Sinne der Judikatur des VerfGH. zu Art. 18 des B.-VG. müßten die Einrichtungsgarantien so gestaltet sein, daß daraus alle für die einfache Gesetzgebung wesentlichen Merkmale ersehen werden können. Es sei ohne weiteres möglich, die Einrichtungsgarantien so konkret zu formulieren, daß – so wie die Verordnung am Gesetz – das Gesetz an der Einrichtungsgarantie vom VerfGH. geprüft werden kann. Die Prüfung dürfe nur von amtswegen oder auf Antrag bestimmter Institutionen eingeleitet werden. Ein Rechtsanspruch des Einzelnen auf Einleitung des Prüfungsverfahrens komme nicht in Betracht. Ob der Kreis der antragsberechtigten Institutionen gegenüber dem derzeitigen Rechtszustand erweitert werden soll, könne im gegebenen Zusammenhang dahingestellt bleiben. Entscheidend sei, daß im Prüfungsverfahren alles analog angewendet wird, was Lehre und Rechtsprechung zu Art. 18 (2) entwickelt haben.

Prof. Pfeifer befaßte sich mit der normativen Bedeutung der im Bonner Grundgesetz enthaltenen Einrichtungsgarantien. Die Garantie der Ehe sei Grundlage dafür gewesen, daß das Bundesverfassungsgericht für die steuerrechtliche Differenzierung der Ehegatten von den in außerehelicher Gemeinschaft lebenden Personen eintrat. Und die Garantie des Berufsbeamtentums behalte die Ausübung hoheitsrechtlicher Befugnisse als ständige Aufgabe dem öffentlichen Dienst vor, der nach den hergebrachten Grundsätzen des Berufsbeamtentums zu gestalten ist. Alle diese Beispiele zeigten, daß es wohl möglich ist, Einrichtungsgarantien in einer normativ wirksamen Weise zu gestalten.

Prof. Winkler befaßte sich mit der rechtstechnischen Gestaltung von Institutionengarantien. Man könne eine grundsätzliche Bestimmung formulieren, die für alle Grundrechtsbestimmungen gilt, in denen Institutionen angesprochen werden. Man könne auch in unserer Rechtssprache feststehende Begriffe verwenden und diesen allenfalls auch eine Legaldefinition anfügen. Aber ganz gleich, ob dies ausgesprochen werde oder nicht, in jedem Falle, in dem sich ein Grundrecht auf Institutionen bezieht, sei eine Institutionengarantie impliziert. Es sei nur die Frage, ob man zusätzliche Maßnahmen treffen soll, um den von Prof. Walter aufgezeigten Schwierigkeiten zu begegnen, sei es durch Legaldefinitionen, sei es, daß die Institutionen nicht für sich in den Grundrechtskatalog gestellt, sondern in Beziehung zu einem subjektiven Recht formuliert, also nicht direkt angesprochen werden.

Prof. Marcic erklärte, sich im großen und ganzen den sehr klaren Ausführungen von Prof. Walter anzuschließen und sie nur noch in einer Richtung ergänzen zu wollen. Er sehe, so führte Prof. Marcic weiter aus, den Sinn der Einrichtungsgarantien darin, daß gewisse Grundwerte, über die im Augenblick ein consensus omnium vel plurium im Volk besteht, gegen etwaige neue Interessenlagen vorübergehender Natur geschützt werden. Man führe gewisse Werte als Bestandsgarantien ein, damit sie nicht ohne Mitwirkung der Minderheit geändert werden können. Es gehe um den Schutz gewisser Grundwerte vor „etwaigen unüberlegten Interessenlagen". So hätte etwa eine Garantie der öffentlichen Aufgabe der Presse durchaus einen Sinn. Bestünde eine solche Garantie und würde dann auf Gesetzesebene ein totales Einfuhrverbot verhängt, so wäre es immerhin möglich, daß der VerfGH. dieses Verbot mit der Begründung aufhebt, es werde dadurch die öffentliche Aufgabe, Zeitungen einzuführen, beeinträchtigt. Sodann ging Prof. Marcic auf die rechtstechnischen Probleme in den Fällen ein, in denen kein subjektives Recht besteht. Hier biete sich einmal die Möglichkeit an, das Prüfungsrecht auch auf die einfachen Gerichte auszudehnen, wie dies heute schon bei den Verordnungen der Fall ist. Außerdem könne erwogen werden, in Übereinstimmung mit einem Vorschlag von Karl Wolff den VerfGH. uneingeschränkt zur Gesetzesprüfung von amtswegen zu berufen. Des weiteren könne, Adamovich folgend, an einen Anwalt des öffentlichen Rechts gedacht werden. Schließlich wies Prof. Marcic, an Ausführungen von RA Rosenzweig anknüpfend, darauf hin, daß "wir alle, die Ritter des 20. Jh. und die Ritter der Zukunft wie die Ritter des 19. Jh. dasselbe wollen, nämlich die Freiheit des Menschen". RA Rosenzweig aber habe insoferne Recht, als „er die Ansicht vertritt, daß die Methode der Ritter des 19. Jh., die Freiheit des Menschen zu schützen, heute nicht mehr ausreicht, weil man heute wieder begreift, daß der Mensch nicht nur ein reines Individuum ist, nämlich ein isoliertes Individuum ist, sondern, daß er a priori von Natur aus schon eingegliedert ist in die Gesellschaft und daß deshalb zu überlegen ist, ob man auch nicht diese soziale Seite seiner individuellen Existenz mitberücksichtigen soll und ob nicht dadurch seine Freiheit wirksamer geschützt ist, als wenn man ihn nur als isoliertes Individuum im Sinne der Ritter des 19. Jh. betrachtet." Die Bestandsgarantien seien ein taugliches Mittel, „diese soziale Seite der individuellen Existenz mitzuberücksichtigen".

Prok.Koär. Graff schloß sich zunächst der Forderung von Prof. Walter nach möglichst konkreter Formulierung der Einrichtungsgarantien an. Darüber hinaus müsse von den Bestandsgarantien verlangt werden, daß bei ihnen „subjektive Rechte involviert sind". Das subjektive Recht sei ein Essentiale der Grundrechte. Fehlt dies, so liege „zwar vielleicht materielles Verfassungsrecht irgendwelcher Art vor", aber kein Grundrecht. Andere Möglichkeiten, etwa jene eines Anwalts des öffentlichen Rechts lehnte Prok.Koär. Graff ab. Einrichtungsgarantien seien nur in dem Ausmaße einzuräumen, als damit „tatsächlich subjektive Rechte für die Betroffenen eingeräumt werden, die diese selber im eigenen Interesse geltend machen".

Sektionschef Loebenstein bemerkte zu diesen Ausführungen, sie zielten auf Institutsgarantien ab, lehnten aber offenbar die – keine subjektiven Rechte begründenden – Institutionengarantien ab.

Prok.Koär. Graff bemerkte hiezu, er halte Institutionengarantien im Grundrechtsbereich nicht für erforderlich.

Prof. Klecatsky bemerkte zu den Ausführungen von Prof. Walter, die Forderung nach möglichster Bestimmtheit der Einrichtungsgarantien sei eine über diesen Bereich hinaus für die gesamte Rechtsetzung maßgebende Maxime, sie passe aber nicht ganz zu dem augenblicklichen Verhandlungsthema. So erstrebenswert auch die Bestimmtheit der Gesetze sei, da das Gesetz zum Eingriff in d[ie] Rechtssphäre des Einzelnen ermächtige, so sehr sei die Unbestimmtheit der Begriffe im Bereich der Grundrechte insofern ein Positivum, als sie geeignet sei, die Freiheitssphäre zu vergrößern. Jeder Begriff sei allgemein und daher in einem bestimmten Maße unbestimmt. Es gehe immer nur um dieses Maß der Unbestimmtheit im Vergleich mit jener anderer Begriffe. Bei den Einrichtungsgarantien scheine die Unbestimmtheit der Begriffe überhaupt kein Nachteil zu sein. Eine Einrichtungsgarantie etwa zugunsten eines von parteipolitischen Kräften möglichst unabhängigen Berufsbeamtentums, die unbedingt erforderlich sei, könne gar nicht weit genug sein. Es sei nicht einzusehen, warum man hier ängstlich sein sollte, und wem diese Ängstlichkeit nützen könnte. Das wahre Problem scheine in der Frage zu liegen, ob „Institutionen da sind, die diese allgemeinen, weiten, unbestimmten Begriffe mit konkretem Leben zu erfüllen in der Lage sind". Es gehe also um die Rechtsverfolgung. Man müsse nur sehen, was das Reichsgericht und der VerfGH aus den „vollkommen unbestimmten Formulierungen des Grundrechtskataloges" gemacht haben und was der OGH. aus den unbestimmten Formulierungen des ABGB und des S.G gemacht ha[t]. Entscheidend sei, ob Gerichte vorhanden sind, die die unbestimmten Begriffe mit Leben erfüllen. Von sich aus könnten das die Gerichte nicht. Entscheidend sei, ob „Kräfte da sind, die den Anstoß zur Erfüllung dieser unbestimmten Begriffe geben". Dieses Ziel durch neue Anfechtungsrechte der Landesregierungen, der Bundesregierung oder der Kammern erreichen zu wollen, wäre unrichtig, da diese Kräfte in einem Maße eng verbunden seien, daß man eine „Sprengung der Bedrohungen der Freiheit" von dort nicht mehr erwarten könne. Wichtig sei, daß der Einzelne subjektive Rechte bekommt. Damit solle nicht der Popularklage schlechthin das Wort gesprochen werden. Man müsse aber im Bereich der Einrichtungsgarantien subjektive Rechte schaffen, die den garantierten Einrichtungen nahe stehen, also etwa zugunsten der einzelnen Beamten hinsichtlich der Garantie des Berufsbeamtentums oder hinsichtlich der Familienmitglieder hinsichtlich der Garantie der Familie.

Prof. Werner stellte fest, er habe gegen Einrichtungsgarantien als solche nichts einzuwenden, sei aber in der Bewertung „solcher Erklärungen des Verfassungsgesetzgebers ganz der gleichen Meinung wie meine beiden Kollegen Walter und Winkler". Man dürfe nicht meinen, daß „eine bürgerlich-freiheitliche Rechtsordnung, die keine Einrichtungsgarantien kennt, diese Dinge doch nicht hätte". So ergebe sich etwa aus dem Art. 5 des StGG. indirekt eine Eigentumsgarantie, da diese Norm ja unverständlich wäre, wenn das Eigentum nicht unter dem Schutz der Verfassung stünde. Ähnlich verhalte es sich mit den Bestimmungen des StGG. über die Religionsgesellschaften und über die Vereine. Um die rechtliche Existenz von Kirchen und von Vereinen zu ermöglichen, seien entsprechende Einrichtungsgarantien nicht unbedingt erforderlich. Dessen ungeachtet habe er, so führte Prof. Werner weiter aus, gegen die Aufnahme von Einrichtungsgarantien nichts einzuwenden. Man müsse sich nur darüber im klaren sein, daß die Einrichtungsgarantien lediglich Beschränkungen der einfachen Gesetzgebung darstellen, daß es sich bei ihnen aber nicht um die Begründung von subjektiven Rechten handelt. Man könne Einrichtungsgarantien und subjektive öffentliche Rechte nicht garantieren. Wenn man subjektive öffentliche Rechte schaffe, schaffe man dadurch indirekt eine Einrichtungsgarantie.

Auf Grund einer Frage von *Sektionschef Loebenstein*, wie die Schaffung von Einrichtungsgarantien ohne subjektive Rechte von ihm beurteilt werde, erklärte

Prof. Werner, er hätte nichts dagegen, man dürfe aber den Wert solcher Regelungen nicht überschätzen.

Präsident Dietrich vertrat die Meinung, „daß Bestandsgarantien für bestimmte Institutionen auch vom Standpunkt der Grundrechte möglich sind". Neben den im Fragenprogramm erwähnten Garantien für das Berufsbeamtentum und die Presse sei auch die „Autonomie der Rechtsanwaltschaft" in Betracht zu ziehen. Sie habe für die Rechtsstaatlichkeit außerordentliche Bedeutung.

Sektionschef Loebenstein stellte sodann fest, er habe die Ausführungen von Präsident Dietrich dahin verstanden, daß einerseits das Institut des freien Anwaltstandes und andererseits ihre Autonomie nicht beseitigt werden darf.

Prof. Marcic führte aus, auch die Befassung mit dem Problem der Einrichtungsgarantien zeige, daß die Frage der prozessualen Grundrechte aktueller ist als die Frage der materiellen Grundrechte. Letztere seien ja schon „klassisches Gut". Weiters führte Prof. Marcic aus, die Unterscheidung zwischen Einrichtungsgarantien und subjektiven öffentlichen Rechten sei wesentlich, da das subjektive Recht die Einrichtungsgarantie entbehrlich mache. Die Bedeutung der Einrichtungsgarantie habe sich bei den Auseinandersetzungen über das neue Pressegesetz klar gezeigt. Man habe es damals als notwendig erkannt, die öffentliche Aufgabe der Presse von verfassungswegen zu schützen, ohne dem Einzelnen die mit einem subjektiven Recht verbundenen Möglichkeiten in die Hand zu geben. Damit sei aber die Frage gestellt, wer die mit der Einrichtungsgarantie gegebenen Verfassungsgebote durchsetzen, wer ihre Effektuierung in die Wege leiten soll. Als Antwort auf diese Frage verwies Prof. Marcic auf die von ihm bereits vorgeschlagene Möglichkeit des Einschreitens des VerfGH. von amtswegen bzw. auf Grund einer bloßen Anzeige. Bei dieser Regelung hätte im Falle der Presse der einzelne Herausgeber die Möglichkeit der Erstattung einer Anzeige, ohne daß auf eine bestimmte Vorgangsweise des VerfGH. ein Anspruch bestünde. Er selbst, so führte Prof. Marcic weiter aus, würde subjektive Rechte vorziehen. Wo man sich aber „aus verschiedenen Gründen vielleicht scheut, ein subjektives öffentliches Recht zu konstruieren", dort zwinge sich die Einrichtungsgarantie als Lösungsmöglichkeit auf. Da könne man dann natürlich nicht mehr von einem Grundrecht im klassischen Sinn sprechen. Deshalb ergebe sich dann der Gedanke an den Anwalt des öffentlichen Rechts, an die Prüfung durch den VerfGH. von amtswegen und an die Berufung aller Gerichte zur Antragstellung an den VerfGH. auf Einleitung eines Gesetzesprüfungsverfahrens bei gleichzeitiger Unterbrechung des bei ihnen anhängigen Verfahrens, in dem das angefochtene Gesetz anzuwenden wäre. In allen diesen Fällen würde zugunsten des Einzelnen gehandelt, ohne daß dieser darauf ein subjektives Recht hätte.

Sektionschef Loebenstein verwies sodann in Ergänzung zu diesen Ausführungen auf die Verfassungsnovelle BGBl. Nr. 205/1962. Mit ihr sei für die Selbstverwaltung der Gemeinden eine Institutionengarantie geschaffen worden, damit aber sei insoferne wieder eine Institutsgarantie verbunden, als nämlich die Gemeinden ein subjektives Recht auf Selbstverwaltung haben, u.zw. dank der Möglichkeit, zum Schutze der Selbstverwaltung den VerfGH. bzw. den VerwGH. anzurufen. Die deutsche Literatur habe diese Regelung als systemwidrig angegriffen, da es sich um ein „mixtum compositum aus Institutsgarantie und Institutionengarantie“ handle.

Hofrat Lora vertrat sodann die Meinung, die Ausführungen von Präsident Dietrich hätten gezeigt, wie gefährlich es sei, den Gedanken der Einrichtungsgarantien auszudehnen auf Institutionen, die „nicht irgendwie mit der Verfassung zusammenhängen“. Die Selbstverwaltung der Gemeinden hänge mit der Gesamtverfassung zusammen. Man müsse sich im Rahmen der Verfassung halten. Zum Teil seien durch die Verfassung ohnehin schon die erforderlichen Garantien getroffen, etwa hinsichtlich des Berufsbeamtentums durch den Art. 20 und hinsichtlich der gemeindlichen Selbstverwaltung durch die Art. 115 bis 120 des B.-VG. Die Familie sei naturbedingt, die Ehe eine jahrhundertealte Einrichtung, die voraussichtlich nicht abgeschafft werden wird. Man solle daher die Diskussion einschränken auf das, „was wirklich notwendig ist“ und „auf dem Boden der Verfassung bleiben“. So gesehen sei unter Grundrecht „das klassische Grundrecht“ zu verstehen. Diese Grundrechte sollen nunmehr nach der vorherrschenden Meinung noch durch die „sozialen Grundrechte“ ergänzt werden.

Ministerialrat Weiler gab der Auffassung Ausdruck, daß die bisherige Diskussion zu der Frage, worum es bei den Einrichtungsgarantien geht, schon sehr wertvolle Ergebnisse gezeitigt habe. Man könne sagen, daß die Stellung des einzelnen Menschen durch gewisse Institutionen mitbestimmt ist, die entweder naturgegeben oder aus bestimmten geschichtlichen Situationen entstanden sind. Nicht nur das subjektive Freiheitsrecht bestimme die Grundsituation des Menschen, sondern auch eine Vielzahl von Institutionen, an denen er in irgendeiner Weise rechtlichen Anteil hat. Um dieses „Anteil-Haben“ aber gehe es nunmehr. Man könne einerseits eine Wirkrichtung Grundrechte —> Institution feststellen. Ein Beispiel hiefür biete das Vereinsrecht, wo aus dem Recht, Vereine zu gründen, das Recht auf den Bestand der Vereine folgt. Andererseits sei eine Wirkrichtung Institution —> Einzelner festzustellen. Ein Beispiel dafür könnte die Garantie des Berufsbeamtentums sein. Hier folge aus der Sicherung des Berufsstandes eine bestimmte verfassungsrechtliche Stellung des einzelnen Beamten. Diese Erwägungen zeigten, so führte Min.Rat Weiler weiter aus, daß es bei den Institutionengarantien um etwas sehr Entscheidendes geht. Zu klären bleibe, in welcher Weise die Wirksamkeit der Verfassungsnormen, die solche Garantien schaffen, sichergestellt werden kann. Zu dieser Frage sei von Prof. Klecatsky bereits ein sehr wertvoller Vorschlag gemacht worden. Im Zusammenhang mit dem

Problem der Institutionengarantien sei auch der Frage besonderes Augenmerk zuzuwenden, inwieweit es richtig ist, den einfachen Gesetzgeber durch Verfassungsnormen in seiner Entscheidungsfreiheit einzuschränken. Bei der Beurteilung dieser Frage sei insbes. auf die Auswirkungen auf die Gesetzesprüfungsfunktion des VerfGH., aber auch darauf Bedacht zu nehmen, daß die Übertragung auf die Verfassungsebene für die gesamte Gesetzgebung und Vollziehung bedeutende Folgen hat. Mit Rücksicht darauf werde bei der verfassungsgesetzlichen Inartikulierung von Institutionengarantien Zurückhaltung notwendig sein.

Sektionschef Loebenstein wies sodann darauf hin, daß das Fragenprogramm Institutionengarantien nur beispielsweise anführt, u.zw. nur Regelungen, die sich schon in anderen Verfassungsordnungen finden. Es sei bewußt vermieden worden, durch die Aufzählung weiterer Garantien den Beratungen des Kollegiums vorzugreifen.

Prof. Walter befaßte sich sodann mit der von Prof. Klecatsky vertretenen Auffassung, daß die unbestimmte Formulierung von Institutionengarantien zu Bedenken keinen Anlaß geben könne. Er erklärte, sich dieser Meinung nicht anschließen zu können. Wird, so führte Prof. Walter aus, „die Freiheit des Gesetzgebers, Gesetze zu erlassen, nur durch einen sehr unbestimmten Gesetzesbegriff eingeschränkt, dann ist eben diese Einschränkung eine sehr geringe und die Möglichkeit, den Einzelnen in seiner Freiheit zu beschränken, eine sehr weite." Wenn aber Prof. Klecatsky die Meinung vertrete, daß die unbestimmten Begriffe der Grundrechte und der Einrichtungsgarantien durch den VerfGH. entsprechend präzisiert werden könnten, so stehe man vor der grundsätzlichen Frage, ob man den Gesetzes- oder den Richterstaat will. Die Vorschläge von Prof. Klecatsky bedeuteten eine Annäherung an den Richterstaat. Er aber, so stellte Prof. Walter fest, sei kein Anhänger des Richterstaates. Das Vertrauen zum Richter komme einfach daher, daß es bisher vermieden wurde, ihn zu überfordern. Das Vertrauen müsse daher verloren gehen, wenn „nunmehr eine politische Überforderung des Richters eintritt". Dadurch würde der Richter in eine von seiner bisherigen wesenhaft verschiedene Position geraten. Es seien nicht, so wie dies von Prof. Marcic vorgeschlagen wurde, Regelungen anzustreben, denen zufolge der VerfGH. handeln kann, sondern denen zufolge er handeln muß bzw. nicht handeln darf. Sodann schlug Prof. Walter vor, den bisher in der Diskussion gebrauchten Ausdruck „subjektive Rechte" durch „verfassungsgesetzlich gewährleistete Rechte" zu ersetzen. Dadurch wären die von Sektionsrat Ringhofer aufgezeigten Unklarheiten über den Begriff des Grundrechts beseitigt. Von Institutionengarantien aber sei dort zu sprechen, wo die Verfassung den Gesetzgeber beschränkt, ohne daß daraus subjektive Rechte abzuleiten wären. Wieder anders seien jene in der Diskussion vorgeschlagenen verfassungsrechtlichen Regelungen zu beurteilen, die materiell mit der Verfassung überhaupt nichts zu tun haben. Wenn aber, so wie dies Prof. Klecatsky getan habe, eine bisher unbekannte Einrichtung vorgeschlagen wird, so müsse auch gesagt werden, wie sie begrifflich und terminologisch zu qualifizieren ist.

Sektionschef Loebenstein gab zu bedenken, daß diese Vorschläge insoferne sehr weit gehen, als sie „eine grundsätzliche Abkehr von dem enthalten würden, was schon die Verfassung 1920 normiert hat". Prof. Klecatsky habe bei der letzten Arbeitstagung sehr treffend auf den in der „Lex Ofner" enthaltenen Begriff „dem Grundrecht widersprechend" verwiesen. Würde das alles preisgegeben, so sei zu befürchten, daß die „edlen Ritter des 19. Jh. dann nicht bereit sein werden, auf die jetzt gemeinsam geschaffene Basis einzugehen". Auch sei zu beachten, daß im Falle der Beseitigung eines Grundrechts dem Art. 44 des B.-VG. viel ernstere Beachtung geschenkt werden müßte als im Falle der Aufhebung einer Regelung, die aus formalen Gründen Verfassungsrang erhalten hat. Zu klären sei, ob nunmehr die von Prof. Walter vorgeschlagene Terminologie verwendet oder die Diskussion über die Aufnahme von Institutionengarantien auf der bisherigen Basis fortgeführt werden solle.

Prof. Walter erwiderte, er hätte mit seinen Ausführungen klarmachen wollen, daß sich die Diskussion weitgehend bereits mit Regelungen befasse, die positivrechtlich weder als verfassungsgesetzlich gewährleistetes Recht noch als Institutionengarantie angesprochen werden könnten. Bei den „sozialen Grundrechten" sei man sehr weit auf ein Gebiet gekommen, „wo es sich offenbar darum handelt, Normen, die wir dem Privatrecht zuzählen, in den Verfassungsrang zu erheben." Davon, daß gezeigt werde, wie weit die Diskussion bereits geführt habe, sei möglicherweise eine Einschränkung, nicht aber eine weitere Ausdehnung zu erwarten.

Sektionschef Loebenstein stellte sodann fest, über die Frage der Nomenklatur werde erst am Schlusse der Beratungen gesprochen werden können. Es sei daher zweckmäßig, bei dem zu bleiben, was bisher erarbeitet wurde.

Parl.Rat Kobzina schloß sich zunächst der Auffassung an, daß die Institutionengarantien von den Grundrechten wesenhaft verschieden sind. Eine Institutionengarantie sei sinnvoll, wenn sie sich auf ein schutzwürdiges und schutzbedürftiges Objekt bezieht und Schutzfunktion zu erfüllen vermag. Eine Institution sei dann schutzwürdig „bzw. schutzbedürftig, wenn es sich um eine Institution handelt, die ein Grundelement oder ein Strukturelement unserer freiheitlich, rechtsstaatlichen Ordnung ist". Hier sei primär an die dem Staat vorausgehenden Institutionen etwa an die Familie sowie an die ein Strukturelement des Rechtsstaates darstellende Institution des Berufsbeamtentums zu denken. Auch an den ein Strukturelement des Rechtsstaates bildenden Stand der Rechtsanwälte und an ihre Autonomie sei zu denken.

Rechtsanwalt Beck vertrat die Auffassung, daß „ein subjektives öffentliches Recht, ein Beschwerderecht, nur auf der Ebene der Verwaltung zu geben ist, so wie das unsere Verfassung vorsieht. Ein subjektives öffentliches Recht auf Normenkontrolle soll nicht gewährt werden." Weiter vertrat RA Beck die Ansicht, daß „die Institutsgarantien wesentlich mehr bedeuten, als nur die Selbstverständlichkeit, daß das subjektive öffentliche Recht eine Reflexwirkung hat". So würde etwa die Institutionalisierung der Ehe mehr bedeuten als eine bloße Sicherung des Rechts auf Eheschließung. Jedes Gesetz, das dem Wesensgehalt der Ehe widerspricht, wäre dann verfassungswidrig. Der gegen den Gesetzesentwurf über die Rechtsstellung der unehelichen Kinder erhobene Vorwurf, daß durch ihn das Rechtsinstitut der Ehe ausgehöhlt würde, würde dann den Gesetzentwurf mit dem Vorwurf der Verfassungswidrigkeit belasten. Ob der gegen den Gesetzentwurf vorgebrachte Einwand an sich zutreffend ist, sei im gegebenen Zusammenhang nicht zu entscheiden. Von Interesse sei nur an diesem Beispiel, daß über die Reflexwirkung des subjektiven öffentlichen Rechts hinaus Wirkungen eintreten können, denen zufolge ein Gesetz ganz anderer Art verfassungswidrig wird und vom VerfGH. im Wege der Normenkontrolle aufzuheben ist. Im weiteren Verlauf seiner Ausführungen befaßte sich RA Beck mit dem Vorschlag von Prof. Walter, den Begriff des Grundrechts aus der Diskussion auszuschalten und ausschließlich von verfassungsgesetzlich gewährleisteten Rechten zu sprechen. In diesem Vorschlag zeige sich, was RA Beck in einem Aufsatz „Zwiespältigkeit der Verfassung" genannt habe. Der Begriff der Grund- und Freiheitsrechte – ein materieller Begriff – stamme aus dem StGG. Das B.-VG. für sich betrachtet kenne seinem Sinn und Wortlaut nach nur verfassungsgesetzlich gewährleistete Rechte. Das sei ein formeller Begriff. Ein verfassungsgesetzlich gewährleistetes Recht sei etwa das Recht des Dr. Otto Habsburg, sich gegen die Ablehnung seiner Einreise zu beschweren. Weil das Habsburg-Gesetz ein Verfassungsgesetz ist, liege hier ein verfassungsgesetzlich gewährleistetes Recht vor. Mit einem materiellen Prinzip habe das nichts zu tun. Er glaube, so führte RA Beck weiter aus, das Kollegium müsse sich dafür entscheiden und habe sich auch letzten Endes schon dafür entschieden, daß von materiellen Werten auszugehen ist. Daraus resultierten dann eben die Grund- und Freiheitsrechte. Die geltende Verfassung unterscheide nicht oder nicht scharf. Aufgabe des Kollegiums sei es, nach der bereits vollzogenen grundsätzlichen Bejahung der Wertbezogenheit der Verfassung nun die entsprechenden Maßnahmen vorzuschlagen.

Sektionschef Loebenstein stellte zu diesen Ausführungen fest, sie behandelten Fragen, die bereits in einem früheren Stadium der Beratungen untersucht worden seien.

RA Beck erwiderte, er sei zu seinen Ausführungen dadurch veranlaßt worden, daß Prof. Walter bereits erörterte Fragen neuerlich aufgeworfen habe.

Prof. Klecatsky bemerkte, obwohl er kein Freund des Richterstaates sei, sei es seiner Meinung nach gleichgültig, ob solche Begriffe auf der Verfassungsebene bestimmter oder unbestimmter gefaßt seien, soferne nur der Effekt erzielt werde, die Freiheitssphäre möglichst groß zu halten. Es seien aber Einrichtungen zu schützen, die wiederum in besonderer Beziehung zur Grundrechtssphäre stehen. Dies sei zweifellos beim Berufsbeamtentum der Fall, das eine besonders qualifizierte Sicherung des Prinzips der Gesetzmäßigkeit gegenüber Interventionen gesetzwidrig handelnder Kräfte darstelle. Die Notwendigkeit solcher Sicherungen beweise die völlig unmotivierte, ihm unverständliche Eliminierung des Rechts auf Personalvertretungen aus dem Art. 21 B.-VG., die in keiner Beziehung zur Gemeinderechts-Novelle stehe.

RA Rosenzweig bemerkte hiezu in einem Zwischenruf, daß es sich mit der Ausnahme der Disziplinarangelegenheiten aus der Verwaltungsgerichtsbarkeit ähnlich verhalte.

Prof. Klecatsky stimmte dem zu und unterstrich noch die Ausführungen von Präs. Dietrich, daß die Existenz eines freien Rechtsanwaltstandes gerade in der hochdifferenzierten Gesellschaftsordnung, in der man nur mit dem Anwalt sein Recht erkämpfen könne, überhaupt der Anfang des Rechtsstaates sei. Diese beiden Einrichtungen bedürften daher einer besonderen Sicherung. Hofrat Lora aber sei darin zuzustimmen, daß es einer zusätzlichen Garantie der Gemeindeselbstverwaltung heute nicht bedürfe, da diese bereits ausreichend garantiert sei.

Abg. Nemecz erklärte, er wolle sich auf die eigentliche Frage beschränken, ob man Institutionen verfassungsrechtlich schützen soll oder nicht. In der Debatte seien Stimmen laut geworden, die dahin gingen, daß dies nicht notwendig sei, weil diese Institutionen ohnehin geschützt seien. Er sei grundsätzlich der Ansicht, daß man in einen Grundrechtskatalog nicht sehr vieles aufnehmen soll und vor allem nicht Selbstverständlichkeiten, etwa Rechte, die ohnehin genügend geschützt sind. Er habe daher bei der vorigen Frage mit Nein gestimmt, weil er der Meinung gewesen sei, daß es nicht notwendig sei, die sozialen Rechte als Grundrechte zu qualifizieren, nicht aber deshalb weil er diese Rechte verneine oder nicht anerkenne. Die BRD habe in ihren Grundrechtskatalog viele Rechte aufgenommen; z.B. hat man festgelegt, daß Männer und Frauen gleichberechtigt sind, und man sei schon in Verlegenheit, weil man nicht wisse, ob nun der Mann oder die Frau das Haupt der Familie ist. Er sei trotzdem der Meinung, daß man gewisse Institutionen verfassungsrechtlich schützen solle; dazu gehörten die Familie und das Berufsbeamtentum; er beantworte daher diese Frage mit ja.

Hofrat Lehne erinnerte an die Ausführungen von Prof. Werner, wonach sich heute schon Bestandgarantien aus subjektiven Rechten mittelbar erschließen ließen. Die Frage sei dahin gestellt, ob man durch weitere subjektive Rechte solche mittelbare Bestandgarantien schaffen will. Im Grund genommen sei aber nicht diese, sondern die Frage gestellt, ob Bestandgarantien besonderer Art in Betracht kommen, die nur mittelbar, durch ihre Auswirkung auf die Auslegung, und als Maßstab, nach welchem die Tätigkeit des Gesetzgebers gemessen werden könne, Bedeutung haben. Er glaube, es sei durchaus sinnvoll, solche Bestandgarantien auch dort zu schaffen, wo man sie nicht mit einem Kampfrecht des Einzelnen ausstatten könne, sondern sein Schutz nur mittelbar auf diesem anderen Weg erreichbar sei. Man solle dabei nicht so konservativ sein, nur an das Bestehende zu denken; es kämen daher für einen solchen Schutz durchaus die Familie, das Berufsbeamtentum und die Rechtsanwaltschaft in Betracht. Eine weitere Frage sei das interessante Problem der Bestimmtheit oder Unbestimmtheit gewesen. Er glaube, daß auch hier, wie oft, die Wahrheit in der Mitte liege. Es sei kein Zweifel, daß man die Verfassung überfordere, wenn man ihre Normen, also auch Bestandgarantien, in einer solchen Weise konkretisieren wollte, daß sie das Gesetz überflüssig machen und eine vollständige Regelung in jeder Hinsicht darstellen. Dies sei nicht möglich. Auf der anderen Seite könnten sie natürlich aber auch so allgemein sein, daß sie ihre Schutzfunktion nicht erfüllen. Er sei durchaus einverstanden mit dem, was Parl.Rat Kobzina gesagt hat: „Soweit es sich um schutzwürdige, schutzbedürftige Dinge handelt und um solche, wo die Norm eine Schutzfunktion erfüllen kann, ist es absolut zu bejahen, wenn derartiges geschaffen wird.“

Prof. Marcic erklärte, er habe den Eindruck, daß sein Beispiel mit der Presse von dem einen oder dem anderen der Herren mißverstanden wurde und er wolle klarstellen, daß der Vergleich nur einen Sinn habe, wenn von einem Gesetz über ein totales Einfuhrverbot auch die Presse erfaßt ist, ohne daß im Augenblick vom Parlament an diese Möglichkeit gedacht wird. Ferner liege der Unterschied zwischen einer institutionellen Garantie, ohne ein subjektives Recht zu verleihen und dem Verzicht auf diese institutionelle Garantie darin, daß beispielsweise der Richter den Art. 20 Abs. 2 über die Amtsverschwiegenheit ganz anders auslegen könne, wenn die öffentliche Aufgabe der Presse als Institution, sohin als Interpretationsnorm, in der Verfassung verankert ist. Dies zeige auch der Fall, in dem ein Beamter des Sozialministeriums gegen dieses gekämpft und den Prozeß auch gewonnen habe, weil er gesagt habe, warum er nicht von seiner Meinungsfreiheit Gebrauch machen solle. Zweitens stimme er mit Hofrat Lora keinesfalls überein, daß die Anwaltschaft heute keine verfassungsmäßig schutzwürdige Materie sei. Vor 100 Jahren sei dies nicht der Fall gewesen, aber die Aktualitäten könnten mit der Zeit wechseln, was gestern noch völlig unaktuell war, sei morgen auf das aktuellste lebendig. Wie Präsident Dietrich richtig gesagt habe, erlebe man es, daß der Zugriff bei den Anwälten beginnt. Bei den Ärzten hingegen sei das Problem sekundär. Es sei daher ohne weiteres der Gedanke einzubeziehen, ob man nicht die freie Anwaltschaft auch sozusagen in einem formellen Sinn verfassungswürdig machen soll. Drittens wolle er Prof. Walter, Prof. Klecatsky und auch Sekt.Chef Loebenstein bestätigen, daß sie sich „in einer wunderbaren Gesellschaft befinden, nämlich in Gesellschaft meines Freundes Aristoteles und in Gesellschaft meines Freundes Thomas v. Aquin". Diese beiden behaupteten nämlich, der Gesetzgeber solle nach Möglichkeit bestimmte Begriffe setzen, damit sich ja nicht die richterliche Willkür breit mache. Weder Aristoteles noch Thomas seien legistische Praktiker gewesen, während Praktiker wie Solon gesagt hätten, eine dynamische Gesellschaft könne nicht durch bestimmte Gesetze bzw. bestimmte Begriffe in den Gesetzen geregelt werden. Die attische Gesellschaft war zwar sehr klein, aber dies gelte genau so für eine dynamische Gesellschaft wie die heutige. Auch das Beispiel des ASVG mit seinen 13 oder 14 Novellen beweise die Richtigkeit dieser Behauptung. Es sei dies ein Problem, über das man geteilter Meinung sein könne. Während die einen sagen, es sei besser, unbestimmte Begriffe in das Gesetz aufzunehmen, weil dies mehr der Dynamik der Gesellschaft entspreche und die Richter dann von Fall zu Fall angemessen usw. entscheiden könnten, sagen die anderen, daß es auch in der dynamischen Gesellschaft besser sei, „daß die Rotationsmaschine des Gesetzgebers auf höheren Touren läuft", als mit unbestimmten Gesetzesbegriffen zu operieren. Beide Methoden hätten ihren Sinn; er sei allerdings der Ansicht, daß die Methode der unbestimmten Begriffe wegen der Dynamik der Gesellschaft besser sei und daß sich hiebei das Schwergewicht tatsächlich auf den Richter verlagere. Er befände sich in guter Gesellschaft, da auch Ulrich Sche[u]ner, Franz Wieacker und Gerhard Leibholz die Ansicht vertreten, daß der Gesetzgeber heute aus der Natur der Sache heraus außerstande sei, der Dynamik der Gesellschaft beizukommen und daß sich daher das Schwergewicht auf die Richterschaft verlagere.

Sektionschef Loebenstein stellte fest, daß die Wortmeldungen zum Problem der Institutionengarantie erschöpft seien, da die Frage, welche dieser einzelnen Typen von Idealvorstellungen in dem einen oder anderen Bild einzubinden wären, auf die Spezialdebatte zurückgestellt worden sei. Sekt.Chef Loebenstein wies darauf hin, daß er wegen der vorgeschrittenen Zeit die Umfrage, wie sich die einzelnen Herren zu den Instituts- und Institutionengarantien stellen, erst um 15 Uhr halten werde und schloß die vormittägige Besprechung.

Sektionschef Loebenstein stellte nach Wiederaufnahme der Sitzung um 15 Uhr fest, daß das Problem der Institutionengarantien, soweit dies überhaupt möglich sei, ausdiskutiert sei, sodaß man nun die Umfrage durchführen könne und formulierte die Frage folgendermaßen:

Gibt es Vorgänge, die – unter dem Blickwinkel der Hauptfrage zu Abschnitt B gesehen – es geboten oder empfehlenswert erscheinen lassen, Einrichtungsgarantien im Zusammenhang mit einer Reform der Grund- und Freiheitsrechte zu schaffen?

Sekt.Chef Loebenstein bemerkte hiezu noch ergänzend, es solle vorerst dahingestellt bleiben, ob und in welchen Fällen damit subjektive Rechte des Einzelnen verbunden sein sollten und wie die Durchsetzbarkeit allfälliger subjektiver Rechte gestaltet werden solle.

Die *Mitglieder des Kollegiums* bejahten diese Frage, nur *Parl.Rat Kobzina* schränkte die Bejahung im Sinne seiner Begründung ein und *Prof. Walter* verneint die Frage.

III.

Sektionschef Loebenstein schlug sodann vor, das Problem der Drittwirkung zurückzustellen, da Prof. Gschnitzer bedauerlicherweise nicht anwesend sei, von ihm aber auf dem Gebiete des Privatrechts einige hervorragende Beiträge zu erwarten seien. Was das im letzten Punkt des Abschn. 1. des Abschn. B. angedeutete Problem der Idee der wehrhaften Demokratie betreffe, müsse er sein eigenes Fragenprogramm so korrigieren, daß dieses Problem erst nach Behandlung der Abschnitte 2, 3 und 4 zu besprechen sein werde. Man könnte daher, vorbehaltlich der Zustimmung des Kollegiums zum Punkt 2 des Fragebogens fortschreiten, der sich mit den Änderungen im Bereich der Gesellschaft, insbes. mit der Entwicklung neuer Machtzentren und Machtgebilde beschäftige. Nachdem diese Vorgangsweise allgemein gebilligt war, gab Sekt.Chef Loebenstein einen einleitenden Überblick über das zur Behandlung gelangende Problem. Zu prüfen sei, ob Änderungen im Bereich der Gesellschaft, wie etwa politische Schwerpunktbildungen mit Verbänden verschiedener Art gebieten würden, den Grundrechtsschutz auch diesen Verbänden gegenüber auszudehnen. Insbes. erhebe sich die Frage, ob man noch einen für den Grundrechtsschutz erheblichen Unterschied zwischen diesen neuen Gesellschaftsgruppen und dem Staat feststellen könne und welche Unterschiede dies allenfalls wären. Es stelle sich die Frage, ob vielleicht gerade die Stellung solcher Verbände in der heutigen Struktur der Gesellschaft im Hinblick auf die Einflußmöglichkeiten, die diese Verbände auf das öffentliche Leben erlangt haben, eine Grundrechtsschutzerweiterung auch diesen Verbänden gegenüber gebiete oder nicht. Ferner sei in diesem Zusammenhang noch die Frage zu erörtern, ob es vom Standpunkt des Grundrechtsbegriffes aus gesehen richtig erscheine, gesellschaftliche Erscheinungen mit verfassungsgesetzlichen Garantien hinsichtlich ihrer rechtlichen Begründung und ihres rechtlichen Bestandes auszustatten. Hiezu sei aber zu bemerken, daß es sich zum Unterschied von den am Vormittag besprochenen Institutionen bei den hier zu besprechenden Gesellschaftserscheinungen um mit politischer, wirtschaftlicher oder sonstiger Dynamik ausgestattete Verbände handle, die ein gewisses Konzentrationsbestreben in der

Gesellschaft überhaupt an den Tag legen, wie z.B. Kartelle, Konzerne, Superverbände von Interessenverbänden, Konzentrationsbestrebungen politischer Parteien, die also wesentlich anders zu beurteilen wären als die zuerst besprochenen Institutionen. Anschließend könne man dann, in anderem Zusammenhang das Problem der politischen Kräfte und ihr Verhältnis zueinander erörtern.

Prof. Klecatsky führte aus, daß wenigstens für ihn die Punkte B 2 und B 3 in gewissem Zusammenhang stünden, weshalb er sie daher – selbst auf die Gefahr hin, auf Punkt 3 verwiesen zu werden – zusammen behandeln wolle. Sowohl Punkt 2 als auch Punkt 3 gingen davon aus, daß zwischen Staat und Gesellschaft eine Differenz bestehe. Diese Vorstellung vom Dualismus Gesellschaft – Staat sei eben auch eine Erscheinung des 19. Jhd., die heute nicht mehr Gültigkeit habe. Er dürfe sich hiebei nicht nur auf die marxistisch-leninistische Auffassung stützen, sondern auch auf einen sehr starken Zweig der katholischen Gesellschafts- und Staatslehre. Wenn man sich frage, ob Änderungen im Bereiche der Gesellschaft eine Neuorientierung im Bereiche der Grundrechte notwendig machen, so dränge sich der Gedanke auf, daß die bisherigen Grundrechte sich gegen den Staat gerichtet hätten. Dies sei, seiner Meinung nach, übereinstimmende österr. Auffassung. Schon Kelsen habe dargelegt, daß man mit dem Ausdruck Staat nur das, was hinter dem Staat steht, personifiziert habe. Heute könne man nicht mehr so einfach wie im Jahre 1867 sagen, man proklamiere die Grundrechte gegen den Staat, der Staat aber sei der Monarch und die ihm unterstehende Verwaltung. Heute hätten sich der staatlichen Machtmittel ausschließlich Gruppen bemächtigt, die diese Machtmittel verwendeten. Es erhebe sich daher die Frage, gegen welche Akte sich die Grundrechte richten und Schutz bieten sollen. Nach wie vor sollten die Grundrechte gegen die einfache Gesetzgebung, gegen Bescheide und Gerichtsurteile Schutz gewähren. Jedoch seien die traditionellen Eingriffsmittel des Staates des 19. Jhd. gegenüber den Privatwirtschaftsakten weit in den Hintergrund getreten, mit welchen der Staat die Sozialordnung in viel wirkungsvollerer Weise gestalte, als man sich das im 19. Jhd. vorgestellt habe. Vom Methodischen wäre daher zu sagen, daß sich die Betrachtungen darauf konzentrieren sollten, zu fragen, gegen welche Akte des Staates, der Gesellschaft oder von Gruppen die Grundrechte Schutz gewährleisten sollten. Es scheine ihm der Schutz gegen die privatwirtschaftlichen Akte des Staates und damit auch der Gruppen, die durch Gesetze legitimiert sind oder einfach infolge der faktischen Verhältnisse sich der staatlichen Machtmittel, insbes. des Einsatzes der staatlichen Finanzgewalt, bedienen, als das Wichtigste.

Sektionschef Loebenstein betonte die Berechtigung der von Prof. Klecatsky angeschnittenen Frage, die auch im Fragenprogramm enthalten sei. Im Zusammenhang mit dieser Frage, ob die Schutzfunktion des Staates nur gegenüber behördlichen oder aber auch gegen privatwirtschaftliche Tätigkeiten des Staates gegeben sein soll, sei die weitere Frage gestellt, ob sich auch der Staat seinerseits auf solche „Grundrechte“ berufen dürfe, wenn es sich um Privatwirtschaftstätigkeiten des Staates handle. Als konkretes Beispiel führte Sekt.Chef Loebenstein die bereits in seinem Bericht an den Juristentag erörterte Frage an, ob sich der Staat im weiteren Sinn, also auch öffentlich rechtliche Körperschaften und sonstige parastaatliche Einrichtungen, sich auf Grundrechte berufen könnte, wenn der Staat auf privatrechtlichem oder behördlichem Weg Subventionsmittel vergebe oder sonst gezielte Maßnahmen treffe.

Prof. Pfeifer erklärte, daß seine Ausführungen auch mit dem Problem der Drittwirkung zusammenhängen. Wenn man frage, ob die Grundrechte nur dem Staate gegenüber oder auch anderen sozialen Mächten gegenüber Geltung haben sollten, sei auch die Frage der Drittwirkung gestellt. Anknüpfend an Prof. Klecatsky wies er darauf hin, daß man in der österreichischen ebenso wie in der deutschen Literatur der Meinung sei, daß die Grundrechte auch für die staatliche Privatwirtschaftsverwaltung Geltung hätten, weil es sich auch dabei um staatliche Verwaltung handle. Im Art. I des Bonner Grundgesetzes sei gesagt, daß die nachfolgenden Grundrechte Gesetzgebung, vollziehende Gewalt und Rechtsprechung als unmittelbar geltendes Recht binden. Vollziehung sei aber sowohl Hoheits- als auch Privatwirtschaftsverwaltung. Ferner sei ziemlich klar, daß der Schutz, der gegenüber dem Staate notwendig sei, gegen die sozialen Mächte ebenfalls gerechtfertigt sei. Das hätte zum Teil schon da und dort positiv-rechtlichen Ausdruck gefunden, etwa im Koalitionsrecht, welches bestimme, daß Verabredungen, die diese koalitionsrechtlichen Zusammenschlüsse für nichtig erklären oder unmöglich machen sollen, nichtig sind, wenngleich dies keine Verfassungsnorm sei. Bereits in der Weimarer Verfassung habe es Ansätze zu dem gegeben, was dann später allgemein als Frage der Drittwirkung gegolten habe, nämlich im Art. 118, wo von der Freiheit der Meinungsäußerung die Rede sei und dann gesagt werde, daß kein Arbeits- oder Angestelltenverhältnis den Einzelnen an der freien Meinungsäußerung hindern soll und im Art. 159, wo von der Vereinigungsfreiheit die Rede sei und dann gesagt werde, daß alle Abreden und Maßnahmen, die diese Freiheit einzuschränken oder zu behindern suchten, rechtswidrig seien. Diese Bestimmung greife aber, unmittelbar an das Recht der Vereinigungsfreiheit anknüpfend, schon in das Privatrecht über. Prof. Pfeifer wies dann noch auf den Art. 13 der Europ. Menschenrechtskonvention hin, die ja in Österreich Verfassungsrang hat, wo es heißt: „Sind die in der vorliegenden Konvention festgelegten Rechte und Freiheiten verletzt [worden], so hat der Verletzte das Recht, eine wirksame Beschwerde bei einer nationalen Instanz einzulegen, selbst wenn die Verletzung von Personen begangen worden ist, die in amtlicher Eigenschaft gehandelt haben.“ Das heiße aber, daß die Grundrechte der Konvention auch gegenüber Personen, die nicht in amtlicher Eigenschaft gehandelt haben, gelten, er denke besonders an soziale Machtgebilde. Ergänzt werde dies noch durch den Art. 17 der Menschenrechtskonvention, wo es heiße: „Keine Bestimmung dieser Konvention darf dahin ausgelegt werden, daß sie für einen Staat, eine Gruppe oder eine Person das Recht begründet, eine Tätigkeit auszuüben oder eine Handlung zu begehen, die auf die Abschaffung der in der vorliegenden Konvention festgelegten Rechte und Freiheiten oder auf weitergehende Beschränkungen dieser Rechte und Freiheiten, als in der Konvention vorgesehen, hinzielt." Hier sei neben dem Staat ausdrücklich die Gruppe und der Einzelmensch genannt. Auch Art. 13 unterscheide nicht, ob der Verletzer der Staat oder eine soziale Gruppe oder ein Einzelner sei, gegen alle stehe das Recht der nationalen Beschwerde offen. Mit diesen zwei Hinweisen müsse die Frage bejaht werden, daß die Grundrechte ebenso wie dem Staat gegenüber auch gegenüber anderen sozialen Mächten Geltung haben, soweit sie hiefür geeignet seien, was artikelweise zu prüfen sei. In einem vor zwei Jahren erschienenen Aufsatz über Gesamtverträge im Sozialversicherungsrecht habe er die Frage geprüft, ob der Gleichheitssatz auch für die vertragschließenden sozialen Mächte, Ärztekammer und Verband der Sozialversicherungsträger gelte. Noch geläufiger sei das Problem auf dem Gebiete der Kollektivverträge. Auch Prof. Gschnitzer habe ihm privatim zugestimmt, daß hier eine Normsetzung stattfinde: die zwei sozialen Mächte, die den Kollektivvertrag schließen, schafften praktisch ein materielles Gesetz. Diese materiellen Gesetze, die nach herkömmlicher Lehre Privatrechtsverträge seien, könne man aber, wenn beide Partner Körperschaften öffentlichen Rechts seien, wie dies bei Gesamtverträgen, die nach dem Sozialversicherungsrecht geschlossen werden, der Fall sei, ebensogut öffentlich-rechtliche Verträge oder Verwaltungsverträge nennen. In Deutschland und in der Schweiz habe man sich mit diesen Verträgen viel mehr befaßt und sie in größerem Umfang angewendet. Auch für die Normsetzung im Vertragswege – genau so, wie durch völkerrechtliche Verträge Normen gesetzt werden können, könnten sie auch durch Kollektivverträge gesetzt werden – gelte der Grundsatz der Gleichheit.

Prof. Marcic fügte ergänzend zu den Ausführungen von Prof. Klecatsky und Sekt.Chef Loebenstein hinzu, er schließe sich der Ansicht an, daß das 19. Jhd. durch ein Gegenüber vom Staat auf der einen und der Gesellschaft als einer Summe isolierter Individuen auf der anderen Seite charakterisiert gewesen sei. Dazwischen habe es keinerlei rechtlich relevanten intermediären Gebilde gegeben, sodaß der Staat ein Machtmonopol hatte. Heute spreche man in der Soziologie von einer „Emanzipation der Macht", d.h. die Macht wandere vom Staate ab zu neuen Machtzentren, eben zu dem, was man heute die Verbände nennt. Selbst ein so strenger Jurist wie Forsthoff nenne die heutige Gesellschaft eine verbandsförmig aufgebaute Gesellschaft, die intermediären Gebilde mit ihren Machtzentren, die sich zwischen das Individuum und den Staat schieben, hätten ihre eigene sozi[al]e Machtdynamik. Diese neuen Machtzentren seien rechtlich nicht kontrolliert, daraus ergebe sich eine Gefahr für den Einzelnen und auch für ganze Gruppen. Als typisches Beispiel für diese Emanzipation der Macht führte Prof. Marcic an, daß man am 13. August 1962 nicht gewußt habe, „ob der Staat beim Gewerkschaftsbund sei oder bei der Bundesregierung.“ Auch Rundfunk und Fernsehen seien solche Mächte, gegen die der Einzelne oder ganze Gruppen ohnmächtig seien, während man sich gegen die Presse doch zur Wehr setzen könne. Selbst Herbert von Karajan, ein Einzelner, sei ein solches Machtzentrum im Staat gewesen, der seinen Willen unbedingt aufzwingen wollte und vor dem vielleicht sogar der Staat kapituliert hätte, hätte nicht der zuständige Bundesminister solchen Mut bewiesen. Daß das staatliche Monopol der Macht gebrochen sei, sei eine Realität, die man zur Kenntnis nehmen müsse. Es gäbe eben heute Probleme, die es im 19. Jhd. nicht gegeben habe. Man müsse einen Weg suchen, solche neuen Machtzentren, die sich zwischen das Individuum und den Staat schieben, rechtlich einzufangen und einen juristischen Weg zu finden, den Einzelnen vor diesen nichtstaatlichen Machtzentren zu schützen. Nicht nur die privatwirtschaftlichen Akte des Staates, sondern auch die nichtstaatlichen Machtzentren seien eine Gefahr für den Einzelnen.

Sektionschef Loebenstein fragte, ob Prof. Marcic diese nichtstaatlichen Machtzentren im Grundrechtsbereich eingefangen wissen wolle gleichgültig, ob sie Hoheitsakte setzen oder ob sie Privatrechtsakte setzen.

Prof. Marcic erwiderte, er habe nur ergänzen wollen, daß dem Einzelnen die Gefahr nicht nur von den Privatwirtschaftsakten des Staates, also vom Staat, der nicht als Hoheitsträger auftritt, drohe, sondern auch von Machtzentren, die überhaupt nicht Staat sind, wie die Gewerkschaft, Herbert von Karajan oder das Fernsehen.

Prok.Koär. Graff betonte, daß der Begriff der Drittwirkung in Österreich zu recht keinen besonderen Anhang gefunden habe, da er von etwas nebulosen Vorstellungen ausgehe, „so als ob Grundrechte wie Luftballone im Raum hängen und dann Wirkungen entfalten“. Bei der Betrachtung des Grundrechts als Rechtsvorschrift, als Norm, müsse man untersuchen, wer Adressat dieser Norm sei. Die bisherigen Grundrechte seien zweifellos gegen den Staat in seiner hoheitlichen Tätigkeit gerichtet gewesen. Es sei jedoch nötig, auch andere Erscheinungsformen in ihrer Machtentfaltung einzuschränken, indem man sie zu Adressaten dieses Grundrechts mache. Das Problem liege darin, daß man ein Verfahren schaffen müsse, in dem solche Grundrechte tatsächlich durchgesetzt werden können, da das gegenwärtige System der Verfassungsgerichtsbarkeit, die dazu eingerichtet war, den allein gegen den Staat gerichteten Grundrechten zum Durchbruch zu verhelfen, nicht mehr ausreichend sein werde. Prok.Koär. Graff fragte sodann Prof. Klecatsky, ob er schon Erwägungen angestellt habe, wie man den Einzelnen gegen solche Erscheinungsformen, sei es der Staat als Privatrechtssubjekt, sei es eine Reihe von anderen Kollektiven, Massenkommunikationsmittel oder sonstige Elemente der heutigen Gesellschaft, die den Einzelnen bedrohten und in seiner Freiheit gefährdeten, wirksam schützen könne. Ein solcher Schutz müsse wohl gerichtsförmig sein.

Prof. Winkler erklärte, im Gegensatz zur Meinung von Prof. Marcic und von Prof. Klecatsky, der in einem Vortrag meisterhaft den „entwicklungsgeschichtlichen Verlauf des verbandlichen Unterbaues des Staates" dargestellt habe, halte er es nicht für sehr sinnvoll, grundsätzliche staatstheoretische Erörterungen über die Gestalt und Struktur des Staates anzustellen. Er wolle andererseits aber auch auf die soziologische Staatsauffassung Georg Jellineks verweisen, der eigentlich nicht ein Repräsentant der Staatslehre des 20., sondern des 19. Jhd. sei, aber seinen Staatsbegriff in Anlehnung an ältere verbandliche Vorstellungen und Theorien verbandlich dargestellt und formuliert habe. Prof. Winkler fuhr fort, man solle diese theoretischen Erörterungen, über die es verschiedene Auffassungen gäbe, beiseite lassen. Daß sich Machtzentren heute herausgebildet hätten, sei eine Tatsache, die man registrieren könne. Es seien dies der Gewerkschaftsbund, die politischen Parteien, die Kammern, die auch der Staat immer wieder zur Willensbildung heranziehe. Man könne genügend Material zum Beweis anführen, daß Mißbräuche und Exzesse stattfänden, die eine echte Gefährdung der individuellen Freiheit darstellten u.zw. durch die Überschreitung der Grenze, die diesen Institutionen als Zielsetzung vorgegeben sei. Nicht diese Machtzentren seien gefährdet durch einen Staat, der ihnen gegenüber schon ohnmächtig geworden sei, sondern der Einzelne drohe unterzugehen. Wie früher der Ruf nach einer Befreiung aus der Grundherrschaft laut geworden sei, werde es vielleicht einmal einen Ruf geben, von Revolutionen begleitet, nach Befreiung aus der Verbandsherrschaft. Aufgabe sei, Freiheitspositionen vorzukehren unter Anerkennung der legitimen Existenzansprüche dieser Verbände. Dabei stimme er aber mit Prof. Klecatsky und Prok.Koär. Graff überein, daß hiebei die prozessuale Seite eine schwierige und heikle Sache sei, zu welcher noch mehr Überlegungen angestellt werden müßten.

Sektionschef Loebenstein stellte fest, es habe den Anschein, daß nach Meinung von Prof. Winkler zuerst die Vorfrage behandelt werden müsse, welche – was kein Werturteil sein solle – verfassungsrechtlich institutionalisierten Rechte diese Verbände haben sollten, insbes. ob diese Verbände das Normsetzungsrecht in der Form einer Generalnorm haben sollten oder nicht. Wenn man dieses Problem mit ja beantworte, müsse man auch die Kategorie dieser Normen beurteilen.

Prof. Winkler fügte noch hinzu, daß diese Verbände „Gefährdungen ausstrahlen", wenn man sie institutionalisiert; es sei aber im gegebenen Zusammenhang sicherlich zu erörtern, ob oder wie man sie institutionalisieren soll.

Hofrat Lehne knüpfte an den Vergleich Prof. Winklers von Grundherrschaft und Verbandsherrschaft an. Montesquieu habe positiv von den pouvoirs intermediaires gesprochen, die ein Rest des Feudalsystems waren. Die Fehde, das habe Otto Brunner sehr scharf herausgearbeitet, habe die Notwendigkeit von Schutzgewalten geschaffen, die es solange geben mußte, als es die Fehde innerstaatlich gegeben habe. Nachdem diese Schutzgewalten funktionslos geworden waren, habe man alle pouvoirs intermediaires verneinen wollen. Es hätte in der Französischen Revolution ein Verbot aller pouvoirs intermediaires gegeben, das aber bereits gegen die Arbeiterschaft gerichtet war. Auch „im Arbeitskrieg", der der Fehde entspricht, sollte es keine Schutzgewalten geben. Die Folge davon war aber nicht die Freiheit, sondern die Schutzlosigkeit der Schwachen. Das Wiedererstehen der Schutzgewalten müsse daher durchaus positiv gesehen werden, wie Prof. Marcic mit seiner Warnung vor einer Verteufelung betont habe. Alle Schutzgewalten und Schutzherren seien aber gefährlich, man müsse dafür sorgen, daß der Schutz nur mit dem Willen des zu Schützenden und nicht gegen seinen Willen ausgeübt wird. Das Wiedererstehen der intermediären Gewalten sei auch dadurch wichtig, daß es die Beziehungen der klassischen Gewalten störe. Die richterliche Gewalt müsse heute in ihrer Unabhängigkeit nicht nur in ihrer Beziehung zu Gesetzgebung und Vollziehung gesichert werden, sondern auch gegenüber den Verbänden. Dies sei von großer Bedeutung für das ganze System der Verfassungsordnung und mittelbar auch für die Grundrechte. Gerade in der Frage der Beziehung der richterlichen Gewalt zu den intermediären Gewalten ließen sich klare Normsetzungen denken.

RA Rosenzweig führte aus, man solle dieses Problem nicht isoliert als Problem der Privatwirtschaftsverwaltung des Staates ansehen, sondern überhaupt als Frage der Machtkonzentration außerhalb des Staates bei Verbänden, aber auch bei Einzelpersonen. Wenn so oft der Gewerkschaftsbund genannt werde, wolle er auch den Industriellenverband nennen und insbesondere von der wirtschaftlichen Macht großer Unternehmungen sprechen. Auf dem Gebiete der Privatwirtschaftsverwaltung, dort wo Unternehmungen der öffentlichen Hand gehörten, sei die Kontrolle dieser Macht am weitesten möglich. Die Einführung des Proporzes, die Tatsache, daß gesetzlich verlangt wird, die Vorschläge der politischen Parteien bei der Vertretung bestimmter Unternehmen zu berücksichtigen, habe zwar den Nachteil, daß nicht immer der befähigteste Fachmann ausgewählt werde, setze aber dem einseitigen Mißbrauch dieser wirtschaftlichen Macht Grenzen. Wenn vormittags von Einrichtungsgarantien gesprochen worden sei, so brauche man auch in gewisser Hinsicht Einrichtungsbeschränkungsgarantien. Während in England durch die demokratische Tradition und den Gedanken der Fairneß gewährleistet sei, daß bei Wahlen die politischen Parteien, auch die kleinen, die Möglichkeit haben, im Rundfunk und im Fernsehen zu den Wählern zu sprechen, sei dies in Österreich einrichtungsmäßig gewährleistet durch die Koalition. Es gäbe aber keine Garantie dafür, daß dieser Grundsatz eingehalten werde, wenn es keine Koalition gäbe. Es könnte die Partei, die allein an der Macht ist, durch Ausnützung dieser Mittel die Minderheit von der Möglichkeit eines Appells an die Wähler fernhalten. Wie bei den Verstaatlichten Unternehmungen der Proporz festgelegt sei, müsse man auch bei solchen vom Staat kontrollierten Mitteln der Meinungsäußerung festlegen, daß in Zeiten einer Wahl die politischen Parteien im Verhältnis ihrer Stärke oder in gleicher Weise die Möglichkeit haben, von diesen Mitteln Gebrauch zu machen. Gegen die Stadtgemeinde Innsbruck, die anläßlich einer Wahl die von ihr kontrollierten Plakatwände lediglich zwei Parteien zur Verfügung gestellt habe, habe eine politische Splittergruppe den Verfassungsgerichtshof angerufen und erklärt, die freie Wahl sei dadurch ausgeschaltet worden. Der VerfGH. habe zwar im konkreten Fall eine solche Einschränkung nicht gesehen; aber grundsätzlich bejaht, daß durch solche Maßnahmen die Freiheit der Wahl eingeschränkt werden könne. Dies sei ein ernstes Problem, das über die in Händen öffentlicher Körperschaften befindlichen Meinungsäußerungsmittel hinaus gehe; es sei auch ein Problem der Presse. Es wäre durchaus vorstellbar, daß durch ein privates Pressemonopol die Meinungsfreiheit ausgeschaltet werde, wenn auch momentan Parteien und Verbände ihre Zeitungen hätten. Es erhebe sich die Frage, ob man nicht auch in dieser Beziehung gewisse Garantien schaffen soll. Versuche in einzelnen Staaten seien in der Richtung unternommen worden, daß bei Radio und Fernsehen gewisse Mindestzeiten garantiert würden; bei der Presse habe man eine Monopolisierung dadurch zu verhindern versucht, daß man die Verpflichtung auferlegt habe, die finanziellen Quellen der Zeitungen öffentlich kundzutun, d.h. darzulegen, wer hinter der Zeitung stehe, um auf diese Art und Weise wenigstens im kleinen Maße eine Irreführung der Öffentlichkeit zu verhindern. Bei politischen Parteien sei die Verpflichtung zur Offenlegung ihrer finanziellen Mittel und der Quelle, aus denen sie diese Mittel schöpfen, festgelegt worden. In manchen Ländern habe man auch Höchstbeträge für die Wahlwerbung festgelegt, um einseitige politische Meinungsbildung zu verhindern. Man müsse also unbedingt neue Wege finden, um eine Ausschaltung der Grundrechte durch Einflüsse von außen unmöglich zu machen.

Sekt.Chef Loebenstein machte darauf aufmerksam, daß sich Dr. Rosenzweig hauptsächlich mit den vom Staat verschiedenen Verbänden beschäftigt habe, aber noch nicht mit dem von ihm, Sekt.Chef Loebenstein, vorher auch angeschnittenen Problem, daß der Staat als Träger von Privatrechten selbst monopolistische Tendenzen übt und dadurch z.B. alle Grundrechte auf dem Gebiet der Freiheit der Erwerbstätigung faktisch unterbinden kann. Sekt.Chef Loebenstein erinnerte Dr. Rosenzweig an das Erkenntnis des VerfGH. über das 1. Verstaatlichungsgesetz, in dem der VerfGH. gesagt habe, dieses Gesetz widerspreche nur deshalb nicht dem Recht auf Freiheit der Erwerbsbetätigung, weil es sich nicht um die Verstaatlichung oder Monopolisierung ganzer Erwerbszweige handle, sondern nur gewisser Grundstoffindustrien. Dies sei sicher ein sehr weises Erkenntnis gewesen, jedoch habe er aus diesem Erkenntnis noch immer nicht gefunden, wo eigentlich die scharfe Grenze zwischen dem Teil und dem Ganzen liege. Es sei also möglich, daß es zwar eine Vorschrift gäbe, wonach die Erwerbsfreiheit gesichert sei, der Einzelne aber auf kaltem Wege um diese in der Verfassung gewährleisteten Rechte gebracht werde, und zwar dadurch, daß der Staat in allen möglichen Erscheinungsformen – sei es als Träger von Wirtschaftsrechten, sei es auf dem Kultursektor – Monopole bilde, genau so wie eine private Kartellbildung dies machen könne. In diesem Falle sei auch der Staat eine neue Machtgruppe.

RA Rosenzweig erwiderte, es gäbe gewisse Zweige, in denen die alleinige kontrollierte Ausübung gewisser Tätigkeiten durch den Staat vielleicht durchaus zweckmäßig und sinnvoll sei. Bei der Frage etwa, ob man ein kommerzielles Fernsehen zulassen soll oder nicht, neige er eher gegen ein kommerzielles Fernsehen, sei aber für eine öffentliche Kontrolle der vom Staat eingerichteten Fernsehinstitutionen, um eine einseitige Machtausübung zu verhindern. Er glaube auch nicht, daß man bei gewissen Monopolen, wie z.B. Salzmonopol, Tabakmonopol, sagen könne, es sei die Erwerbsfreiheit ausgeschaltet. Alles habe seine Grenzen und er sehe auf diesem Gebiet keine Gefahren, da die bestehenden verfassungsrechtlichen Normen ausreichend seien. Die Gefahren wären in sehr starkem Maße gegeben, wenn der Staat dort, wo er als Unternehmer auftrete, bei dieser Machtausübung nicht in irgendeiner Weise kontrolliert sei. Dies gelte aber in gleicher Weise dort, wo auch ein Privatunternehmer große Macht vereinige.

Sektionschef Loebenstein betonte, auch er habe ausdrücklich gesagt, wenn der Staat einen gesamten Wirtschaftszweig oder alle Wirtschaftszweige verstaatlichen würde, wäre dies genau so zu beurteilen, wie der Fall, daß heute im Wege eines großen monopolistischen Kartells der Einzelne in seiner freien Erwerbsbetätigung beschränkt würde. Auch Dr. Rosenzweig bewerte beides offenbar gleich, jedoch glaube dieser, daß durch materiell-rechtliche Gesetzgebung mit Kontrollmöglichkeiten ein Riegel vorgeschoben werden könne.

Prof. Klecatsky erklärte, er bekenne sich restlos zum Sozialstaat, zum Verbändestaat, zum Wirtschaftsstaat, zur Koalition und zu all dem, was man heute politisch vorfände, als etwas Positivem. Zur Diskussion stehe aber die Frage, in welcher Weise sich der Einzelne gegenüber diesen politischen Mächten ein gewisses Maß an Freiheit zu bewahren in der Lage sei. Es stehe außer Zweifel, daß alle diese Mächte sich in echter, aufrichtiger Weise um den Einzelnen annähmen. Das Kernproblem sei aber, ob dem Einzelnen dieser Schutz, diese Bevormundung auch immer recht sei. Dieses Kernproblem könne auch nicht durch den Proporz gelöst werden, denn dieser sei das Erzeugnis zweier Machtgruppen. Die

Macht der einen Gruppe fände ihre Grenze an der Macht der anderen Gruppe. Hans Huber habe treffend gesagt, die Idee des Rechts fordere, daß Macht nicht nur an Macht, sondern auch am Recht ihre Grenzen findet. Darum könnten Proporz, Koalition und alle diese politischen Erscheinungen, die der Demokratie entstammen, so wertvoll sie für sich genommen seien, keinen Beitrag leisten zu dem Problem, auf welche Weise sich der Einzelne gegen die kollektive Aggression, soweit er sie als Aggression empfände, zur Wehr setzen könne.

RA Dr. Beck wies darauf hin, daß eines der wesentlichsten Phänomene des heutigen Gesellschafts- und Staatswesens die Verfälschung und Tarnung sei. Es seien Mächte da, die nicht direkt wirkten, sondern sich der noch bestehenden, formell legalen Rechtsmächte bedienten. Durch sich selbst wirke höchstens ein Streik. Alle die von den Vorrednern erwähnten Mächte aber bedienten sich der Gesetzgebungsmaschine, des sonst machtlosen und desintegrierten Parlamentes. Sie machten die Gesetze, die ihnen genehm seien. Aus dem Proportionalwahlrecht, das die Verfassung geschaffen habe – und das er für besser halte, als das Einzelwahlrecht – sei der Proporz entstanden. Die Parteien seien die größten und stärksten Mächte, sie wirkten zusammen, aber man könne sie bis jetzt überhaupt nicht fassen. Er wisse nur, daß sie sicher nicht das seien, was sie in ihren Programmen vorgäben. Sie seien Mächte, die alle Posten besetzten und Wahlen abhielten, die wenig bedeutsam seien, weil ihre Anhänger von vornherein wirtschaftlich gebunden seien und nur wenige schwankten. „Was die Parteien heute sind? Ignoramus et ignorabimus". Der Schutz gegen diese Mächte sei die Gerichtsbarkeit. Prof. Marcic, dem er hierin folge, habe in seinem Buch „Vom Gesetzesstaat zum Richterstaat" grundlegend neue Ideen aufgezeigt. Aber auch die Gerichtsbarkeit werde mißbraucht, der Schutz durch Verfälschung der Gerichtsbarkeit durchlöchert. Es gäbe Gesetze, die den Weg zum VerwGH. versperren, auch das Verfassungsgerichtsurteil werde durch die Verfassungsbestimmung entwertet. Es gäbe sogar Gesetze, die die Verfassungsgerichtsbarkeit vorschoben, weil man dagegen nichts machen könne. Im 1. Staatsvertragsdurchführungsgesetz gäbe es eine Bestimmung, daß Einwendungen gegen den Bestand der Kontrollbankschuld nicht zu hören seien. Der Gesetzgeber befehle also dem Richter, wie er zu urteilen hat. Ähnliches sei in der Lex Lenzing, im 5. Staatsvertragsdurchführungsgesetz, wo etwas, was der OGH. für nichtig erklärt habe, als nicht nichtig erklärt werde. Der einzige Schutz, den man dem Einzelnen gegen die „Verbandstyrannei" geben könne, sei „konkretes Umreißen seiner Freiheitssphäre, d.h. das Recht, sich frei und sittlich als Person zu entscheiden und ihm das durch eine in jeder Hinsicht garantierte Gerichtsbarkeit, Verfassungsgerichtsbarkeit zu sichern". Der heutige Dualismus sei: Verfassungsrichter und Gewalten. Denn an Stelle der Parlamentskontrolle, die es nicht mehr gäbe, gäbe es heute nur mehr die Kontrolle durch die Verfassungsgerichtsbarkeit. Man müsse den, der Macht habe, in Rechtsformen einfangen. Dort, wo es gut sei, wie in der paritätischen Kommission, müsse man ihn institutionalisieren, wo es schädlich sei und sinnlos, müsse man ihn unterdrücken. Es sei die Frage: „Wer soll König sein, wer die Macht habe oder wer den Namen hat."

Sekt.Chef Loebenstein erklärte, er fasse die letzten Bemerkungen von RA Beck dahin auf, daß dieser es ablehne, daß der Gesetzgeber sich Rechte oder Funktionen der vollziehenden Gewalt, der Gerichtsbarkeit oder der Verwaltung, arrogiert. Die schärfere Handhabung der Gewaltentrennung wäre eine der Beschränkungsmöglichkeiten des omnipotenten Staates.

RA Beck erwiderte, er fordere jeden erdenklichen Schutz und jede Garantie für den Richter sowie die Wirksamkeit und Unantastbarkeit dieses Schutzes und natürlich eine materielle Freiheitssphäre im weitesten Sinn für die Person.

Ministerialrat Weiler stellte fest, die Gedankengänge von RA Beck führten zurück auf die bekannte Problematik der klassischen Grundrechte. Diesen Problemen werde man mit den traditionellen Mitteln begegnen können, wenn auch hinter den Kulissen gewisse Veränderungen vor sich gegangen seien. Bei den nun zu behandelnden Punkten gehe es aber um neue Erscheinungen. Während man aber bei der Diskussion über die „sozialen Grundrechte" – wenn auch generell – über rechtstechnische Möglichkeiten, sich mit diesen Problemen auseinanderzusetzen, schon gesprochen habe, sei man hier interessanterweise doch über sehr allgemein gehaltene Feststellungen nicht hinausgekommen. Wenn man sich auch erst zu einem späteren Zeitpunkt im Detail mit diesen Gefahren auseinanderzusetzen habe und sie im einzelnen klassifizieren müsse, so müsse man doch die Frage stellen: „Wo ist der feste Punkt für den Einzelnen, von dem aus er diesen Mächten begegnen kann?" Wenn man die Erfahrungen, die mit der staatlichen Privatwirtschaftsverwaltung gemacht wurden, in Betracht ziehe, könne man bezweifeln, daß dies die ordentliche Gerichtsbarkeit sei. Man müsse vielleicht andere Wege suchen, die den hier bestehenden Problemen angemessen sind. Anknüpfend an die Ausführungen von RA Rosenzweig stellte Min.Rat Weiler fest, daß durch die Propagandamechanismen, über die man heute verfüge, dem Staatsbürger die echte Entscheidungsmöglichkeit weitgehend entzogen werden könne. Damit stehe aber auch der status activus, im Sinne der politischen Rechte verstanden, zur Diskussion. Die Frage, um die es hier gehe, sei, wieweit von den Grundrechten her Maßnahmen möglich seien. Man müsse das Wesen dieser Gefährdungen noch genauer erfassen, um etwas über die Möglichkeit, ihnen zu begegnen, sagen zu können.

RA Beck bemerkte, daß das Antikorruptionsgesetz einen wesentlichen Fortschritt in der Klarlegung der Verhältnisse gebracht habe, indem es den Manager des verstaatlichten Betriebes dem Beamten gleichgestellt habe. Wenn man alle Akte, die von der öffentlichen Macht wesentlich abhängen, so ansehe, als ob sie ein behördlicher Spruch wären, könnte man den Verwaltungsrechtszug und den Weg zum Verfassungsgerichtshof und zum Verwaltungsgerichtshof öffnen. Man müsse den Gewalten die Maske des Privatwirtschaftlichen herunterreißen und diese Akte der Rechtskontrolle zugänglich machen.

Hofrat Kaltenberger knüpfte an das Wort von Prof. Marcic von der Emanzipation der Macht an, daß vom Staat immer mehr Macht abwandere und daß es daher nötig sei, den Einzelnen gegen das Überwuchern dieser intermediären Gewalten zu schützen. Er stellte die Frage, ob es nicht notwendig wäre, sich den Staat einmal als durch die Grundrechte Begünstigten, statt nur als Zielrichtung der Grundrechte anzusehen. Wenn immer mehr Macht vom Staat zu anderen Mächten abwandere, könne der Zeitpunkt erreicht werden, wo der Staat nicht mehr in der Lage sei, dieses Abwandern zu steuern und er daher in der Verfassung vor dem Überwuchern dieser staatsfremden Mächte geschützt werden müsse. Die Interessen des Einzelnen würden sich dann wieder mit denen des Staates treffen, wenn der Staat nicht mehr in der Lage wäre, den Einzelnen gegen andere Mächte zu schützen. Er wolle nicht sagen, daß dieser Zeitpunkt schon gekommen sei, es könne anher eines Tages so weit kommen.

Sektionschef Loebenstein wies darauf hin, daß im Zuge der gesellschaftlichen Emanzipation Schwierigkeiten aufgetreten seien, jedoch seien bisher keine Lösungsvorschläge erbracht worden. Prof. Floretta habe am Vormittag dargelegt, daß auch gewisse kollektive Gruppen einen Anspruch auf irgendeinen Schutz hätten, habe dies dann aber nicht näher präzisiert.

Prof. Floretta sagte, daß ein gewisser Schutz des Staates gegeben wäre, wenn die Kompetenzen der kollektiven Mächte genau festgelegt würden. Wichtig sei dabei vor allem im Arbeitsleben die Frage, ob diese Mächte in das Recht des Einzelnen auf Freiheit des Vertragsabschlusses eingreifen dürften oder nur den Inhalt der zustandekommenden Rechtsverhältnisse bestimmen dürften. Ein besonderes Problem sei im geltenden Recht die Möglichkeit, daß diese kollektiven Mächte nicht nur Mindestbedingungen, sondern sogar Höchstbedingungen festlegen könnten. Aus ihrer Funktion als Schutzmächte heraus dürften sie nur Mindestbedingungen regeln, das Recht der freien Gestaltung durch die Einzelnen müsse erhalten bleiben. Heute seien diese kollektiven Mächte zwar noch überwiegend ein Schutz, es zeigten sich aber, wie Hofrat Lehne richtig gesagt habe, gewisse Ausartungen wie bei jeder Schutzmacht. Es müsse aber auch die Macht zur inhaltlichen Regelung abgegrenzt sein. Es gehe nicht an, daß diese kollektiven Mächte z.B. in die Rechtsverhältnisse der Pensionisten eingreifen, was der OGH aber zugelassen habe. Hier sei eine Einengung der Stellung dieser Mächte nötig. Als weiteres Beispiel erwähnte Prof. Floretta die Tatsache der Anknüpfung an die individuellen Verhältnisse der Einzelnen durch diese kollektiven Mächte, wenn sie, statt einen echten generellen Mindestlohn zu schaffen, an den Istlohn anknüpfen. Dies seien nur einige Ansätze, um die kollektiven Mächte, kollektiv im besten Sinn des Wortes, in den Griff zu bekommen.

Prof. Pfeifer erklärte, eigentlich sei die Gefahr anerkannt worden, daß der Einzelne durch kollektive Mächte aller Art in seinen Rechten verkürzt und unterdrückt werden könne. Das Recht des Art. 13 der Menschenrechtskonvention auf eine wirksame Beschwerde gegen jede Verletzung der in der Konvention gewährleisteten Rechte scheine ihm ein Mittel zum Schutz des Einzelnen zu sein, wenn man diese Bestimmung im Zuge der beabsichtigten Reform auf alle Verletzungen der in der österreichischen Verfassung festgelegten Grundrechte ausdehne. Man werde nun fragen, ob dies nicht zu einer Überlastung des Verfassungsgerichtshofes führen müsse, wenn jeder wegen jeder Verletzung den VerfGH. anrufen kann. Er habe schon seinerzeit in seiner Schrift über die Bedeutung der europäischen Menschenrechtskonvention für Österreich ausgeführt, daß mit dieser Beschwerde nicht nur eine Beschwerde an den VerfGH. gemeint sei. Diese sei immer dann gemeint, wenn der Staat mit hoheitlichen Mitteln arbeite, sei es mit einem Bescheid oder ohne Bescheid in Form einer faktischen Amtshandlung, und dabei in die Freiheitssphäre des Einzelnen eingreift. Wenn aber mit Mitteln der Privatwirtschaftsverwaltung in die Rechtssphäre des Einzelnen eingegriffen wird, müsse dem Einzelnen ein wirksames Klagerecht gegeben sein. Ob dies durchwegs der Fall sei, vermöge er im Augenblick nicht zu beantworten. Er könne sich aber vorstellen, daß dieses wirksame Klagerecht erweiterungsbedürftig sei, um auf zivilrechtlichem Gebiet eine Ergänzung zur wirksamen Beschwerde an den VerfGH. zu schaffen. In der deutschen Literatur behandle Dürig das Problem: Grundrecht und Zivilrechtssprechung. Dieses Problem sei unmittelbar mit dem heute zunächst zurückgestellten Problem der Drittwirkung verknüpft, wenn man von den sozialen Mächten spreche, liege aber schon eine Drittwirkung vor. Es gäbe im österreichischen Recht zwar eine Bestimmung, wonach Verträge, die gegen die guten Sitten verstoßen, nichtig sind. Aber ob es eine gleichwertige Bestimmung zur deutschen Bestimmung „wer in einer gegen die guten Sitten verstoßenden Weise einem anderen vorsätzlich Schaden zufügt, ist dem anderen zum Ersatz des Schadens verpflichtet“ gäbe, könnten andere Mitglieder des Kollegiums vielleicht besser beurteilen. Man könne daher vielleicht durch legistische Maßnahmen auf dem Gebiete des Zivilprozesses dem Einzelnen dort einen wirksamen Schutz gewähren, wo die soziale Macht nicht als Hoheitsträger, sondern als Privatrechtsträger auftritt und den Einzelnen schädigt, in seiner Freiheit und Gleichheit verletzt. Die Strafanzeige und die Privatanklage in Betracht zu ziehen, erscheine deshalb problematisch, weil durch die Weisungsgebundenheit der Staatsanwälte die Strafanzeige keine Gewähr dafür biete, daß Strafprozesse auch durchgeführt werden. Es sei zu erwägen, ob man nicht den Staatsanwalt weisungsfrei stellen soll, sodaß größere Gewähr gegeben sei, daß jede Strafanzeige auch zu einem Strafprozeß führte.

Sektionschef Loebenstein erwiderte, obwohl er kein Zivilrechtler sei, könne er sagen, daß jemand, der z.B. in seinem Arbeitsverhältnis ausgebeutet oder schikanös behandelt wird, wahrscheinlich eine Schadenersatzklage aus diesem Dienstverhältnis habe, sei es ex contractu und sei es ex delicto. Er müsse daher fragen, was Prof. Pfeifer auf dem Gebiet der Grundrechte hier verbessert sehen wolle.

Prof. Pfeifer betonte, es gäbe nur zwei Möglichkeiten: Man könne weitere Grundrechte schaffen oder dem Einzelnen bloß wirksamere Mittel zur Verteidigung der Grundrechte in die Hand geben. Ein Drittes könne nicht gemacht werden.

Sektionschef Loebenstein erklärte, er habe die Ausführungen von Prof. Floretta so verstanden, daß an sich die Rechtsfiguren zur Verfügung stünden, man müsse nur das, was schon auf dem einfachen Gesetzgebungssektor bestehe, auf die Höhe der Verfassungsebene bringen. Prof. Floretta sei der Ansicht, daß gewisse kollektive Mächte heute verfassungsrechtlich institutionalisiert werden sollten, wobei man aber gleichzeitig durch die Verfassung deren Macht beschränken müsse, und zwar in einer Form, daß der Einzelne daraus ein im Rechtsweg verfolgbares Individualrecht ableiten könnte. Man müsse also darüber sprechen, welchen Status diese kollektiven Mächte bekommen sollten und welche individuellen Sicherungsmittel dem Einzelnen zukommen sollten. Sonst seien nur Gefahren aufgezeigt worden, aber kein Mittel, um diese Gefahren auch zu bannen.

Hofrat Lora wies darauf hin, daß es ein einziges echtes Monopol des Staates gäbe, nämlich das Normsetzungsrecht. Die Vollziehung der staatlichen Normen, die bestimmten Körperschaften zugeteilt werde, sei nur vom Staate abgeleitet, das Normsetzungsrecht der Gemeinden sei ebenfalls nur ein vom staatlichen Normsetzungsrecht abgeleitetes Recht. Er sehe die Gefahr, daß der Staat in der Privatwirtschaftsverwaltung über seinen Machtbereich als Normsetzer hinausgehe und als allmächtiges Privatwirtschaftssubjekt auftrete, nicht so groß, wie Prof. Klecatsky. Wie schon RA Rosenzweig ausgeführt habe, sei niemand mehr kontrolliert als der Staat als Privatwirtschaftssubjekt. Kein Privater stehe unter einer solchen Kontrolle durch die verschiedenen staatlichen Körperschaften, die gleichzeitig die Normsetzungsgewalt ausübten, wie der Staat. Es könne höchstens das Recht der freien Erwerbsbetätigung verletzt werden. Man dürfe die Staatswirtschaftstätigkeit nicht so weit ausdehnen, daß dadurch die freie Erwerbsbetätigung ausgeschlossen werde. Bereits zu Beginn der Diskussion sei darauf hingewiesen worden, daß der Gesetzesvorbehalt bei den Grundrechten einer Revision bedürfe. Ob es im einzelnen Fall mehr oder weniger Funktionen seien, die den kollektiven Mächten eingeräumt werden, sei doch Sache des einfachen Gesetzgebers.

Sektionschef Loebenstein wies darauf hin, daß die Vorschläge von RA Rosenzweig, den Hofrat Lora apostrophiert habe, auf eine politische Kontrolle des im Rahmen der Verfassungsordnung omnipotenten Normgebers hinausliefen. Bei der Diskussion habe er aber immer gehört, das Individuum verlange eine Rechtskontrolle dieser Machtausübung und dies sei bisher noch nicht zur Sprache gekommen.

Prof. Winkler legte in einer kurzen Skizze die Entwicklung des Rechtsschutzes, soweit er die Staatstätigkeit anbelangt, dar. In den gängigen Lehrbüchern könne man lesen, daß sich der Monarch des ius politiae oder des ius publicum bedient habe, um sich der gerichtlichen Kontrolle und damit der Position des Privatrechtssubjektes für seine hoheitlichen Funktionen zu entziehen. Diese Tendenz finde sich reichlich dokumentiert in Gerichtserkenntnissen um etwa 1800, in denen die Gerichte erklären, der Monarch oder das staatliche Organ handle im Rahmen der polizeimäßigen Tätigkeit, der ihm zukommenden staatlichen Tätigkeit und stehe damit außerhalb des Rechtsschutzes. Dies sei auch die Wurzel für den Ruf nach der Verwaltungsgerichtsbarkeit gewesen, wodurch der Monarch unter Anerkennung des Titels des öffentlichen Rechts unter eine Kontrolle gestellt werden sollte. Bereits von 1820 an habe die Verwaltungsgerichtsbarkeit in den süddeutschen Staaten erhebliche Ansätze gefunden, auch unter dem Bestand einer Monarchie, die noch nicht schlechthin als konstitutionelle Monarchie anzusprechen gewesen sei. Der volle Durchbruch der Verwaltungsgerichtsbarkeit habe 1860 in Baden begonnen und sich dann in Österreich, Preußen und anderen Staaten verwirklicht. Der Staat sei im öffentlichen Bereich immer mehr und stärker kontrolliert worden. Mit Zunahme der Gesetzförmigkeit der staatlichen Tätigkeit habe auch die Wirksamkeit der staatlichen Kontrolle zugenommen. Man könne nun das Phänomen beobachten, daß der Staat neuerlich vor der Kontrolle flüchte. Es sei eine bekannte Tatsache, daß nicht nur der einzelne Mensch, sondern auch gesellschaftliche Gruppen und Machtträger, ja in erster Linie der Staat, sich von der Rechtsordnung zu befreien trachteten. Es sei nunmehr dem Staat die gerichtsförmige Kontrolle lieber als die verwaltungsgerichtliche, weil „das Legalitätsprinzip und die intensive Bindung der Tätigkeit für diesen Bereich nicht da ist und daher die Voraussetzungen für den Kern der Tätigkeit ganz anders gelagert sind als eben im öffentlichen Bereich.“ Die Betrachtung der Privatwirtschaftsverwaltung sei daher sehr wesentlich. Es bedürfe eines zweifachen Schutzes: Präventive Kontrolle durch gesetzförmige Bindung, soweit dies möglich und tunlich ist, und Schutz des Einzelnen gegen Exzesse. Eine andere Frage, die ihn bewege, sei die Analogie, die ihm bei den Äußerungen von Hofrat Kaltenberger eingefallen sei. Als man im Jahre 1867 den Grundrechtskatalog geschaffen und geschrieben habe: „Das Eigentum ist unverletzlich, Enteignungen finden nur statt ..." sei dies auf Grund der Vorstellungen des liberalen Denkens und seiner Staatskonzeption, auf Grund der Limitierung der Staatszwecke und des „Laissez faire, Laissez passer" geschehen. Man habe die gesellschaftlichen Zustände hingenommen, wie sie waren und dem die Freiheit gegeben, der die Macht hatte, denn wer kein Eigentum hatte, war ja machtlos. Die Freiheitsgarantie habe sich umso mehr potenziert, je mehr Vermögen oder Eigentum jemand hatte. Daher sei es auch in der Entwicklung zum sozialen Staatsdenken gekommen und zur Sozialbindung des Eigentums. Die Analogie liege darin, daß man heute über die Freiheit der Mächte in ähnlicher Weise zu denken bemüht sei. „Die Mächte haben die Macht, die brauchen die Freiheit nicht. Den Mächten sind Kompetenzen zugewiesen und klar abzugrenzen." Man müsse sich die Gedanken vor Augen führen, die 1848 lebendig geworden seien, als man die Konstitution als die Erlösung zur demokratischen Entwicklung empfunden habe. Die Konstitution sei letzten Endes erst 1867 verwirklicht worden und ein Friedensausgleich zwischen den Mächten und Verbänden im Staate gewesen, indem man dem Monarchen und dem Volk die Machtbereiche als Kompetenzen zugewiesen und damit klare Verhältnisse geschaffen habe. Auf eine der Fragen von Sektionschef Loebenstein wolle er sagen, daß hier das Grundrechtsdenken fehl am Platze sei. Wenn man Verbände vorfände, und ihnen – rein soziologisch gesehen – legitime Ansprüche zuerkenne – und er halte sie für legitime Kräfte der Gesellschaft – solle man sie in die Verfassung einbinden und durch Zuweisung von Kompetenzen zu einem Machtausgleich auf der Rechtsebene bringen. Dann habe man für einen sehr wichtigen Bereich das Postulat von Rechtsanwalt Rosenzweig erfüllt, nämlich den Verfassungsgerichtshof zum Hüter der Verfassung als Rechtsordnung und zum Forum für Rechtsstreitigkeiten und nicht für Machtstreitigkeiten gemacht. Prof. Winkler vertrat weiters die Ansicht, daß man im Rahmen der „heute bereits gegebenen Möglichkeiten die sozialpädagogische Funktion, die in der Rechtsordnung heute schon ermöglicht ist, durch die Gebrauchnahme des Strafrechtes viel zu wenig beachtet habe. Unter Anerkennung des Streikrechtes hätte man viel stärker die Grenzen etwa in der Strafrechts- und Zivilrechtspflege herausarbeiten können. Es gäbe beispielsweise im subjektiven Bereich, im Freiheitsbereich, den Schutz des Streikbrechers gegen den Terror der Streikenden oder die Möglichkeit der strafrechtlichen Verfolgung des Exzedierenden im Streik. Man müsse bedenken, daß es immer schwieriger werde, die Dinge in klare rechtliche Formen zu gießen, weil die Macht überhand nehme.

Sektionschef Loebenstein gab der Verwunderung darüber Ausdruck, daß dieses Problem im Rahmen der Grundrechtsdebatte solche Schwierigkeiten mache, obwohl es nichts neues sei. Wenn man die Materialien zum StGG. nachlese, sei die Situation aus der Sicht des 19. Jahrhunderts gesehen auch keine andere gewesen. Auch damals seien neben dem Staat noch andere Mächte vorhanden gewesen, die die Freiheit des Einzelnen beschränkt hätten. Mit den Art. 4. oder 6, mit der Absage an das Feudalwesen oder in der Frage des Untertänigkeitsverhältnisses habe man sich im Rahmen der Grundrechtsordnung mit gewissen Machtballungen auseinandergesetzt und das müsse man auch heute machen.

Prof. Klecatsky erklärte hinsichtlich der Frage von Sektionschef Loebenstein und Ministerialrat Weiler, welche Maßnahmen in Betracht kämen, daß er der Meinung gewesen sei, wegen der Raffung der Diskussion sei es nicht am Platze, in alle Details einzugehen, was er auch jetzt nicht tun wolle. Prof. Klecatsky stellte die Frage, ob man nur an Maßnahmen in Form einer Novellierung des Staatsgrundgesetzes denke oder ob man auch Maßnahmen empfehlen könne, die außerhalb der Verfassungssphäre liegen. Die Rechtsordnung sei eine Einheit, eines greife ins andere. Rechtsanwalt Beck habe sehr treffend auf die Möglichkeit eines Ausbaues der Verwaltungsgerichtsbarkeit gegen die Privatwirtschaftsverwaltung hingewiesen, er schließe sich auch den Ausführungen von Prof. Winkler an und schlage als weitere Möglichkeiten den Ausbau der Art. 137 B.-VG. und 144 B.-VG., soweit er auch auf faktische Amtshandlungen angewendet werde, ferner den Ausbau des Legalitätsprinzips vor. Zu Recht sei das hier genannte Antikorruptionsgesetz von Herrn Justizminister Dr. Broda und von Herrn Prof. Nowakowski als ein „Ersatz des nicht ernstgenommenen Legalitätsprinzips" bezeichnet worden. Weitere Möglichkeiten wären: Aufnahme eines speziellen Gleichheitssatzes gegenüber der Wirtschaftsverwaltung in den Grundrechtskatalog; Zwang zur Demokratisierung des Wahlrechtes innerhalb der Verbände. Zu beachten sei, daß es im österreichischen Gewerkschaftsbund und in den österreichischen Handelskammern kein direktes Wahlrecht gibt. Auch die Demokratie müsse in den Dienst des Rechtsstaates gestellt werden. Es gäbe noch eine Fülle von Maßnahmen, die nicht unmittelbar in Form einer Novellierung des Grundrechtskataloges zu geschehen hätten.

Sektionschef Loebenstein bestätigte, daß die Frage solcher Maßnahmen nicht aus der Beratung auszuschließen sei. Das Reformwerk müsse noch durch Maßnahmen abgerundet werden, die man nicht in den Grundrechtskatalog hineinpressen könne; daher müsse man aber auch die im Kausalnexus stehenden Dinge miterörtern.

Hofrat Lehne erklärte, die Diskussion hinsichtlich ihrer konkreten Ergebnisse ebenfalls verteidigen zu wollen. Rechtsanwalt Rosenzweig habe das Problem der Sicherung einer echten Meinungsfreiheit mit einer Reihe von Beispielen gut belegt. Alles was hinsichtlich des Rundfunks, des Fernsehens und der Plakatwände geschehen könne, um die Parität oder Proportionalität zu sichern, sei ein konkretes Anliegen. Ein weiteres Problem sei der Schutz der Selbständigkeit der Vollziehung, nicht nur der richterlichen Gewalt; ferner gehöre hierzu das ganze Problem der Personalvertretung, dann das Problem des Weisungsrechts der Verbände gegenüber den von ihnen in verschiedene Kommissionen entsandten Mitgliedern, das zwar rechtlich nicht bestehe, aber in Anspruch genommen werde und de facto auch gegeben sei. Wenn die Vollziehung selbständig bleiben soll, dürfe es dieses Weisungsrecht nicht geben. Auch das Problem des contempt of court sei zu erwägen. Es sei eine äußerst „wichtige Frage der Sicherung der Grundgedanken unseres Staates in der Verbändewelt, daß z.B. nicht bestimmte Entscheidungen des Verfassungs-, des Verwaltungs- oder eines anderen Gerichtes, bevor sie überhaupt ergangen sind, von einem Interessenverband oder einer Partei abgelehnt oder bekämpft w[erden]". Auch der weite Bereich der Probleme der Repräsentation und der Gestaltung des Normsetzungsrechtes sei zu erwähnen. Prof. Klecatsky und Prof. Winkler hätten richtig gesagt, daß die Beschränkung der Macht durch die Zuteilung einer gemessenen Verantwortung erfolge, wobei sich allerdings sehr schwere verfassungspolitische Probleme ergäben. Prof. Winkler habe als weiteres Problem die Regelung des Streiks erwähnt. Das „Landfriedensrecht" gehöre in Bezug auf den Streik über die wissenschaftliche Analyse hinaus ausgebildet. Alles das seien doch konkrete Teilbereiche. Schließlich griff Hofrat Lehne noch den Gedanken von Sekt.Chef Loebenstein auf, daß im Staatsgrundgesetz die Auseinandersetzung mit intermediären Gewalten ebenso enthalten sei, wie sie auch heute geführt werden müsse. Die intermediären Gewalten, die im Staatsgrundgesetz abgelehnt wurden, seien überwunden gewesen, während jene intermediären Gewalten, mit denen man sich heute auseinandersetze, nicht überwunden, sondern „in plenis floribus" vorhanden seien.

Sektionschef Loebenstein bemerkte hiezu, daß man sich umso mehr mit ihnen auseinandersetzen müsse.

Prof. Marcic wandte sich der Frage nach den Mitteln zu und sagte, Prof. Winkler, Prof. Klecatsky und Hofrat Lehne hätten bereits vom Problem des Einbaues der Verbände in das Verfassungsgefüge gesprochen. Es erhebe sich nun die Frage, wie man den Schutz des Einzelnen wirksamer gestalten könne, vor allem, wenn es um Schutzkämpfe gehe, die sich – ihrer Natur gemäß – auf dem Gebiete des Zivil- oder Strafrechtes abspielten. Die Schweizer, die über keine echte Verfassungsgerichtsbarkeit verfügen, hätten eine Lösung diskutiert, die es in der Bundesrepublik Deutschland bereits gäbe. Überall dort, wo im Rahmen des bürgerlichen Rechts oder des Strafrechts Phänomene auftauchen, die mit Grundrechten zu tun haben, akzeptiere man das Verfassungsgericht als Superrevision. Dies mache man nicht aus Liebe zum Verfassungsgerichtshof, sondern aus der nüchternen Überlegung der Ökonomie. Der Straf- und der Zivilrichter müßten auf Grund der ganzen Ausbildung und auf Grund des Rechtsstoffes, mit dem sie arbeiten, ganz andere Gesichtspunkte in den Vordergrund stellen als der Verfassungs- oder der Verwaltungsrichter. Der Straf- und der Zivilrichter brauchten nicht „grundrechtsartig" zu denken. Hans Huber führe das Beispiel des Abhörens eines Telefons an. Während Staatsanwalt und Strafrichter das Interesse des Staatsschutzes verfolgen, müsse der Verfassungsrichter die Entscheidung unter ganz anderen Gesichtspunkten treffen, nämlich nicht, wie man den Verbrecher verfolgen könne, sondern wie der Dritte dazukomme, daß sein Telefon abgehört wird. Es wäre daher zu überlegen, ob man nicht auch in Österreich dort, wo es um Grundrechte gegen den Staat oder um neue Grundrechte gegen andere kollektive Mächte geht, über die ordentliche Zivilgerichtsbarkeit und Strafgerichtsbarkeit die Möglichkeit einer Superrevision, sei es Verwaltungsgerichtsbarkeit, sei es Verfassungsgerichtsbarkeit, als 4. Instanz stellen sollte.

RA Rosenzweig stellte fest, es sei ein wertvoller Gedanke, daß die kollektiven Verbände wichtige nützliche Realitäten seien, nicht nur notwendige Übel. Während der Einzelne gegenüber der Allmacht ohnmächtig sei, könne sich die organisierte Gruppe doch eher durchsetzen. Es müsse aber die demokratische Willensbildung auch im Rahmen dieser Gruppen gewährleistet sein, es sei daher eine Garantie solcher demokratischer Willensbildung durch die Verfassung durchaus sinnvoll. In Amerika gäbe es die Einrichtung der Vorwahl, um im Rahmen einer Partei in demokratischer Form den Kandidaten festzulegen. Auch das sei eine Möglichkeit, im Rahmen kollektiver Verbände demokratische Formen zu sichern. Bei Erörterung des Problems der Rechtskontrolle und der politischen Kontrolle in der Privatwirtschaftsverwaltung des Staates unterschied RA Rosenzweig zwischen Privatwirtschaftstätigkeit schlechthin und der Unternehmertätigkeit. Wo es sich um privatwirtschaftliche Tätigkeit des Staates handle, z.B. bei Subventionen und dgl., müsse man trachten, diese Gebiete aus der Privatwirtschaftsverwaltung herauszuheben, hoheitlich zu regeln, subjektive Rechte und Kontrollmöglichkeiten durch die öffentlichen Gerichte zu schaffen. Anders sei der Fall, wo der Staat als Unternehmer auftritt. Man könne ein Unternehmen nicht so führen wie ein Ministerium. Hier müsse als entsprechender Ersatz die politische Kontrolle gegeben sein. Als Möglichkeit, in solchen Fällen den Mißbrauch der Macht zu beschränken, habe er die Bestimmungen des Kompetenzgesetzes über den Proporz genannt. So wenig, wie es möglich sei, Kaufverträge in Bescheidform abzuschließen, sei es möglich, die Frage von Organbildungen bei solchen Unternehmungen in Bescheidform oder in Form von Rechtskontrollen zu regeln. Auch die Wahrung des Gleichheitsgrundsatzes müsse in anderer Form festgelegt werden, u.zw. dort, wo es nicht nur um Privatwirtschaftsverwaltung gehe. Der Satz der Verfassung, daß jedermann das gleiche Recht auf Zugang zu den öffentlichen Ämtern habe, stehe nur auf dem Papier, weil die Judikatur in die Richtung gehe, eine Verletzung dieses Rechts nur zu sehen, wenn der Zugang zu einem Amt zur Gänze verweigert werde. In Wirklichkeit bestehe hinsichtlich der Begründung eines Beamtenverhältnisses die Möglichkeit einer vollkommen einseitigen Machtausübung. Dies sei ein wesentliches Problem im Rahmen der Wahrung der Grundrechte und des Gleichheitsrechtes des Staatsbürgers. Während es auf dem Gebiete der Unternehmensverwaltungen des Staates gewisse Kontrollen gäbe, sei dies bei Begründung öffentlich-rechtlicher Dienstverhältnisse zu den Gebietskörperschaften nicht der Fall. In England spielten bei der Besetzung von Posten politische Gesichtspunkte fast keine Rolle, sondern nur die fachliche Eignung. Österreich sei aber eine junge Demokratie, man müsse sich mit diesen tatsächlichen Gegebenheiten abfinden und um Mißbräuche, von wem immer sie kämen, zu vermeiden, rechtliche Garantien schaffen, um den Satz der Verfassung über die gleiche Zugänglichkeit der Ämter für alle sicherzustellen.

Sektionschef Loebenstein erinnerte an die Ausführungen von Kastner und Plöchl über die Organbestellungen im Rahmen von staatlichen Unternehmungen, welche nach Auffassung der beiden Genannten einer nachprüfenden Kontrolle des Registergerichtes unterliegen könnten.

RA Rosenzweig entgegnete, daß dies nur hinsichtlich der Formalerfordernisse der Fall sei, sonst nicht.

Sektionschef Loebenstein bemerkte, er habe es nur erwähnen wollen, die Genannten hätten sich mit diesem Problem sehr eingehend beschäftigt.

Min.Rat Weiler vertrat zunächst die Auffassung, daß der „Einbau der Verbände in die Verfassung" nicht ausreichen würde, um die Frage des Grundrechtsschutzes gegenüber den nichtstaatlichen Mächten zu lösen. Dies schon deshalb nicht, weil der „Einbau in die Verfassung" doch wohl nur die Kammern erfassen soll, nicht aber die im weiten Feld der pluralistischen Gesellschaft sich frei entwickelnden Organisationen. Sodann stimmte Min.Rat Weiler der Auffassung zu, daß im Bereich der staatlichen Wirtschaftsverwaltung, soweit sie erwerbswirtschaftlich geführt wird, der Bescheid als Mittel der Geschäftsführung praktisch nicht in Betracht kommt. Damit sei aber nicht gesagt, daß hier Gefährdungen ausgeschlossen seien, die „auch in den Grundrechtsbereich hineinreichen". Dies vor allem deshalb, weil sich hier – genau so wie in den nicht von der öffentlichen Hand beherrschten Bereichen – Monopole bilden können. Ein Beispiel sei die Elektrizitätswirtschaft. Der Ausschluß vom Bezug elektrischer Energie könne einen schwerwiegenden Eingriff in die private Existenz bedeuten, für den Unternehmer den wirtschaftlichen Ruin. Ähnlich verhalte es sich mit der Wasserversorgung, und auch mit der Vergebung von Aufträgen durch die öffentliche Hand an die Privatwirtschaft. Sodann verwies Min.Rat Weiler auf ein VerwGH.-Erk. aus dem Jahre 1907, das durch die Weigerung der Gemeinde Wien, in ihren Schlachthäusern das Schächten zu gestatten, ausgelöst worden ist. Obwohl es sich bei dieser Weigerung um einen Akt der Wirtschaftsverwaltung gehandelt hatte, entschied der VerwGH. in der Sache und stellte fest, daß dadurch der Art. 15 des StGG. verletzt worden war. Schließlich ging Min.Rat Weiler auf die Ausführungen von RA Rosenzweig zur Frage der gleichen Zugänglichkeit der öffentlichen Ämter ein. Er stelle fest, daß auf dieses Problem im gegebenen Zusammenhang zurecht hingewiesen wurde und verwies sodann auf den engen Zusammenhang zwischen diesem Problem und der Frage der Einrichtungsgarantie zugunsten des Berufsbeamtentums. Man müsse diese Dinge in ihrem Zusammenhang sehen. Insbes. sei es nicht möglich, die Frage der Aufnahme in den öffentlichen Dienst losgelöst von der Gestaltung der Laufbahnen im öffentlichen Dienst zu behandeln.

RA Beck stellte die Frage, welche Maßnahmen es gäbe gegen den Mißbrauch der Formen des Zivilrechts und des Zivilprozeßrechtes durch den Staat und „nicht-staatlichen Rechtsträger", und zwar Maßnahmen zivilrechtlicher Natur (Nichtigkeit), verwaltungsaufsichtsrechtlicher Natur, strafrechtlicher Natur und (auf der Stufe der Gesetzgebung) verfassungsrechtlicher Natur. Den Ausdruck „Mißbrauch der Formen des Zivilrechts" habe er mit Bedacht der Bundesabgabenordnung entnommen, die diese Formulierung verwende.

Sektionschef Loebenstein erwiderte, daß dies in ganz anderem Sinn der Fall sei, da man in der Bundesabgabenordnung immerhin noch im Rahmen des Zivilrechts bleibe, um gewisse Steuervorgänge zu verdunkeln. Daß man sich, wie bei der berühmten „Flucht aus der Hoheitsverwaltung", der Kontrolle entziehen kann, setze aber voraus, daß Normen bestehen, denen gemäß auch die Privatwirtschaftsverwaltung in bestimmten Formen zu binden ist. Das wäre auch das Postulat aller bisherigen Redner gewesen.

Parl.Rat Kobzina erklärte, er könne den Standpunkt von Hofrat Lora nicht ganz verstehen und seinen Optimismus nicht teilen, zumal es sich um ein längst ausdiskutiertes Thema handle. Was vor Jahren noch avantgardistische Auffassung gewesen sei, sei heute communis opinio. Als man den absoluten Monarchen an das Zivilrecht gebunden habe, sei das zweifellos ein Fortschritt gewesen. Im Laufe der Zeit sei das Verwaltungsrecht immer ausgeprägter geworden und der Staat, soweit er Verwaltung betrieben habe, an die „Kette des Gesetzes" gelegt worden. Heute entwickle der Staat im Rahmen des Zivilrechts, das an einem ganz anderen Machteinsatz orientiert sei, im Kleide des Privaten einen Machteinsatz, der faktisch durch nichts gehemmt sei. Hier könne man durch die Anerkennung und Durchführung des Gesetzmäßigkeitsprinzips, durch die Verweisung des freien Ermessens auf die Fälle des absolut Unvermeidlichen und durch eine verwaltungsgerichtliche Kontrolle eine rechtsstaatliche Ausrichtung schaffen. Hier denke er vor allem an das Förderungswesen. Wenn RA Rosenzweig in diesem Zusammenhang das Führen von Unternehmungen genannt habe, so sei sicher richtig, daß man einen Betrieb nicht wie ein Ministerium führen könne und auch der Hinweis auf den Bescheid sei bestechend. Es sei aber sicher, daß man auch das Führen wirtschaftlicher Unternehmen im Rahmen der Gesetze werde abwickeln müssen. Die politische Kontrolle sei kein hinlänglicher Schutz, denn mit dieser käme man den Übelständen, die man in diesem Rahmen sähe, auf keinen Fall bei. Sollte es aber nicht möglich sein, daß der Staat aus rechtsstaatlichen Gesichtspunkten heraus Unternehmen führe, müsse man sich mit dem Gedanken tragen, Funktionen, die er rechtsstaatlich nicht erfüllen könne, einfach abzustoßen.

RA Rosenzweig bemerkte in einem Zwischenruf, dies bedeute nur unkontrollierte Macht statt kontrollierter Macht, nämlich unkontrollierte Macht Einzelner statt der kontrollierten Macht des Staates.

Parl.Rat Kobzina erklärte, er habe eine allerletzte Konsequenz aufgezeigt und stellte die Frage, worin die von RA Rosenzweig erwähnte Kontrolle bestehe.

RA Rosenzweig erwiderte, sie bestehe bei den Unternehmungen im Rahmen des Staates, die öffentlich kontrolliert seien durch den Rechnungshof, durch das Parlament, durch die Möglichkeit, auf die Führung Einfluß zu nehmen, während diese gleichen Unternehmungen in den Händen Einzelner kontrollos tun könnten, was sie wollten.

Sektionschef Loebenstein stellte fest, er glaube, daß auf Grund der Bemerkungen von RA Rosenzweig der Gedanke von Parl.Rat Kobzina der gewesen sei, daß durch eine Art von Gewaltentrennung zwischen Staat und den Privaten, die wirtschaftliche Macht ausüben, es der Staat durch die Gesetzgebung in der Hand hätte, gegen ihre Macht mißbrauchende Private einzuschreiten, daß aber der Staat als Träger hoheitlicher Gewalt gegen sich selbst als Träger wirtschaftlicher Macht nicht einschreiten werde.

RA Rosenzweig führt dazu aus, die „gesellschaftlichen Erfahrungen" zeigten, „daß, wenn die entscheidenden wirtschaftlichen Machtmittel in Händen Einzelner sind, sie auch die staatliche Kontrolle dieser Macht verhindern. Hingegen wenn diese entscheidenden wirtschaftlichen Mittel in den Händen der Gesamtheit sind, dann kann die öffentliche Kontrolle durchgeführt werden."

Parlamentsrat Kobzinza gab der Auffassung Ausdruck, man meine in dieser Auseinandersetzung das Gleiche, rede aber aneinander vorbei. Er glaube, daß „die öffentliche Kontrolle als Schlagwort an sich eine Leerformel ist", der gegenüber zu beachten sei, daß die Verbindung von Hoheits- und Privatwirtschaftsverwaltung in der Hand des Staates die Freiheit ernst gefährden kann. Was der Staat hoheitlich nicht durchzusetzen vermag, könne er auf dem Wege der Privatwirtschaftsverwaltung anstreben, für das aber, was ihm die Privatwirtschaftsverwaltung nicht ermöglicht, stünden ihm die hoheitlichen Mittel, insbesondere also auch die Gesetzgebung, zur Verfügung.

Auf die Frage *RA Rosenzweigs*, wo er in dieser Hinsicht mit der Führung von Unternehmungen durch den Staat verbundene Gefahren sehe, erwiderte *Parlamentsrat Kobzina*, daß dies beispielsweise bei der Erteilung von Konzessionen der Fall sei.

Sekt.Chef Loebenstein bemerkte ergänzend, es wäre etwa denkbar, daß sich der Staat als Unternehmer von einer Abgabe befreit, die jeder andere zu entrichten hat.

Prof. Pfeifer bezeichnet die vom Verfassungsgerichthof vertretene Meinung, dem Art. 3 des StGG. sei schon entsprochen, wenn sich jeder Staatsbürger um ein öffentliches Amt bewerben kann, als unzulänglich. Richtig gesehen müsse jeder die gleiche Möglichkeit haben, das Amt zu erlangen. Im Laufe der Jahre seien ja Vorschläge über die Ausschreibung von Dienstposten und deren Besetzung bereits gemacht worden. Sodann ging Prof. Pfeifer auf die Frage ein, ob Ermessensentscheidungen zu begründen sind. Er verwies auf die Bedeutung des Ermessens für die Angelegenheiten des Dienstrechtes und setzte sich mit der vom Verwaltungsgerichtshof nach 1931 vertretenen Meinung auseinander, daß Ermessensentscheidungen einer Begründung nicht bedürfen.

Sekt.Chef Loebenstein wies zu diesen Ausführungen darauf hin, daß der Verwaltungsgerichtshof seit mehreren Jahren auch für Ermessensentscheidungen eine Begründung fordert.

Prok.Koär. Graff führte aus, es sei zwar richtig, daß der Proporz in den Organen der verstaatlichten Unternehmungen eine Kontrolle bewirke, aber nur eine wechselseitige Kontrolle der beiden Koalitionsparteien „damit die andere nicht zu stark wird“. Dem einzelnen sei dadurch für seine Freiheitssphäre keinerlei Garantie geboten. Außerdem ergebe sich die Frage, wie die von RA Rosenzweig vorgetragene Forderung nach gleicher Zugänglichkeit der öffentlichen Ämter mit der von ihm ebenfalls vorgetragenen Bejahung des Proporzes bei der Besetzung der leitenden Posten in den verstaatlichten Unternehmungen in Einklang zu bringen ist.

Prof. Walter folgerte zunächst aus der bisherigen Diskussion, daß die Problematik „Staat und Verbände“ nicht allein vom Grundrechtsschutz her gelöst werden kann. Es lägen schon mehrere Anregungen dazu vor, was auf diesem Gebiete geschehen könnte. Was aber die Frage des Grundrechtsschutzes betrifft, müsse man zwischen dem hoheitlichen und dem privatwirtschaftlichen Bereich streng unterscheiden. Im hoheitlichen Bereich scheine die Sache weniger schwierig zu sein, sofern nur Klarheit über die Abgrenzung dieses Bereiches bestehe. Das sei allerdings nicht immer der Fall. So seien etwa unter der privatrechtlichen Form des Vertrages Verordnungen verborgen, woraus die Privatrechtslehre „ganze Ideologien“ entwickelt habe. Sobald die hoheitliche Natur eines Aktes klargestellt ist, stehen wirksame Rechtsschutzeinrichtungen zur Verfügung. Auf dem privatrechtlichen Sektor sei die Situation schwieriger. Hier könne nur der Gedanke wiederholt werden, daß „die üblichen Grundrechte uns auf dem privatrechtlichen Sektor nichts helfen“. Man könne „den Gleichheitssatz im Privatrecht, auch wenn man das Gericht anrufen kann, nicht praktikabel anwenden.“ Es sei daher notwendig, die privatrechtlichen Funktionen entweder durch hoheitliche zu ersetzen oder „eine besondere zivilrechtliche, absichernde Regelung zu schaffen". Die bloße Möglichkeit der Anrufung des Zivilgerichts würde wahrscheinlich zu Erscheinungen führen, wie sie sich in der Bundesrepublik Deutschland im Zusammenhang mit dem Gleichheitssatz und in Österreich im Zusammenhang mit der "Frage des self executing" ergeben haben. Die Zivilgerichtsbarkeit würde überfordert, wenn sie unmittelbar den Gleichheitssatz anzuwenden hätte. Auch Prof. Klecatsky habe treffend gesagt, es müsse sich um „spezielle Ausprägungen des Gleichheitssatzes" handeln, die er – Prof. Walter – sich allerdings nur „als besondere Regelungen auf dem betreffenden Gebiet" vorstellen könne. Sind diese speziellen Regelungen aber getroffen, dann bedürfe es der von Prof. Marcic vorgeschlagenen Möglichkeit der Anrufung des Verfassungsgerichtshofes nicht mehr, denn dann sei ja der Gleichheitssatz in eine der Zivilgerichtsbarkeit gemäße Form gebracht.

Prof. Klecatsky führte aus, man solle in der Frage des Einflusses der Grundrechte auf die Privatwirtschaftsverwaltung des Staates nicht außer acht lassen, daß es drei Autoren gibt, die sich sehr eingehend damit befaßt haben, nämlich Leisner, Gygi und Usteri, von denen der letztere sich auch eingehend mit den Verhältnissen in Österreich befaßt und die von Prof. Klecatsky vertretenen Auffassungen in bestimmten Beziehungen als zutreffend anerkannt, andererseits allerdings wieder den Standpunkt vertreten habe, daß man mit den Grundrechten mehr erreichen könne als mit dem Legalitätsprinzip.

Prof. Walter verwies ergänzend auf die Ausführungen von Bydlinski in der Zeitschrift für öffentliches Recht.

Sekt.Chef Loebenstein schlug vor, auf diese Probleme im Zusammenhang mit der Frage der Drittwirkung noch näher einzugehen.

Sekt.Rat Ringhofer erklärte, er wolle sich mit der Auffassung auseinander setzen, daß „der Staat, wenn er als Unternehmer in Formen der Privatwirtschaft auftritt, damit gewissermaßen von vornherein und ungeschaut einen Mißbrauch privatrechtlicher Formen betreibt". Er wies sodann darauf hin, daß dem Kommentar von Kelsen-Fröhlich-Merkl zufolge „die Schöpfer der Bundesverfassung von der Voraussetzung ausgegangen sind, daß der Staat als Träger von Privatrechten dieselben Rechte und Freiheiten und dasselbe Verfügungsrecht besitzt, wie jeder Private". Es sei dies eine Auffassung, die „ebenso viel und ebenso wenig" für sich habe wie jene, deren Initiator Prof. Klecatsky sei. Seiner Auffassung nach könne man diesen Problemen nicht „mit wirklich wissenschaftlich objektiven Methoden an den Leib rücken". Bei allen diesen Aussagen handle es sich um ein „politisches Bekenntnis". Völlig ablehnen müsse er aber, wenn „da im Zusammenhang gesagt wird: Nun ja, wenn die wirtschaftliche Unternehmertätigkeit des Staates sich nicht in jenen Formen aktualisieren läßt, die dem Legalitätsprinzip oder unseren Vorstellungen davon entsprechen, dann darf der Staat überhaupt nicht als wirtschaftlicher Unternehmer tätig werden. Das halte ich gerade für das Musterbeispiel, daß man politisch eine sich wissenschaftlich gebärdende Erkenntnis vorschützt, um irgendwelche politischen Bekenntnisse abzulegen." Zur Frage des Gleichheitssatzes führte Sekt.Rat Ringhofer sodann aus, es sei gewiß richtig, daß der Staat die Möglichkeit hat, seine Unternehmungen zu privilegieren und es gebe dazu auch bereits einen Ansatz im Art. 17 des B.-VG., demzufolge kein Land den Bund als Träger von Privatrechten ungünstiger behandeln darf als sich selbst. Dort, wo der Staat in Erscheinung tritt, werde „das Problem des Gleichheitssatzes noch problematischer, als es an sich schon ist". Ebenso, wie eine – den Gleichheitssatz wahrende – Gestaltung des Besoldungsrechts für den öffentlichen Dienst denkbar wäre, das die Besteuerung der Beamtenbezüge entbehrlich macht, da es sich ja um Einnahmen und Ausgaben desselben Staates und damit nur um eine Frage der Verrechnungsansätze handle, könne man auch sagen: „Die Tatsache, daß irgendeinem verstaatlichten Unternehmen Steuernachlaß gewährt wird, hat ja doch nur einen rechnerischen Effekt, weil letzten Endes die Einkünfte des Staates von einer Verrechnungspost auf die andere wandern." Sodann ging Sekt.Rat Ringhofer darauf ein, daß „der Gleichheitssatz im öffentlichen Recht irgendwo leichter seine Verwirklichung findet als im Privatrecht" und führte zur Frage nach dem Grund hiefür aus: „Der Grundsatz der Gleichheit ist nichts anderes als eine Umschreibung des Begriffes der Gerechtigkeit, von der kein Mensch weiß, was sie letzten Endes ist, für die aber doch jeder irgendwo ein gewisses Gefühl hat. Sehen Sie, der Gleichheitssatz in dieser Totalität, ohne daß er irgendwie konkretisiert würde, wird judiziert allein vom Verfassungsgerichtshof und insoweit sind die Kompetenzen des Verfassungsgerichtshofes, ob man das nun wahrhaben will oder nicht, sagen wir, irgendwo von einem politischen Gewicht, von einer politischen Bedeutung. Nun, das geht also irgendwo bei einem Höchstgericht, das geht aber nicht gut, wenn jedes Bezirksgericht in die Situation käme, das zu tun." Daher werde die Idee der Drittwirkung der Grundrechte im Privatrecht nicht die Hoffnungen erfüllen, die man in sie setze. Er glaube aber auch nicht, so führte Sekt.Rat Ringhofer weiter aus, daß mit Hilfe des Legalitätsprinzips der Standpunkt begründet werden kann, „daß eine privatwirtschaftliche Betätigung des Staates schlechterdings der Verfassung widerspricht. Bitte, es ist zuzugestehen, daß gewisse Zurechnungslücken in diesen Erscheinungen bestehen. Das ist also zweifellos richtig. Aber meine Herren, wenn wir diese Zurechnungslücken schließen, dann ist für den Einzelnen daraus nicht allzuviel gewonnen. Und jenen Effekt, den Sie sich dadurch erhoffen, daß die wirtschaftliche Betätigung des Staates irgendwelchen Prinzipien unterstellt wird, die also dann letzten Endes dazu führen, wie auch schon gesagt wurde, daß etwa eine Unternehmung so zu führen wäre, wie ein Ministerium geführt werden muß, also das wäre tatsächlich die Absage an die auch nur theoretische Möglichkeit der Führung von wirtschaftlichen Unternehmungen durch den Staat.“

Sekt.Chef. Loebenstein stellte zu den Ausführungen von Sekt.Rat Ringhofer fest, es habe niemand zu der politischen Frage Stellung genommen, ob die Führung von Unternehmungen durch den Staat zulässig ist.Vielmehr sei lediglich über die Frage gesprochen worden, wie der gegebenen Tatsache der Führung von Unternehmungen durch den Staat bei der Gestaltung der Grundrechtsordnung in einer dem Rechtsstaatsprinzip angemessenen Weise am besten Rechnung getragen werden kann. Politische Aussagen darüber, ob der Staat eine Unternehmertätigkeit ausüben solle, kämen im Rahmen des Kollegiums nicht in Betracht.

RA Rosenzweig knüpfte an die Ausführungen von Prok.Koär. Graff an und stellte fest, es gehöre „einfach zur Verfassungsrealität, daß es politische Parteien gibt, und daß die Freiheit in der modernen Demokratie dadurch gesichert ist, daß verschiedene kollektive Mächte da sind, die einander kontrollieren“. Wollte man das Repräsentationssystem ohne Parteien verwirklichen, so entstünde die „Farce der Wahlen in den sogenannten Volksdemokratien“. Die ideale Vorstellung, daß die Beamten nicht nach dem Proporz bestellt werden, sei „in der Theorie sehr schön“. Wenn es aber in der Praxis dann so aussähe, daß vom Sektionschef bis zum Portier alle einer politischen Partei angehören oder von dieser politischen Partei vorgeschlagen worden sind, dann ist das papierene Verfassungsform und nicht Verfassungsrealität.“ Da Österreich ein Staat sei, der „noch eine sehr junge Demokratie ist und noch keine Tradition in der Richung sachlicher Entscheidungen hat, die auch nicht in einigen Jahren erzwungen werden kann, vielleicht auch nicht in einigen Jahrzehnten, sondern die eben die lange Entwicklung braucht wie z.B. in England, so ist für uns die gegebene Realität die Kontrolle der kollektiven Mächte und daher also der Proporz noch die bessere Form als die Herrschaft einer Gruppe, je nachdem, ob die eine Gruppe da oder dort ist. Denn das führt zur vollständigen Ausschaltung des Sachlichkeitsprinzips, das Vorgeben, daß es sachlich ist und in Wirklichkeit gilt als Fachmann immer nur der, der irgendeiner bestimmten Partei angehört.

Prof. Klecatsky nahm zu der von Sekt.Rat Ringhofer getroffenen Unterscheidung zwischen Wissenschaft und Politik Stellung und führte aus, gerade er, Prof. Klecatsky, habe bei der Darlegung der seines Erachtens „katastrophalen Verhältnisse auf dem Gebiete der Staatswirtschaft“ nur rechtslogische Momente sprechen lassen. Dr. Ringhofer habe ja selbst zugegeben, daß zwischen „den Handlungen der Menschen, die behaupten, für den Staat als Träger von Privatrechten aufzutreten, und der Rechtsperson, für die sie angeblich auftreten, Zurechnungslücken klaffen.“ Gerade auf diese Zurechnungslücken habe er, Prof. Klecatsky immer seine Thesen gestützt. Und wenn von Gefühlen gesprochen werde, so wolle er auch sein Gefühl sprechen lassen, und zwar das Gefühl, daß „nicht der

Einzelne sich vor dem Kollektiv zu rechtfertigen hat, sondern das Kollektiv, das mit Herrschaftsansprüchen gegenüber dem Einzelnen auftritt, sich vor dem Einzelnen zu rechtfertigen und zu legitimieren hat, u.zw. in den Formen des Rechtes und diese Legitimation fehlt bis heute auf weiten Gebieten der Staatswirtschaft." Um die Schließung dieser Lücken gehe es, nur darüber habe er sich geäußert, schloß Prof. Klecatsky seine Ausführungen.

Parl.Rat Kobzina gab zunächst seinem Bedauern darüber Ausdruck, nunmehr Erklärungen abgeben zu müssen, die nicht in den Bereich der vom Kollegium zu führenden Beratungen gehörten. Gerade Sekt.Rat Ringhofer wisse, daß er, Parl.Rat Kobzina, sich nicht nur zur Koalition bekenne und zum Proporz, sondern auch zu einer im Interesse des Gesamtwohles erfolgenden Verstaatlichung, daß er sehr wohl zu trennen verstehe zwischen Ideologie und Normativität, und daß er sich schließlich auch zur Gesetzestreue bekenne. Er sehe, führte Parl.Rat Kobzina weiter aus, im Art. 18 des B.-VG. nicht ein politisches Bekenntnis, sondern das – neben dem demokratischen Prinzip zweitwichtigste – rechtsstaatliche Strukturelement der Verfassung. Er könne es daher nicht verstehen, warum man ihm bei Ausführungen, die auf den Art. 18 gegründet seien, „politische Vorstellungen unterschieben möchte". Parl.Rat Kobzina fügte hinzu, daß er den Ausdruck „unterschieben" ebenso mit Vorbehalt verwende wie auch der Ausdruck „wissenschaftlich gebärden" nicht ganz angebracht gewesen sei, da ja weder er noch Sekt.Rat Ringhofer als Verwaltungsbeamte ein Interesse haben könnten, sich wissenschaftlich zu gebärden. Er habe auch entgegen den Ausführungen von Sekt.Rat Ringhofer nicht gesagt, daß der Staat, wo er als Unternehmer auftritt, „Mißbrauch treibt", sondern nur darauf hingewiesen, daß hier „Mißbrauch möglich ist und sogar sehr leicht möglich ist". Wenn man sich die Feststellung Kelsens in seiner Allgemein. Staatslehre, S. 155, vor Augen halte, daß der Mensch alles darf, was ihm nicht vom Staat, d.h. von der Rechtsordnung verboten ist, der Staat aber, d.h. der Mensch als Staatsorgan nur, was ihm die Rechtsordnung ausdrücklich erlaubt, erkenne [man] „die ungeheure Gefahr, die besteht, wenn sich der Staat in das Kleid des Privaten begibt." Er wolle nicht mißverstanden werden hinsichtlich der politischen Kontrolle, aber die politische Kontrolle sei eigentlich keine Kontrolle, da jede Kontrolle der Maßstäbe bedarf, hier aber die Maßstäbe fehlten. Es gebe zwar den Grundsatz, „Haust du meinen Freund, so hau ich deinen Freund", es sei aber auch die Umkehrung denkbar: Haust du meinen Freund nicht, so hau ich deinen Freund nicht. Er sei gewiß kein Anhänger einer exzessiven Privatwirtschaft, führte Parl.Rat Kobzina weiter aus. Aber den Privaten könne man durch die Mittel der Gesetzgebung immer noch unter Kontrolle halten.

Prok.Koär. Graff stellte sodann fest, er habe nichts gegen die Parteien und auch nichts „gegen den Proporz mit Maßen". Er habe sich nur gegen die Meinung gewandt, daß zwar der Proporz bei der Unternehmensführung gut sei und im öffentlichen Dienst nicht. Seiner Meinung nach sei der Proporz in beiden Fällen ein notwendiges Übel. Für die Freiheit des Einzelnen aber, für den Gleichheitssatz aber, leiste der Proporz in keinem der beiden Bereiche etwas.

Sektionsrat Ringhofer ergriff sodann das Wort zur „Aufklärung von terminologischen Mißverständnissen". Wenn er das Wort „politisch" gebraucht habe, so sei dies nicht in einem negativen Sinn geschehen. „Wir alle haben hier unsere Überzeugung zum Ausdruck gebracht und haben insoferne politische Bekenntnisse abgelegt." Er wollte, führte Sekt.Rat Ringhofer weiter aus, nur betonen, daß sich heute die Meinung „etabliert" habe, die von jener der Autoren der Bundesverfassung abweiche, daß beide Standpunkte eine „gewisse Berechtigung" hätten, daß es sich aber in beiden Fällen um eine „subjektiv persönliche Überzeugung", nicht aber um ein „exakt objektiv wissenschaftliches Argument" handle. In diesem Sinne, schloß Sektionsrat Ringhofer, wolle er das Wort „politisch" verstanden wissen.

Sektionschef Loebenstein stellte sodann die Frage zur Diskussion, ob es nicht zweckmäßig wäre, im Interesse einer präziseren Erfassung der Gefahren, die Punkt 5 des Fragenprogramms anzudeuten sucht, Sachverständige – etwa aus den Bereichen der Technik, der Biologie, der Anthropologie, der Psychologie, der Soziologie – zu hören.

Prof. Werner und Prof. Walter vertraten die Meinung, es sei zweckmäßig, die Probleme des Punktes B 5 zuerst im Kollegium zu beraten und nach Maßgabe des Fortganges dieser Beratungen dann Sachverständige beizuziehen. Die übrigen Kollegiumsmitglieder schlossen sich dieser Meinung an.

Sektionschef Loebenstein stellte daraufhin fest, man werde bei dieser Vorgangsweise den Punkt B 5 zunächst nicht abschließend behandeln können, sondern nach seiner erstmaligen Beratung zu bestimmten Fragen geeignet erscheinende Sachverständige einladen. Sodann dankte Sektionschef Loebenstein den Kollegiumsmitgliedern für ihre wertvolle Mitarbeit und schloß die Tagung.

Protokoll über die am Freitag, den 30. April 1965 im Bundeskanzleramt abgehaltene 4. Arbeitstagung des Expertenkollegiums für Probleme der Grund- und Freiheitsrechte

Vorsitzender:	Sektionschef Dr. Edwin Loebenstein.
Teilnehmer:	Rechtsanwalt Dr. Hans Beck;
	Rechtsanwalt Dr. Armin Dietrich,
	Präsident der Rechtsanwaltskammer für Kärnten;
	Prok.Koär. Dr. Michael Graff;
	Hofrat der oberösterreichischen Landesregierung
	Landtagsdirektor Alfred Kaltenberger;
	Univ.Prof. Dr. Hans Klecatsky;
	Parl.Rat Alfred Kobzina;
	Abgeordneter zum Nationalrat Dr. Karl Kummer;
	Hofrat des Verwaltungsgerichtshofes
	Dr. Friedrich Lehne;
	Hofrat der Kärntner Landesregierung
	Dr. Helmuth Lora;
	Univ.Prof. Dr. René Marcic;
	Abgeordneter zum Nationalrat Karl Mark;
	Abgeordneter zum Nationalrat
	Rechtsanwalt Dr. Alexander Nemecz;
	Univ.Prof. Dr. Helfried Pfeifer;
	Sektionsrat Dr. Kurt Ringhofer;
	Rechtsanwalt Dr. Wilhelm Rosenzweig,
	Mitglied des Verfassungsgerichtshofes;
	Univ.Prof. Dr. Robert Walter;
	Min.Rat Dr. Hans Weiler;
	Univ.Prof. Dr. Leopold Werner,
	Senatspräsident des Verwaltungsgerichtshofes,
	Mitglied des Verfassungsgerichtshofes;
	Univ.Prof. Dr. Günther Winkler;
Entschuldigt:	Univ.Prof. Dr. Felix Ermacora;
	Univ.Prof. Dr. Hans Floretta,
	Kammeramtsdirektor der Kammer für Arbeiter und
	Angestellte in Salzburg;
	Mitglied des Bundesrates Leopold Gratz;

Staatssekretär a.D. Univ.Prof. Dr. Franz Gschnitzer;
Abgeordneter zum Nationalrat Dr. Emil van Tongel.

I.

Zu Beginn der Tagung begrüßte *Sektionschef Loebenstein* die Tagungsteilnehmer und teilte mit, daß Bundeskanzler Dr. Klaus an der Vormittagssitzung wegen der Eröffnung der Grazer Messe nicht teilnehmen könne, jedoch wegen des besonderen Interesses, das er den Beratungen entgegenbringe, bemüht sein werde, in der Nachmittagssitzung ab 16 Uhr den Vorsitz zu führen. Sodann gab Sektionschef Loebenstein die Entschuldigungen bekannt und ersuchte die Mitglieder des Kollegiums, im Interesse des Fortganges der Arbeiten möglichst regelmäßig an den Beratungen teilzunehmen. Es werde nicht möglich sein, in einem späteren Stadium der Beratungen über bereits abgeschlossene Fragen neuerlich die Beratungen aufzunehmen. In einer Übersicht über das weitere Arbeitsprogramm führte Sektionschef Loebenstein dann aus, daß nach dem Abschluß der Beratungen über das vorliegende Fragenprogramm auf Grund eines weiteren Fragenprogramms in die Beratungen über die einzelnen Gruppen von inartikulierungsfähigen und inartikulierungswürdigen Werten eingetreten werden soll. Auf den Beratungsergebnissen aufbauend soll dann vom BKA-VD ein Gesetzentwurf ausgearbeitet und den Mitgliedern des Kollegiums ebenso wie den in Betracht kommenden Behörden und Organisationen zur Begutachtung zugeleitet werden. Es sei auch in Aussicht genommen, den Beratungen über das 2. Fragenprogramm Vertreter der jeweils beteiligten Zentralstellen und Organisationen als Sachverständige beizuziehen.

RA Rosenzweig führte hiezu aus, es wäre zweckmäßig, den vom BKA-VD zu erarbeitenden Gesetzentwurf zuerst im Kollegium zur Diskussion zu stellen.

Sektionschef Loebenstein behielt sich eine Stellungnahme zu dieser Anregung vor.

Nach einer kurzen Beratung wurde sodann als Termin der nächsten Tagung des Kollegiums der 2. Juni 1965 festgelegt.

Im Anschluß daran gab *Sektionschef Loebenstein* an Hand des Fragenprogramms die nächsten Beratungsgegenstände bekannt. Er nannte als solche die Probleme der privatwirtschaftlichen Funktionen des Staates, des Verhältnisses des Einzelnen zu den nichtstaatlichen Machtzentren einschließlich der Kammern, weiter das Problem der Drittwirkung, die Veränderungen in der Struktur der politischen Kräfte und in ihrem Verhältnis zueinander, die besonderen Gewaltverhältnisse, die Entwicklung zur Parteiendemokratie, das Vordringen der Egalitätstendenzen und das Problem der „wehrhaften Demokratie“. Im Anschluß daran werde die auf Antrag von RA Rosenzweig zurückgestellte Frage zu behandeln sein, ob der Grundrechtskatalog ein Spiegel der gemeinsamen Wertvorstellungen des Staatsvolkes oder von diesen Wertvorstellungen unabhängig sein soll. Danach werde der Abschnitt B 5 des Fragenprogramms generell zu erörtern und im Anschluß daran die Frage zu prüfen sein, ob zu diesem Problem auch Sachverständige aus anderen Bereichen der Wissenschaft gehört werden sollen.

Dieses Programm fand die Zustimmung des Kollegiums.

Sektionschef Loebenstein eröffnete daher die Beratungen über die Frage, ob „man Grundrechtsnormen zugunsten des einzelnen Individuums auch gegenüber dem Staat als Träger von Privatrechten“ sowie gegenüber „anderen öffentlichrechtlichen Institutionen, soweit sie als Träger von Privatrechten in Erscheinung treten“, instituieren soll und ob allenfalls bereits bestehende Grundrechtsnormen dieser Art hinreichend effektiv sind. Als Kehrseite hiezu nannte Sektionschef Loebenstein die weitere Frage, ob „der Staat und sonstige öffentlich-rechtliche Rechtsträger, wenn sie scheinbar in das Gewand des Privatrechtsträgers oder der Rechtsperson des Privatrechtes gekleidet auftreten, sich ihrerseits auf Grundrechtsnormen berufen können oder berufen sollen oder berufen dürfen und wenn ja, etwa nur im Verhältnis der öffentlichen Gewalten zueinander oder auch im Verhältnis zu jedwedem anderen Rechtsträger.“ Besondere Bedeutung gewinne diese letztere Frage im Zusammenhang mit Subventionsmaßnahmen der öffentlichen Hand.

Hofrat Lora führte sodann aus, der Staat sei „in seiner Tätigkeit als Privater nach der Fiktion unserer Verfassung völlig Privaten gleichgestellt“. Deshalb komme gegenüber dem Staat als Träger von Privatrechten nur die Drittwirkung der Grundrechte in Betracht. In Österreich sei aber der Zeitpunkt für Regelungen, die zur Geltendmachung der Drittwirkung gegen Gerichtsurteile den Weg zum VerfGH. eröffnen, noch nicht gekommen. Anders verhalte es sich mit der Durchsetzung des Legalitätsprinzips im Bereich der staatlichen Privatwirtschaftsverwaltung. Gegen Maßnahmen in diesem Sinne sei zu unrecht eingewendet worden, der Privatwirtschaftsverwaltung dürfe man „keine Fesseln anlegen“. Es seien durchaus Regelungen, insbesondere auch hinsichtlich der Subventionsverwaltung, denkbar, die – mit Hilfe von unbestimmten Rechtsbegriffen – „die Richtung des Staates weisen und die trotzdem keine kasuistischen Fesseln bei der Durchführung dem Staat auferlegen“. Verfrüht aber sei es, „irgendwie die Privattätigkeit des Staates grundrechtsmäßig zu erfassen“.

Prof. Marcic wies zunächst darauf hin, daß die Grundrechte in Österreich, wenn man von der MRK absieht, rechtshistorisch und rechtsdogmatisch als Abwehrrechte gegen Hoheitsakte anzusprechen sind. In rechtstheoretischer Hinsicht aber müsse die von Kelsen und Merkl vertretene, schon auf Richard Thoma und Bierling zurückgehende Lehre von der einheitlichen Rechtsqualität „schlechthin aller Akte, die sich im Staat ereignen, wer immer sie setzt“, berücksichtigt werden. Rechtstheoretisch sei daher gegen eine Ausdehnung des Grundrechtsschutzes auch in den Bereich der nichtbehördlichen Staatsakte nichts einzuwenden. Offen bleibe die Frage, ob „die soziologischen Bedingungen dafür sprechen, daß wir diesen Schritt wagen". Und diese Frage sei zu bejahen. Zur Begründung dieses Standpunktes verwies Prof. Marcic auf die wiederholten Darlegungen Hans Klecatskys, wonach zwar wegen eines Strafmandates von 10.- Schilling der VerfGH. in Anspruch genommen werden kann, gegen privatwirtschaftliche Maßnahmen aber, bei denen es um Millionenbeträge gehen kann, eine gleichartige Möglichkeit nicht besteht. Der Staat dringe immer mehr in die früher der Gesellschaft vorbehaltenen Bereiche ein und von hier aus sei der Einzelne durch nichtbehördliche Akte sehr häufig in seinen Rechten ernster gefährdet als vom Bereich der behördlichen Verwaltung.

Prof. Klecatsky vertrat zunächst die Auffassung, daß die Diskussion nun „am zentralsten Punkt des ganzen Themenkreises" angelangt sei. Die Entwicklung zum Wirtschaftsverwaltungsstaat sei eine mondiale Erscheinung. Diese Entwicklung bringe mit sich, daß der Staat „rechtlich ungeformte Handlungen setzt, ebenso wie das im Zeitalter der absoluten Monarchie der Fall gewesen ist". Das bringe mit sich, daß „die von der Rechtslehre und Judikatur in Jahrzehnten mühsam aufgebauten Formen hoheitlichen Handelns zerstört werden". Jeder Akt der Privatwirtschaftsverwaltung des Staates und der anderen „öffentlichen Kollektive" habe, wie schon Weiler vor Jahren dargelegt habe, ambivalente Wirkungen, u.zw. eben auch die typischen Wirkungen des Hoheitsaktes. Der Verzicht auf die Unterordnung der öffentlichen Privatwirtschaftsverwaltung unter die Grundrechte würde nicht nur bedeuten, daß man die Zerstörung der für die Hoheitsverwaltung entwickelten Rechtsformen – Bescheide, Verordnung – hinnimmt, sondern er würde darüber hinaus auch die Preisgabe des Schutzes bedeuten, der gegenüber diesen Rechtsformen entwickelt wurde. Der Grundrechtsschutz gegenüber der öffentlichen Privatwirtschaftsverwaltung sei daher unerläßlich. Bei Maßnahmen in dieser Richtung werde darauf Bedacht zu nehmen sein, daß die öffentliche Hand sehr häufig getarnt, als Gesellschaft, als Anstalt, als Fonds tätig wird. Auch die traditionelle Rechtsfigur des „beliehenen Unternehmens" werde herangezogen, nicht selten allerdings in einer Weise, bei der es nicht mehr um die Durchführung von Staatsverwaltung, sondern um die Begünstigung gewisser Gruppen gegenüber anderen gehe. Den Gedanken, auch dem Staat und den Kollektiven, die vom Staat delegierte Macht besitzen, Grundrechte einzuräumen, lehnte Prof. Klecatsky entschieden ab. Hier gehe es um Fragen der Staatsorganisation, des Föderalismus, der Stellung der Gemeinden, der Stellung der politischen Parteien und um Fragen der Selbstverwaltung.

Sektionschef Loebenstein bemerkte hierzu, daß es ihm bei den Arbeiten an der Gemeindeverfassungsnovelle deshalb um die Ausstattung der Gemeinden mit gewissen Bestandsgarantien gegangen sei, weil auf diese Weise dem Subsidiaritätsprinzip Rechnung getragen werden könnte.

Prok.Koär. Graff wies zunächst darauf hin, daß die Frage der rechtlichen Determinierung der Privatwirtschaftsverwaltung von der Frage des Grundrechtsschutzes gegenüber Akten der Privatwirtschaftsverwaltung zu trennen ist. Die Probleme, die sich in diesen beiden Bereichen stellen, seien wesentlich verschieden. Im Zusammenhang mit der Frage des Grundrechtsschutzes sei zu beachten, daß die Privatwirtschaftsverwaltung in vielen Formen in Erscheinung tritt. Denke man etwa an die Vergebung von Subventionen, so stelle sich die Frage, wie ein Grundrecht zum Schutze des bei der Vergebung Übergangenen gestaltet sein könnte. Ebenso unklar sei, wie der Grundrechtsschutz gegenüber der Ausübung von Anteilsrechten des Bundes an einer Kapitalgesellschaft gestaltet sein könnte. Vor allem müßte in diesem Zusammenhang die prozessuale Problematik im Auge behalten werden, da ja das Ziel des Grundrechtsschutzes die Remedur sein müsse.

Prof. Winkler verwies zunächst darauf, daß im Staatsdenken immer wieder politische Romantik sich geltend macht. So habe etwa bei der revolutionären Durchsetzung des demokratischen Gedankens der naive Glaube bestanden, es genüge schon, daß die Macht aus den Händen des absoluten Monarchen an die Volksvertretung gelangt. Gegen die neuen Machtträger Sicherungen zu schaffen, wurde nicht als notwendig erachtet. Sodann befaßte sich Prof. Winkler mit der Funktion des grundrechtlichen Eigentumsschutzes im Rahmen der österreichischen Verfassung. Der Art. 5 des StGG. war als eine Freiheitsgarantie gedacht, zum Schutze dessen, der Eigentum hat. Heute werde auch an die Möglichkeit eines Mißbrauches des Eigentums gedacht und einzelne Verfassungen hätten dem Rechnung getragen, indem sie dem Eigentum Verpflichtung auferlegen. Solche Verpflichtungen seien auch mit dem öffentlichen Eigentum zu verbinden. Der Staat als Vermögensträger sei nicht besser als der Einzelne und es sei ihm daher auch nicht mehr Schutz zu gewähren. Die Vermögensmacht des Staates befähige zur Willkür, aus Wirtschafts- und Gesellschaftsmacht drohe letzten Endes die Zerstörung der individuellen Freiheit. „Wo immer sich die Macht ballt, ist nicht das Problem, die Macht zu schützen, sondern die Macht zu teilen und die Macht zu kontrollieren, Macht gegen Macht zu setzen in einer rechtlichen Ordnung." Auf Grund dieser Erwägung, so fuhr Prof. Winkler fort, schließe er sich der Auffassung von Prof. Klecatsky an, daß ein Grundrechtsschutz zugunsten der öffentlichen Privatwirtschaftsverwaltung nicht in Betracht kommt. Die Rechtsbeziehungen der Träger öffentlicher Gewalt zueinander hätten mit dem Grundrechtsschutz nichts zu tun. Sie seien „nach ganz anderen staatstheoretischen Gesichtspunkten zu behandeln". Wohl aber bleibe die Frage des Schutzes des Einzelnen, der mit dem Staat paktiert, sei es als Arbeitnehmer, sei es als Wirtschaftstreibender. Er habe, führte Prof. Winkler weiter aus, „mehr und mehr die Überzeugung, daß man aus der Vorstellung, weil der Staat Eigentümer ist, ist alles gut, ist alles in Ordnung, geneigt ist, den Staat in Schutz zu nehmen". Symptomatisch für die Situation sei etwa das Elektrizitätsrecht. Es räume den Elektrizitätsunternehmen Befugnisse zu „sofortigen Zwangsmaßnahmen ein, die geradezu legalisierte Willkürmaßnahmen sind". Schon wegen eines Groschens Leistungsverzug könne das Elektrizitätsversorgungsunternehmen die Stromlieferung einstellen. Als Rechtsmittel stehe in solchen und ähnlichen Fällen nur die zivilgerichtliche Klage zur Verfügung. Im Zivilprozeß aber habe die öffentliche Hand in der Regel den längeren Atem.

Sektionschef Loebenstein stellte sodann fest, daß die zur Diskussion stehende Problematik mit dem Legalitätsprinzip allein nicht gelöst werden könne. So biete dieses Prinzip beispielsweise keinen Schutz gegen Verletzungen des Gleichheitssatzes.

RA Beck führte aus, daß der Staat „in Bezug auf die Privatwirtschaft in einer dreifachen Richtung auftritt". Als erste Richtung nannte RA Beck den Betrieb von Unternehmungen, die zu 100% dem Staat gehören, daher zwar unter politischem Einfluß stehen, aber doch „normal privatwirtschaftlich handeln". Als weitere Richtung nannte RA Beck den Fall des Eingriffes in privatwirtschaftliche Verhältnisse durch die Gesetzgebung. Ein Beispiel dafür habe sich im Falle der Zellwolle Lenzing AG. ergeben: Hier sei durch ein Gesetz ein Erkenntnis des OGH vernichtet worden. Die dritte Richtung schließlich zeige sich dort, wo sich der Staat „in das Gewand des Privatrechts verkleidet". Ein Beispiel hiefür sei jene Regelung im 1. Staatsvertragsdurchführungsgesetz, die Einwendungen gegen vom Bund geltend gemachte Geldforderungen ausschloß. Hier müsse eingegriffen, dem Staat die „Maske der Privatwirtschaft" genommen und der Weg zu den Gerichtshöfen des öffentlichen Rechts eröffnet werden. Es handle sich um einen „Mißbrauch des Privatrechts". Ähnlich verhalte es sich mit der Gründung einer Rundfunkgesellschaft durch den Staat. Sodann wandte sich RA Beck der Subventionsproblematik zu und warf die Frage auf, warum es nicht möglich sein sollte, die Subventionstätigkeit durch Gesetz genau zu regeln und Mißachtungen des Gesetzes unter verfassungsgerichtliche Sanktion zu stellen. Es könnte dann etwa der Rechnungshof legitimiert sein, Rechtswidrigkeiten beim VerfGH geltend zu machen.

Parl.Rat Kobzina schloß sich der von Prof. Marcic vertretenen Auffassung an, daß die Grundrechte dem ursprünglichen Sinn nach gegen hoheitliches Handeln des Staates gerichtet sind und verband damit die Feststellung, daß „die Grundrechte individualistisch ausgerichtet sind und dem Schutz des Einzelnen vor jedem kollektiven Zugriff dienen". Das zur Diskussion stehende Problem sei einerseits ein solches der Drittwirkung, andererseits aber auch ein solches der besonderen Gewaltverhältnisse. Der Tagesordnung gemäß scheide der letztere Gesichtspunkt aber vorläufig aus. Der von Ipsen geprägte Begriff der Drittwirkung habe die Bindung des Staates als Privatrechtssubjekt ebenso wie die Bindung der Privaten an die Grundrechte zum Gegenstand. Es sei in diesem Zusammenhang von besonderem Interesse, daß schon in das ABGB Grundrechtsbestimmungen aufgenommen worden sind. Es unterliege heute kaum mehr einem Zweifel, daß die „fiskalische Verwaltung keine grundrechtsfreie Verwaltung ist". Nach Dürig liege dieser Auffassung die Einsicht zugrunde, daß „sich der Staat durch bloße Auswechslung der Rechtsformen nicht seiner öffentlich-rechtlichen Verantwortung entziehen darf". Es gehe darum, daß „ein bloßes Changieren der Rechtsformen verhindert werden soll, das ein Changieren der Rechtsmoral bewirkt". Im Sinne dieser Ausführungen sprach sich Parl.Rat Kobzina aus für „eine Anwendbarkeit der Grundrechte nicht nur im Bereich des privatwirtschaftenden Staates, sondern in jedem Bereich, in dem dem Einzelnen ein Kollektiv gegenübertritt".

RA Rosenzweig führte aus, er sehe das Problem in der Frage: "Was darf der Staat anders als in hoheitlicher Form regeln?" Es müsse dem Staat unmöglich gemacht werden, „etwas, was auch in Formen der normalen hoheitlichen öffentlichen Verwaltung durchgeführt werden kann, in das Gebiet der Privatwirtschaft zu geben oder dort zu belassen und dadurch den Kontrollen zu entgehen". RA Rosenzweig vertrat die Auffassung, daß „jedenfalls das gesamte Förderungswesen hierher gehört und auch alle diejenigen Tätigkeiten, die damit im Zusammenhang stehen, z.B. auch sagen wir Vergebung von Wohnungen, die mit öffentlichen Mitteln gebaut worden sind, sodaß hier also, wenn diese Tätigkeiten nach den Grundsätzen des Legalitätsprinzips geregelt werden, in hoheitsrechtlichen Formen darüber entschieden wird und die Möglichkeit besteht, all die Kontrollen durch denVerwGH. und VerfGH. dabei anwenden zù lassen". Hingegen müßten zwei andere Formen der öffentlichen Vermögensverwaltung von der hoheitlichen Verwaltung ausgeschlossen und der Privatwirtschaftsverwaltung vorbehalten bleiben. Die eine Form sei der Betrieb von Unternehmungen in Konkurrenz mit anderen in- und ausländischen Unternehmungen. Hievon zu unterscheiden seien die Versorgungsunternehmungen, von denen zur Zeit einzelne in privatwirtschaftlichen, andere in hoheitlichen Formen geführt würden. Bei diesen Unternehmungen sei es denkbar, eine „Mischform zwischen hoheitlicher Tätigkeit und privatwirtschaftlicher Form der Verwaltung zu schaffen, die die entsprechenden Kontrollen gibt". Dies gelte beispielsweise für die von Prof. Winkler genannten Elektrizitätsversorgungsunternehmungen. Anders lägen die Verhältnisse „bei denjenigen Unternehmen, die echte Wirtschaftsführung sind, also das Betreiben, die Ausübung der Anteilsrechte hinsichtlich einer Bank oder sagen wir der VÖST, der Stickstoffwerke, der Alpine-Montan". Hier ergebe sich aus der zur Zeit bestehenden Regelung der große Vorteil, „daß diese Verwaltung nicht in einer bürokratischen Form erfolgt, sondern daß man die gleichen Formen der Unternehmensführung dort einrichtet, wie sie in der sonstigen wirtschaftlichen Tätigkeit Privater vorgenommen wird". In diesen Fällen sei die Einführung hoheitlicher Regelungen nicht möglich. Hier helfe nur „die öffentliche politische Kontrolle gegen den Mißbrauch der Gewalt". Kontrollen dieser Art ergäben sich aus dem Kompetenzgesetz, aber auch durch die Kontrolle des Rechnungshofes und „sonstige Kontrollen dieser Art, die, je stärker sie sind, desto mehr von mir begrüßt werden". Diese Kontrollen, führte RA Rosenzweig weiter aus, seien ausreichend. Würde die privatwirtschaftliche Tätigkeit der öffentlichen Hand im Sinne dieser Erwägungen eingeschränkt, so wäre es „durchaus gerechtfertigt, auch den einzelnen Rechtsträgern, den juristischen Personen, die im Eigentum der öffentlichen Hand stehen, den gleichen Grundrechtsschutz wie anderen Privaten zuzuerkennen. Es ist nicht einzusehen, warum, sagen wir, die Gesetzgebung hier bei Unternehmen unterscheiden soll zwischen, sagen wir, der VÖST und, sagen wir, der Veitscher-Magnesit". Es solle „durchaus die Gleichheit, sagen wir, auf dem Gebiet der Steuern und der öffentlichen Abgaben für diese Unternehmungen bestehen, aber auch keine Benachteiligung solcher Unternehmungen gegenüber privaten Unternehmungen".

Auf Grund einer Anfrage von *Sektionschef Loebenstein* ergänzte RA Rosenzweig seine Ausführungen dahin, daß er seine Grenzziehung zwischen hoheitlicher und privatwirtschaftlicher Wirtschaftstätigkeit der öffentlichen Hand de lege ferenda verstanden wissen wolle. Sektionschef Loebenstein bemerkte hiezu, daß eine solche Grenzziehung wohl sehr schwierig sein werde.

Prof. Pfeifer vertrat, an die Ausführungen von Hofrat Lora anknüpfend, die Auffassung, daß bei der Privatwirtschaftsverwaltung der öffentlichen Hand im Grunde ein und dasselbe Problem vorliegt wie bei der Privatwirtschaftsverwaltung anderer Rechtsträger. Es gehe um die Frage, ob die Grundrechte nur gegenüber der hoheitlichen Betätigung des Staates gelten, also lediglich relative Wirkung haben sollen oder aber mit absoluter, jedermann treffenden Wirkung ausgestattet sein sollen. Die Frage der Geltung der Grundrechte für die öffentliche Privatwirtschaftsverwaltung stelle nur einen Spezialfall dieses grundlegenden Problems dar. Historisch gesehen seien die Grundrechte zwar in erster Linie gegen die staatliche Hoheitsgewalt gerichtet gewesen, aber schon das StGG. habe eine Ausnahme geschaffen, da sein Art. 10 zur Achtung des Briefgeheimnisses jedermann verpflichtet. In der Weimarer Verfassung seien die Grundrechte der freien Meinungsäußerung und der Vereinsfreiheit so formuliert, daß von ihnen nicht nur der Staat, sondern jedermann verpflichtet wurde. Dieser Entwicklung folgend werde von Nipperdey und Dürig die Meinung vertreten, daß die Grundrechte absolute Geltung haben. In dieselbe Richtung weise der Art. 13 der MRK. Auch der Art. 8 der MRK sei in einer Weise gestaltet, die seine absolute Geltung klar erkennen läßt. Man könne daher, führte Prof. Pfeifer weiter aus, das Problem nicht auf die öffentliche Privatwirtschaftsverwaltung beschränken. Vielmehr sei zu der Frage Stellung zu nehmen, ob den Grundrechten absolute Geltung zukommen soll. Wird diese Frage bejaht, so ergebe sich die weitere Frage, in welcher Weise der Schutz gegen nicht hoheitliche Grundrechtsverletzungen effektuiert werden soll. Hiefür käme nicht nur die Anrufung des VerfGH., sondern der Weg zum ordentlichen Gericht mit der Klage auf Unterlassung, auf Schadenersatz, allenfalls auch auf Bestrafung in Betracht.

Sektionschef Loebenstein legte sodann dar, daß „man eben aus der Problematik der Nichteinfangbarkeit der Staatszwecke und der von vornherein zunächst einmal illimitierten Staatszwecke nicht absehen kann, ob etwas hoheitlich oder vermögensrechtlich nur betrieben wird und die zunächst harmlose Vermögenstätigkeit sich aber in Wahrheit zu Lasten der Grund- und Freiheitsrechte des Individuums verheerend auswirken kann". Er verwies in diesem Zusammenhang auf das Erkenntnis des VerfGH. Slg. Nr. 3118, in dem der VerfGH. in der Grundrechtsordnung gelegene Grenzen für die öffentliche Privatwirtschaft nachgewiesen hat.

Prof. Klecatsky befaßte sich im Zusammenhang mit den Art. 5 und 6 des StGG. mit dem Gedanken der Geschlossenheit der Grundrechtsordnung. Niemand könne wohl bezweifeln, daß diese Bestimmungen eine freie Wirtschaftsordnung gewährleisten, daß sie die freie wirtschaftliche Betätigung des Einzelnen sicherstellen. Diesen Bestimmungen stellte Prof. Klecatsky jene Verfassungsnormen gegenüber, die als Grundlage für die Unternehmertätigkeit der öffentlichen Hand in Anspruch genommen werden. Er verwies diesbezüglich auf die Art. 17 und 116 (2) des B.-VG. Jeder österreichische Staatsbürger werde demnach „von drei Gebietskörperschaften bewirtschaftet: Vom Bund, dem Land und der Gemeinde". Hinzu komme die Judikatur des VerfGH, wonach sich in der Verfassung keine Norm findet, die die organisatorische Verbindung von Hoheits- und Wirtschaftsverwaltung in einer Hand untersagt, die ebenfalls vom VerfGH. bejahte Möglichkeit der entschädigungslosen Enteignung sowie die Auffassung des VerfGH., daß der Finanzverfassung ein Vorbehalt der Abgabenerträge zugunsten der Hoheitsverwaltung fremd ist, woraus folge, daß Abgabenerträge auch der staatlichen Unternehmertätigkeit zugeführt werden können. Hinzu komme schließlich die Auffassung, daß der Staat, um wirtschaften zu können, zwar organisatorische, nicht aber materiell-rechtliche Normen benötigt. Dadurch sei die Rechtslage im Bereich der staatlichen Unternehmertätigkeit bestimmt, dem die Privatwirtschaftsordnung gegenübersteht. Das Kernproblem liege darin, wie „jene Wirtschaftsakte, die rechtlich ungeformt permanent beeinträchtigen den privatwirtschaftlichen Teil der Rechtsordnung, wie man also jene Wirtschaftsakte einer rechtlichen Kontrolle unterwerfen kann". Man soll daher untersuchen, „in welchen Rechtsformen gebunden werden soll jene Staatswirtschaft, die nicht, wie der Herr RA Dr. Rosenzweig gesagt hat, offen verhoheitlicht werden kann und die auch nicht durch rechtliche Mischformen, hoheitliche, privatwirtschaftliche, einer rechtlichen Kontrolle unterworfen werden soll".

Sektionschef Loebenstein bemerkte hiezu, daß erst die Vorfrage beantwortet werden müßte, „wo die Grenze liegen soll zwischen den Staatszwecken, die mit hoheitlichen Mitteln verfolgt werden dürfen oder sollen und solchen, die nicht mit hoheitlichen Mitteln verfolgt werden dürfen".

Prof. Werner vertrat die Auffassung, daß in erster Linie versucht werden müßte, auch im Bereich der öffentlichen Privatwirtschaft das Legalitätsprinzip des Art. 18 (1) des B.-VG. voll durchzusetzen u.zw. durch die Schaffung nicht nur von Zuständigkeitsvorschriften, sondern auch durch materielle und verfahrensrechtliche Regelungen. Den Grundrechtsschutz in diesem Bereich zu realisieren, werde sehr schwierig sein. Inwieweit sich der Staat privatwirtschaftlich betätigen soll, sei eine Frage der Staatsziele. Freilich könne nicht übersehen werden, daß „die persönliche Freiheit umso geringer wird, je größer der Umfang der privatwirtschaftlichen Betätigung ist".

Sektionschef Loebenstein bemerkte hiezu, auch er halte die Durchsetzung des Legalitätsprinzips im Bereich der öffentlichen Privatwirtschaft für unerläßlich. Er sei aber auch der Meinung, daß Maßnahmen in dieser Richtung den Grundrechtsschutz nicht entbehrlich machen.

Prof. Werner erwiderte, die Entscheidung über den Umfang der privatwirtschaftlichen Betätigung des Staates sei „eine politische Entscheidung, die an anderen Orten fällt und gegen die es andere Rechtsschutzinstitutionen gibt, aber nicht den Grundrechtsschutz".

Sektionschef Loebenstein stellte hiezu fest, er habe die Ausführungen von RA Rosenzweig dahin verstanden, daß eine Norm zu schaffen wäre, welcher Bereich der Staatswirtschaft den Formen der Hoheitsverwaltung unterworfen bleiben muß. Die Ausführungen von Prof. Werner aber hätten offenbar die prozessuale Seite des Grundrechtsschutzes gegenüber allen Erscheinungsformen der öffentlichen Privatwirtschaft, also auch gegenüber der Tätigkeit von Kapitalgesellschaften, deren Anteilsrechte Staatseigentum sind, zum Gegenstand gehabt. In dieser Richtung könne an die Möglichkeit der Anrufung der ordentlichen Gerichte gedacht werden, wenngleich nicht zu übersehen sei, daß sich die Gerichte bisher mit den Grundrechten kaum befaßt haben.

Prof. Winkler befaßte sich mit der in Literatur und Rechtsprechung des öfteren vertretenen Meinung, der Staat habe die „freie Wahl zwischen der Privatwirtschaftsverwaltung und der Hoheitsverwaltung". Durch diese Auffassung werde es der öffentlichen Hand ermöglicht, „in die Hoheitsverwaltung zu flüchten, wo es gerade angenehm ist, und damit unausweichliche Rechtsfolgen zu umgehen, die der Private selbstverständlich übernehmen muß". Prof. Winkler erläuterte seine Ausführungen an Hand eines praktischen Falles aus dem Wohnungsrecht, in dem zur Umgehung der privatrechtlichen Vorschriften die Einweisung in eine Wohnung auf Grund des Reichsleistungsgesetzes stattfand und an Hand eines weiteren Falles aus dem Straßenrecht, in dem öffentlicher Straßengrund gegen Entgelt einer bestimmten Person zur Benützung überlassen und damit der Öffentlichkeit entzogen wurde. Die Meinung, der Staat habe zwischen Hoheitsverwaltung und Privatwirtschaftsverwaltung die freie Wahl, sei unrichtig. In allen Fällen, in denen eine Angelegenheit hoheitsrechtlich geregelt ist, sei der Staat auf hoheitliche Mittel beschränkt. Sodann befaßte sich Prof. Winkler mit der von RA. Rosenzweig getroffenen Unterscheidung zwischen Versorgungsunternehmungen und in der Konkurrenzwirtschaft tätigen Unternehmungen der öffentlichen Hand und führte aus, es sei eine soziologische Tatbestandsaufnahme notwendig, um zu klären, „wie weit die Gefährdungen reichen und wie echt die Gefährdungen tatsächlich sind". Die auf Erwerb gerichteten, in der Konkurrenzwirtschaft tätigen Unternehmungen hätten „genauso Steuern zu zahlen wie der Einzelne und sind genau so wenig zu subventionieren wie der Einzelne und genau so der Allgemeinheit verpflichtet wie der Einzelne". Eine Sonderstellung sei in keiner Weise gerechtfertigt. Tatsächlich bestünden aber – etwa hinsichtlich der Willensbildung – gesetzliche Regelungen, die die Erwerbsunternehmungen der öffentlichen Hand begünstigen.

Sektionschef Loebenstein erinnerte daran, daß in den letzten Jahrzehnten öfter die Meinung vertreten wurde, es sei im Interesse der Verwaltungsentlastung wünschenswert, der Privatwirtschaftsverwaltung gegenüber der Hoheitsverwaltung den Vorzug zu geben. So sei etwa 1948 im Wohnhauswiederaufbaugesetz für die Darlehensgewährung der Weg der Hoheitsverwaltung, 1954 aber im Wohnbauförderungsgesetz der Weg der Privatwirtschaftsverwaltung vorgesehen worden.

Prof. Marcic befaßte sich sodann mit der von den Professoren Klecatsky und Winkler vertretenen Meinung, der Staat bedürfe grundsätzlich nicht des Schutzes gegenüber anderen Kollektiven und gab zu bedenken, daß man nicht nur die augenblickliche österreichische Interessenlage im Auge haben dürfe. Er erinnerte daran, daß es einmal dem Bundeskanzler der BRD unmöglich gemacht wurde, im Fernsehen zu sprechen. Im Zeitalter der Emanzipation der Macht, in dem sich eine Vielzahl von Machtzentren entwickelt, müsse man „schon auch den Staat in Schutz nehmen, nicht um des Staates willen, sondern um unserer selbst willen, weil ja durch die Entmachtung des Staates die Garantie der Freiheit und der Gleichheit schwindet". Prof. Marcic verwies in diesem Zusammenhang auf den Druck, den die Wirtschaftsverbände in der BRD auf den Staat ausüben und auf die Maßnahmen, die in Österreich vom Gewerkschaftsbund im Zusammenhang mit dem Streik der Exekutive getroffen worden sind. Außerdem sei an die Möglichkeit zu denken, daß der Staat als Hoheitsträger mit dem Staat als Träger der Privatwirtschaftsverwaltung in eine Konfliktsituation gerät, die die Einheitsstruktur des Staates bedroht. Es könnte sich die Notwendigkeit ergeben, den Staat als Hoheitsträger gegenüber den hinter der staatlichen Privatwirtschaftsverwaltung stehenden Kräften in Schutz zu nehmen.

Parl.Rat Kobzina stellte zunächst fest, daß er zur Frage der Drittwirkung im allgemeinen nicht etwa deshalb sich nicht äußere, weil er die absolute Wirkung der Grundrechte ablehne, sondern nur aus Gründen der Tagesordnung. Sodann befaßte sich Parl.Rat Kobzina mit den Ausführungen von RA Rosenzweig und bemerkte, daß er eine politische Kontrolle nicht als Ersatz für eine fehlende rechtliche Kontrolle anerkennen könne. Außerdem bemerkte Parl.Rat Kobzina, es sei die Frage noch offen, welchen Staatszielen jene Unternehmungen der öffentlichen Hand dienen könnten, die nach der Einteilung von RA Rosenzweig vom Bereich der Hoheitsverwaltung ausgeschlossen bleiben müßten.

RA Beck führte aus, es müsse verhindert werden, daß Staatsfunktionen, die hoheitlich geregelt sein sollen, durch eine „Scheinprivatisierung" der Rechtskontrolle und der damit verbundenen Verfassungskontrolle entzogen werden. Auch sei es schwer, bei „fortgeschrittener und fortschreitender Verstaatlichungstendenz" den Bereich der Hoheitsverwaltung und der Privatwirtschaftsverwaltung abzugrenzen, da sich diese Grenze dauernd verändere. Es könnte aber daran gedacht werden, die derzeit vertretene Rechtsvermutung zugunsten der Privatwirtschaftsverwaltung durch eine Norm zu ersetzen, derzufolge im Zweifelsfalle von einem öffentlichen Kollektiv entfaltete Tätigkeiten dem Bereich der Hoheitsverwaltung zuzuordnen seien. Dadurch könne verhindert werden, daß sich die öffentliche Hand von ihr eingegangenen Verpflichtungen entzieht. Sodann befaßte sich RA Beck mit den Ausführungen von Prof. Klecatsky und vertrat unter Hinweis auf Art. 1 des Zusatzprotokolles zur MRK und § 365 des ABGB die Auffassung, daß entschädigungslose Enteignungen nicht mehr zulässig sind.

Min.Rat Weiler knüpfte an die Ausführungen von RA Rosenzweig an und warf die Frage auf, ob es zweckmäßig wäre, die Frage der Grundrechtsordnung mit dem sehr schwierigen Problem der Abgrenzung zwischen dem Bereich der Hoheitsverwaltung und jenem der Privatwirtschaftsverwaltung zu verbinden. Diese Frage stelle sich vor allem auch mit Rücksicht darauf, daß die Grundrechtsordnung zum Fundament der Rechtsordnung gehört und es vom Standpunkt der Rechtslogik problematisch wäre, die Geltung dieser Fundamentalnormen durch die Grenzziehung zwischen Versorgungs- und Erwerbsbetrieben einzuschränken. Sodann befaßte sich Min.Rat Weiler mit der Durchsetzung des Legalitätsprinzips im Bereich der öffentlichen Privatwirtschaftsverwaltung und führte aus, daß die Erreichung dieses Zieles insofern für den Grundrechtsschutz von entscheidender Bedeutung wäre, als ja dann Gesetze geschaffen werden müßten, bzw. geschaffen wären, die an den Grundrechten insbes. am Gleichheitssatz gemessen werden könnten. Offen bleibe dann aber nach wie vor die Frage, wie der Einzelne Grundrechtsverletzungen durch Gesetze, die die Privatwirtschaftsverwaltung regeln, geltend machen könnte und wie er sich gegen den Grundrechte verletzenden Bruch von verfassungsrechtlich einwandfreien Gesetzen dieser Art wehren könnte. In dieser Richtung biete die Durchsetzung des Legalitätsprinzips keinen Schutz. Sicherungen auch in dieser Richtung seien aber notwendig. Min.Rat Weiler machte sodann aufmerksam, daß neben der Führung von erwerbswirtschaftlichen Unternehmungen auch noch andere Bereiche der öffentlichen Privatwirtschaftsverwaltung zu berücksichtigen wären, vor allem der Bereich des öffentlichen Lieferungswesens. Außerdem trete der Staat auch als Partei in behördlichen Verfahren auf. In diesem Zusammenhang als Prozeßhandlungen gesetzte Staatsakte seien besonders dann von Interesse, wenn es sich um ein Verfahren vor der Verwaltungsbehörde eines Rechtsträgers handelt, der im Verfahren auch als Partei auftritt. Die vom VerfGH. in einem solchen, eine Gemeinde betreffenden Fall getroffene Feststellung, ein Widerspruch zu Art. 94 des B.-VG. liege nicht vor, lasse außer Acht, daß es sich vor allem um die Frage des „iudex in sua causa", also um eine das Rechtsstaatsprinzip berührende Frage handelt. Der Einzelne könne auf diese Weise in die Zange genommen werden: Auf der einen Seite sieht er die öffentliche Hand mit behördlichen Mitteln gegen sich vorgehen, auf der anderen Seite tritt sie ihm mit den Mitteln der nicht behördlichen Verwaltung gegenüber.

Sektionschef Loebenstein führte aus, daß sich die Verfassung derzeit einer Aussage über Staatsziele enthalte. Eine Untersuchung darüber, inwieweit der Staat hoheitlich und wieweit er als Träger von Privatrechten wirken soll, würde zur Frage der Staatsziele führen und hier würden sich sehr schwerwiegende Probleme stellen. Es frage sich, ob die Prüfung dieser Probleme nicht weit über die zur Diskussion stehende Neuordnung der Grundrechte hinausführen würde.

Hofrat Lora führte aus, daß die Durchsetzung des Legalitätsprinzips im Bereich der Privatwirtschaftsverwaltung bei den Gemeinden wahrscheinlich werde halt machen müssen. Der Art. 116 (2) des B.-VG. schließe Sondergesetze, die die privatwirtschaftliche Tätigkeit der Gemeinden regeln, aus.

Sektionschef Loebenstein erwiderte, daß der Art. 116 (2) nicht allein, sondern nur im Zusammenhalt mit dem Art. 119 gelesen werden dürfe.

RA Rosenzweig ging dann auf die Frage von Parl.Rat Kobzina ein, welchen Staatszwecken jene Unternehmungen dienen, die „nicht Versorgungsunternehmungen sind und daher auch meiner Meinung nach nicht im Wege der Hoheitsverwaltung betrieben werden können". Hier komme der „große politische Gegensatz zum Ausdruck zwischen, wie ich es nennen darf, den Verfechtern des kapitalistischen Systems und solchen, die für sozialistische Formen der Wirtschaftsführung sind". Es gehe um die Tatsache, daß die Führung „großer, entscheidender Unternehmungen, Grundindustrie oder Schwerindustrie, in Händen Einzelner diesen eine wirtschaftliche Machtkonzentration gibt, die eine Gefahr für alle anderen ist. D.h. es wird hier eine solche wirtschaftliche Macht geschaffen, sodaß der Gleichheitssatz, der formell durch die Bundesverfassung geschaffen wird, illusorisch wird". Man könne nun einwenden, daß ja die Möglichkeit besteht, „durch Gesetze diese wirtschaftliche Macht zu kontrollieren". Tatsächlich bestehe aber diese Möglichkeit „nur theoretisch und nur in einem sehr geringen Maß", denn „wenn die wirtschaftliche Macht in den Händen weniger konzentriert ist, wird sie mit Hilfe dieser wirtschaftlichen Macht die öffentliche Meinung und die Meinungsbildung in der Demokratie so beeinflussen können, daß ihre Interessen erhalten bleiben"; das habe die Entwicklung der Verbindung von Kapitalismus und Demokratie gezeigt. Deshalb sei es nach sozialistischer Auffassung erforderlich, „solche entscheidende wirtschaftliche Machtkonzentration in den Händen Privater nicht zuzulassen, weil sie dort einer wirksamen Kontrolle in Wirklichkeit nicht zugeführt werden kann, sondern sie in die öffentliche Hand zu überführen, wo sie von der Öffentlichkeit, von den demokratisch gewählten Organen kontrolliert werden kann". Bei der Prüfung der Frage, wie eine neue Grundrechtsordnung gestaltet werden kann, müsse von der Tatsache ausgegangen werden, „daß es hier diese beiden verschiedenen Auffassungen im Rahmen unseres Staates gibt und daß wir hier weder eine verfassungsrechtliche Verankerung des kapitalistischen, noch eine verfassungsrechtliche Verankerung des sozialistischen Systems vornehmen werden, sondern daß im Rahmen der demokratischen Formen der politischen Auseinandersetzung, des Ringens um die Durchsetzung gewisser politischer Auffassungen ein Mehr oder Minder des einen oder des anderen sich in den demokratischen Formen von Wahlen und Regierungsbildungen und politischen Programmen durchsetzen wird". Bei dieser Sachlage müsse davon ausgegangen werden, daß sich eine Reihe von großen Unternehmungen nicht in der Hand von Privatpersonen, sondern in der Hand des Staates befindet. Zu überlegen sei, wie einem Mißbrauch der bei diesen Unternehmungen konzentrierten wirtschaftlichen Macht vorgebeugt werden kann. Nun sei es gewiß nicht möglich, die „Staatsziele alle so genau abzugrenzen, daß man wirklich sehr scharfe Formen wird finden können. Aber ich glaube, daß doch der Großteil staatlicher Tätigkeit mit Ausnahme der Unternehmensführung, der gegenwärtig sich in Form der Privatwirtschaftsverwaltung abspielt, in Formen der Hoheitsverwaltung gekleidet werden kann". Damit aber sei das vorliegende Problem entschärft, weil für den Bereich der Hoheitsverwaltung die rechtliche Kontrolle im allgemeinen und der Grundrechtsschutz im besonderen gegeben ist. „Hinsichtlich dessen, was dann übrig bleibt, da gilt der Grundrechtsschutz und, glaube ich, in gleicher Weise, wie er für jeden Dritten gelten muß, d.h. wir müssen hier Formen finden der Drittwirkung von Grundrechten, die für staatliche Unternehmungen in gleicher Weise gelten wie für private Unternehmungen". Hinzu träten in diesem Bereich die politische Kontrolle, die Rechnungshofkontrolle und zusätzliche Pflichten, wie etwa die durch das Antikorruptionsgesetz begründeten. Hinzu kämen weiter jene Beschränkungen, die das Kompetenzgesetz für Bestellung der Organe vorsieht, um einen Mißbrauch für politische Zwecke zu verhindern. Bei Abwägung aller Vor- und Nachteile müsse gesagt werden, daß auf diese Weise ein „recht gutes System" geschaffen worden ist. Eine weitere Verbesserung werde eintreten, wenn entsprechend geschulte Fachkräfte in ausreichender Zahl zur Verfügung stehen. Es sei anzunehmen, daß die Entwicklung in diese Richtung geht. Für die Überführung in den Bereich der Hoheitsverwaltung komme, führte RA Rosenzweig weiter aus, vor allem das Förderungswesen in Betracht. Allerdings bedürfe die Frage, wie hier der Grundrechtsschutz effektuiert werden kann, noch einer näheren Prüfung. Ein anschauliches Beispiel für die Probleme, um die es hier geht, biete etwa das Problem der Beschwerde gegen die Verweigerung der Ernennung im Dienstrecht. Bis die Beschwerde zum Erfolg führt, sei der in Betracht kommende Posten schon besetzt.

Sektionschef Loebenstein bemerkte hiezu, daß in dieser Richtung schon bei der letzten Tagung auf die Notwendigkeit der institutionellen Garantie des Berufsbeamtentums verwiesen worden ist.

RA Rosenzweig erwiderte, auch er sei sehr dafür, daß „wir eben versuchen, solche neuen Formen zu finden". Für den Bereich der erwerbswirtschaftlich geführten Unternehmung der öffentlichen Hand aber komme nur die Drittwirkung der Grundrechte in derselben Weise in Betracht, wie gegenüber jedem anderen Rechtssubjekt.

Sektionschef Loebenstein stellte zunächst seine Übereinstimmung mit RA Rosenzweig dahin fest, daß eine verfassungsrechtliche Festlegung von Staatszielen nicht in Erwägung zu ziehen ist. Sodann befaßte er sich mit der von RA Rosenzweig ebenfalls vertretenen Meinung, daß dem nicht hoheitlichen Bereich staatlicher Wirtschaftstätigkeit nur die staatliche Erwerbswirtschaft vorzubehalten wäre. Sektionschef Loebenstein gab zu bedenken, daß wohl auch für die Führung von Rundfunk- und Fernseheinrichtungen durch die öffentliche Hand die Mittel der Hoheitsverwaltung nicht in Betracht kommen werden, wiewohl hier – etwa im Zusammenhang mit der Frage der Gegendarstellung – der Frage des Grundrechtsschutzes sehr erhebliche Bedeutung zukomme.

Prof. Werner warf die Frage auf, ob eine weitgehende Verschiebung der Grenze zwischen der Hoheits- und der Privatwirtschaftsverwaltung in der einen oder in der anderen Richtung mit dem der Bundesverfassung zugrunde liegenden historischen Begriffe der Verwaltung vereinbar wäre. Ähnlich verhalte es sich etwa mit einer weitgehenden Ausdehnung der Verwaltungsfunktionen zu Lasten der Gerichtsbarkeit. Es erhebe sich die Frage, ob so weitgehende Gewichtsverlagerungen nicht als Gesamtänderung der Bundesverfassung im Sinne des Art. 44 (2) qualifiziert werden müßten. Sodann befaßte sich Prof. Werner mit der gleichen Zugänglichkeit der öffentlichen Ämter und gab der Überzeugung Ausdruck, daß die Judikatur des VerfGH. – der den Begriff der Zugänglichkeit jenem der Bewerbungsfreiheit gleichsetzt – unrichtig ist.

Sektionschef Loebenstein bemerkte hiezu, er stimme zwar der Auffassung zu, daß es nicht zulässig wäre, die Gerichtsbarkeit zu Lasten der Verwaltung bzw. die Hoheitsverwaltung zu Lasten der Wirtschaftsverwaltung auszuhöhlen oder eine Aushöhlung im umgekehrten Sinne herbeizuführen. Er habe aber die Ausführungen der Vorredner nicht in diesem Sinne verstanden.

Hofrat Lehne hob zunächst hervor, daß Consens über die Schutzwürdigkeit und Schutzbedürftigkeit der Person und der kleinen Gemeinschaften „in Bezug auf die Machtmißbrauchsmöglichkeiten der Gebietskörperschaften hinsichtlich ihrer wirtschaftlichen Macht und hinsichtlich des Spielens zwischen den Möglichkeiten ihrer hoheitlichen und ihrer wirtschaftlichen Macht" bestehe. Hinzu komme der Consens darüber, daß das geltende Verfassungsrecht, das bürgerliche Recht, das Arbeitsrecht, das Handelsrecht nicht ausreichen, um diesem Schutzbedürfnis angemessen zu entsprechen. Hinsichtlich der Realisierung des Schutzes sei der Consens zwar schwächer, aber immerhin noch vorhanden. So stehe das Problem der Subventionen völlig außer Streit. Sehr richtig und wichtig sei auch der Gedanke, daß der Versorgungswirtschaft eine besondere Bedeutung zukommt. Es werde allerdings noch eingehenden Studiums bedürfen, in welcher Weise auf diesem Gebiet der erforderliche zusätzliche Schutz gewährt werden kann. Schwieriger sei die Situation auf dem Gebiete der staatlichen Erwerbswirtschaft. Eine politische Kontrolle könne hier nicht als ausreichend angesehen werden, auch der sehr wertvolle Gedanke der Drittwirkung allein ermögliche hier keine befriedigende Lösung. Vielmehr sei es „schon denkbar, gewisse Grundsätze für dieses Wirtschaften des Staates, dieses mächtigsten Unternehmers, der er nun einmal ist, und auch für die Organisation aufzustellen", Grundsätze, die eine „Garantie der Dezentralisation und eine Garantie der Verantwortung und zugleich der Kontrolle bewirken". Es gehe nicht nur um das Problem der Kontrolle, sondern auch um das Problem „der Garantie gegen die Zusammenfassung, gegen die Ballung dieser Wirtschaftsmacht und der Garantie für die Unabhängigkeit dieser Organe". Letzteres sei ein Problem, das zwar den Aufgabenkreis des Kollegiums nicht unmittelbar berührt, aber doch „für die Effektivität des Schutzes von großer Bedeutung ist". Die mit der Drittwirkung der Grundrechte gegebenen Garantien müßten durch die Festlegung gewisser Grundsätze, nicht nur auf dem Gebiete der Organisation, ergänzt werden. Hofrat Lehne befaßte sich in diesem

Zusammenhang mit dem Tätigwerden der öffentlichen Hand sowohl als Behörde als auch als Partei in derselben Sache, insbes. auf dem Gebiete des Baurechts. Es wäre denkbar, den in dieser Richtung notwendigen Schutz durch Maßnahmen auf dem Gebiete der Zuständigkeitsnormen zu erreichen.

Auf Grund einer Frage von *Sektionschef Loebenstein* erläuterte Hofrat Lehne seine Ausführungen noch dahin, daß er in Ergänzung zu den Grundrechten an Rechtsgrundsätze denke, wie sie etwa in der deutschen Gemeindegesetzgebung auf dem Subsidiaritätsprinzip aufbauend zur Regelung der Wirtschaftstätigkeit der Gemeinden geschaffen worden sind.

Abgeordneter Kummer wies darauf hin, daß die öffentliche Hand seit dem Jahre 1867 eine Fülle neuer Aufgaben übernommen hat und daß daraus Probleme entstanden sind, die im Jahre 1867 unbekannt waren. Es sei nunmehr, führte Abgeordneter Kummer weiter aus, an der Zeit, die Frage zu prüfen, wie weit die öffentliche Hand privatwirtschaftlich tätig werden soll. Diese Frage stehe mit dem Grundrechtsproblem im Zusammenhang. Eine Grenzziehung zwischen Hoheits- und Privatwirtschaftsverwaltung sei notwendig und auch nicht allzu schwierig. Auf dem Gebiete des Arbeitsrechts sei man vor der Frage gestanden, in welchen Betrieben der öffentlichen Hand das Betriebsrätegesetz Geltung haben soll, und man habe zur Lösung dieser Frage die Regel entwickelt, daß dem Betriebsrätegesetz alle jene Betriebe unterworfen sein sollen, die auch von einem privaten Unternehmer geführt werden könnten. Dort, wo der Staat als Unternehmer auftritt, müßten eben jene Grundsätze zur Anwendung kommen, die auch für jeden anderen Unternehmer gelten. Da die öffentliche Hand sich heute sowohl als Hoheitsträger als auch als Träger von Privatrechten darstellt, werde man um eine Grenzziehung zwischen den beiden Bereichen nicht herumkommen.

Prof. Marcic schloß sich der Auffassung an, daß es unmöglich ist, von verfassungswegen über Staatsziele Aussagen zu machen, und warf dann die Frage auf, ob die „Verlagerung ins öffentliche Recht", die im Zuge der Diskussion für einzelne Bereiche der staatlichen Privatwirtschaftsverwaltung gefordert wurde, abschließend behandelt werden könnte, ohne dazu Prof. Gschnitzer als Vertreter des Privatrechts gehört zu haben. Auch sei eine Beiziehung von Prof. Bydlinski zu erwägen, der die zur Diskussion stehenden Probleme ebenfalls eingehend untersucht hat. Im übrigen sei es zwar notwendig, sich mit all den Problemen zu befassen, man könnte aber an eine prozessuale Lösung in der Richtung denken, wie sie der § 46 des hessischen Staatsgerichtshofgesetzes getroffen hat, also eine Regelung, der zufolge die Beschwerde in jedem Fall gegen den zu richten ist, der das Grundrecht verletzt hat, also auch gegen den wirtschaftenden Staat. Durch diese – auch von Bachof und Jesch – sehr positiv beurteilte prozessuale Formulierung könne man den materiellen Problemen entrinnen. Alles weitere könnte man der Rechtsdynamik überlassen.

Sektionschef Loebenstein verwies auf die grundsätzliche Bindung aller Gerichte an die Grundrechte, kraft der die Gerichte für die Effektuierung aller jener Grundrechte in Betracht kommen, die ihrer Natur nach für eine Geltung außerhalb der staatlichen Hoheitsgewalt geeignet sind. Wie dieser Grundrechtsschutz im einzelnen gestaltet werden soll, werde im Zusammenhang mit dem Abschnitt D des Fragenprogramms zu erörtern sein. Jedenfalls solle dieses prozessuale Problem nicht von der Frage des Grundrechtsschutzes im Bereich der öffentlichen Wirtschaft abhalten.

Präsident Dietrich schloß sich der Auffassung an, daß die Frage der Staatsziele nicht im Grundrechtskatalog entschieden werden kann. Es sei auch nicht Sache des Grundrechtskataloges, die hoheitsrechtliche und die privatrechtliche Sphäre der Staatstätigkeit abzugrenzen. Diese Grenzziehung sei auch nicht wichtig. Es gehe immer um die Frage des Schutzes gegen das übermächtige Kollektiv, und dieser sei auch gegenüber der öffentlichen Privatwirtschaftsverwaltung zu gewähren. Die Mittel des Privatrechts reichten für diesen Schutz nicht aus. Die Gangart der Ziviljustiz sei so langsam, daß „heute ein mittlerer Prozeß schon 3 Jahre dauern kann oder in der Regel sogar ein Zivilprozeß durch drei Instanzen unter 3 Jahren nicht zu machen ist. In der schnellebigen Zeit sind diese 3 Jahre ein Zeitraum, der meistens dem Betroffenen schon nicht mehr wirklich zu seinem Recht verhilft." Hingegen sei beim VerfGH. in verhältnismäßig kurzer Zeit eine Entscheidung zu erreichen. Es sei daher „der verfassungsrechtliche Schutz der einzig maßgebliche und wirklich helfende Schutz". Wie dieser Schutz im einzelnen gestaltet werden soll, werde später zu erörtern sein. Die Frage, ob die öffentliche Hand als Träger von Privatrechten für sich den Grundrechtsschutz in Anspruch nehmen können soll, sei zu verneinen. Der gegenteilige Standpunkt bedeute eine Verkehrung des Sinnes der Grundrechte.

Hofrat Kaltenberger führte aus, es sei nicht Aufgabe des Kollegiums, zur Frage der Staatsziele Stellung zu nehmen. Hingegen sei die Art der Durchsetzung der Staatsziele schon weitgehend eine Rechtsfrage. An sich sei die staatliche Privatwirtschaftsverwaltung ebenso wenig abzulehnen wie die staatliche Hoheitsverwaltung. Der Staat müsse heute auf den verschiedensten Gebieten als Wirtschaftssubjekt „einspringen", weil private Initiative fehlt. Entschieden abzulehnen aber sei „die Vermischung beider Systeme u.zw. in der Form, daß der Staat, der ja die Macht in der Hand hat, sich aus beiden Systemen das Beste herauszieht und für seinen Kontrahenten kommt dabei heraus, daß der Kontrahent schutzlos wird". Eine Verbesserung könne schon durch eine verfassungsrechtliche Bestimmung des Inhalts erreicht werden, daß der Gesetzgeber in jedem Falle klarzustellen hat, ob die Mittel der Hoheits- oder der Privatwirtschaftsverwaltung einzusetzen sind. Voraussetzung für Maßnahmen in dieser Richtung sei allerdings die Anerkennung des Legalitätsprinzips auch für den Bereich der Privatwirtschaftsverwaltung.

Parl.Rat Kobzina knüpfte an die Ausführungen von RA Rosenzweig an und stellte fest, er sei weit davon entfernt die Bedeutung privater Machtkumulierung zu unterschätzen. Ebenso wie RA Rosenzweig sei er sich der Bedeutung der Kumulierung wirtschaftlicher Macht bewußt. Eine Einsicht, die nicht nur durch die Arbeiten von Prof. Klecatsky, sondern auch durch Ausführungen Bundesministers a.D. und Abgeordneten zum Nationalrat Dr. Migsch bestätigt werde, der in der IX. Legislaturperiode im Nationalrat ausgeführt habe: „Viele Gelehrte, die Humanisten und gute Demokraten sind, erklären nicht zu Unrecht, daß die Entwicklung der modernen Industriegesellschaft Gefahren für Freiheit und Demokratie mit sich bringt. Der Staat tritt uns heute nicht nur als Wirtschaftssubjekt gegenüber, er besitzt direkt und indirekt die Verfügungsgewalt über große, die Volkswirtschaft weitgehend bestimmende Unternehmungen. Durch all diese Funktionen wird die materielle Lebensexistenz von Millionen Familien unmittelbar von der Wirksamkeit des Staates abhängig. Diese Entwicklung ist es, die das Problem der Omnipotenz des modernen Staates geschaffen und damit in der demokratischen Industriegesellschaft das Problem der Macht aufgeworfen hat." Er stimme außerdem, führte Parl.Rat Kobzina weiter aus, mit RA Rosenzweig darin überein, daß die Verhinderung des Mißbrauches wirtschaftlicher Macht ein Problem ist, das mit rechtlichen Mitteln bewältigt werden muß. Nur in der Frage des Weges, der zur Erreichung dieses Zieles eingeschlagen werden muß, bestünde vorläufig noch ein Unterschied. Nun habe der Bundesverfassungsgesetzgeber richtig erkannt, daß die demokratische Kontrolle nur wirkungsvoll sein kann, wenn neben die politische auch die rechtliche Kontrolle tritt. Um eine Synthese in dieser Richtung gehe es und der Weg hiezu werde sicher zu finden sein. Sodann stellte Parl.Rat Kobzina fest, daß er sich Grundrechte nur als Individualrechte vorstellen könne, soll der Sinn der Grundrechte nicht verkehrt werden. Schließlich warf Parl.Rat Kobzina die Frage auf, ob es im „gegenwärtigen Stadium der Diskussion überhaupt noch sinnvoll ist, zwischen Hoheitsverwaltung und Privatwirtschaftsverwaltung zu unterscheiden".

Prof. Klecatsky führte sodann unter Bezugnahme auf den Antrag der n.ö. Landesregierung auf Aufhebung des 1. Verstaatlichungsgesetzes gemäß Art. 140 des B.-VG. aus, daß dieses Gesetz in Wahrheit die Einführung einer neuen Wirtschaftsordnung gewesen sei. Da der VerfGH. diese Maßnahmen als verfassungsmäßig erklärte, stünden sich nunmehr das neue und alte, auf die Art. 5 und 6 des StGG. gegründete Wirtschaftssystem unverbunden, oder – im Sinne der Ausführungen von RA Rosenzweig politisch ausgedrückt – als ideologische Gegenpositionen gegenüber. Die Rechtstheorie und auch die Judikatur des VerfGH. und des OGH. gehen nun dahin, daß Kennzeichen der öffentlichen Privatwirtschaftsverwaltung die Gleichordnung der öffentlichen Hand mit dem Einzelnen ist. Die behauptete Gleichordnung sei aber eine Fiktion, da ja die öffentliche Hand zugunsten ihrer Privatwirtschaftsverwaltung Mittel einzusetzen vermag, über die der Einzelne nicht verfügt. Durch die Einräumung von Grundrechten würde dieses System scheinbarer Gleichordnung vollendet. Wenn aber dem Staat alle die Freiheiten gesichert werden, „die der Einzelne hat, so bedeutet das die restlose Aufhebung der Freiheit des Einzelnen". Es sei daher notwendig, in den Grundrechtskatalog eine Bestimmung aufzunehmen, derzufolge die Grundrechte dem „wirtschaftenden Kollektiv" nicht zustehen. Über die präzise Abgrenzung des Begriffes „wirtschaftendes Kollektiv" werde noch zu sprechen sein.

RA Beck knüpfte an die Ausführungen von Hofrat Kaltenberger an und vertrat die Meinung, es sei nicht richtig, daß die Zuordnung der einzelnen Sachbereiche zur Hoheits- bzw. zur Privatwirtschaftsverwaltung nach Belieben erfolgen kann. Vielmehr werde die Zuordnung schon durch die Natur der einzelnen Sachbereiche vorgeschrieben. Es könne etwa auch ein verstaatlichter Betrieb wie die VÖST nur nach privatwirtschaftlichen Grundsätzen, ohne Bürokratisierung geführt werden. Das römische Recht habe für diese Sachbereiche „ewige Institutionen" geschaffen. Es gebe allerdings im Bereich dieser öffentlichen Privatwirtschaft eine Sphäre, „welche nur öffentlich-rechtlich gefaßt werden kann". Rechtsträger wie die VÖST seien in dem Bereich vom öffentlichen Recht zu erfassen, „wo Kollege Rosenzweig die politische Kontrolle als einzig möglich und ausreichend ansieht". Der von Parl.Rat Kobzina vertretenen Auffassung, daß das Kollegium über Rechtskontrollen und nicht über politische Kontrollen zu beraten hat, sei zuzustimmen. „Die politische Kontrolle, genannt Proporz, wäre ja sofort wesenslos und dahin, wenn z.B. bei der nächsten Nationalratswahl die Sozialistische Partei 165 Mandate oder auch nur 2/3 der Mandate bekäme". Auch müsse ein Fall ins Auge gefaßt werden, der vom Antikorruptionsgesetz nicht geregelt wurde und auch nicht geregelt werden könne: „Der Mißbrauch politischer Gewalt", wobei unter Mißbrauch nicht etwa zu verstehen sei „etwas Böses, ein Verbrechen oder dgl., sondern der einfach nicht bestimmungsgemäße Gebrauch und die Verschiebung der Privatrechtssphäre und Verletzung des Gleichheitssatzes. Bei der Auftragsvergabe kommt das besonders zum Ausdruck, aber auch sonst bei der Postenbesetzung, bei allem was wir heute – gebrauchen wir das Wort – als Proporz bezeichnen, der ja jederzeit dahinschwinden kann". Der Mißbrauch, um den es hier gehe, ergebe sich daraus, daß es „der politische Zweck ist, Gesetze zu schaffen, die Rechtsordnung zu schaffen und zu ordnen, aber nicht irgendwie nach irgendwelchen nichtwirtschaftlichen, nicht sachlichen Gesichtspunkten ein Unternehmen zu betreiben, wie Direktoren doppelt zu besetzen, wenn man sie einfach besetzen kann und dgl.". Hier müsse der Gleichheitssatz – der keineswegs im Wirtschaftsleben schlechthin Wirkung erlangen soll – eingreifen, weil es sich um eine „natur-notwendig öffentlich-rechtliche Materie“ handle. Gegen Gleichheitsverletzungen dieser Art müsse dem Einzelnen der Weg zum VerfGH. offen stehen. Die Rechtskontrolle müsse dort einsetzen, wo auch die politische Kontrolle einsetzt. Im übrigen sei die öffentliche Privatwirtschaft nicht anders zu behandeln als die übrige Wirtschaft.

Prof. Winkler wies darauf hin, daß bei Betrachtung eines Teiles der Verfassung das ihr zugrunde liegende Gesamtkonzept nicht außer Acht gelassen werden dürfe. Die bisherige Diskussion habe durchaus richtig gezeigt, daß „man zwar Staatsziele nicht formulieren kann und soll, daß man aber das Problem der Staatsziele in dem Zusammenhang nicht aus der Diskussion ausschließen kann“. Es sei nun sehr bemerkenswert, daß RA Rosenzweig durch Beispiele eine besondere Verpflichtung des Staates der Gemeinschaft gegenüber im Hinblick auf sein Eigentum und seine privatwirtschaftliche Tätigkeit dargelegt habe. Die Möglichkeit der privatwirtschaftlichen Tätigkeit des Staates begründe die Notwendigkeit, die Staatsziele zu limitieren und hier komme den Grundrechten eine ganz besondere Bedeutung zu. Sodann gab Prof. Winkler zu bedenken, daß Politik im Rahmen der Verfassung eine legitime Funktion ist und daß es nicht möglich ist, alles gesellschaftliche Geschehen „in feste Normen zu prägen“. Eben deshalb seien die Staatsziele lediglich zu limitieren und nicht zu definieren. Ebenso wichtig wie die Formulierung einzelner Grundrechte sei die Klärung der Frage, wie die Staatsziele zu begrenzen sind und der Staat damit auch einer Kontrolle zu unterwerfen ist und wie weit „wir dem Staat die notwendige und sinnvolle Bewegungsfreiheit lassen, in die die politische Entscheidung legitimerweise eingeht und eintreten muß“.

RA Rosenzweig führte aus, es gehe ihm bei seinem Vorschlag einer Grenzziehung zwischen Hoheitsverwaltung und Privatwirtschaftsverwaltung nicht etwa um eine „Transferierung von der Kompetenz der ordentlichen Gerichte in eine solche der Verwaltungsbehörden und der Gerichtshöfe des öffentlichen Rechts“, vielmehr denke er daran, „daß wir das, was sich im Niemandsland befindet – zwischen den ordentlichen Gerichten und der Kontrolle durch die Gerichtshöfe des öffentlichen Rechts – in die Kontrolle der Gerichtshöfe des öffentlichen Rechts oder, wenn es gelingt, in die Kontrolle der ordentlichen Gerichte bringen“. Im „Niemandsland“ befinde sich derzeit z.B. die Subventionsverwaltung. Beschwerden auf diesem Gebiet würden vom VerfGH. mit der Begründung abgewiesen, es handle sich um Privatwirtschaftsverwaltung. Da aber ein Anspruch auf Subventionierung in der Regel nicht besteht, bestehe auch nicht die Möglichkeit, die Zivilgerichtsbarkeit in Anspruch zu nehmen. Sodann erklärte RA Rosenzweig, er lege Wert auf die Feststellung, daß er keineswegs eine Einschränkung der Kompetenzen der ordentlichen Gerichte anstrebe. Vor die Wahl zwischen Verwaltung – einschließlich Kontrolle durch die Gerichtshöfe des öffentlichen

Rechts – einerseits und ordentlicher Gerichtsbarkeit andererseits gestellt, werde er sich stets für letztere entscheiden, ungeachtet des von Sektionschef Loebenstein in einem Zwischenruf aufgezeigten Umstandes der langen Dauer des Verfahrens in der ordentlichen Gerichtsbarkeit und des Fehlens der Möglichkeit des Devolutionsantrages und der Säumnisbeschwerde. Für diese Einstellung sei vor allem die bereits aufgezeigte Gefahr der Verletzung des Grundsatzes nemo iudex in sua causa maßgebend, die im Bereich der Verwaltung vor allem durch die Vermengung von Hoheits- und Privatwirtschaftverwaltung gegeben sei. Diese Gefahr müsse im Interesse des Rechtsstaates und des Grundrechtsschutzes beseitigt werden. Sodann wandte sich RA Rosenzweig der Frage des Grundrechtsschutzes zugunsten der öffentlichen Hand zu und führte aus, daß der Grundrechtsschutz wohl nicht notwendig wäre im Verhältnis zwischen dem Staat und einer Kapitalgesellschaft, deren Anteilsrechte in seiner Hand sind. Wohl sei der Grundrechtsschutz aber erforderlich, um zu verhindern, daß eine Gebietskörperschaft eine andere Gebietskörperschaft diskriminiert. Zu der Meinung, neben die politische Kontrolle müsse die rechtliche Kontrolle treten, vertrat RA Rosenzweig die Meinung, diese Forderung sei selbstverständlich insoweit zu bejahen, als rechtliche Kontrolle möglich ist. Man dürfe nur nicht gewisse Dinge einfach dadurch „umbringen, daß man sie in Formen zwingt, die nicht möglich sind. Man kann nicht den Kaufvertrag hinsichtlich einer Maschine oder hinsichtlich von 10 Tonnen Eisen in Form eines Bescheides kleiden, der jetzt überprüfbar ist".

In einer anschließenden Wechselrede zwischen *Sektionschef Loebenstein* und *RA Rosenzweig* wurde der Umstand erörtert, daß vom Wohnhauswiederaufbaufonds Darlehen durch Bescheide gewährt werden, zum Unterschied etwa von den verstaatlichten Banken, die sich für denselben Vorgang der Formen des Privatrechts bedienen.

RA Rosenzweig vertrat die Meinung, daß es sich bei den Darlehen des Wohnhauswiederaufbaufonds um Förderungsmaßnahmen handelt, bei den Darlehen der verstaatlichten Banken aber um Vorgänge der Erwerbswirtschaft.

Sektionschef Loebenstein verwies auch auf die vom ERP-Fonds auf privatrechtlichem Wege gewährten Darlehen und *RA Rosenzweig* führte aus, daß es hier wohl möglich wäre, der bestehenden politischen auch eine rechtliche Kontrolle dadurch hinzuzufügen, daß diese Darlehen im Wege der Hoheitsverwaltung gewährt werden. Bei erwerbswirtschaftlich geführten Unternehmungen aber, wo der Förderungszweck ausgeschaltet sei, sei dies unmöglich, wenn man nicht die Führung dieser Unternehmungen unmöglich machen wolle. Zu der Meinung von RA Beck, daß Doppelbesetzungen in der verstaatlichten Industrie unsachlich seien, stellte RA Rosenzweig die Frage, „ob es sachlich ist, daß es einige Ministerien gibt, wo vom Sektionschef bis zum Portier niemand, sagen wir, z.B. der Sozialistischen Partei angehört".

Damit war die Diskussion über den ersten Punkt der Tagesordnung beendet. *Sektionschef Loebenstein* ersuchte nunmehr die Mitglieder des Kollegiums, zu folgenden Fragen Stellung zu nehmen:

1. „Sollen Grundrechtsnormen zugunsten des Einzelnen auch gegenüber dem Staat als Träger von Privatrechten und gegenüber sonstigen öffentlichrechtlichen Institutionen als Träger von Privatrechten effektiv sein?" Wenn ja: Soll „dies mit Hilfe von speziell gegen den Staat wirkenden Grundrechten oder nur, wie es auch in der Diskussion angedeutet wurde, im Wege der Drittwirkung erreicht werden können"?
2. „Sollen mit den Grundrechtsregelungen verfassungsrechtliche Regelungen über die Abgrenzung von behördlicher Verwaltung, Versorgungswirtschaft und Erwerbswirtschaft nach inhaltlichem Gesichtspunkt verbunden werden?"
3. „Soll die öffentliche Gewalt ihrerseits als Träger von Privatrechten sich auf Grundrechtsnormen schlechthin berufen dürfen oder wird über diese Frage speziell bei den einzelnen Grundrechten, die wir als grundrechtsfähig ansehen, zu befinden sein?"

Die anschließende Umfrage zu Punkt 1 ergab:

Prof. Winkler: „Ich würde zur ersten Frage ja sagen, meine aber, daß man differenzieren müßte, in welcher Hinsicht für den Einzelnen Grundrechte gegenüber der Privatwirtschaftsverwaltung geschaffen werden. Die Popularbeschwerde oder ähnliches kommt ja hier auch nicht in Frage. Es ist also der Betroffene und das kann man jetzt nicht ausdiskutieren. Also schlechthin würde ich nicht ja sagen, sondern mit Beschränkung."

Prof. Werner: Prinzipiell ja.

Prof. Pfeifer: Ja.

RA Rosenzweig: „Ich glaube, es muß unterschieden werden, je nach der Art der Tätigkeit. Ist die Tätigkeit eine solche, die auch in Form der Hoheitsverwaltung durchgeführt werden könnte, dann absolut Schutz der Grundrechte gegenüber dieser staatlichen Tätigkeit. Ist es eine Tätigkeit, wie die reine Unternehmenstätigkeit des Staates, die sich nicht in die Form einer Hoheitsverwaltung kleiden läßt, dann Grundrechtsschutz im Rahmen der Drittwirkung."

Sektionsrat Ringhofer: „Grundsätzlich ja, mit dem großen Vorbehalt, daß die Methode dieses Schutzes nach Lage der Dinge also völlig verschieden sein muß."

Prof. Marcic: „Ja, wie Dr. Rosenzweig."

Prof. Ermacora: Ja.

Hofrat Lehne: „Grundsätzlich ja."

Abgeordneter Kummer: Ja.

Parl.Rat Kobzina: „Ja als Recht des Einzelnen gegenüber dem Staat."

Prof. Klecatsky: Ja.

Hofrat Kaltenberger: „Ja, im selben Sinne."
Prok.Koär. Dr. Graff: „Ja, im selben Sinne."
Präsident Dietrich: „Ja, im selben Sinne."
Dr. Beck: „Grundsätzlich ja."

Die Umfrage zu Punkt 2 ergab:
RA Beck: „Grundsätzlich ja, aber ohne Katalogisierung, lediglich durch Angabe von typischen Richtlinien."
Präsident Dietrich: „Nein, ich glaube nicht, daß es dem Wesen des Grundrechtskataloges entspricht."
Prok.Koär. Dr. Graff: Nein.
Hofrat Kaltenberger: Nein.
Hofrat Klecatsky: „Grundsätzlich ja."
Parl.Rat Kobzina: Ja.
Abgeordneter Kummer: „Grundsätzlich ja."
Hofrat Lehne: Ja.
Hofrat Lora: „Kann sie nicht beantworten, weil ich die erste verneinte."
Prof. Marcic: Ja.
Abg. Mark: Ja.
Abg. Nemecz: Ja.
Sekt.Rat Ringhofer: Grundsätzlich nein.
RA Rosenzweig: Ja.
Prof. Pfeifer: „Ja, aber vielleicht wäre es gut noch erst eine Judikatur abzuwarten."
Prof. Werner: „Grundsätzlich ja."
Prof. Winkler: „Grundsätzlich nein."

Die Umfrage zu Punkt 3 ergab:
Hofrat Lehne: „Im Sinne des zweiten Halbsatzes, zweite Alternative."
Hofrat Lora: „Erste Alternative grundsätzlich."
Prof. Marcic: „Speziell."
Abg. Mark: „Speziell."
Abg. Nemecz: „Wie Hofrat Lehne."
Sekt.Rat Ringhofer: „Im speziellen Fall."
RA Rosenzweig: „Speziell."
Prof. Pfeifer: „Speziell, wenn sie geeignet ist."
Prof. Werner: Nein.
Prof. Winkler: „Grundsätzlich nicht."
RA Beck: „Dort, wo der Staat spezifisch privatwirtschaftlich handelt, hat er Grundrechte wie jeder andere. Sonst nicht, keinen besonderen Schutz."

Prok.Koär. Graff: „Grundsätzlich nein."

Präsident Dietrich: „Grundsätzlich ja, aber speziell auch fallweise nein."

Hofrat Kaltenberger: „Im speziellen Fall."

Prof. Klecatsky: „Überhaupt nein."

Parl.Rat Kobzina: „Solche Regelungen können für das Kollektiv nicht in Frage kommen."

Abg. Kummer: „Grundsätzlich ja."

Nach Abschluß der Umfrage erklärte *Sektionschef Loebenstein* die Vormittagssitzung für beendet.

II.

Am Beginn der Nachmittagssitzung schlug *Sektionschef Loebenstein* vor, über den Grundrechtsschutz im Verhältnis des Einzelnen zu den nichtstaatlichen Machtzentren unter besonderer Berücksichtigung der Entwicklung zum Kammerstaat zu beraten. Im Anschluß daran werde auf das Problem der Drittwirkung einzugehen sein. Dem Vorschlag wurde zugestimmt.

Prof. Marcic vertrat die Auffassung, daß ein grundrechtlicher Schutz des Einzelnen auch gegenüber nichtstaatlichen Machtzentren, insbes. gegenüber den Kammern, die „eigentlich Staatsgewalt ausüben", erforderlich ist.

Prof. Pfeifer wies darauf hin, daß zwischen Kammern und auch zwischen Parteien Vereinbarungen getroffen werden können, die die Grundrechte der Einzelnen beeinträchtigen, ohne daß die Möglichkeit bestünde, solche Vereinbarungen beim VerfGH. anzufechten. Als Beispiele verfassungsrechtlich relevanter Vereinbarungen dieser Art nannte Prof. Pfeifer die seinerzeitigen Preis- und Lohnabkommen. Außerdem verwies Prof. Pfeifer auf die Tätigkeit der Paritätischen Kommission für Preis- und Lohnfragen.

Abg. Kummer gab zu bedenken, daß den Kammern zum Unterschied von den Parteien das "Instrument des Kollektivvertrages" zur Verfügung steht. Die Möglichkeit, daß durch Kollektivverträge Grundrechte verletzt werden, könne nicht ausgeschlossen werden. Fraglich aber sei, inwieweit derartige Kollektivvertragsregelungen Rechtswirkungen zu erzielen vermögen. Der OGH. habe Kollektivvertragsregelungen, die gegen einfache Gesetze verstoßen, als unwirksam erklärt.

RA Beck führte aus, daß „alle diese kollektiven Mächte, Kammern, Gewerkschaftsbund usw. auch die Parteien, ja ihre eigentliche Macht dort ausüben, wo sie gesetzlich nicht fixiert ist". In den gesetzlich nicht geregelten Bereichen liege die Gefahr. Die Machtausübung in diesen Bereichen zu verbieten wäre sinnlos. Man müsse mit ihr ebenso wie mit den damit verbundenen Grundrechtsverletzungen rechnen. Notwendig sei es vielmehr, diese Vorgänge rechtlich zu erfassen. Dann werde es möglich sein, den erforderlichen Grundrechtsschutz zu sichern.

Prof. Winkler führte aus, es gehe um die Frage, ob die „Verbände und Mächte verstärkt verankert werden sollen in der Verfassung, wieweit ihre Struktur auch rechtlich noch weiter erfaßt werden soll und ihnen Kompetenzen zugewiesen oder nicht zugewiesen sein sollen". Untersuche man, welche „entscheidenden Maßnahmen" etwa die Kammern zu treffen haben, so zeige sich zunächst, daß sie Subventionen zu vergeben haben. Über diese Vorgänge sei bereits am Vormittag gesprochen worden. Außerdem aber zeige sich, daß die Kammern mit den Gewerkschaften Verhandlungsgremien bilden, in denen sie über Fragen der Marktordnung „durchaus auf gesetzlicher Basis" beraten und Beschlüsse fassen. Ungeachtet aller Kritik, die an den Kammern zu üben sei, dürfe nicht übersehen werden, daß in anderen Staaten alle diese Vorgänge „im Verborgenen, aus der Illegalität oder einer halblegalen Voraussetzung" stattfinden, während sie in Österreich zwar auf eine schwache verfassungsrechtliche, aber auf eine solide einfachgesetzliche Basis gegründet seien. Dank dieser Rechtslage würden in Österreich die bestehenden Interessengegensätze vor der Öffentlichkeit in demokratischer Weise ausdiskutiert und zu einem Kompromiß gebracht. Es sei nicht vorstellbar, wie sich der Einzelne gegen Beschlüsse, die in diesem Zusammenhang gefaßt werden, zur Wehr setzen sollte. Sodann ging Prof. Winkler auf die Tätigkeit des ÖGB. ein, dem neben der Teilnahme an den von den Kammern gebildeten Verhandlungsgremien noch die Mittel des Arbeitskampfes, insbes. des Streiks zur Verfügung stünden. Im gegebenen Zusammenhang sei es erforderlich, „klarzustellen, wie weit dieses Mittel ein zulässiges Mittel ist und klarzustellen, daß Ausschreitungen, Überschreitungen dieser an sich legitimen Möglichkeit zu ahnden sind". Hier zeige sich ein echtes Schutzbedürfnis. Mit dem Recht zu streiken sei auch eine Pflicht der Allgemeinheit und dem Einzelnen gegenüber verbunden. Die Ausschaltung von Telefonanlagen oder Verkehrsanlagen durch ein Verhalten, das über die Arbeitsniederlegung hinausgeht, könne keinesfalls mehr als legitim angesehen werden. Auch müsse hinsichtlich des Streikrechts wohl zwischen einem durchschnittlichen Unternehmen und einem öffentlichen Versorgungsbetrieb unterschieden werden. Es gehe darum, jene Fälle, in denen der Einzelne im unmittelbaren Gefährdungsbereich ist, von den Fällen zu trennen, in denen dies nicht zutrifft. Nur für die ersteren Fälle seien auf dem Gebiete der Grundrechte Maßnahmen zu treffen. In den anderen Fällen müßten andere Wege eingeschlagen werden.

Sektionschef Loebenstein führte aus, daß aus dem Diskussionsbereich alle individuellen und generellen Hoheitsakte der gesetzlichen Interessenvertretungen ausgeschieden werden könnten, da ja die Grundrechtsgebundenheit und die verfassungsgerichtliche Überprüfbarkeit dieser Akte eindeutig feststeht. Es könne sich daher nur um die Frage handeln, ob die Verbände außerhalb der dem Bereich der öffentlichen Verwaltung zugehörenden Funktionen Einflüsse ausüben, die Maßnahmen auf dem Gebiete der Grundrechte notwendig erscheinen lassen.

RA Rosenzweig führte aus, man müsse von der Frage ausgehen, inwieweit es überhaupt zulässig sein soll, daß der Staat Aufgaben an andere Rechtsträger, insbes. also an Körperschaften, Anstalten und Fonds abgibt. Auch in dieser Richtung zeige sich die Tendenz des Ausweichens vor der normalen politischen und rechtlichen Kontrolle. Der VerfGH. habe die Übertragung von Aufgaben an solche Einrichtungen grundsätzlich als zulässig bezeichnet. Wenn man nun den Standpunkt vertritt, daß der Art. 18 des B.-VG. für die Privatwirtschaftsverwaltung gilt, so müßte dies auch für die den Kammern, Anstalten, Fonds usw. übertragenen Aufgaben der Privatwirtschaftsverwaltung ebenfalls gelten. Das würde bedeuten, daß auch für diesen Bereich die am Vormittag erarbeiteten Erkenntnisse gelten. Allerdings könnten sich auch noch weitere Probleme stellen, wie etwa jenes, ob eine Kammer eine politische Tageszeitung herausgeben darf, die nur die Anschauungen der Mehrheit zum Ausdruck bringt, die Anschauungen der Minderheiten aber unterdrückt.

Auf eine Frage von *RA Rosenzweig*, ob im gegebenen Zusammenhang auch die Stellung des ÖGB und das Streikproblem behandelt werden soll, vertrat *Sektionschef Loebenstein* die Meinung, es seien nicht nur die durch Gesetz eingerichteten, sondern alle Interessenvertretungen, zu berücksichtigen.

Auf Grund einer Frage von *Sektionschef Loebenstein*, ob seine Ausführungen etwa im Sinne einer grundsätzlichen Ablehnung der Dezentralisation zu verstehen seien, legte *RA Rosenzweig* dar, er lehne keinesfalls die Übertragung von Verwaltungsaufgaben an Länder, Bezirke und Gemeinden ab. Auch die Übertragung an Selbstverwaltungskörper sei nicht abzulehnen, müsse sich aber in engen Grenzen halten. Außerdem müsse auf die privatwirtschaftliche Tätigkeit dieser Selbstverwaltungskörper Art. 18 (1) des B.-VG. ebenso Anwendung finden wie auf jene des Staates und es müßten für diese Tätigkeit der Selbstverwaltungskörper auch die gleichen Kontrollen wie beim Staat geschaffen werden. Auch hier müßten jene Tätigkeiten, die für eine hoheitsrechtliche Gestaltung geeignet sind, in die Hoheitsverwaltung überführt werden. Insbes. sei daher auch die privatwirtschaftliche Vergebung von Subventionen durch die Kammern auszuschließen. Sodann befaßte sich RA Rosenzweig mit der Problematik von Machtzentren, die nicht durch Gesetz geschaffen sind. Auch in dieser Richtung sei eine „gewisse Kontrolle“ notwendig, „aber sie wird sicherlich anderer Art sein als dort, wo öffentliche Mittel verwaltet werden und wo eine Zwangsmitgliedschaft besteht. Der entscheidende Unterschied ist ja doch, daß hier die freiwillige Mitgliedschaft gegeben ist, daß die freiwillige Aufbringung der Geldmittel erfolgt und es sich hier also lediglich darum handelt, Schutz gegen allfällige Mißbräuche zu haben“. Im gegebenen Zusammenhang auch auf das Streikrecht einzugehen, sei nicht sinnvoll. Jedenfalls müsse für jeden Staatsbürger das Recht, die Arbeit niederzulegen, unangetastet bleiben, ganz gleich, welchen Beruf er ausübt. Es falle aber nicht in den Bereich der Streikfreiheit, „wenn gewisse technische Einrichtungen, über die im Rahmen der Arbeitsverrichtung die einzelnen Arbeitnehmer verfügen, dann von ihnen eingesetzt werden im Rahmen des Streiks, wie also z.B. das Abschalten der Automatik oder das Abschalten der Ampeln".

Sektionschef Loebenstein schlug sodann vor, auf das Streikproblem im gegebenen Zusammenhang nicht weiter einzugehen. Bezüglich der nicht durch Gesetze geschaffenen Interessenvertretungen gab Sektionschef Loebenstein zu bedenken, daß Einzelne von ihnen über außerordentliche Macht verfügen, die im Interesse des Grundrechtsschutzes des Einzelnen möglicherweise doch besondere Garantien erforderlich macht. Der Umstand, daß die Mitgliedschaft zu solchen Vereinigungen auf Freiwilligkeit beruht, reiche nicht aus, um den Verzicht auf solche Garantien zu rechtfertigen.

Prof. Walter führte aus, daß nach den Untersuchungen des Vormittages nur noch jener Bereich zu diskutieren sei, in dem faktisch, ohne rechtliche Ordnung die Macht ausgeübt wird. Er verwies in diesem Zusammenhang auf die Ausführungen von Prof. Pfeifer, der offenbar von Vereinbarungen zwischen den Kammern gesprochen habe, die rechtlich nicht gedeckt sind. Rechtsschutz in diesen Bereichen setze aber die rechtliche Erfassung dieser Vorgänge voraus. Damit aber stehe man vor der schwierigen Frage, ob man „die faktische Macht einfängt, wenn man ihr die Rechtsmacht zur Verfügung stellt, freilich mit einem gewissen Rechtsschutz zusätzlich?" Bei illusionsloser Betrachtung dieses Sachverhaltes müsse man sich jedenfalls eines vor Augen halten: „Niemals wird man alle diese Vereinbarungen im politischen Bereiche in rechtliche Formen bringen können und etwa vor dem VerfGH. anfechten lassen können. Immer wird es irgendwelche Vorverhandlungen, Vereinbarungen, Gentleman Agreements, wie immer man das nennen will, geben, die dann nicht rechtlich faßbar sind. Diese rechtliche Unfaßbarkeit kann von großem Nachteil sein, sie kann aber auch einen gewissen Vorteil bedeuten, denn solange es nicht rechtlich institutionalisiert ist, ist eine unmittelbare rechtliche Verbindlichkeit solcher Vereinbarungen nicht gegeben." Wenn etwa zwei Kammern eine Vereinbarung über ihre Vorgangsweise in einer bestimmten Sache schließen, so sei der Einzelne dadurch nicht gebunden. Erst aus Verordnungen und Bescheiden, die zur Effektuierung dieser Vereinbarung erg[eh]en, ergeben sich Bindungen. Und dagegen stünden die üblichen Rechtsschutzeinrichtungen zur Verfügung. Gewiß sei damit das Problem nicht gelöst, aber es frage sich, ob es zweckmäßig wäre, zum Ausbau der Rechtsschutzes neue Rechtsformen zu schaffen. Unvermeidlich müßten solche Maßnahmen die rechtliche Erfassung der Vorgänge mit sich bringen, gegen die Schutz gewährt werden soll, wobei mit Sicherheit erwartet werden könne, daß die faktische Machtausübung dann in eine andere Richtung ausweichen werde. Letztlich müßte also der Gesetzgeber stets den faktischen Vorgängen nachlaufen, ohne sie je einholen zu können.

Sektionschef Loebenstein knüpfte an die Ausführungen von Prof. Walter an und wies darauf hin, daß im Kartellwesen Gentleman-Agreements und Empfehlungen keineswegs wirkungslos sind. Andernfalls hätte ja kein Anlaß bestanden, sie im Kartellrecht zu erfassen. Ihre Relevanz bezögen diese Vereinbarungen aus der Macht, die hinter ihnen steht. Die von Prof. Walter vertretene Meinung, daß Vereinbarungen und Vorgänge dieser Art ohne Relevanz sind, erscheine daher problematisch. Ebenso wie ihnen der Gesetzgeber für den Bereich des Kartellrechts Relevanz beigemessen habe, sei dies auch bezüglich des Grundrechtsschutzes denkbar.

Prof. Walter erwiderte, daß diesen Vereinbarungen und Empfehlungen zunächst nur faktische, nicht rechtliche Relevanz zukomme.

Hofrat Lora bezweifelte, daß die von RA Rosenzweig vertretene Meinung, die Privatwirtschaftsverwaltung der Kammern unterliege Art. 18 (1) des B.-VG., unbestritten ist und schlug eine ausdrückliche Klarstellung in dieser Richtung vor.

Prof. Pfeifer knüpfte an diese Ausführungen an und vertrat unter Berufung darauf, daß der Art. 18 (1) von „staatlicher" Verwaltung spricht, die Meinung, daß der selbständige Wirkungskreis der Selbstverwaltungskörperschaften davon nicht erfaßt sei.

Sektionschef Loebenstein verwies hiezu auf die Allgem. Staatslehre Kelsens, derzufolge es sich bei der Selbstverwaltung nur um eine Form der Dezentralisation handelt.

Prof. Pfeifer knüpfte dann an die Ausführungen von Prof. Walter an und nannte als ein besonders wichtiges Beispiel für rechtlich nicht gedeckte Vereinbarungen die Koalitionspakte. Es sei nicht einzusehen, warum diesen Vereinbarungen, etwa von Schüle, der Rechtscharakter abgesprochen wird. Für alle diese Vereinbarungen gelte der allgemeine Rechtsgrundsatz von Treu und Glauben. Die Verletzung der Vereinbarung würde zweifellos Repressalien nach sich ziehen. Mit Recht stehe daher die Mehrzahl der Autoren auf dem Standpunkt, daß es sich um rechtlich relevante Verträge handelt. Ähnlich verhalte es sich mit den Vereinbarungen zwischen den Kammern, etwa auf dem Gebiete der Löhne und der Preise. Die Wirkung aller dieser Vereinbarungen reiche über die Vertragspartner weit hinaus. Und deshalb stelle sich auch die Frage des Grundrechtsschutzes und so, wie kürzlich die Zuständigkeit des VerfGH. auf den Bereich der Staatsverträge ausgedehnt wurde, sei ein weiterer Schritt in dieser Richtung denkbar: Die Unterwerfung der Verträge zwischen den Einrichtungen des öffentlichen Rechts unter die Kompetenz des VerfGH.

Min.Rat Weiler knüpfte zunächst an die Ausführungen von Prof. Pfeifer zu Art. 18 (1) des B.-VG. an, brachte die Mehrstufigkeit des Staatsbegriffes in Erinnerung, wie sie etwa in Merkl's Allg. Verwaltungsrecht mit einem Staatsbegriff im engen, im weiteren und im weitesten Sinne dargestellt ist und gab zu bedenken, daß die bisherigen Diskussionen des Kollegiums, insbes. über das Legalitätsprinzip, offenkundig immer vom Staatsbegriff im weiteren Sinne, also davon ausgegangen sind, daß der Art. 18 (1) des B.-VG. auch für den Bereich der Selbstverwaltung gilt. Wenn auch im Zeitpunkt der Schaffung des B.-VG. dieser Bereich noch im Hintergrund gestanden ist, so hätten doch Lehre und Rechtsprechung seither Entscheidendes beigetragen, „um die Unterwerfung auch dieser Bereiche unter das Legalitätsprinzip in einer heute unbestrittenen Weise sicherzustellen". Sodann wandte sich Min.Rat Weiler dem Problem des Grundrechtsschutzes „in jenen Bereichen der pluralistischen Gesellschaft zu, die nicht bestimmt sind durch gesetzlich instituierte Verbände". Auch hier sei das Streben nach Macht und nach dem Ausbau von Machtpositionen am Werk. Und nach einer weithin unbestrittenen Einsicht sei der Rechtsstaat verpflichtet, auch in diesen Bereichen der Macht Grenzen zu setzen. Es müsse mit der Gefahr gerechnet werden, daß durch die Ausübung faktischer Macht von Verbänden der verschiedensten Art Grundrechte eingeschränkt und verletzt werden. Es sei an Gefahren für die Vereins- und Versammlungsfreiheit und für die Freiheit der Meinungsäußerung ebenso zu denken wie an die Zerstörung der Presse- und Informationsfreiheit durch die Ausbildung von Monopolstellungen. Dem Umstand der Freiwilligkeit des Beitrittes zu den hier in Betracht kommenden Verbänden komme gegenüber der faktischen Macht, die in ihnen akkumuliert sein kann, umso weniger Bedeutung zu, als hinter der Freiwilligkeit dem Buchstaben nach stärkster Zwang stehen kann. Angesichts dieser Gefahren sei die Frage des Grundrechtsschutzes vordringlich. Für dessen Effektuierung könne an die Drittwirkung gedacht werden. Es müsse aber geprüft werden, welche Möglichkeiten zur Geltendmachung dieser Wirkung zur Verfügung stehen sollen.

Prof. Winkler stellte sodann fest, er anerkenne „den Streik grundsätzlich als Freiheit". Jedoch müsse diese Freiheit ihre Grenze an den durch die Rechtsordnung verbrieften Rechten anderer finden. Daß eine „wertmäßige Differenzierung der Voraussetzungen des Streiks" notwendig ist, könne wohl nicht zweifelhaft sein. Es sei eine Regelung in Erwägung zu ziehen, die „in klarer Weise vorzeichnet, wo die Grenzen des Streikrechts als einer Freiheit liegen", denn „die Freiheit einer kollektiven Macht, mag sie noch so viel Macht haben, dispensiert nicht von der Einhaltung der Rechtsordnung".

Prof. Marcic führte aus, daß als Prinzip für die Beratungen des Kollegiums der Satz gelten müsse: „Wer immer und wie immer die Grundrechte des Menschen verletzt, hat eine Abwehr zu gewärtigen“. Sodann befaßte sich Prof. Marcic mit den nicht gesetzlich instituierten Verbänden und führte aus, es sei gewiß von Relevanz, daß es sich hier um freie Vereinigungen handelt, aber wenn etwa von einer Gewerkschaft ein Druck in der Frage der Mitgliedschaft ausgeübt werde, so liege ein Eingriff in ein Grundrecht vor und dagegen müsse Rechtsschutz gewährt werden. Und ein Druckerstreik, wie er 1963 in New York stattfand, verletze das Recht auf Informationsfreiheit. Zu der von Prof. Walter aufgeworfenen Frage, ob man Mächte dadurch bändige, daß man sie „rechtlich engagiert“, stellte Prof. Marcic fest, „daß fast die ganze Staatslehre und Staatsphilosophie des Abendlandes immer den Standpunkt vertreten hat, speziell Montesquieu, daß man den Mächten und Machtgruppen, wenn sie sich einmal im Staat gebildet haben, soziologisch nur beikommen kann, daß man ihre Macht verrechtlicht“.

RA Beck trat sodann für die rechtliche Erfassung jener Institutionen und Vorgänge ein, bei denen Macht tatsächlich konzentriert ist. So könnte man etwa die Paritätische Kommission zu einem Schiedsgericht ausbilden, um auf diese Weise Streiks zu verhindern, durch die ja die Demokratie Selbstmord begehen könne.

Prof. Klecatsky gab zunächst der Meinung Ausdruck, daß „selbstverständlich überall der Art. 18 Abs. 1 des B.-VG. Platz greift, wo vom Staat delegierte Rechtsetzungsgewalt oder Organisationsgewalt, das ist ja dasselbe, waltet. D.h. daß selbstverständlich alle Verbände, die vom Gesetzgeber mit Zwangsmitgliedschaft ausgestattet sind, natürlich dem Art. 18, Abs. 1 des B.-VG. voll unterliegen, voll unterliegen im Bereiche der Hoheitsverwaltung, wo sie Verordnungen und Bescheide erlassen und ebenso voll unterliegen im Bereiche der Privatwirtschaftsverwaltung“. Schwierigkeiten ergäben sich nun daraus, daß der Rechtscharakter der von den Zwangsverbänden gesetzten Akten nicht immer klar erkennbar ist. Dies gelte insbes. für die Kollektivverträge und die normativen Betriebsvereinbarungen. Erkenne man sie als das, was sie sind, nämlich als Verordnungen, so bestünden keine Probleme. In der Regel werde aber der Verordnungscharakter verneint. Weitere Schwierigkeiten ergäben sich daraus, daß es in außerordentlich hohem Maße eine „gesetzliche Privilegierung von sogenannten freien Verbänden“ gibt. Es werde etwa der ÖGB. durch viele Gesetze berufen, an der Rechtserzeugung mitzuwirken. Ähnlich verhalte es sich mit der Präsidentenkonferenz der Landwirtschaftskammern. Die Meinung, daß ein Verband, der an der Rechtserzeugung mitwirkt, der Organwalter in die Staatsorgane entsendet, eine freie Vereinigung ist, sei unrichtig. Die von den großen Verbänden dieser Art gegenüber ihren Mitgliedern ausgeübte Verbandsgewalt habe soziologisch gesehen nicht weniger heteronomen Charakter als die Staatsgewalt dem Einzelnen gegenüber. Sie sei daher auch nach Auffassung maßgebender Autoren – wie Josef Kaiser, Hans Huber, Ulrich Scheuner und Werner Weber – nicht anders zu behandeln. Schließlich müsse im gegebenen Zusammenhang der negativen Koalitionsfreiheit besondere Beachtung geschenkt werden.

Sektionschef Loebenstein stellte zu diesen Ausführungen fest, daß eine willkürliche Abgrenzung des Personenkreises, der der Zwangsmitgliedschaft zu gesetzlichen beruflichen Vertretungen unterliegt, von verfassungswegen ausgeschlossen ist, was insbes. auch dem Erkenntnis des VerfGH. Slg. Nr. 2500 entnommen werden könne.

Prof. Klecatsky stimmte dem zu und wies auf das Problem der demokratischen Willensbildung innerhalb der Verbände hin. Es sei keineswegs so, daß in den Verbänden durchwegs das gleiche und das unmittelbare Wahlrecht sichergestellt ist.

RA Rosenzweig führte aus, daß genau so, wie zum Funktionieren der Demokratie die Parteien notwendig sind, es auch Verbände geben muß, „die der Tatsache Rechnung tragen, daß der Einzelne im modernen Staat nichts ist und die organisierte Gemeinschaft die Möglichkeit hat, eine gewisse Kontrolle und ein Gegengewicht gegenüber anderen Kräften zu bilden". Für solche Verbände aber müsse man in ähnlicher Weise wie für die politischen Parteien gewisse gesetzgeberische Maßnahmen treffen „z.B. hinsichtlich der Offenlegung ihrer Mittel, einer Art öffentlichen Rechnungslegung, und auch hinsichtlich solcher Verbände vereinsgesetzliche Bestimmungen, die gewährleisten, daß die Meinungsbildung in demokratischer Form vor sich geht". In „irgendeiner anderen Form" aber könne man nicht vom „Einfangen dieser Verbände" sprechen. Sodann befaßte sich RA Rosenzweig mit dem Problem des Streikrechts und vertrat die Auffassung, daß hier von einer Interessenabwägung auszugehen sei, wobei aber das Interesse daran, daß kein staatlicher Zwang zur Arbeit ausgeübt wird, „stärker wiegt als andere Interessen, z.B. stärker wiegt auch als die Information der Öffentlichkeit durch Zeitungen, wenn ich sie nur dadurch erreichen kann, daß ich Druckereiarbeiter zwinge, gegen ihren Willen zu arbeiten". Denn den freiheitlichen Rechtsordnungen sei der Zwang zur Erfüllung eines Arbeitsvertrages nur in der Form von Ersatzansprüchen, nicht aber in der Durchsetzung der Arbeitsleistung bekannt. Zur Frage der negativen Koalitionsfreiheit verwies RA Rosenzweig auf die USA, nach deren Rechtsordnung der closed shop zulässig ist. Es werde die Auffassung vertreten, daß das Institut des closed shop die parasitäre Ausnützung von gewerkschaftlichen Leistungen verhindere. In Österreich bestehe keine derartige Regelung und es sei nicht anzunehmen, daß auf diesem Gebiet der status quo verändert werden kann.

Auf Grund einer Frage von *Sektionschef Loebenstein*, wie seine Feststellung, daß der Einzelne im modernen Staat nichts ist, zu verstehen sei, führte *RA Rosenzweig* ergänzend aus, der Einzelne sei gegenüber der staatlichen Allmacht nichts.

Schutz aber genieße er durch die Möglichkeit der Organisation. Nicht die Atomisierung der politischen Willensbildung garantiere die Freiheit – sie sei häufig ein Mittel zur Zerstörung der Freiheit -, sondern die Möglichkeit der Organisation, der Zusammenfassung in Parteien.

Sektionschef Loebenstein begrüßte nunmehr *Bundeskanzler Klaus*, der das Kollegium ersuchte, seine Beratungen fortzusetzen.

Parl.Rat Kobzina knüpfte an die Ausführungen Prof. Walters an und führte aus, es gehe nicht darum, daß der Gesetzgeber hinter der tatsächlichen Entwicklung herläuft und sie einzufangen sucht, sondern es soll den meist illegitim agierenden Verbänden Verantwortung auferlegt und es sollen die Grenzen ihrer Wirksamkeit abgesteckt werden. Es gehe darum, die Verbände mit den Grundsätzen des formalen und des materiellen Rechtsstaates in Einklang zu bringen. Und das sei eine der Rechtsordnung adäquate Aufgabe. Die Ausführungen von RA Rosenzweig aber "hinsichtlich des Rechtsschutzes, den der Einzelne nur über das Kollektiv erhalten kann", stünden „überhaupt in einem Widerspruch, in einem unlösbaren Widerspruch mit der Idee der Grund- und Freiheitsrechte und darüber hinaus mit der normativen Verfassung, wie sie sich uns im B.-VG. darstellt. Das B.-VG. kennt eine freiheitliche, individualistische Ordnung". Jede mit einem solchen Widerspruch belastete Maßnahme wäre eine Gesamtänderung der Bundesverfassung.

Prof. Pfeifer verwies auf jene Bestimmungen des Handelskammergesetzes, die die Einsetzung von paritätischen Ausschüssen ermöglichen, und schlug vor, diese Regelungen zur gesetzlichen Fundierung der paritätischen Kommission heranzuziehen. Außerdem machte Prof. Pfeifer aufmerksam, daß Schüle die Koalitionsvereinbarungen mit den Gentleman-Agreements im Kartellwesen ausdrücklich verglichen hat. Schließlich verwies Prof. Pfeifer auf die Bestimmungen der Europ. Sozialcharta über das Streikrecht, die in bestimmtem Umfang einschränkende Maßnahmen des Gesetzgebers zulassen.

Prok.Koär. Graff wandte sich zunächst gegen die Auffassung, daß die Alternative zum Streikrecht die Zwangsarbeit wäre. Zu den Ausführungen von RA Rosenzweig über die Rechtslage in den USA verwies Prok.Koär. Graff auf das Taft-Hartleygesetz, das der Regierung die Möglichkeit gibt, unter gewissen Voraussetzungen einen Streik zu sistieren. Dieses Gesetz werde zwar von den Gewerkschaften bekämpft, sei „aber doch im großen und ganzen gesehen nie als undemokratisch empfunden worden, weil es der Kongreß dort beschlossen hat. Und niemand ist auf den Gedanken gekommen, daß eine solche Arbeit eine Zwangsarbeit wäre. Denn die kollektive Arbeitsniederlegung ist eben etwas anderes als das Recht des Einzelnen, frei zu disponieren, ob er jetzt diese Arbeit tut oder nicht oder das Arbeitsverhältnis beendet".

Sektionschef Loebenstein bemerkte hiezu, daß auf die Problematik des Taft-Hartleygesetzes im Zusammenhang mit der Frage der wehrhaften Demokratie noch näher einzugehen sein werde.

Hofrat Lehne führte aus, die Diskussion habe ergeben, daß die individuelle Rechtsetzung durch gesetzlich geschaffene Verbände im gegebenen Zusammenhang keiner näheren Untersuchung bedürfe, wohl aber die generelle Rechtsetzung, deren Bezug zur Grundrechtsproblematik später noch zu beachten sein werde. Ein weiteres Problem seien dann jene Vereinbarungen, die sich unmittelbar für den Einzelnen nicht auswirken, aber "Vorstufen für die Willensbildung des Gesetzgebers sind". Das gegen die intermediären, das Parlament in die Rolle des Notars drängenden Gewalten gerichtete „Unbehagen in der Demokratie" sei weniger eine Frage der Grundrechte als der Repräsentation. Auf dem Gebiete des Streikrechts aber ließe sich eine allmähliche Entwicklung denken, in der durch den Ausbau von rechtlichen Institutionen der Kampf entbehrlich wird, ähnlich wie auch auf andern Gebieten „die bewaffnete Auseinandersetzung um das Recht in ungeheuer langen Entwicklungen innerstaatlich erst gezähmt werden mußte und alle möglichen Dinge vorgeschaltet wurden, bis es schließlich so weit war, daß dieser Kampf gar nicht mehr notwendig war". Schließlich verwies Hofrat Lehne auf die Entwicklungen in den Niederlanden, wo „freiwillig eingegangenen leistungsgemeinschaftlichen Zusammenschlüssen" Rechtsetzungsbefugnisse eingeräumt wurden.

Abg. Kummer stellte zunächst fest, daß sowohl gegen eine rechtliche Regelung des Arbeitskampfes als auch gegen eine weitergehende Institutionalisierung des Verbandswesens ernste Widerstände zu erwarten wären. Sodann befaßte sich Abg. Kummer mit den Ausführungen von RA Rosenzweig und führte aus, daß im Zusammenhang mit dem Koalitionsrecht ein Koalitionsschutz erforderlich wäre. Die Einrichtungen des closed shop und des union shop aber könnten nur aus der geschichtlichen Entwicklung und aus den Verhältnissen in den USA verstanden werden. Sie seien auf Österreich nicht übertragbar.

Prof. Klecatsky wies sodann auf die Notwendigkeit hin, sich mit der Frage der negativen Koalitionsfreiheit zu befassen, insbesondere mit Rücksicht auf die rechtlich institutionalisierten Zwangsverbände und Kammern und auch mit Rücksicht auf den von der Rechtsordnung mit der Stellung eines privilegierten Vereines ausgestatteten ÖGB.

Abg. Mark wandte sich gegen die Ausführungen von Abg. Kummer und vertrat den Standpunkt, es sei nicht richtig, den closed shop „als eine sozusagen historisch bedingte Entwicklung, die praktisch überwunden ist", zu betrachten. Die Entwicklung beweise das Gegenteil. So beginne man in Deutschland „in Kollektivverträge Bestimmungen hineinzunehmen, durch die beitragspflichtig für die Gewerkschaften auch die nichtorganisierten Arbeiter werden, die an den Kollektivverträgen teilnehmen, ohne daß sie Mitglieder werden." Das sei eine „ganz eigenartige Entwicklung, vielleicht gar keine gesunde Entwicklung, wenn man hier Menschen dazu zwingt, Beiträge zu zahlen, die nicht berechtigt sind dann mitzutun." Das Beispiel der USA, das auch in England zu finden sei, sei demgegenüber vorzuziehen. Man müsse sich das Problem gut überlegen. Es sei wohl nicht möglich, in Kollektivverträge eine Bestimmung des Inhaltes aufzunehmen, daß die Begünstigungen des Vertrages nur den Gewerkschaftsmitgliedern zugute kommen. Schließlich wies Abg. Mark darauf hin, daß als freie Vereinigung, die gesetzlich privilegiert ist, nicht nur der ÖGB., sondern auch die Präsidentenkonferenz der Landwirtschaftskammern und die Industriellenvereinigung zu nennen wären.

Sekt.Rat Ringhofer führte aus, die Frage der rechtlichen Erfassung der sozialen Macht sei unmittelbar und primär kein Problem der Grundrechtsordnung. Maßnahmen in dieser Richtung würden „dazu führen, die dort ausgeübte Macht irgendwo unter Kontrolle zu bringen ohne deswegen prinzipiell einen Machtmißbrauch trotz Kontrolle auszuschalten." Im Zusammenhang mit den Grundrechten gehe es um den Schutz des Einzelnen, der auch gegenüber den rechtlich erfaßten Mächten notwendig ist. Im übrigen werde man dem Problem nicht gerecht, wenn man nur an die „staatsnahen" Mächte wie den ÖGB., die Präsidentenkonferenz u.ä. denke. Das Problem bestehe etwa auch für den Dienstnehmer eines großen Konzernbetriebes, der seinem Dienstgeber um ein Vielfaches unterlegen sei. Letztlich sei die Problematik hier keine andere wie dort, wo der Staat als Träger von Privatrechten auftritt. Schließlich faßte Sekt.Rat Ringhofer seinen Standpunkt wie folgt zusammen: „Dort, wo der Staat und alle seine Filialen, etwa die Kammern, tätig werden, in jenem Bereich, wo es sich um Rechtsetzung oder Rechtsanwendung unter Berücksichtigung der ganzen Relativität dieses Gegensatzes handelt, bewegen wir uns in althergebrachten Bahnen, auf diesen Gebieten bestehen Rechtschutzmöglichkeiten, die vervollkommnet werden können, aber die uns also keine neuen Probleme schaffen. Die neue Problematik besteht also dort, wo es sich um Machtausübung handelt in Kategorien, in Formen, die bislang nicht kategorisiert sind, und die, ich möchte pessimistisch behaupten, wohl auch kaum jemals irgendwie sehr effektvoll kategorisiert werden können und die letzten Endes vielleicht der Anlaß für die Konstruktion der Drittwirkung der Grundrechte waren.

Und ich glaube also, daß man über die Möglichkeiten eines Schutzes individueller Interessen gegen diese Machtausübung und wenn ich sage eines Schutzes individueller Interessen, dann bedeutet das ja letztlich nichts anderes als die Konstituierung einer Rechtssphäre gegen diese Machtfaktoren – daß also diese Problematik, glaube ich, allgemein kaum jemals sehr erfolgversprechend diskutiert werden kann, sondern im Hinblick auf die Vielfalt der Erscheinungsformen eben nur an den konkreten Anlässen beurteilt werden kann."

Sekt.Chef Loebenstein ersucht nunmehr die Mitglieder des Kollegiums, zu folgender Frage Stellung zu nehmen:

Ist ein Grundrechtsschutz gegenüber Verbänden erforderlich, die nicht durch Gesetz geschaffen und mit Zwangsmitgliedschaft ausgestattet sind?

Die anschließende Umfrage ergab:

Prof. Marcic: Ja.

Abgeordneter Mark: Ja.

Abgeordneter Nemecz: Ja.

Sektionsrat Ringhofer erklärte, die Frage nicht beantworten zu können, weil sie der Notwendigkeit des Schutzes gegen Erscheinungsformen von Machtentfaltung, bei denen es sich nicht um Verbände handelt, nicht Rechnung trage.

Rechtsanwalt Rosenzweig: „Ich glaube, es ist das gleiche Problem wie gegenüber dem Staat. Bei diesen Zwangsverbänden ist der Grundrechtsschutz in gleicher Weise gegeben bzw. nicht gegeben, wie gegenüber dem Staat und die Reformen, die zur Verbesserung des Grundrechtsschutzes beim Staat zum Erfolg führen werden, würden auch hier eine Verbesserung der Situation herbeiführen."

Prof. Pfeifer: „Ich bin der Meinung, daß es weitgehend mit der Frage der Drittwirkung zusammenhängt, die immer wieder in verschiedenen Spielarten auftritt und da ich grundsätzlich bejahe, daß hier auch ein Schutz gegeben sein soll, bin ich der Meinung, daß in diesem speziellen Fall gegenüber diesen charakterisierten Verbänden ein Schutz gegeben sein muß."

Prof. Walter: Ja.

Prof. Winkler: Ja.

Rechtsanwalt Beck: „Ja, aber nicht durchsetzbar ohne Institutionalisierung dieser Verbände, weil sonst kein anfechtbarer Bescheid existiert."

Präsident Dietrich: „Ich glaube, daß die Grundrechte gegenüber diesen Verbänden nur im Wege der Drittwirkung inkraft treten können."

Prok.Koär. Graff: Ja.

Hofrat Kaltenberger: Ja.

Professor Klecatsky: Ja.

Parl.Rat Kobzina: Ja.

Abg. Kummer: „Ja. Mit Ergänzung von Dr. Beck."

Hofrat Lehne: Ja.

Hofrat Lora: „Nur im Wege der Drittwirkung."

Sodann ersuchte *Sekt.Chef Loebenstein*, unter der Voraussetzung der Bejahung der Notwendigkeit des Grundrechtsschutzes gegenüber Verbänden – „posito sed non concesso“ – zu folgender Frage Stellung zu nehmen:

Macht der Grundrechtsschutz gegenüber den Verbänden u.zw. sowohl gegenüber den gesetzlich instituierten als auch gegenüber den gesetzlich nicht instituierten eine Änderung ihrer derzeitigen rechtlichen Grundlagen erforderlich?

Die anschließende Umfrage ergab:

RA Beck: „Die Rechtslage ist für die bereits gesetzlich bestehenden und die noch nicht institutionalisierten Verbände die gleiche, weil auch bei einer Kammer es sich um einen Bereich handelt, der eben über ihre gesetzlichen Befugnisse hinausgeht. Es ist daher notwendig, eine Institutionalisierung in allen Fällen zu schaffen.“

Präs. Dietrich: „Ich glaube, daß die weitere rechtliche Fundierung von Verbänden, Organisationen und auch politischen Parteien vielleicht eine verfassungsrechtliche Frage, keinesfalls aber eine Frage der Grund- und Freiheitsrechte ist.“

Prok.Koär. Graff: „Wie Dr. Dietrich.“

Hofrat Kaltenberger: „Ich bin der Ansicht, man muß der Macht entgegentreten dort, wo sie auftritt, und in welcher Erscheinungsform immer sie auftritt.“

Prof. Klecatsky: Ja.

Parl.Rat Kobzina: Jawohl.

Abgeordneter Kummer: „Ja, im selben Sinn wie Dr. Beck.“

Hofrat Lehne: Ja.

Hofrat Lora: „Keine Frage der Grundrechte, eine gesetzliche Institutionalisierung käme nur der Schaffung neuer Kammern gleich.“

Prof. Marcic: Ja.

Abg. Mark: „Wie Dr. Lora.“

Abg. Nemecz: Ja.

SR Ringhofer: „Ja, eine Institutionalisierung ja, aber ich glaube nicht, daß die Konstruktion eines möglichen Schutzes des Einzelnen davon abhängig sein sollte.“

RA Rosenzweig: „Ja, ich glaube, daß es notwendig ist, gewisse gesetzliche Kontrollen zu schaffen, ohne daß deswegen eine Institutionalisierung eintritt.“

Prof. Pfeifer: „Möchte ich fast auch sagen.“

Prof. Walter: „Institutionalisierung.“

Prof. Winkler: „Ich sage wie Dr. Ringhofer. Nicht notwendigerweise unter dem Gesichtspunkt des Grundrechtsschutzes.“

Sekt.Chef Loebenstein führte im Anschluß an die Umfrage aus, es stelle sich im gegebenen Zusammenhang noch eine weitere Frage, die allerdings auch der Behandlung beim Grundrecht der Vereinsfreiheit vorbehalten werden könne. Es handle sich um die Frage, ob mit Rücksicht auf die Konzentration der Macht bei den in Rede stehenden Verbänden zusätzliche Sicherungen zur Wahrung der Vereinsfreiheit erforderlich sind.

Auf Grund einer Anfrage von *RA Rosenzweig*, ob diese Frage auf die negative Koalitionsfreiheit zu beziehen sei, stellt *Sekt.Chef Loebenstein* fest, er denke vor allem auch an die Garantie des Rechts, den Beitritt zu einem Verein zu Gunsten eines anderen Vereines abzulehnen. Überdies könne durch die Existenz von machtvollen Verbänden die Möglichkeit, neben einem solchen Verband einen weiteren Verein mit gleichartigem Wirkungskreis zu bilden, „praktisch illusorisch gemacht werden".

Prof. Marcic sprach sich für eine Umfrage in diesem Sinne aus und verwies auf Probleme dieser Art im Bereich der politischen Parteien.

Sekt.Chef Loebenstein formulierte sodann seine Frage wie folgt:

Sind unter den heute nachmittag besprochenen Aspekten zusätzliche Sicherungen zur Wahrung der Vereinsfreiheit in der Richtung erforderlich, daß Vereinsgründungsfreiheit gewährleistet wird?

RA Rosenzweig bemerkte hiezu, nach der Judikatur des Verfassungsgerichtshofes sei die Vereinsfreiheit gewährleistet, zusätzliche Sicherungen seien demnach nicht erforderlich.

Prof. Klecatsky bemerkte dazu, nach der Judikatur des Verfassungsgerichtshofes richte sich das Grundrecht der Vereinsfreiheit nur gegen den Staat.

RA. Rosenzweig erwiderte der Verfassungsgerichtshof habe z.B. das Recht darauf klargestellt, neben dem ÖGB. eine Gewerkschaft zu gründen.

Prof. Klecatsky hielt dem entgegen, der Verfassungsgerichtshof habe in diesem Erkenntnis ausgesprochen, daß die Behörde die Bildung neuer Gewerkschaften nicht verbieten darf und in diesem Zusammenhang habe der Verfassungsgerichtshof das Problem der Vereinsnamen behandelt.

[Mitteilung zum Resumèprotokoll über die 4. Arbeitstagung: Herr Univ.Prof. Dr. Klecatsky hat mitgeteilt, daß er im Resumèprotokoll über die 4. Arbeitstagung (30.4.1965) die mit den Worten „Prof. Klecatsky hielt dem entgegen..." beginnende Wiedergabe seiner Ausführungen auf Seite 51 wie folgt verstanden wissen will: „Prof. Klecatsky hielt dem entgegen, daß der VfGH. in seinem Erk. vom 9.3.1959, B 292/58, nur ausgesprochen habe, daß die Bezeichnung ´Gewerkschaft´ nicht als Vereinsname monopolisiert werden dürfe. Über das Namensproblem hinaus habe sich der VfGH. nicht in der von RA Dr. Rosenzweig behaupteten Richtung geäußert."]

RA Rosenzweig sagte dazu, das sei schon richtig, aber die ganze Entscheidung sei nur erklärlich „von dem Grundgedanken aus, daß es jedermann frei steht, Gewerkschaften zu bilden, auch neben dem ÖGB".

Sekt.Chef Loebenstein bemerkte, daß die bisherige Judikatur dieses Recht nur gegenüber dem Staat, nicht aber auch gegenüber Dritten, die sich der Vereinsbildung hindernd in den Weg stellen, bejaht habe.

Parl.Rat Kobzina führte aus, er verstehe die Frage im Sinne einer Sicherung analog dem Art. 9 Abs. 3 letzter Satz des Bonner Grundgesetzes.

Sekt.Rat Ringhofer erklärte, „eine zusätzliche Sicherung der Vereinsfreiheit durch eine Ausstattung dieses Grundrechtes mit Drittwirkung" sei „im Prinzip zu bejahen". Man könne aber nicht verhindern, daß ein Verein „auf völlig ordnungsgemäßem Wege faktisch ein Monopol der Interessenvertretung" dadurch erlangt, daß ihm die überwiegende Mehrheit der Interessenten beitritt. Hier habe auch die Drittwirkung ihre Grenzen.

Sodann ersuchte *Sekt.Chef Loebenstein* die Mitglieder des Kollegiums, zu der von ihm vorgelegten Frage Stellung zu nehmen.

Die Umfrage ergab:

Hofrat Kaltenberger: „Ich würde die Frage bejahen. Nur, glaube ich, ist es auch notwendig, daß zusätzlich auch der Staat beschränkt wird, im Zuge der Institutionalisierung dieser Mächtegruppen einen Verein nach dem anderen sozusagen zu verstaatlichen und dadurch zu veranlassen, daß wieder ein neuer Verein gegründet wird, der vertritt jetzt die Macht und jetzt wird er wieder institutionalisiert."

Prof. Klecatsky: Ja.

Parl.Rat Kobzina: „Ja. Im Sinne von Hofrat Kaltenberger."

Abg. Kummer: Ja.

Hofrat Lehne: Ja.

Hofrat Lora: „Kein Schutz gegenüber dem Staat, kein zusätzlicher, notwendig, und gegenüber den sonstigen Verbänden Drittwirkung."

Prof. Marcic: Ja.

Abg. Mark: „Ja, unter der Voraussetzung, daß es sich auch um einen Schutz gegen die Verfälschung der Vereinsfreiheit handelt, nämlich der Typus eben der Gewerkschaft. Das soll meiner Ansicht nach mindestens ebenso verhindert werden, daß man die Vereinsfreiheit dazu mißbraucht, um hier von Gewerkschaften zu sprechen."

Abg. Nemecz: Ja.

Sekt.Rat Ringhofer: „Grundsätzlich ja mit Einschränkung des vorher Erwähnten."

RA Rosenzweig: „Da nach der gegenwärtigen Verfassungslage volle Vereinsfreiheit besteht und nur die staatlichen Behörden bei Vorliegen gewisser Voraussetzungen das Untersagungsrecht haben, glaube ich, daß eine Erweiterung der Rechte nicht erforderlich ist."

Prof. Pfeifer: Ich bin auch der Meinung. Nach dem Beschluß der provisorischen Nationalversammlung ist die volle Vereinigungsfreiheit gewährleistet.

Sekt.Chef Loebenstein: Also wie Dr. Rosenzweig.

Prof. Walter: Ja.

Prof. Winkler: „Da die Vereinsfreiheit nach der gegenwärtigen Verfassungslage nicht verfassungsunmittelbar garantiert ist, sondern nur verfassungsmittelbar über die Gesetzesdelegation, sage ich ja."

RA Beck: „Wie Dr. Rosenzweig."

Präsident Dietrich: „Ja. Wie Prof. Winkler."

Prok.Koär. Graff: Ja.

Nach Abschluß der Umfrage dankte *Sekt.Chef Loebenstein* im Namen des Kollegiums Bundeskanzler Klaus für sein Erscheinen trotz stärkster Inanspruchnahme durch andere Angelegenheiten, ersuchte die Mitglieder des Kollegiums um zuverlässige Teilnahme an den nächsten Tagungen, dankt für ihre Mitarbeit und erklärte sodann die Tagung für beendet.

Protokoll über die am Freitag, den 21. Mai 1965 im Bundeskanzleramt abgehaltene 5. Arbeitstagung des Expertenkollegiums für Probleme der Grund- und Freiheitsrechte

Vorsitzender: Sektionschef Dr. Edwin Loebenstein.

Teilnehmer: Rechtsanwalt Dr. Hans Beck;
Rechtsanwalt Dr. Armin Dietrich,
Präsident der Rechtsanwaltskammer für Kärnten;
Univ.Prof. Dr. Felix Ermacora;
Univ.Prof. Dr. Hans Floretta,
Kammeramtsdirektor der Kammer für Arbeiter und
Angestellte in Salzburg;
Mitglied des Bundesrates Leopold Gratz;
Staatssekretär a.D. Univ.Prof. Dr. Franz Gschnitzer;
Hofrat der oberösterreichischen Landesregierung
Landtagsdirektor Alfred Kaltenberger;
Univ.Prof. Dr. Hans Klecatsky;
Parl.Rat Alfred Kobzina;
Abgeordneter zum Nationalrat Dr. Karl Kummer;
Hofrat des Verwaltungsgerichtshofes Dr. Friedrich Lehne;
Hofrat der Kärntner Landesregierung Dr. Helmuth Lora;
Univ.Prof. Dr. René Marcic;
Abgeordneter zum Nationalrat Karl Mark;
Abgeordneter zum Nationalrat
Rechtsanwalt Dr. Alexander Nemecz;
Univ.Prof. Dr. Helfried Pfeifer;
Sektionsrat Dr. Kurt Ringhofer;
Rechtsanwalt Dr. Wilhelm Rosenzweig,
Mitglied des Verfassungsgerichtshofes;
Abgeordneter zum Nationalrat Dr. Emil van Tongel;
Univ.Prof. Dr. Robert Walter;
Min.Rat Dr. Hans Weiler;
Univ.Prof. Dr. Leopold Werner,
Senatspräsident des Verwaltungsgerichtshofes,
Mitglied des Verfassungsgerichtshofes;
Univ.Prof. Dr. Günther Winkler;

Entschuldigt: Prok.Koär. Dr. Michael Graff;

I.

Zu Beginn der Tagung begrüßte *Sektionschef Loebenstein* die Tagungsteilnehmer und teilte mit, daß Bundeskanzler Klaus zu seinem Bedauern und entgegen seinen Absichten im letzten Augenblick durch unaufschiebbare Angelegenheiten von der Teilnahme an der Tagung abgehalten sei. Sodann verwies Sektionschef Loebenstein auf die zur Verteilung gelangten, von RA Rosenzweig nach Fühlungnahme mit dem BKA-VD verfaßten Fragen betreffend „verfahrensrechtliche Reformen auf dem Gebiete des Grundrechtsschutzes". Sektionschef Loebenstein führte aus, daß auf diese Fragen im Zusammenhang mit dem Abschnitt D des „Fragenprogramms" voraussichtlich im September einzugehen sein werde und ersuchte die Mitglieder des Kollegiums, die mit den Fragen angesprochenen Probleme zu prüfen.

Sodann trat das Kollegium in die Beratung des Problems der Drittwirkung ein. *Sektionschef Loebenstein* wies einleitend darauf hin, daß es sich bei diesem Problem um die Frage handle, ob den Grundrechten über ihre „staatsgerichteten Funktionen" hinaus auch „im Verhältnis der Normunterworfenen untereinander" Geltung zukommt. Insbesonders sei dieses Problem in der BRD und hier wieder besonders eingehend von Leisner in seinem Werk „Grundrechte und Privatrecht" untersucht worden, aber auch Ermacora habe sich mit dem Problem in seinem Handbuch der Grundrechte befaßt. Es wäre sehr zu begrüßen, fuhr Sektionschef Loebenstein fort, wenn zunächst Prof. Gschnitzer zu dem Problem vom Standpunkt des Privatrechts Stellung nehmen könnte.

Prof. Gschnitzer führte aus, es sei „unbestritten, daß der Verfassungsgesetzgeber bei den Grundrechten das öffentliche Recht im Auge hatte und auf das Privatrecht sein Augenmerk dabei nicht gerichtet hat". Außerdem ergebe sich aus der „notwendig sehr allgemeinen Natur" der Grundrechtsformulierungen, daß der Verfassungsgesetzgeber gewiß nicht beabsichtigte, „sehr konkrete Überlegungen zu einzelnen privatrechtlichen Problemen damit sozusagen mit einem Federstrich außer Kraft zu setzen". Schon diese Feststellungen sprächen gegen die Annahme, daß die Grundrechte „automatisch auch die sogenannte Drittwirkung hätten". Prof. Gschnitzer erläuterte sodann die Folgen der uneingeschränkten Drittwirkung für das Privatrecht anhand des Gleichheitssatzes. Man habe etwa im Bereich des Arbeitsrechtes die Frage aufgeworfen, ob eine ungleiche Behandlung einzelner Arbeitnehmer ohne sachliche Rechtfertigung zulässig ist. Würde diese Frage verneint, so wäre „eine bedeutende Einschränkung der Vertragsfreiheit" die Folge. Vor allem aber zeige sich im Erbrecht, insbes. beim Testamentsrecht, daß der Gesetzgeber eine Gleichbehandlung nicht für erforderlich gehalten habe. Der Testator könne innerhalb der Grenzen des Pflichtteilrechts „frei verfügen und ungleich behandeln". Die bestehenden Generalklauseln des Privatrechts, „also die Sittenwidrigkeitsklausel und die Treu- und Glauben-Klausel", reichten völlig aus, „um jene Fälle zu regeln, in denen eine offenkundig sachwidrige Ungleichbehandlung erfolgt". In Übereinstimmung damit sei am 1. österreichischen Juristentag folgender Leitsatz aufgestellt worden: „Die österreichische Privatrechtsordnung kennt keinen allgemeinen Gleichheitssatz, sondern nur einzelne materiell-rechtliche, oft abdingbare Gleichheits- und Ungleichheitsbestimmungen." Damit stimme auch überein, „daß der Oberste Gerichtshof, abgesehen von seinem Antragsrecht nach Art. 140 Abs. 1 Bundes-Verfassungsgesetz, den verfassungsgesetzlichen Gleichheitsgrundsatz des öffentlichen Rechtes nicht als Bestandteil der Privatrechtsordnung anwendet, wohl aber auf bestimmten Gebieten unsachliche Unterscheidungen durch die Anwendung der Sittenwidrigkeit des § 879 ABGB – man müßte vielleicht noch den § 914 hinzufügen – oder durch eine zweckgemäß ausdehnende oder einschränkende Gesetzesauslegung im Sinne des § 6 und 7 ABGB verhindert". Am 2. österreichischen Juristentag habe Melichar eine etwas abweichende Haltung eingenommen. In seinem Gutachten sei zunächst auf die Kontroverse in der deutschen Staatsrechtslehre verwiesen, in der Nipperdey für, Dürig aber gegen die Drittwirkung ist, und dann der Standpunkt vertreten, der Verfassungsgesetzgeber solle die Frage offen und damit der Praxis überlassen, da eine generelle Regelung der „privatrechtlichen Fallgerechtigkeit" nicht entsprechen würde. Prof. Gschnitzer faßte dann seinen Standpunkt dahin zusammen, daß keinesfalls durch eine Verfassungsbestimmung die Drittwirkung der Grundrechte festgelegt werden soll, da ein solcher Satz das Privatrecht in Unordnung bringen könnte.

Vielmehr sollte durch eine Verfassungsbestimmung ausgesprochen werden, daß die Grundrechte keine Drittwirkung haben. Sollte aber dies nicht möglich sein, so wäre auch noch der Vorschlag Melichars annehmbar, wonach auf eine ausdrückliche Regelung zu verzichten wäre, was freilich den Fortbestand einer gewissen Unsicherheit zur Folge hätte. De lege lata aber könne eine Drittwirkung nicht angenommen werden.

Prof. Ermacora führte aus, man dürfe die Frage der Drittwirkung nicht allein aus der Sicht des Gleichheitssatzes beurteilen. Das Problem der Drittwirkung ergebe sich auch bei anderen Grundrechten, etwa im Zusammenhang mit der Freiheit der Meinungsäußerung und der Pressefreiheit, welchem Grundrecht der Persönlichkeitsschutz entgegengehalten werde. Ebenso trete das Problem der Drittwirkung im Zusammenhang mit der Glaubens- und Gewissensfreiheit – etwa auf dem Gebiet der religiösen Kindererziehung und auf dem Gebiet der Schule – sehr deutlich in Erscheinung. Im übrigen müsse beachtet werden, daß für die Drittwirkung zwei Geltungsbereiche in Betracht kommen: Die Geltung im Verhältnis des Einzelnen zum Einzelnen und die Geltung im Verhältnis des Einzelnen zum Staat als Träger von Privatrechten: Wie er schon in seinem Handbuch der Menschenrechte ausgeführt habe, setzte Prof. Ermacora fort, müsse der Einzelne mit dem Recht ausgestattet sein, „unter Berufung auf die Grundrechte seine Sphäre gegen den anderen zu verteidigen und jetzt bitte, wenn bürgerliches Recht und Strafrecht nicht ausreichen, einen dem Grundrechtskatalog gemäßen Zustand herzustellen“. Sicherlich enthielten auch das Privatrecht und das Strafrecht eine Reihe von Bestimmungen, „die den gleichen Effekt erzielen könnten wie etwa der Grundrechtskatalog, allerdings ist der Rechtsweg, der zu beschreiten wäre, ein anderer, um seine Rechte durchzusetzen“. Da es sich um ein von der Rechtswissenschaft und der Rechtspraxis noch nicht geklärtes Problem handle, erscheine es – schloß Prof. Ermacora seine Ausführungen – am zweckmäßigsten, dem Vorschlag Melichars zu folgen und auf eine ausdrückliche Regelung zu verzichten.

Sektionschef Loebenstein bemerkte hiezu, er habe es in seinen einleitenden Ausführungen bewußt unterlassen, auf das Problem des Staates als Träger von Privatrechten hinzuweisen, da es im Sinne der Beratungsergebnisse der letzten Tagung des Kollegiums zweckmäßig erscheine, zunächst über das Problem der Drittwirkung im allgemeinen zu sprechen und dann erst auf das Spezialproblem des Staates als Träger von Privatrechten einzugehen.

Prof. Klecatsky stellte zunächst fest, auch ihm scheint es richtig, zu sagen, daß „die Drittwirkung gegenüber dem Privatrecht, der Privatrechtssphäre heute nicht statt hat“. Den Ausführungen von Prof. Gschnitzer würde er, setzte Prof. Klecatsky fort, „voll und ganz zustimmen, wenn das Privatrecht sich heute in einem Stande befinden würde, wie der § 1 ABGB das Privatrecht definiert hat, nämlich, daß das Privatrecht, glaube ich, so heißt es ungefähr, der Inbegriff der Rechtsvorschriften ist, die die Rechte und Pflichten der Bürger unter sich bestimmen“. Er glaube aber, daß das Privatrecht aus diesem „Anfangsstadium weit herausgewachsen ist“. Die erste Frage aber, die im Zusammenhang mit dem Problem der Drittwirkung zu lösen ist, sei jene nach dem Begriff des Privatrechts. Hierüber gebe es eine Vielzahl von widerstreitenden Meinungen. Auch der VerfGH. habe im Laufe der letzten Jahre einander widersprechende Auffassungen vertreten. In diesem Zusammenhang komme neben der Tatsache, daß sich der Staat des Privatrechts bedient, vor allem auch dem Umstand Bedeutung zu, daß „gewisse Kollektive als Träger von Privatrechten auftreten, die nicht mehr identifiziert werden können mit den Bürgern untereinander, also als Bürger, die anderen Bürgern gegenübertreten“. Des weiteren sei zu beachten, daß „das moderne Privatrecht in ungeheurem Maß von Überlegungen gestaltet wird, die auf den Schutz des Kollektivs abzielen“. Ein Beispiel hiefür sei das Mietengesetz. Ferner sei an die Gesellschaften zu erinnern, „hinter denen der Staat oder die Gemeinden usw. stehen, diese Gesellschaften, die auch in den Formen des Handelsrechts, das ja nur eine Abart des Zivilrechtes verfassungsrechtlich ist, bestehen". All' das, schloß Prof. Klecatsky seine Ausführungen, bedürfe eingehender Untersuchungen.

Parl.Rat Kobzina wies zunächst darauf hin, daß zwischen Nipperdey und Dürig Differenzen nur insoweit bestehen, als nicht das Bonner Grundgesetz – wie etwa im Art. 9 (3) – die unmittelbare Geltung der Grundrechte für den Bereich des Privatrechts ausdrücklich vorsieht. Im Gegensatz zu Österreich finde „in der deutschen Bundesrepublik eine Drittwirkung von Grundrechten tatsächlich kraft Verfassung statt". In dieser klaren Form aber solle die Drittwirkung auch in einen österreichischen Grundrechtskatalog aufgenommen werden. Dies vor allem deshalb, weil auf diese Weise auch der Staat als Träger von Privatrechten durch die Grundrechte verpflichtet werden könnte.

Sektionschef Loebenstein gab zu bedenken, daß das Problem der Drittwirkung nicht auf den Bereich des Privatrechts beschränkt ist, sondern auch für den Bereich des Strafrechts Bedeutung habe. Das von Prof. Ermacora genannte Beispiel der religiösen Kindererziehung zeige überdies, daß es auch im Bereich des öffentlichen Rechts beachtet werden muß.

Prof. Walter gab seiner Auffassung Ausdruck, daß die österreichische Grundrechtsordnung derzeit ausschließlich staatsgerichtet sei, also keine Drittwirkung begründe. Insoweit stimme er mit Prof. Gschnitzer überein. Der Meinung aber, daß der Gleichheitssatz für das Privatrecht überhaupt nicht gelte, könne er nicht folgen. Es sei ein Irrtum, zu glauben, daß die Grundrechte für die Gestaltung des Privatrechts keine Bedeutung hätten, daß der Gesetzgeber auf privatrechtlichem Gebiet an die Grundrechte nicht gebunden ist.

Prof. Gschnitzer bemerkte hiezu in einem Zwischenruf, daß in den Leitsätzen des 1. österreichischen Juristentages die Bindung des Gesetzgebers an den Gleichheitssatz auch für den Bereich der Rechtsetzung auf dem Gebiete des Privatrechts eindeutig anerkannt worden ist.

Prof. Walter erwiderte, eine Klarstellung in diesem Sinne sei ihm wichtig erschienen. Was aber die Frage der Drittwirkung de lege ferenda betreffe, so sei er ähnlich wie Prof. Gschnitzer der Meinung, daß nicht abzusehen sei, in welcher Weise das Privatrecht durch die Drittwirkung umgestaltet würde. Untersuchungen in dieser Richtung seien sehr schwierig. Solange aber hier keine Klarheit bestehe, könne die Frage, ob die Drittwirkung ausdrücklich anerkannt werden soll, nicht beantwortet werden. Die Lösung könne aber auch nicht darin bestehen, daß auf eine ausdrückliche Regelung verzichtet wird. Vielmehr sei eine ausdrückliche Regelung im Interesse der Rechtssicherheit unerläßlich.

Sektionschef Loebenstein bemerkte, er habe seinen Ausführungen die Annahme, daß der Gesetzgeber auch im Bereich des Privatrechts an die Grundrechte gebunden ist, als unbestritten vorausgesetzt und er sei der Meinung, daß diese Bindung weder de lege lata noch de lege ferenda in Frage gestellt werden soll.

Prof. Marcic führte aus, es handle sich bei der Drittwirkung um die Frage: „Wogegen kann ich meine Grundrechte geltend machen bzw. gegen wen? Kann ich meine Grundrechte geltend machen auch im bürgerlichen Rechtsverkehr und kann ich außerdem auch gegen die Justiz meine Grundrechte geltend machen, das wäre die strafrechtliche Seite." Er könne sich, fuhr Prof. Marcic fort, im großen und ganzen den Ausführungen der Professoren Ermacora, Klecatsky und Walter anschließen und wolle nur noch einzelne bisher weniger hervorgetretene Aspekte aufzeigen. Die Ideen- und Institutionengeschichte des Rechts auf Eigentum zeige, daß die Grundrechte „einmal mehr sozusagen im öffentlichen Bereich sich auswirken und aktualisiert werden, ein anderes Mal mehr im privatrechtlichen Bereich". In der gegenwärtigen Situation aber sei die staatliche Exekutive nicht die einzige Richtung, aus der die Grundrechte bedroht sind. Gewiß sei die Sorge Prof. Gschnitzers, die Drittwirkung könnte die Privatrechtsordnung verwirren, nicht unbegründet. Dieser Sorge könne aber im Sinne der Ausführungen von Prof. Walter durch eine entsprechende Gestaltung der Drittwirkung Rechnung getragen werden. Neben diesen an der Ideen- und an der Institutionengeschichte orientierten Erwägungen müsse auch beachtet werden, daß rechtswesentlich zwischen den Akten des bürgerlichen Rechtsverkehrs und den „sogenannten Staatsakten" kein Unterschied besteht und daß „a priori alle Akte, die die Rechtsordnung vollziehen, ob im Bereich des bürgerlichen Rechtsverkehrs oder auf dem Weg der obrigkeitlichen Rechtsetzung, Staatsakte sind und als solche behandelt werden müssen". Man könne daher auch rechtstheoretisch nichts gegen den Gedanken der Drittwirkung einwenden. Zusammenfassend stellte schließlich Prof. Marcic fest, auch er sei der Meinung, daß die Drittwirkung nicht ausdrücklich statuiert zu werden braucht. Man solle vielmehr „in Anlehnung an § 46 des Gesetzes über den Staatsgerichtshof von Hessen einfach sagen: Der Antrag ist gegen den zu richten, der das Grundrecht verletzt hat. Wer das Grundrecht verletzt hat, ob die öffentliche Gewalt, ob die Behörde oder die privatwirtschaftliche Verwaltung, der Staat als Privatwirtschaftsträger, oder in einem speziellen Fall der Kinobesitzer, der einfach den Journalisten keinen Zutritt mehr gibt, weil er nicht will, daß man seine Filme verreißt, das soll dann der Richter im konkreten Fall entscheiden". Rechtspolitisch gesehen müsse der Weg für eine Drittwirkung im privatrechtlichen und im strafrechtlichen Bereich offen bleiben.

Sektionschef Loebenstein führte aus, es sei im Einzelfalle auch heute schon zu untersuchen, ob ein Grundrecht im Verhältnis der Staatsbürger zueinander Wirkungen zu entfalten vermag. Das gelte auch für das Verhältnis der Kollektivvertragspartner zueinander. Die Gerichte seien heute schon verpflichtet, zu prüfen, ob Bestimmungen der Kollektivverträge Grundrechtsnormen verletzen.

RA Beck führte anhand eines den Mißbrauch der Pressefreiheit betreffenden Beispieles aus, daß es um die Frage gehe, ob die Drittwirkung der Grundrechtsnorm unmittelbar eintreten soll oder ähnlich wie bei Staatsverträgen unter Ausschluß dieser unmittelbaren Wirkung der Gesetzgeber verpflichtet werden soll, die zur Effektuierung des Grundrechts im Verhältnis der Staatsbürger zueinander erforderlichen Regelungen zu treffen. Notwendig entstünden aus dem Grundrechtsmißbrauch subjektive Rechte des vom Mißbrauch Betroffenen.

Präsident Dietrich bemerkte zunächst, die umfassende, auch den Bereich des Zivilrechts betreffende Bindung des Gesetzgebers an die Grundrechte habe mit der Drittwirkung nichts zu tun. Hier handle es sich um die direkte Wirkung der Grundrechte gegenüber dem Gesetzgeber. Die Drittwirkung auch auf das Gebiet des Privatrechts auszudehnen sei deshalb sehr bedenklich, weil damit nicht nur Rechte, sondern auch Pflichten des Einzelnen begründet würden. Aufgabe der Grundrechte sei es allein, Rechte des Einzelnen gegen das Kollektiv zu schaffen. Die Geltung des Gleichheitssatzes im bürgerlichen Rechtsverkehr würde die „völlige Vernichtung der Vertragsfreiheit" zur Folge haben. Man solle daher die Drittwirkung ausdrücklich ausschließen oder aber zumindest den derzeitigen Zustand aufrecht erhalten. Die Instituierung der Drittwirkung würde nicht zuletzt die Frage der Durchsetzung der Grundrechte im bürgerlichen Rechtsverkehr aufwerfen. Man müßte dann Leistungsklagen, die Möglichkeit von rechtsgestaltenden Eingriffen u.ä. zulassen. Die Auswirkungen wären unabsehbar.

Prof. Floretta führte aus, es gehe „bei der Drittwirkung hinsichtlich des Privatrechtes um die engen Grenzen der Privatautonomie, der Vertragsfreiheit". Die „kollektiven Mächte, die eine Regelung erlassen", seien an die Grundrechte gebunden u.zw. deshalb, weil es sich hier nicht um einen Fall der Privatautonomie handle, auch nicht um einen Fall der „Verbandsautonomie, die nur eine spezielle Ausartung der Privatautonomie ist". Vielmehr handle es sich um „eine zusätzliche Regelungsbefugnis, die eben der Staat diesen kollektiven Verbänden verliehen hat und wegen dieser Regelungsbefugnis glaube ich auch, sind sie an die Grundrechte, wie der Staat selbst, der diese Regelungsbefugnis verliehen hat, gebunden". Die „echte Privatautonomie oder auch Verbandsautonomie" sei nicht an die Grundrechte gebunden. In rechtspolitischer Sicht allerdings sei zu prüfen, ob nicht einzelne Grundrechte „wegen der eventuellen Vormachtstellung einer Partei" auch im Privatrechtsverkehr gelten sollten, u.zw. nicht nur gegenüber dem Staat als Träger von Privatrechten. De lege lata komme aber nur die Gute-Sitten-Klausel oder die Treu- und Glauben-Klausel in Betracht. Bei der inhaltlichen Ausfüllung dieser Klauseln seien allerdings die Wertentscheidungen des Verfassungsgesetzgebers zu berücksichtigen. Insbes. müsse die allgemeine Geltung auch für ein Grundrecht auf Koalitionsfreiheit gefordert werden. Dasselbe sei für die Erwerbsfreiheit und für die Freiheit der Berufswahl zu fordern. Hingegen sei eine allgemeine Geltung des Gleichheitssatzes gefährlich. Auch im Bereich des Arbeitsrechts sei die Anwendung des Gleichheitssatzes nicht ohne Probleme.

Seine Anwendung sei dort vorstellbar, „wo der Arbeitgeber wiederum gewissermaßen als Kollektiv auftritt, indem er Normen in seinem Betrieb, wo er das kann auf Grund seines Direktionsrechtes, allein regelt, wo er sozusagen eine Norm aufstellt in seinem Betrieb“. Hingegen wäre die Anwendung des Gleichheitssatzes dort verfehlt, wo der Arbeitgeber „typisch in seiner Einzelhaltung“, als Einzelperson dem Arbeitnehmer gegenüber tritt, etwa bei der Regelung des Gehaltes. Anders verhalte es sich mit dem im Arbeitsrecht entwickelten Gleichbehandlungsgrundsatz, wie er sich im § 9 Abs. 1 des 1. Teilentwurfes der Arbeitsrechtskodifikation findet. Regelungen dieser Art seien rechtspolitisch verfehlt. Schließlich faßte Prof. Floretta seinen Standpunkt de lege ferenda wie folgt zusammen: Grundsätzlich „soll man höchstens über die Generalklauseln des Privatrechtes die Grundrechte einströmen lassen, mittelbare Wirkung, aber in Einzelfällen würde ich doch sagen, daß man sich überlegen müßte, ob nicht ein Bedarf besteht, daß Grundrechte absolut auch für die Privatautonomie wirken“.

Sektionschef Loebenstein bemerkte zu diesen Ausführungen, er habe sie dahin verstanden, daß die Frage der Geltung der Grundrechte für den Bereich des privaten Rechtsverkehrs nur für jedes einzelne Grundrecht gesondert beurteilt werden kann.

Prof. Ermacora schloß aus der bisherigen Diskussion, daß das Problem der Drittwirkung „zunächst nur – soferne man Grundrechte im privatrechtlichen Verkehr durchsetzen will und nicht appelliert an die Einsicht des Einzelnen, daß er die Rechte anderer nicht verletzt – in Bezug auf die Exekutive auftritt: Ob man nämlich vor Gericht im Rechtsstreit des Straf-, des Zivil- und des Arbeitsrechtes sich auf Grundrechte berufen kann, an die der Einzelne auch gebunden ist“. Sodann verwies Prof. Ermacora auf einzelne Fälle, in denen der OGH zu gewissen Grundrechten „eine Judikatur zu entfalten versuchte“. Aus der Diskussion ergebe sich, setzte Prof. Ermacora fort, daß „man in jedem einzelnen Falle zu prüfen haben wird, ob ein Grundrecht sogenannte Drittwirkung hat oder nicht“. Hingegen sei die von Prof. Walter vertretene Meinung, die Frage der Drittwirkung sei ausdrücklich zu normieren, nicht zwingend. Man könne die Drittwirkung jener Grundrechte annehmen, „die ihrem Wesen nach und nach der Natur des Rechtsgutes eine solche Anwendung zulassen, Prüfung im einzelnen Fall. Man muß es dem Können der Gerichte überlassen, dieses schwierige Problem zu lösen“.

Prof. Gschnitzer warf die Frage auf, ob man das Gefühl habe, „daß das Privatrecht bisher diese Probleme in seiner Praxis nicht genügend bewältigt habe“. Seiner Ansicht nach seien schwerwiegende Bedenken in dieser Richtung nicht geäußert worden. Bei dieser Sachlage bestehe aber auch kein Anlaß, die Rechtslage zu ändern. Außerdem sei zu bedenken, daß der Richter, wenn er die Gute-Sitten-Klausel anwendet, zwar prüft, ob ein grober Verstoß gegen die obersten Rechtsgrundsätze und damit auch gegen die Grundrechte vorliegt, was zur Folge hat, daß eben nur grobe Verstöße geahndet werden. Würde man aber „beispielsweise einen Satz hineinnehmen, der die Drittwirkung absolut ausspricht, dann würde der Richter sich gebunden fühlen an eine ganz andere Bewertung. Dann würde er, um den Gleichheitsgrundsatz zu nennen, sagen, alles was nicht gleich behandelt wird, ist bereits eine Verletzung". Daraus könnte „sehr großer Schaden entstehen". Außerdem sorge das Privatrecht auch gegen den Mißbrauch der Grundrechte vor, da der Richter berufen sei, den Rechtsmißbrauch festzustellen. – Des weiteren müßte im Falle der ausdrücklichen Festlegung der Drittwirkung geprüft werden, „wieviele Grundsätze des Privatrechtes man selbst wieder in den Grundrechtskatalog aufzunehmen hätte". Geholfen wäre aber mit einer solchen Erweiterung des Grundrechtskataloges auch nicht viel, „weil sich dann der Richter nur in der Situation sähe zwischen einander widersprechenden Grundrechten und er doch wieder abwägen müßte, was ist jetzt wichtiger, die Vertragsfreiheit in dem Fall, oder das Recht auf Persönlichkeit, oder das Recht auf Berufsausübung oder das Gleichheitsprinzip". Schließlich bemerkte Prof. Gschnitzer, die Bezugnahme auf das Strafrecht im Zusammenhang mit der Drittwirkung erscheine ihm nicht recht verständlich, da ja hier die Problematik des privaten Rechtsverkehrs nicht bestehe. Im Bereich des Strafrechts komme lediglich die Frage der Verfassungsmäßigkeit der Strafrechtsnormen in Betracht.

Sektionschef Loebenstein gab zu bedenken, daß im Strafprozeß vom Gericht Maßnahmen getroffen werden könnten, die Grundrechte verletzen, etwa im Zusammenhang mit der Vernehmung des Beschuldigten. Freilich könnte dem entgegengehalten werden, daß es sich hier um die staatsgerichtete Seite der Grundrechte handelt.

Prof. Walter führte aus, man könne sich die Drittwirkung im Strafrecht etwa im Ehrenbeleidigungsprozeß vorstellen, „wo etwa jemand Klage erhebt wegen einer Ehrenbeleidigung, der andere etwa einwendet, in einem Grundrecht, Meinungsfreiheit, verletzt zu sein".

Prof. Marcic wies darauf hin, daß das Eigentumsrecht einerseits der Prototyp des subjektiven Privatrechts, andererseits aber auch ein subjektives öffentliches Recht ist. Und wie es beim Eigentumsrecht eine Selbstverständlichkeit ist, „daß es Drittwirkung hat, nämlich, daß auch im privaten bürgerlichen Rechtsverkehr niemand es verletzen kann", so sei im Sinne der Ausführungen Prof. Ermacoras zu erwägen, „ob nicht auch bei der Meinungsfreiheit ein ähnlicher – in der Struktur natürlich – angepaßter Schutz denkbar ist, daß nicht nur die Exekutive des Staates meine Meinungsfreiheit zu achten hat, sondern auch im bürgerlichen Rechtsverkehr meine Meinungsfreiheit zu achten ist." Zur Erläuterung verwies Prof. Marcic auf einen Fall, in dem der Eigentümer eines Kinos, der auch Eigentümer des dazugehörenden Hauses ist, einem Journalisten das Betreten seines Hauses und damit auch seines Kinos deshalb verboten hat, weil der Journalist die vorgeführten Filme abfällig kritisierte. Hier sei zu fragen, ob „da nicht die öffentliche Meinungsfreiheit und die Aufgabe der Presse durch ein Privatrecht verletzt ist. Denn der Eigentümer sagt doch, wir sind doch nicht in einer Volksdemokratie, ergo habe ich als Eigentümer das Recht zu bestimmen, wer in mein Haus kommt oder nicht". Dem müsse entgegengehalten werden, „daß es auch ein Interesse gibt der Öffentlichkeit, daß man nicht lauter Schmutz- und Dreckfilme vorführt". Hier sei eine Interessenabwägung erforderlich, die dem einzelnen Richter ermöglicht werden müßte.

Prof. Floretta bemerkte hiezu in einem Zwischenruf, eine absolute Wirkung des Eigentumsrechts im Bereich des privaten Rechtsverkehrs sei undenkbar, da sie ja die vertragliche Übertragung von Eigentum ausschließen würde.

Prof. Marcic erwiderte, seine Ausführungen fortsetzend, es sei nicht einzusehen, warum die Drittwirkung bei den anderen Grundrechten problematisch sein sollte, wenn sie es beim Eigentumsrecht nicht ist. Den Gleichheitssatz aber könne man in die Diskussion überhaupt nicht einbeziehen, weil er „eigentlich kein materiales Grundrecht, sondern prototypisch ein prozessuales Grundrecht ist. Man kann sich auch nach der österreichischen Judikatur nie darauf berufen, ja wenn der Fall Y so behandelt werde von der Verwaltungsbehörde, deshalb will ich auch so behandelt werden". Die Sorge, daß die Drittwirkung des Gleichheitsatzes das Privatrecht in Unordnung bringen könnte, sei daher unbegründet. Rechtspolitisch müsse, schloß Prof. Marcic seine Ausführungen, ein Weg gefunden werden, der klarstellt, „daß die Grundrechte nicht nur gegen die exekutive Hoheitsgewalt des Staates sondern sozusagen gegen jedermann, quivis ex populo, sich richten."

Hofrat Lehne erklärte, er schließe sich den Ausführungen von Prof. Floretta in der Deutung an, die ihnen von Sektionschef Loebenstein gegeben wurde. Mit seinen folgenden Ausführungen wolle er diesen Standpunkt näher begründen. Gewiß seien die Bedenken zu beachten, die von Prof. Gschnitzer etwa gegen die schrankenlose Anwendung des Gleichheitssatzes vorgebracht wurden. Dahm habe hiezu festgestellt, daß „die schrankenlose Anwendung der Grundrechtsprinzipien auf den privaten Rechtsverkehr die freie Entfaltung der Persönlichkeit in unerträglicher Weise behindern, die Freiheit im Namen der Freiheit vernichten" würde. „Wenn man jemanden verbietet, dem einen Sohn mehr zu geben als dem anderen, dann ist es aus mit der Freiheit". Man dürfe aber das Problem nicht nur unter dem Gesichtspunkt des Gleichheitssatzes sehen. Die Entstehung jener nichtstaatlichen Mächte, die effektiv nicht in einer dem Einzelnen gleichgeordneten Situation sind, mache ein gewisses Umdenken notwendig. In diesem Zusammenhang sei das Werk von J.P. Müller „Die Grundrechte der Verfassung und der Persönlichkeitsschutz des Privatrechtes" zu beachten, in welchem Werk gezeigt sei, „wie der Persönlichkeitsschutz des Einzelnen und die Grundrechte aufeinander einwirken, nicht nur in dem Sinn, daß die Generalklauseln von den Grundrechten her gedeutet werden, sondern auch im anderen Sinn". Hofrat Lehne zitierte sodann aus dem genannten Werk folgende Stellen:

„Privatautonomie ist nur sinnvoll, wo sie am Verfassungssinn der freien Entfaltung der Persönlichkeit gemessen wird. So setzt die Vertragsfreiheit als wichtigste Erscheinungsform der Privatautonomie auch eine annähernd rechtliche und tatsächliche Gleichheitslage der Vertragsparteien voraus, soweit ohne sie eine Selbstbestimmung des Rechtssubjektes von vornherein ausgeschlossen ist."

„An dieser Selbstbestimmung als Voraussetzung der Vertragsfreiheit kann es z.B. fehlen, wo der Einzelne der sozialen Übermacht von Gruppen, Verbänden etc. gegenübersteht."

De lege ferenda vertrat Hofrat Lehne schließlich die Meinung, daß „es aber doch eine Reihe von Grundrechten gibt, wo es sinnvoll wäre, ganz konkret bei ihrer Abfassung im zweiten Teil unserer Bemühungen zu prüfen, ob man nicht hier bewußt Formulierungen wählt, aus denen eben eindeutig hervorgeht, daß diese Grundrechte auch Drittwirkung haben. Furchtbar wäre ein Satz: Grundrechte haben Drittwirkung, ganz abstrakt; und furchtbar wäre der Satz: Sie haben keine Drittwirkung". Es sei notwendig, das Problem bei jedem einzelnen Grundrecht konkret zu prüfen.

RA Beck wies zunächst darauf hin, daß die Treu- und Glauben-Klausel zwar von der Lehre, nicht aber von der Rechtsprechung für den Bereich des Zivilrechts anerkannt wird. Hier zeige sich, daß das bürgerliche Recht „in mancher Hinsicht in der Generalklausel noch etwas lückenhaft" ist. Aus der bisherigen Diskussion ergebe sich zunächst, daß der Gesetzgeber und der Verordnungsgeber schrankenlos an die Grundrechte gebunden sind. Es ergebe sich des weiteren, daß „infolge der Einheit der Rechtsordnung und infolge der §§ 6 und 7 des bürgerlichen Gesetzbuches die Grundrechte als Interpretationsbehelfe auch durchwegs gelten, d.h. durchwegs vom Gericht zur Interpretation, wo eben das Zivilrecht nicht ausreicht, heranzuziehen sind" und es ergebe sich schließlich, daß weder eine generelle Anerkennung der Drittwirkung noch ihr genereller Ausschluß in Betracht kommt. Vielmehr sei der Auffassung des Hofrates Lehne zuzustimmen, daß die Frage der Drittwirkung, so wie beim Art. 9 (3) des Bonner Grundgesetzes, für die einzelnen Grundrechte gesondert zu regeln ist. Schließlich stellte RA Beck zur Diskussion in den Grundrechtskatalog eine Bestimmung aufzunehmen, derzufolge die Drittwirkung bei allen jenen Grundrechten gegeben ist, bei denen sie nicht ausdrücklich ausgeschlossen ist.

Prof. Winkler erklärte, er habe aus der Diskussion über die Drittwirkung den Eindruck gewonnen, daß „es sich um ein Auslegungsproblem handelt, das zum Teil de lege ferenda, zum Teil auch de lege lata zu bewältigen ist". Er neige zu der Auffassung, daß „man dem Problem der Drittwirkung, das sich ja in gewisser

Weise etwa in dem Gedanken von der Sozialbindung der Freiheit manifestiert, dadurch begegnen könnte, daß man mit der Verankerung der Institutionen, die man mit der Freiheit des Einzelnen in Verbindung setzt, etwa nach dem Vorbild des Bonner Grundgesetzes den Umfang und die Intensität der Sozialbindung in einem Satz vorschreibt". Es gehe nicht um ein Bekenntnis für oder gegen die Drittwirkung. Vielmehr sei „einfach dem Umstand Rechnung zu tragen, daß die Grundrechte gewissermaßen aus ihrer Isolierung von der übrigen Rechtsordnung befreit werden müssen und in einen harmonischen systematischen Zusammenhang auch zu den Rechtsmaterien gebracht werden müssen, die sie beschränken oder doch unterbauen". De lege ferenda sei daher bei jedem Grundrecht „das Ausmaß der Sozialbindungen klar und deutlich zu formulieren".

Hofrat Lora vertrat die Auffassung, die Grundrechte seien staatsgerichtet. Die Ausdehnung ihrer Geltung auf den privaten Rechtsverkehr sei daher eine Verfälschung, die die Grundrechte „überhaupt in ihrem Wesen vernichtet".

Prof. Pfeifer führte aus, daß nach dem Ausführungsgesetz zu Art. 10 des StGG. das Briefgeheimnis auch im privaten Rechtsverkehr geschützt ist. Die Weimarer Verfassung habe durch ausdrückliche Bestimmungen die Grundrechte auf Freiheit der Meinungsäußerung und auf Vereinigungsfreiheit auf den privaten Rechtsverkehr ausgedehnt. Und der Art. 8 der Europ. Menschenrechtskonvention habe ebenfalls auch für die Beziehungen der Einzelnen zueinander Geltung. Vor allem unter den gegenwärtigen Verhältnissen sei die Gefährdung des Einzelnen und seiner Privatsphäre durch nichtstaatliche Mächte groß. Es solle daher die Drittwirkung bei den einzelnen in Betracht kommenden Grundrechten ausdrücklich festgelegt werden. Bei den anderen Grundrechten soll aber dadurch nicht die Möglichkeit der Drittwirkung überhaupt ausgeschlossen, sondern der Beurteilung durch den Richter überlassen werden. Zu untersuchen werde in diesem Zusammenhang sein, inwieweit Grundrechte für den Bereich des privaten Rechtsverkehrs bereits durch Normen des Zivil- und Strafrechts gesichert sind. Sodann verwies Prof. Pfeifer auf die Schrift Nipperdeys über „Grundrechte und Privatrecht", in der ebenfalls ein extremer Standpunkt vermieden und die Notwendigkeit einer genauen Prüfung im Interesse der Freiheit des Einzelnen betont sei. Man müsse sich, fuhr Prof. Pfeifer fort, von der Vorstellung frei machen, daß ein Grundrecht nur gegenüber dem Staat wirken kann. De lege ferenda sei bei allen Grundrechten, bei denen dies eindeutig möglich ist, die Drittwirkung zu normieren. In allen andern Fällen sei die Frage der Beurteilung im Einzelfalle zu überlassen.

Sektionsrat Ringhofer untersuchte den Zusammenhang zwischen dem Problem der Drittwirkung und dem Problem der sozialen Grundrechte und führte aus: „Wenn sich diese Grundrechte in gewissem Maße und in gewissem Rahmen nicht nur gegen das Kollektiv, sondern auch gegen den Mitbürger richten sollen –

und daß sie das im gewissen Grade tun sollen, darüber, glaube ich, besteht ja überwiegend gemeinsame Auffassung – dann ist eine unvermeidliche Folge und dann ist eine andere Seite des Problems darin zu suchen, daß ja letzten Endes doch der Staat wieder diesen Schutz der Grundrechte des Einzelnen gegen seinen Mitbürger irgendwo garantieren und irgendwo prästieren muß. Insoweit sind also auch diese Grundrechte in ihrer Drittwirkung staatsbezogen und insoweit prästieren diese Grundrechte in diesem Rahmen eine gewisse Situation, die also nicht diesem status negativus des liberalen Rechtstaats entspricht, sondern dem status positivus, nämlich, daß der Einzelne dieses gegen seine Mitbürger wirkende Recht verlangen kann vom Staat geschützt zu erhalten." Man komme also im Wege der Drittwirkung letzten Endes wieder zu Grundrechten, „die nicht dem Staat einen Eingriff verbieten in die Freiheitssphäre des Individuums, sondern die den Einzelnen legitimieren, vom Staat zu verlangen, daß er diese seine individuelle Freiheit gegen seine Mitbürger schützt".

Sektionschef Loebenstein gab zu bedenken, daß dieser Standpunkt noch weiter dahin verallgemeinert werden könnte, daß ein Leistungsanspruch gegen den Staat auf Errichtung und Erhaltung von Gerichten und Verwaltungsbehörden besteht.

Sektionsrat Ringhofer erwiderte, die Inanspruchnahme des Gleichheitssatzes etwa sei nicht nur Abwehr, sondern Anspruch auf positive Leistung.

Prof. Floretta bemerkte hiezu, dies würde vor allem dann zutreffen, wenn der Gleichheitssatz – was abzulehnen sei – auch im privaten Rechtsverkehr Geltung hätte. Dann wäre es möglich, das, was einer Mehrheit in einer bestimmten Richtung gewährt wurde, ebenfalls zu verlangen.

Sektionschef Loebenstein erwiderte, der Gleichheitssatz fordere nicht Egalität, sondern „wertende Gleichbehandlung". Daher sei es auch unrichtig, daß im Bereich des Arbeitsrechts jeder den auch anderen gewährten Lohn verlangen kann. Vielmehr müsse hier die Leistung berücksichtigt werden.

Prof. Floretta anerkannte dies, gab aber zu bedenken, daß bei gleicher Leistung der Gleichheitssatz doch den Anspruch auf gleichen Lohn begründen würde.

Sektionschef Loebenstein erwiderte, hier gehe es um eine Leistungsklage aus dem Titel der unzulänglichen Bezahlung.

Parl.Rat Kobzina erklärte, er könne in einer Regelung, die für bestimmte Grundrechte die Drittwirkung feststellt, keine den status positivus betreffenden Maßnahmen erkennen. Grundrechte seien Freiheitsverbürgungen und daran ändere sich nichts, wenn die Grundrechte nicht nur staatsgerichtet sind, sondern auch im Verhältnis der einzelnen zueinander wirken.

Hofrat Lora wies darauf hin, daß ein Gesetz, welches den strafrechtlichen Schutz des Eigentums beseitigen und den Diebstahl als erlaubt erklären würde, mit dem grundrechtlichen Schutz des Eigentums unvereinbar wäre.

Sektionsrat Ringhofer führte in Ergänzung seiner früheren Darlegungen aus, es sei ihm darum gegangen, „zu zeigen, daß die Anerkennung der Drittwirkung der Grundrechte in einem gewissen Maße jedenfalls unvermeidlich zur Folge hat, daß eine derartige Drittwirkung Programm bleiben muß, Promesse, Programm, sanktionslos, wenn hinter dieser Drittwirkung nicht die Möglichkeit der Effektuierung der durch diese Drittwirkung gewährleisteten Freiheit steht". Insoweit befinde er sich in einem grundsätzlichen Gegensatz zum Standpunkt von Parl.Rat Kobzina. Sodann befaßte sich Sekt.Rat Ringhofer mit den Ausführungen von Hofrat Lora und erklärte, er könne sich dessen Auffassung ebenfalls nicht anschließen. De lege lata wirkten die Grundrechte nur gegen den Staat, sodaß das Grundrecht auf Eigentum nur gegen Enteignungen, nicht aber gegen Diebstahl schütze. De lege ferenda sei die Drittwirkung „in einem gewissen Maße sicher unerläßlich und wünschenswert". Schließlich betonte Sekt.Rat Ringhofer nochmals, es sei ihm nur darum gegangen, „herauszustreichen, daß diese Drittwirkung unbedingt den Reflex hat, daß derjenige, dem diese Drittwirkung zugute kommt, gegen den Staat einen positiven Leistungsanspruch erhält, wenn diese Drittwirkung nicht lediglich sanktionsloses Programm sein soll".

*Prof. Winkle*r wies darauf hin, daß „wir nicht nur in der Privatwirtschaft, sondern auch in der verstaatlichten Wirtschaft die Auswirkungen von monopolistischen Erscheinungen haben u.zw. so, daß Unternehmungen, die kraft ihres Standortes und ihrer Rationalisierung usw. zu einer Gewinnerzielung befähigt sind, die es ihnen ermöglicht, ihre Arbeitnehmer in viel höherem Maße mit Sozialleistungen zu bedenken als andere Betriebe, etwa der verstaatlichten Industrie oder als andere Bereiche der Staatsverwaltung insbesondere des öffentlichen Dienstes". Der schlechter gestellte Bedienstete, etwa der Beamte, könne nun die Frage stellen, ob in seiner Schlechterstellung nicht ein fundamentaler Verstoß gegen den Gleichheitssatz liegt. Damit verbinde sich aber die weitere Frage, wo er klagen könnte und wen er klagen könnte. Hier zeige sich, daß „das Hauptproblem der Drittwirkung der Grundrechte die Formulierung der Institutionen in den Grundrechten ist und daß man im wesentlichen dort Regulative für den Gesetzgeber aufstellen sollte". Das entscheidende Problem sei, ob der Gesetzgeber in diesen Institutionen zu einem positiven Tun verpflichtet oder bloß dem VerfGH. ein Maß an die Hand gegeben werden soll, an dem die Akte der Gesetzgebung geprüft und den Gleichheitssatz verletzende Akte aufgehoben werden können.

Min.Rat Weiler gab zu bedenken, daß das Problem der Effektuierung der Grundrechte im Bereich der Drittwirkung noch einer näheren Untersuchung bedürfte. Die bisherige Diskussion scheine stillschweigend vorausgesetzt zu haben, daß es einfache Gesetze gibt, die für die Effektuierung der Drittwirkung den Weg zu den Gerichten immer öffnen. In welcher Weise könnte etwa, fuhr Min.Rat Weiler fort, der Eingriff in das Briefgeheimnis durch eine Privatperson oder der Eingriff in die Glaubens- und Gewissensfreiheit von Kindern durch Privatpersonen ohne nähere gesetzliche Regelungen geltend gemacht werden? Es liege die Annahme nahe, daß die Effektuierung der Drittwirkung nähere Regelungen durch einfaches Gesetz erfordert. Sodann führte Min.Rat Weiler aus, daß sich die größten Schwierigkeiten im Zusammenhang mit der Drittwirkung offenkundig aus dem Gleichheitssatz ergeben. Es zeige sich auch hier, daß der Gleichheitssatz unter den Grundrechten eine Sonderstellung einnimmt. Gerade die Ausführungen von Prof. Winkler hätten diese Problematik wieder deutlich gemacht. Es stelle sich die Frage, wie weit Eingriffe in Vorgänge der von ihm geschilderten Art zugelassen werden sollen und ob die Beziehungen zwischen Einzelnen und die Beziehungen einer Einzelperson zu einem nicht an der öffentlichen Gewalt beteiligten Kollektiv gleichgestellt werden können.

RA Rosenzweig warf, an die Ausführungen von Min.Rat Weiler anknüpfend die Frage auf, ob es nicht notwendig wäre, „daß eine Reihe von Gesetzen, die die Durchsetzung der Grundrechte auch Dritten gegenüber effektuieren, noch erlassen werden". Es wäre „nicht uninteressant, wenn diesbezügliche Verfassungsnormen so etwas dem Gesetzgeber auftragen, auch wenn möglicherweise Schwierigkeiten dahin bestehen, die Unterlassungen des Gesetzgebers dann irgendwie unter eine andere als eine politische Sanktion zu stellen". Man müsse sich darüber im klaren sein, daß die Schaffung bestimmter Drittwirkungen immer mehr sichtbar wird. RA Rosenzweig verwies zur Erläuterung dieses Standpunktes auf die Entwicklungen in den USA, wo zur Durchsetzung der Rassengleichheit immer mehr in Gesetzgebung und Judikatur in Privatrechtsverhältnisse eingegriffen werde, etwa dadurch, daß Verkehrsunternehmungen, Gaststätten und Hotels die Diskriminierung untersagt wird. Auf die österreichischen Verhältnisse übergehend warf RA Rosenzweig dann die Frage auf, ob „unsere Gesetzgebung z.B. folgendem Problem gewachsen wäre: Es wird in Klagenfurt ein großes Haus errichtet mit 800 neuen Wohnungen. Der Hauseigentümer annonciert: Mieter gesucht, Slowenen nicht erwünscht. Oder daß plötzlich irgend ein Inhaber eines Hotels, einer Gaststätte, einer Privatzimmervermietung annonciert: Juden nicht erwünscht". Besteht, fragte RA Rosenzweig, dort, wo es sich um den Abschluß von privatrechtlichen Verträgen handelt, die Möglichkeit, den Gleichheitssatz gegen solche Akte der Diskriminierung durchzusetzen? Als ein weiteres im Zusammenhang interessantes Beispiel sei der Fall zu erwähnen, daß der Benützer eines privaten Kraftfahrlinienbetriebes gezwungen wird, durch einen Lautsprecher verbreitete Propagandasendungen anzuhören. In den USA hätten die Gerichte in einem solchen Fall einen Eingriff in die persönliche Freiheit angenommen. Die Notwendigkeit der Drittwirkung zeige sich weiters, wenn man annimmt, daß etwa alle Druckereien eines Landes Eigentum einer Person sind. Zur Sicherung der Freiheit der Meinungsäußerung, der Pressefreiheit etc. müßte in diesem Fall der Gesetzgeber die Verpflichtung schaffen, Druckaufträge von allen Seiten entgegenzunehmen. Ähnlich verhalte es sich mit jenem Fall, in dem jemand über alle Plakatflächen verfügt. Monopolistische Erscheinungsformen seien sowohl im Bereich der Privatwirtschaft wie auch im Bereich der öffentlichen Wirtschaft möglich, wenngleich in letzterem Bereich „viel eher die Möglichkeit von Sanktionen besteht; denn wenn das Gesetz in einem solchen Fall dem Inhaber der Organfunktion zur Aufgabe macht, die Sorgfalt eines ordentlichen Kaufmannes obwalten zu lassen, so heißt das, daß er z.B. also nicht Gehälter zahlen kann oder Löhne zahlen kann, die wirtschaftlich nicht gerechtfertigt sind, es sei denn, daß es also notwendig ist, im Rahmen der Sorgfalt eines ordentlichen Kaufmanns für die Sicherung der Zahl qualifizierter Dienstnehmer Sorge zu tragen, während wenn ein Privater diesbezüglich mit seinem Eigentum tut, was er will, er keine Norm der Wahrung der Sorgfalt eines ordentlichen Kaufmanns verletzt, wie derjenige, der also z.B. bei irgendeiner öffentlichen Funktion diese Aufgabe wahrzunehmen hat“. Trotzdem sei er, schloß RA Rosenzweig seine Ausführungen, der Auffassung, daß „dort, wo Beschränkungen geschaffen werden, sowohl für den Staat oder die öffentliche Hand, wo sie als Unternehmer auftritt, als auch für den Privaten dies geschehen müsse.

Sektionschef Loebenstein gab sodann zu bedenken, daß die Unterschlagung oder das unbefugte Lesen von Briefen schon heute ein Delikt im zivilrechtlichen Sinn darstellt, das einen Unterlassungsanspruch begründet. Insoweit sei daher dieses Grundrecht schon heute unter den Schutz der Rechtsordnung gestellt. Ähnlich seien auch alle von RA Rosenzweig gebrachten Beispiele auf Grund der gegebenen Rechtslage zu beurteilen. Wenn man etwa als Fahrgast gezwungen wird, Lautsprechersendungen zu hören, liege eine „schikanöse Immission“ vor. Es sei ein Vertrag auf Beförderung unter „urbanen Bedingungen“ abgeschlossen worden und es könne daher auf Schadenersatz geklagt werden.

RA Rosenzweig fragte, wie der Fall zu beurteilen wäre, wenn der Fahrgast von der Existenz des Lautsprechers bei Vertragsabschluß weiß, ob etwa in diesem Fall die Möglichkeit besteht, sich gegen eine diesbezügliche Vertragsbestimmung zu wehren.

Sektionschef Loebenstein erwiderte, gegen einen solchen Vertrag könnte die Verletzung der guten Sitten gemäß § 879 des ABGB geltend gemacht werden. Auf diese Weise sei es heute schon möglich, sein Grundrecht geltend zu machen. Allzuviel würde sich daher durch die ausdrückliche Zulassung der Drittwirkung nicht ändern.

RA Rosenzweig bemerkte hiezu, in den beiden anderen von ihm angeführten Beispielen – Angebot der Vermietung von Wohnungen unter Ausschluß von Slowenen, Ausschluß von Juden aus einem Hotel – bestehe nach der gegenwärtigen Rechtslage keinerlei Schutz, da ja keinerlei Rechtsbeziehung zu dem Vermieter bzw. dem Gastwirt besteht. Auch gegenüber dem Autobusunternehmer bestehe vor dem Abschluß des Beförderungsvertrages keine Rechtsbeziehung.

Sektionschef Loebenstein erklärte, dieser Meinung nicht folgen zu können.

Prof. Ermacora befaßte sich sodann mit der von Sekt.Rat Ringhofer geäußerten Meinung, daß die Grundrechte derzeit ausschließlich staatsgerichtet seien, und erklärte, es handle sich hier um eine Interpretationsfrage. Man könne „die Dinge auch dynamisch sehen und kann erklären, sie sind nicht versteinert, sondern sind eben der Entwicklung der Gesellschaft und der Rechtsordnung entsprechend modern anzuwenden". Seine bereits im „Handbuch der Grundfreiheiten und der Menschenrechte" dargelegte Auffassung gehe dahin, daß die Drittwirkung heute schon besteht. Das einzige in diesem Zusammenhang gegebene Problem ergebe sich aus dem Gleichheitssatz. Hier genüge die Interpretation nicht. Die Probleme, die sich hier ergeben, müßten bei der Gestaltung eines neuen Grundrechtskataloges genau geprüft werden. Gerade für den Gleichheitssatz sei eine positivrechtliche Regelung der Frage der Drittwirkung unerläßlich, während hinsichtlich der anderen Grundrechte der Verzicht auf eine ausdrückliche Regelung zugunsten der Interpretation denkbar wäre, insbes. wenn man von der These ausgehe, „daß die Drittwirkung dann vorliegen soll, wenn bürgerliches Recht und Strafrecht nicht ausreichen, um den Grundrechtszustand herzustellen".

Prof. Marcic wies darauf hin, daß durch die Drittwirkung „die Maßstäbe Verfassungsrang gewinnen, daß es sich in Zukunft um ein verfassungsgesetzlich gewährleistetes Recht handelte", „daß also nicht der Instanzenzug beim Obersten Gerichtshof landet, sondern daß auch dort, wo Grundrechte verletzt würden, in Bezug auf die Staatsgewalt, das Verfassungsgericht noch das letzte Wort zu sprechen hätte". Zu entscheiden sei die Frage, ob man diese Konsequenz akzeptieren oder ablehnen will. Die über dieses Problem in der Schweiz und in der BRD geführte Diskussion habe ergeben: „Ein Zivilgericht ist nicht gewöhnt, grundrechtlich zu denken. Es legt ganz andere Maßstäbe an bei der Anwendung der Norm als ein Gerichtshof des öffentlichen Rechts. Detto ein Strafgericht, sagen wir im Fall, ob jetzt irgend jemandes Gespräche abgehört werden dürfen oder nicht, der zufällig also mit einem Angeklagten in Verbindung steht". Von einer Drittwirkung werde daher nur gesprochen werden können, „wenn in der Tat für den Einzelnen, für den Betroffenen die Möglichkeit besteht, über den normalen Instanzenzug, also über den Instanzenzug der ordentlichen Gerichtsbarkeit hinaus, letztlich Akte der Justiz und auch bürgerliche Rechtsakte, wo es um den Schutz der Grundrechte geht, noch den VerfGH. anzurufen oder meinetwegen, wer dem

VerfGH. mißtraut, kann man ja auch den VerwGH. anrufen, darüber kann man streiten".

Sektionschef Loebenstein schlug vor, sich im gegebenen Zusammenhang auf die materielle Seite des Problems zu beschränken und auf die prozessualen Probleme, insbes. also auch auf die Frage der Anrufung eines Gerichtshofes des öffentlichen Rechts gegen Akte der Gerichtsbarkeit, erst im Zusammenhang des Abschnittes D des Fragenprogramms einzugehen. Im übrigen sei auch er, schloß Sektionschef Loebenstein, der Meinung, daß auf Rechtsschutzeinrichtungen nicht verzichtet werden könne.

Prof. Pfeifer verwies auf Art. 1 des Bonner Grundgesetzes, demzufolge „alle staatliche Gewalt" verpflichtet ist, die Würde des Menschen „zu schützen". Auf diese Pflicht zu schützen komme es an und zu untersuchen sei, was geschehen soll, wenn der Gesetzgeber die demnach erforderlichen Regelungen nicht trifft. Sodann verwies Prof. Pfeifer auf den Art. 13 der Europ. Menschenrechtskonvention, in dem für die dort festgelegten Grundrechte die Drittwirkung bereits ausgesprochen sei. Diesem Art. 13. zufolge stehe heute schon der Weg nach Straßburg für die Geltendmachung der Drittwirkung offen und daher sei es – um sich nicht dem Vorwurf der Verletzung der Konvention auszusetzen – notwendig, auch innerstaatlich die Drittwirkung anzuerkennen.

Von *Sektionschef Loebenstein* befragt, ergänzte *Prof. Pfeifer* seine Ausführungen dahin, daß der Art. 1 des Bonner Grundgesetzes den Gesetzgeber verpflichte, die entsprechenden Regelungen zu treffen und daß die Unterlassung dieser Regelungen eine Grundrechtsverletzung darstelle.

Sektionschef Loebenstein stellte fest, daß diese Erwägungen im Ergebnis mit jenen von RA Rosenzweig übereinstimmen.

Prof. Walter vertrat, anknüpfend an die Ausführungen von Min.Rat Weiler den Standpunkt, man könne auch heute, wenn gegen einen Dritten Ansprüche aus einem Grundrecht geltend gemacht werden sollen, die Gerichte unter Berufung auf den § 1 der Jurisdiktionsnorm in Anspruch nehmen, weil doch Streitigkeiten zwischen Einzelnen sicherlich bürgerliche Rechtssachen seien. Sodann sprach sich Prof. Walter gegen den Vorschlag von RA Rosenzweig aus, dem einfachen Gesetzgeber durch Verfassungsgesetz die zur Effektuierung der Drittwirkung notwendigen Aufträge ohne Rücksicht darauf zu erteilen, daß die Verletzung solcher Aufträge sanktionslos wäre. Es würde sich hier um einen „Mißbrauch der Rechtsform" handeln, denn „was nicht ermächtigt oder zwingt, ist nicht Recht".

RA Rosenzweig fragte hiezu in einem Zwischenruf, ob etwa der Art. 23 des B.-VG. überflüssig gewesen sei.

Sektionschef Loebenstein erwiderte, diese Bestimmung sei nicht überflüssig gewesen. Die Frage aber sei, ob sich der Einzelne gegen die Nichterlassung der vorgesehenen Regelung zur Wehr setzen könnte.

Prof. Walter bemerkte, politisch sei der Art. 23 gewiß sinnvoll gewesen, einen rechtlichen Sinn vermöge er hingegen nicht zu erkennen, da der Einzelne aus der Bestimmung einen durchsetzbaren Anspruch nicht ableiten könnte. Schließlich stellte Prof. Walter zu den insbes. von RA Rosenzweig gebrachten Beispielen fest, bei einer so gestalteten Vorgangsweise werde man die dem Kollegium gestellte Aufgabe nie zu Ende führen können, „denn bloß von den Grundrechten her wird man nicht alle Ungerechtigkeit auf der Welt beseitigen können".

Prof. Klecatsky stellte fest, die Ausführungen der Professoren Gschnitzer und Floretta hätten gezeigt, daß das Zivilrecht zwar die Probleme gelöst habe, die sich aus seiner Konfrontation mit den Grundrechten für die Beziehung „zwischen wirklichen Einzelnen, also nicht übermächtigen Kollektiven und einem schwachen Einzelnen" ergeben. Nicht bewältigt habe aber das Zivilrecht „alle Probleme, die mit dem Auftreten des Staates, der staatsabhängigen Kollektive und der Kollektive zusammenhängen, die sich der staatlichen Machtmittel und der finanziellen Mittel vor allem bedienen". Das bedeute, daß der Staat und die sich der staatlichen Machtmittel bedienenden Kollektive, „soweit sie als Eigentümer auftreten, eine große Freiheitssphäre haben, eine Freiheitssphäre, die dem Einzelnen, auch darüber gibt es keinen Zweifel, gefährlich werden kann, denn es gibt ja eine soziologische Grundformel, daß die Freiheit des Einzelnen proportional der Bindung des Kollektivs ist". Es gehe also darum, „wie man diese riesenhafte Freiheitssphäre des Staates, der staatsabhängigen Kollektive und der sich der staatlichen Machtmittel bedienenden Kollektive, wie man diese Sphäre einschränken kann". Als ein Mittel zur Erreichung dieses Zieles sei die Drittwirkung erkannt worden. Davon abgesehen könne aber noch ein weiteres geschehen. „Es wäre doch denkbar, die generellen Beschlüsse zivilrechtlicher Art, handelsrechtlicher Art, die von diesen staatsabhängigen Kollektiven und den sich der staatlichen Machtmittel bedienenden Kollektiven gefaßt werden, den Verordnungen gleichzustellen und sie den gleichen Anfechtungsmöglichkeiten zu unterwerfen, wie sie heute schon gegenüber Verordnungen bestehen".

Hofrat Lora vertrat die Auffassung, derzeit könnten „Grundrechte zwischen den Staatsbürgern „nur auf dem Umweg über den einfachen Gesetzgeber wirken". Deshalb wäre es „eine große Gefahr, wenn wir eben in Verfassungsnormen oder irgendwie sagen würden, daß die Grundrechte auch zwischen den einzelnen Staatsbürgern wirken. Dadurch würden wir das gesamte Zivilrecht und auch das gesamte Strafrecht durcheinanderbringen.

Sektionsrat Ringhofer führte aus, er glaube nicht, „daß es richtig ist, zu sagen, die Freiheit des Einzelnen ist proportional der Beschränkung des Kollektivs". Richtig müßte man vielmehr sagen, „die Freiheit des Einzelnen ist proportional der Beschränkung der Macht, wo immer sie auftritt, ob jetzt im Kollektiv oder im Nächsten, der nicht das Kollektiv irgendwie repräsentiert". Sodann erklärte

Sekt.Rat Ringhofer, es gehe ihm mit seinen Ausführungen lediglich „um die Feststellung, um die rein theoretische Feststellung, daß die Drittwirkung der Grundrechte, wenn und soweit sie effektiv sein sollen, ein positives Recht des Einzelnen gegen den Staat in sich begreift". Diese Feststellung scheine ihm „insbes. im Zusammenhang mit der These notwendig, daß also soziale Grundrechte, die ihrer Art nach, ihrer systematischen Stellung nach ebenfalls positive Leistungen vom Staate erwarten, sich in dieser systematischen Stellung in keiner Weise unterscheiden."

Sektionschef Loebenstein bemerkte hiezu, die Einräumung von Grundrechten sei schlechthin nur sinnvoll, wenn die Möglichkeit einer prozessualen Durchsetzung besteht.

Sektionsrat Ringhofer erwiderte, daß die zur Effektuierung der Grundrechte erforderlichen Institutionen im Falle von ausschließlich staatsgerichteten Grundrechten anders gestaltet sein könnten als im Falle der Drittwirkung. "Denn hier genügt es u.U. nicht, bloß eine Instanz zu etablieren, die also sagt, das ist verboten, das darfst Du nicht tun, sondern die u.U. in die Lage kommt, diese Drittwirkung des Grundrechts nur dermaßen verwirklichen zu können, daß positive Akte, Aufträge oder dgl. gesetzt werden".

Sektionschef Loebenstein wies darauf hin, daß von der Verpflichtung des Staates zum positiven Handeln auf der Ebene der Gesetzgebung die Verpflichtung zum Einschreiten der Gerichte unterschieden werden müsse. Die Gerichte könnten nur zum Schadenersatz oder zur Unterlassung verpflichten.

Prof. Marcic brachte folgendes Beispiel: der Chefredakteur einer Tageszeitung bringt einen Artikel, der einem hervorragenden öffentlichen Interesse entspricht, den Interessen des Herausgebers aber widerspricht. Sein Dienstverhältnis wird daraufhin aufgelöst. Es ergebe sich die Frage, ob der Chefredakteur sich dagegen wehren kann und in welchem Verhältnis hier das Recht der freien Meinungsäußerung zur Privatautonomie steht. Dieselben Fragen, führte Prof. Marcic weiter aus, würden sich stellen, wenn ein Bediensteter eines verstaatlichten Unternehmens einen Artikel schreibt, der den politischen Ansichten des Vorstandes nicht entspricht, und wenn es als Folge hievon zu Maßnahmen gegen den Bediensteten kommt.

Sektionschef Loebenstein bemerkte hiezu, auf diese Fragen im gegebenen Zusammenhang konkret einzugehen, wäre eine Überforderung des Kollegiums. Es sei zweckmäßig, sich derzeit auf die der Verfassungsstufe zugehörenden Probleme zu beschränken.

Prof. Ermacora knüpfte an die von Prof. Walter vorgetragene Meinung an, es sei nicht möglich, im Wege der Grundrechte allein Ungerechtigkeiten vorzubeugen, und wies darauf hin, daß die von RA Rosenzweig, Prof. Winkler und von ihm selbst vorgebrachten Beispiele nicht Ungerechtigkeiten schlechthin, sondern das „in der österreichischen Rechtsordnung voll und ganz fixierte“ Diskriminierungsproblem zum Gegenstand hatten.

Sektionschef Loebenstein schlug nunmehr vor, das Kollegium möge auf Grund der Diskussion zu folgenden Fragen Stellung nehmen:

1. Sind hinsichtlich der Drittwirkung Regelungen erforderlich?
   Wenn ja:
   a) Ist die Drittwirkung generell auszuschließen?
   b) Ist die Drittwirkung generell vorzusehen?
   c) Ist die Drittwirkung für jedes einzelne Grundrecht gesondert zu regeln?
2. Ist auf dem Gebiete der Drittwirkung zwischen Kollektiven jeder Art einerseits und dem Einzelnen andererseits zu unterscheiden?

Die anschließende Umfrage zu Punkt 1 ergab, daß *alle Mitglieder des Kollegiums* hinsichtlich der Drittwirkungen Regelungen für erforderlich halten.

Die Umfrage zu Punkt 1 lit. a) ergab, daß *kein Mitglied des Kollegiums* den generellen Ausschluß der Drittwirkung für richtig erachtet.

Die Umfrage zu Punkt 1 lit. b) ergab, daß diese Frage von *Prof. Klecatsky* und von *Prof. Marcic* bejaht wird.

Zum Punkt 1 lit. c) ergab sich eine längere Diskussion.

Prof. Winkler bemerkte, durch die Beantwortung dieser Frage mit „Ja“ oder „Nein“ sei noch nicht gesagt, in welcher Weise die Drittwirkung ggf. zu berücksichtigen ist, ob „nur als Verpflichtung des Gesetzgebers und inhaltliches Regulativ oder zum positiven Tun oder negativ, das ist alles offen“.

Sektionschef Loebenstein erläuterte die Bejahung der Frage dahin, daß bei „jedem künftigen inartikulierungsfähigen Werte erörtert werden muß, ob bei dem betreffenden Wert eine Drittwirkung oder keine Drittwirkung statthaben soll“.

Weitere Diskussionen ergaben sich über die Frage, wie die Meinung, die Frage der Drittwirkung müsse der Entscheidung des Richters überlassen bleiben, in das System der zur Stellungnahme vorgelegten Fragen einzuordnen ist.

Prof. Pfeifer erinnerte in diesem Zusammenhang an seinen Vorschlag, der Beurteilung durch den Richter überall dort Raum zu geben, wo die Drittwirkung nicht ausdrücklich vorgesehen ist.

Sektionschef Loebenstein stellte unter Hinweis auf die Beratungen fest, die Frage 1 lit. c) sei dahin zu verstehen, daß bei den einzelnen Grundrechten die Frage ihrer Drittwirkung zu prüfen und im Falle der Bejahung der Drittwirkung auch die Frage ihrer Effektuierung zu klären sein wird.

Prof. Ermacora erklärte, beim nunmehrigen Stand der Diskussion müsse er seine Stellungnahme zu Punkt 1 lit. b) im Sinne einer generellen Festlegung der Drittwirkung modifizieren, allerdings mit der Einschränkung, „daß, nachdem die

Drittwirkung generell festgesetzt wurde, es dem Richter im konkreten Fall obliegt, festzustellen, ob im konkreten Fall die Drittwirkung gegeben ist".

Sektionschef Loebenstein stellte schließlich fest, daß die Frage des Punktes 1 lit. b) nur von Prof. Klecatsky und von Prof. Marcic sowie mit einer Einschränkung auch von Prof. Ermacora bejaht wurde und daß sich daher die überwiegende Mehrheit des Kollegiums für die Bejahung der Frage des Punktes 1 lit. c) ausgesprochen habe. Der mit der Bejahung dieser Frage festgelegte Standpunkt aber sei auf Grund der Diskussion dahin zu verstehen, daß „die Inkraftsetzung der Drittwirkung durch den Gesetzgeber den einzelnen Grundrechtsdiskussionen vorbehalten bleiben soll und dann auch geklärt werden soll, in welcher Art die Drittwirkung bei dem einzelnen Grundrecht substantiiert wird."

Nunmehr ersuchte *Sektionschef Loebenstein* um Stellungnahme zur Frage 2.

Sektionsrat Ringhofer erklärte zu dieser Frage, daß er nicht wisse, „was ein Kollektiv ist, oder zumindest die Frage nicht beantworten kann, ob ein Industriekonzern ein Kollektiv in dem hier besprochenen Sinn ist".

Sektionschef Loebenstein erwiderte, auf Grund der Beratungen während der letzten Tagungen des Kollegiums sei diese Frage mit Ja zu beantworten. Bei diesen Diskussionen sei immer wieder auf die Notwendigkeit hingewiesen worden, neben der öffentlichen Hand auch auf die sonstigen Machtzentren und die von ihnen ausgehenden Gefahren für die Grundrechte Bedacht zu nehmen.

Da nunmehr die Frage der Abgrenzung des Begriffes „Kollektiv" aufgeworfen wurde, schlug *Min.Rat Weiler* vor, unter Verzicht auf eine Erörterung von Grenzfällen von der Annahme auszugehen, daß der Begriff soziale Gebilde bezeichnet, die dem einzelnen Menschen an Macht überlegen sind.

RA Rosenzweig führte sodann aus, so gesehen bedeute die gestellte Frage lediglich: „Ist es sachlich erforderlich, gegenüber verschiedenen Gebilden, die in der Gesellschaft sind, verschiedene Formen der Drittwirkung anzuwenden?" Diese Frage stellen heiße aber, sie bejahen, da ja der gegenteilige Standpunkt die gleiche Behandlung von Ungleichem und damit eine Verletzung des Gleichheitssatzes bedeuten würde.

Hofrat Lehne bemerkte hiezu, es gehe eben darum, ob „das Moment der Macht ein sachliches Unterscheidungsmoment ist".

Sektionschef Loebenstein stellte fest, daß an der Fragestellung festgehalten werden müsse und wies darauf hin, daß ja bei der Behandlung der einzelnen Grundrechte ohnehin zu klären sein werde, wem gegenüber die Drittwirkung gelten soll.

Prof. Winkler führte aus, ihm erscheine die Frage sehr sinnvoll. Gewiß sei der Begriff des Kollektivs ein Globalbegriff, aber „hier bei dieser verhältnismäßig abstrakten Diskussion" könne man ohne weiteres mit solchen Begriffen arbeiten, weil man sich „nicht schlechthin präjudiziere". Außerdem sei die Fragestellung deshalb sinnvoll, weil man sich vorstellen könne, daß „der Verfassungsgesetzgeber in den Grundrechten den einfachen Gesetzgeber ausdrücklicher binden kann hinsichtlich der kollektiven Mächte als den Einzelnen. Ob nämlich Positivwirkung oder Negativwirkung der Grundrechte für den Einzelnen, das ist ja noch immer ein echtes Problem bei uns. Ich bin daher der Meinung, grundsätzlich sollte hier ein Unterschied getroffen werden".

Prof. Marcic bezeichnete die Frage als sehr präzis. Man könne leicht mit ja oder nein antworten. Er beantworte sie selbstverständlich mit ja. Gerade die kollektiven Mächte liebten es, das Privatrecht zur Ausübung ihrer Macht zu mißbrauchen. Deshalb müßten heute jene, die „für die Freiheit des Individuums eintreten, versuchen dem Privatrecht gewisse Dämme aufzurichten, weil das Privatrecht jenes Schutzgehege ist, in das die Staaten und die staatsassoziierten Kollektive flüchten".

Nunmehr ersuchte *Sektionschef Loebenstein* die Mitglieder des Kollegiums um ihre Stellungnahme.

Die Umfrage ergab:

Prof. Ermacora: „Kollektive jeder Art, mit dem Vorbehalt, diese Kollektive bei der Behandlung der Drittwirkung in den einzelnen Grundrechtsfragen zu differenzieren."

RA Beck: „Ja. Wobei aber der Begriff des Kollektivs noch näher erforscht werden muß, wie wir ihn hier verstehen."

Präsident Dietrich: „Ja. U.zw. in der Richtung, daß der Einzelne nur insoweit der Drittwirkung unterworfen sein soll, als eine ausdrückliche gesetzliche Norm dies anordnet."

Prof. Floretta: Ja.

Prof. Gschnitzer: Ja.

Hofrat Kaltenberger: Ja.

Abg. Kummer: „Ja. Wobei ich auch der Meinung von Herrn Dr. Beck bin, daß zu klären ist, was unter Kollektiv überhaupt zu verstehen ist."

Hofrat Lehne: „Ja, wegen der Vermutung des Machtmißbrauches."

Hofrat Lora: Nein.

Prof. Marcic: „Ja. Wegen des besonderen Schutzes des Individuums."

Abg. Mark: Ja.

Abg. Nemecz: Ja.

SR Ringhofer: Nein.

RA Rosenzweig: „Ich glaube, daß Einzeluntersuchungen ergeben müßten, ob sachliche Differenzierungen erforderlich sind. Die können sich sowohl auf Einzelne als auch auf Kollektive beziehen. Ich glaube nicht, daß die Frage allgemein beantwortet werden kann".

Abg. van Tongel: Ja.

Prof. Walter: „Nein. Es muß zwischen Machtträgern und Nichtmachtträgern unterschieden werden."

Prof. Werner: „Ja, mit diesem schon erwähnten Vorbehalt."

Prof. Winkler: Ja.

Damit waren die Beratungen über die Frage der Drittwirkung beendet.

II.

Nächster Beratungsgegenstand war die Bedeutung des Vordringens egalitärer Tendenzen für die Grundrechtsordnung. *Sektionschef Loebenstein* führte zur Erläuterung des Problems aus, es stelle sich die Frage, ob der „Gleichheitsgrundsatz, der unwidersprochen bisher sachlich begründete Unterscheidungen ermöglicht, durch Erscheinungen egalitärer Art im politischen, wirtschaftlichen, kulturellen und sozialen Bereich etwa in Frage gestellt ist und wenn ja, etwa in einer Weise, die Maßnahmen auf diesem Gebiet notwendig macht". Als Beispiel nannte Sektionschef Loebenstein die Unterscheidung zwischen Arbeitern und Angestellten im Bereich des Arbeitsrechts, die heute immer mehr zugunsten eines Oberbegriffes zurücktrete. Als weiteres Beispiel nannte Sektionschef Loebenstein die Unterscheidung zwischen den Rentnern der Sozialversicherung und den Pensionisten des öffentlichen Dienstes, die durch die Ausschaltung des ersteren Begriffes und seine Ersetzung durch den Pensionisten beseitigt wurde. Ähnliche Entwicklungen seien im Bereich des Staatskirchenrechts festzustellen, wo der Grundsatz der Parität früher stark im Sinne einer Differenzierung sachlicher Art wirkte, heute aber mehr im Sinne eines Abbaues von Unterscheidungen verstanden werde.

Prof. Marcic führte aus, es handle sich hier um das fundamentale Phänomen der Nivellierung.

Prof. Ermacora erwiderte, er sehe hier nur ein Problem, das im Rahmen des Gleichheitssatzes zu diskutieren sein werde.

Min.Rat Weiler gab zu bedenken, daß Gegenstand der Beratungen eine Entwicklungstendenz sei, nämlich die von Prof. Marcic angesprochene Tendenz zur Nivellierung. Von dieser Entwicklungstendenz sei aber nicht nur der Gleichheitssatz, sondern das Grundrechtssystem als ganzes tangiert. Und deshalb sei es wohl notwendig, schon jetzt, „wo man noch über das Grundsätzliche spricht, auch diese Entwicklungstendenz zu erkennen und dazu Stellung zu nehmen".

Sektionschef Loebenstein wies darauf hin, daß er in seiner Einleitung von „Erscheinungen egalitärer Art auf verschiedenen Gebieten" gesprochen habe.

Hofrat Lora führte aus, er sehe das Problem darin: „Das Egalitätsprinzip läßt es zu, daß Ungleiches auch gleich behandelt wird, also selbst, wenn sachliche Unterschiede bestehen, soll alles gleich behandelt werden". Es müsse allerdings beachtet werden, daß der Bereich der sachlich zulässigen Unterscheidungen von der sozialen Entwicklung bestimmt werde. So sei etwa „in der Monarchie" eine Gleichstellung von Arbeitern und Angestellten undenkbar gewesen, heute sei sie ohne weiteres denkbar. Heute sei auch die Preisgabe der Unterscheidung zwischen Sozialversicherungsrentnern und Pensionisten „ohne weiteres denkbar, da sachliche Unterschiede nicht sind zwischen einem Ruhegenuß aus einer Sozialversicherung und einem Ruhegenuß, der von einem Träger öffentlichen Rechts gegeben wird". Selbstverständlich werde es aber immer sachlich begründete Unterschiede geben, aber der Bereich, in dem sie zulässig sind, werde kleiner werden im Laufe der Zeit.

Prof. Winkler führte aus, er könne sich vorstellen, daß „man diese Frage ganz konkret behandelt anläßlich einer Vermehrung oder Verminderung der Aufzählung der Beispiele von Unterschieden, die ausgeschlossen sind im Sinne des Art. 7". Im übrigen aber solle man „einen Spielraum lassen für gewordene und gewachsene Wertauffassungen und Wertvorstellungen und jeweils nach dem Gesamtkonzept der gesellschaftlichen Ordnung es der richterlichen Kontrolle des VerfGH. überlassen, zu sagen, hier werden Differenzierungen gemacht, die zulässig und gerechtfertigt sind, und hier werden welche gemacht, die nicht gerechtfertigt sind". Seiner Auffassung nach solle es daher, fuhr Prof. Winkler fort, beim bisherigen Zustand bleiben. Die Bedeutung der zur Beratung stehenden Frage müsse jedenfalls anerkannt werden, „weil ja jede Modifizierung des Gleichheitssatzes auch Einfluß hat auf die anderen Grundrechte". Der Gleichheitssatz, in welcher Form immer, sei eine Beschränkung der einzelnen Grundrechte.

Prof. Klecatsky führte aus, es sei für ihn selbstverständlich, „daß die gesellschaftliche Entwicklung immer in Fluß ist und Fluß sein wird. Es ist nur die Frage, ob im gleichen Tempo die Rechtsordnung mitzuwachsen hat oder nicht, das ist eine Grundfrage überhaupt des Rechtes". Im übrigen dürfe man sich nicht einfach auf den Art. 7 des B.-VG. und den Art. 2 des StGG. verlassen, da ja der VerfGH. lange Zeit den Standpunkt vertreten habe, daß diese Bestimmungen „nur Schutz vor einer unterschiedlichen Behandlung unter den im Art. 7 angeführten Kriterien" geben. Es sei auch bis heute unklar, was der VerfGH. unter dem Begriff der „Sache" versteht. Ein einheitlicher Begriff sei nicht erkennbar. Es scheine sich um ein Messen an Maßstäben zu handeln, die „keine Maßstäbe sind, weil sie sich immer nur am Einzelfall orientieren". Prof. Klecatsky verwies in diesem Zusammenhang auf kritische Untersuchungen, die von ihm in Zusammenarbeit mit Ringhofer, Ermacora und Weiler in der ÖJZ zur Judikatur des VerfGH. auf dem Gebiete des Gleichheitssatzes angestellt worden sind. Schließlich machte Prof. Klecatsky darauf aufmerksam, daß „der Gleichheitssatz sich nicht in der Europ. Menschenrechtskonvention vorfindet, sondern nur ein Diskriminierungsverbot in Ansehung der Rechte, die konkret in der Menschenrechtskonvention gewährleistet werden". Auch darauf werde bei den weiteren Untersuchungen Bedacht zu nehmen sein.

Rechtsanwalt Beck führte aus, man müsse beachten, was sich hinter dem Ausdruck „Gleichheitssatz" alles verbirgt. Einmal gehe es hier um ein Willkürverbot wie es der VerfGH. praeter legem naturrechtlich entwickelt habe, dann nun das Diskriminierungsverbot, wie es im Art. 7, im Art. 2 Staatsgrundgesetz und im Art. 14 der Menschenrechtskonvention mit besonderer Deutlichkeit Ausdruck finde. Das Diskriminierungsverbot könne wieder zwei Seiten haben: „Es kann eine Ausführung des Gleichheitsprinzips oder Gerechtigkeitsprinzips sein. Es kann aber auch das Gegenteil bedeuten und dem Gleichheitsprinzip positiv verfassungsrechtlich zuwiderwirken". Beispiele für das Letztere hätten die Ausführungen von Prof. Gschnitzer über die Judikatur zu Art. 3 (2) des Bonner Grundgesetzes gezeigt. Hier seien Tendenzen zur Egalität, die negativ zu bewerten sei, sichtbar geworden. Prof. Gschnitzer habe mit seiner Ablehnung der Drittwirkung des Gleichheitssatzes offenbar das Diskriminierungsverbot, nicht aber das Gleichheitsprinzip gemeint, das „ja das Baugesetz jeder Rechtsordnung ist und überhaupt nicht ausgeschaltet werden kann, das überall vorhanden ist und immer wirkt". Der Art. 14 der MRK sei zwar politisch, nicht aber rechtslogisch verständlich. Richtig hätte gesagt werden müssen: „Was den Menschen angeht, gilt für alles, was Menschenantlitz trägt". Die Aufzählung der möglichen Diskriminierungsfaktoren aber sei problematisch. Das zeige sich z.B. darin, daß neben der Rasse die Hautfarbe genannt ist.

RA Rosenzweig wies auf die Unterschiede hin, die in der „Realität der menschlichen Gesellschaft" zwischen den Menschen bestehen und führte aus, daß bei dieser Sachlage der Standpunkt, Gleiches müsse gleich und Ungleiches verschieden behandelt werden, der "vollkommenen Negierung des Gleichheitssatzes" gleichkomme. So ließe sich auf dem Boden dieses Standpunktes „mit durchaus sachlichen Argumenten vertreten, daß jemand, der über ein Doktorat verfügt, an der Staatswillensbildung in einem höheren Maße beitragen sollte als ein Analphabet, daß er 5 Stimmen bei der Wahl haben sollte, der andere nur eine Stimme". Der Satz „Ungleiches ist ungleich zu behandeln" sei daher „in dieser Form" nicht richtig. Der Gesetzgeber habe die Aufgabe, dort, „wo tatsächliche gesellschaftliche Verschiedenheiten da sind", dem „Verfassungsgrundsatz der Gleichheit Rechnung zu tragen". Trotzdem sei es natürlich notwendig, daß in gewissen Fällen sachliche Unterscheidungen möglich sind. „Man muß also in der Gesetzgebung einen Invaliden anders behandeln als einen nicht Invaliden bei Gewährung gewisser staatlicher Hilfen usw." Auf die Frage nach der Bedeutung des Begriffes „sachlich" eingehend führte RA Rosenzweig aus, es müsse Klarheit darüber bestehen, daß „in der Auslegung des Begriffes sachlich oder unsachlich der Gerichtshof nicht in Wertungen des Gesetzgebers eingreifen kann, d.h., es bedeutet nicht gut oder schlecht. Ob ein Gesetz gut oder schlecht ist, ob der Verfassungsgerichtshof der Meinung ist, die und die Invaliden sollten die Unterstützung bekommen und die anderen nicht, das ist nicht Sache des Gerichtshofes, das ist eine Frage – soferne nicht unsachliche Differenzierungen getroffen werden". Bei der auf die Gesetzgebung bezogenen Frage „gut oder schlecht" gehe es um etwas anderes als bei der Frage „sachlich oder unsachlich". Die Antwort auf die letztere Frage müsse „aus der Natur der Sache irgendwie herausgefunden werden". Die Notwendigkeit des Verzichtes auf einen Eingriff in die vom Gesetzgeber vorgenommenen Wertungen stelle den VerfGH. vor außerordentlich schwierige Entscheidungen. Bei der Beurteilung der Frage aber, ob eine Differenzierung sachlich gerechtfertigt ist, sei „ein enger Auslegungsgrundsatz anzuwenden und eher für die Nichtdifferenzierung als für die Differenzierung die Auslegungsregel anzuwenden".

Prof. Marcic verwies zunächst auf die von Leibholz zum Gleichheitssatz angestellten Untersuchungen, die sich mit dem Phänomen des Egalitarismus eingehend beschäftigen und stellte sodann fest, er könne sich der von RA Beck vertretenen Meinung, daß das Wort „egalitär" a priori einen „negativen Unterton" enthalte, nicht anschließen. Wenn man etwa sage, daß die Arbeiter den Angestellten gleichzustellen sind, so bedeute dies keineswegs eine Minderbewertung der Angestellten, sondern die Anerkennung des Umstandes, daß die Arbeiter im Zuge der Entwicklung das Bildungsniveau der Angestellten erreicht haben. Außerdem müsse beachtet werden, daß neben dem scheinbar unaufhaltsamen Vordringen des Egalitarismus in neuen Bereichen weitaus größere Differenzierungen sichtbar werden als jemals vorher. Ein Beispiel dafür sei die wachsende Bedeutung der Experten im Gesetzgebungsverfahren. Es gebe also gegenläufige Entwicklungstendenzen, die genau so stark sind, wie die Tendenz zum Egalitarismus. Der Gesetzgeber sei verpflichtet, auf die neu sich anbahnenden Differenzierungen entsprechend Bedacht zu nehmen. Das Egalitätsprinzip sei eine Parallelerscheinung zum „Demokratisierungsprinzip und wirke sich deshalb am meisten auf den status activus aus, also dort, wo es um die politischen Rechte geht, um die Beteiligung des Einzelnen am Erzeugungsprozeß. Hier sei das egalitäre Prinzip legitim, hier sei es zu fördern. Hingegen habe es im status negativus usw. keine besonderen Auswirkungen."

Sektionschef Loebenstein stellte fest, die Ausführungen von RA Rosenzweig und Prof. Marcic hätten klar gezeigt, daß es methodisch richtig war, das Problem des Egalitarismus gesondert von dem später zu behandelnden Problem des Gleichheitssatzes zur Diskussion zu stellen.

Sektionsrat Ringhofer erwiderte, er glaube, daß „es wirklich hier nicht so um zwei grundverschiedene Fragen – Gleichheitsgrundsatz oder Egalitarismus – geht, sondern, daß beides sehr eng zusammenhängt". Bei allen Bemühungen, die Natur der Sache zu ergründen, werde man „letzten Endes zu nichts kommen", weil „wir diese sachlich gerechtfertigten Unterscheidungen uns zu einem allergrößten Teil selber bauen, in die Dinge hineintragen und nicht aus ihnen herauslesen" und deshalb teile er, schloß Sekt.Rat Ringhofer, die Skepsis von Prof. Ermacora. Die Unterscheidung zwischen Gleichheit und Egalitarismus sei vielleicht nur ein Ausfluß des Umstandes, „daß wir aus der Natur der Sache Dinge lesen wollen, die vielleicht gar nicht drinnen sind".

Hofrat Lehne führte aus, daß im gegebenen Zusammenhang verschiedene Dinge zu unterscheiden seien. Das eine sei eine Entwicklung zur Gleichheit durch den Wegfall bestimmter Umstände. Das andere sei ein Denken, dem grundsätzlich jeder Unterschied von vornherein verdächtig ist, und das sei Egalitarismus im schlechten Sinne. Man müsse also soziale Entwicklungen zur Egalität akzeptieren, bejahen und weitere wünschen, aber ein Denken, das den Gleichheitssatz mißversteht, in dem Sinn, daß es eine mechanische Gleichheit postuliert, als egalitäres Denken „vom Standpunkt der Wahrung der Grundrechtsordnung und der Gleichheit im richtigen Sinn" ablehnen. Sodann ging Hofrat Lehne auf die Ausführungen von RA Rosenzweig zur Frage Egalitarismus im Wahlrecht ein und verwies auf Kelsen, demzufolge die Gleichwertigkeit der Stimmen ohne Rücksicht auf das Bildungsniveau der Wähler nicht etwa in der Gleichwertigkeit des sachkundigen Beitrages zu den politischen Entscheidungen, sondern darin seine Ursache hat, daß alle gleich frei sein sollen. Sich der Frage der sachlichen Rechtfertigung zuwendend führte Hofrat Lehne weiter aus, es sei sicher richtig, daß man sich hier „auf sehr unsicherem Boden" befindet und es wäre auch nicht gut, wenn der VerfGH. bei der Gesetzesprüfung nach dem Gleichheitssatz in einer Weise vorginge, die ihn selbst zum Gesetzgeber machen würde. Es gebe aber „eine Toleranzgrenze und außerhalb dieser Toleranzgrenze hört es eben auf". Und er glaube, setzte Hofrat Lehne fort, daß „der Begriff der Natur der Sache unter der Voraussetzung objektiver Prüfung und intensiver Beschäftigung mit den sozi[al]en Gegebenheiten auf dem betreffenden Lebensgebiet durchaus ermöglicht, mit einiger Klarheit dazu zu kommen, daß beispielsweise die hier getroffene Unterscheidung in den Gegebenheiten des Lebens keine Grundlage hat". Ein Beispiel hiefür sei die Feststellung des VerfGH., „daß die aus dem Regime der Lohn- und Preisabkommen stammende Kriegsopfer-Ernährungszulage, die es jetzt nicht mehr gibt, dem Selbständigen nicht grundsätzlich verweigert werden darf, weil es bekanntlich Selbständige gibt, die keine

Produktionsmittel haben und nur formell selbständig sind, kleine Handelsagenten usw.". Die mit dieser Entscheidung vom VerfGH. beseitigte Regelung habe in den „sachlichen Gegebenheiten keine Deckung gehabt".

Sektionschef Loebenstein schloß sodann die Vormittagssitzung.

In der Nachmittagssitzung wurden die Beratungen über die Bedeutung egalitärer Entwicklungen für die Grundrechtsordnung fortgesetzt.

Prof. Pfeifer führte aus, der Bericht des Verfassungsausschusses aus dem Jahre 1867 zeige, daß es ursprünglich darum gegangen sei, bei der Gesetzesvollziehung die Berücksichtigung der religiösen und politischen Überzeugungen als Unterscheidungsmerkmal auszuschließen. Erst später habe sich dank der Rechtsprechung des Reichsgerichtes in Leipzig und des Österreichischen Verfassungsgerichtshofes die Auffassung durchgesetzt, daß der Gleichheitssatz auch den Gesetzgeber verpflichtet. Im Zuge dieser Entwicklung habe der Gleichheitssatz aber auch die Bedeutung erlangt, daß Gleiches grundsätzlich gleich und Ungleiches grundsätzlich ungleich behandelt werden muß. In der Verfassung vom 1.5.1934 habe dies dann durch die Unterscheidung zwischen der Gleichheit vor dem Gesetz und der Gleichheit im Gesetz Ausdruck gefunden. In der Gleichheit des Maßstabes, zu der der Gleichheitssatz in dieser Sicht verpflichtet, liege aber sein eigentlicher Sinn. In dieser Deutung erweise sich der Gleichheitssatz „als Satz der Gerechtigkeit als Willkürverbot" und als „Berührungspunkt zwischen Demokratie und Rechtsstaat". All das komme bei der ursprünglichen Deutung des Gleichheitssatzes, daß „alle Menschen bei der Anwendung der Gesetze gleich zu behandeln sind", noch nicht zum Ausdruck. Die mit dem Gleichheitssatz verbundene Auffassung, daß Gleiches gleich, Ungleiches aber ungleich zu behandeln ist, entspreche der Tatsache, daß die Menschen „in Wirklichkeit von Natur aus ungleich sind" und biete den mit Rücksicht auf diese Tatsache erforderlichen Maßstab. In Übereinstimmung damit bestimme etwa die Europäische Sozialcharta, daß „Männer und Frauen, die gleichwertige Arbeit leisten, auch in gleicher Weise zu entlohnen sind". Demnach sei also „nicht jeder gleich zu entlohnen, nur weil er ein Menschenantlitz trägt, sondern er wird gemessen nach seiner Leistung und das entspricht eben dem Gleichheitssatz". Das Egalitätsprinzip, das offenbar als Forderung nach möglichst gleichmäßiger Behandlung aller verstanden werde, sei „dann vereinbar mit dem Gleichheitssatz, wenn es noch immer vorhandene Differenzierungen, die eigentlich ihre Rechtfertigung im Gleichheitssatz nicht finden, beseitigt". Wenn aber das Egalitätsprinzip so weit verstanden und überspannt werde, daß man auch etwas, was wirklich ungleich ist, gleich behandeln will, dann gerate es in Widerspruch mit dem richtig verstandenen Gleichheitssatz, der ja doch in seiner jüngeren Bedeutung eben gleicher Maßstab für alle sei. Die Gerechtigkeit sei verletzt, wenn Ungleiches gleich behandelt wird.

Prof. Gschnitzer führte aus, er fasse das Egalitätsprinzip als Gegensatz zum Gleichheitssatz, also als „Gleichsetzung von Dingen auf, die nicht gleich zu setzen sind". Man könne nur von gleichzusetzenden Dingen sprechen, da es völlig gleiche Dinge überhaupt nicht gebe. Die Frage nach der Gleichheit müsse lauten: „Wo sind die vergleichbaren Elemente, wo sind die nicht vergleichbaren, überwiegen die einen oder überwiegen die anderen? Von denen, die nicht wesentlich erscheinen, sieht man dann ab und wenn die anderen gleich sind, dann wird man sagen, das ist gleich zu behandeln, sonst aber nicht". Prof. Gschnitzer ging dann auf die Ausführungen von RA Rosenzweig ein, erklärte, auch er würde der Auffassung „absolut zustimmen", daß das Verfassungsgericht nicht in Wertungen des Gesetzgebers eingreifen dürfe, warf aber die Frage auf, wie in dieser Sicht die Judikatur des deutschen Bundesverfassungsgerichts zur Frage der Gleichberechtigung von Mann und Frau zu beurteilen sei. Hier habe das Verfassungsgericht „sehr stark in die Wertungen des Gesetzgebers eingegriffen". Der Satz von der Rechtfertigung aus der Natur der Sache enthalte gewiß „eine starke Unbestimmtheit", aber man müsse sich darüber im klaren sein, daß eine bessere Formulierung nicht zu finden ist. Die von RA Rosenzweig vertretene Auffassung, man müsse sich auf Grund des Gleichheitssatzes im Zweifel für den Verzicht auf die Differenzierung entscheiden, bezeichnete Prof. Gschnitzer als „höchst gefährlich". Der Auffassung von Hofrat Lehne folgend sei eher umgekehrt zu sagen, daß „man, wenn sachliche Unterschiede bestehen, zunächst von der Differenzierung auszugehen hat und nur wenn sich daraus dann eine sachlich ungerechtfertigte Bevorrechtung ergebe – Toleranzgrenze, nicht wahr, wo es schon ziemlich grob fehlen muß – dann muß man davon abgehen und muß man den Gleichheitsgrundsatz durchsetzen". Wenn man anders verfahre, käme man „direkt zum Egalitätsgrundsatz" im negativen Sinn.

Prof. Winkler wies darauf hin, daß die Kodifikation von Grundrechten immer ganz konkreten Gefährdungslagen begegnen sollte, eine Voraussetzung, die bei der Egalität nicht vorstellbar sei. Wohl könnten aber „aus einer Übertreibung der Egalität echte Gefährdungslagen für eine freie Entwicklung einer Gesellschaft erwachsen". Es sei daher zu unterstreichen, was Prof. Marcic schon gesagt habe: „Das Egalitätsprinzip hängt mit dem status activus untrennbar zusammen und hat dort seine Domäne, daher kann es kein Zweifel sein, daß dort andere Voraussetzungen gelten als in den übrigen Grundrechtsbereichen". Man solle daher den Egalitätsgedanken nur auf den Art. 26 des B.-VG. beschränken. Andernfalls müßte er „eine über alle vertretbaren Maße hinausgehende Beschränkung der Freiheit zur Folge haben".

Prof. Klecatsky führte aus, daß die Deutung des Gleichheitssatzes als allgemeines Willkürverbot in Verbindung mit der Auffassung, daß dieser Satz im Zweifel die egalitäre Behandlung fordert, zur Aufhebung der übrigen Grundrechte führen müsse. Die übrigen Grundrechte, wie die Grundrechte ja ihrer Idee nach überhaupt, seien auf Vereinzelung abgestellt, d.h. abgestellt auf den Schutz dessen, was jeder Mensch als einmalig Einzelner besitzt. Insofern trete dann der Gleichheitssatz in einen unüberbrückbaren Gegensatz zu den übrigen Grundrechten.

Sektionschef Loebenstein erinnerte daran, daß die zur Diskussion stehende Frage dahin gehe, ob bei einer künftigen Gestaltung eines Grundrechtkataloges auf egalitäre Erscheinungen Rücksicht zu nehmen ist. Es gehe hier um soziologische, nicht um normative Phänomene, deren Bedeutung für die Gestaltung eines neuen Grundrechtskataloges zu klären sei.

RA Rosenzweig knüpfte an seine früheren Ausführungen an und setzte sich mit der Frage auseinander, wann ein unzulässiger Eingriff des Verfassungsgerichtshofes in Wertungen des Gesetzgebers vorliegt. Keinesfalls liege ein solcher Eingriff vor, „soweit die Verfassungsnorm selbst gewisse Dinge zwingend vorschreibt und der von dem einfachen Gesetzgeber geschaffene Begriff rechtlich gemessen werden kann an der Verfassungsnorm“. Eine unsachliche Regelung liege vor, wenn „man findet, daß überhaupt kein Beziehungspunkt da ist zwischen der Regelung des Gesetzgebers und der Verfassungsnorm“. Wenn aber „doch ein Motiv sachlicher Art denkbar ist“, wenn man sagen kann „hier sind sachliche Erwägungen des Gesetzgebers aus der Natur der Sache her durchaus möglich“, sei es „Sache des Gesetzgebers, ob er dieses Motiv für hinreichend erachtet, um eine verschiedene Regelung zu treffen“. Hier lägen Wertungen vor, in die der Gesetzgeber [wohl der VfGH – Anm.d.Hrg.] nicht eingreifen dürfe. Als Beispiel nannte RA Rosenzweig die Frage, ob die verschiedenartige Gestaltung der Fürsorge für Kriegs- und für Zivilversehrte der Prüfung im Hinblick auf den Gleichheitssatz zugänglich sei. Da sachliche Erwägungen für die Differenzierung immerhin erkennbar seien, sei diese Frage zu verneinen. Zu dem Hinweis von Prof. Gschnitzer auf die Rechtsprechung des deutschen Bundesverfassungsgerichts bemerkte RA Rosenzweig, die „Frage der Herstellung der Gleichheit zwischen Mann und Frau sei doch eine Frage der Auslegung von Rechtsnormen und nicht eine Frage der Vornahme von irgendwelchen Wertungen seitens des Gerichtshofes“. Hofrat Lehne aber habe wohl mit seiner Annahme einer Toleranzgrenze nicht gemeint: „geringfügige Verschiedenbehandlungen sind zulässig, und nur grobe Verschiedenbehandlungen sind falsch“, vielmehr habe er wohl das sagen wollen, was RA Rosenzweig mit „Wertung des Gesetzgebers“ und ein „Messen am Rechtsbegriff, wo keine Wertung des Gesetzgebers vorliegt“, ausdrückte. Es handle sich um den Gedanken, auch hier auf den Begriff der Denkmöglichkeit zurückzugreifen.

Hofrat Lehne erklärte hiezu, er habe „es tatsächlich so verstanden, daß eben der VerfGH. sich enthalten muß der Qualifikation: Ich finde diese Unterscheidung ist besser, jenes hätte anders geregelt werden sollen, das wäre schöner und gerechter". Der Begriff der Toleranzgrenze solle sagen, daß der Gerichtshof vor dem Gesetzgeber „kapitulieren muß", wenn sich ein Anhaltspunkt für die Möglichkeit einer sachlichen Differenzierung findet. Hingegen hätte er gegen die von RA Rosenzweig für den Zweifelsfall angenommene Vermutung für die Gleichbehandlung ernste Bedenken.

Min.Rat Weiler knüpfte an die Ausführungen von Sektionschef Loebenstein an und gab zu bedenken, daß sich das Kollegium gemäß seinem Arbeitsprogramm auch mit der Frage zu befassen habe, ob „von gewissen, als feststehend angenommenen Entwicklungstendenzen, soziologischen Phänomenen, für die Grundrechtsordnung sich Auswirkungen ergeben oder nicht". Dieser Fragestellung komme deshalb Bedeutung zu, weil es sich als notwendig erweisen könnte, bei der Gestaltung eines neuen Grundrechtskataloges den Auswirkungen von Entwicklungstendenzen, die negativ bewertet wurden, durch die Schaffung besonderer Grundrechte zu begegnen. Es sei denkbar, daß Entwicklungstendenzen, die man als Gefahren ansprechen zu müssen glaubt, „eine besondere Art der Reaktion von der Grundrechtsordnung her erfordern", etwa im Zusammenhang mit dem Egalitarismus in der Weise, daß neben dem allgemeinen Gleichheitssatz noch eine besondere spezielle Regelung geschaffen wird, die der Abwehr bestimmter Gefahren dient. Sodann verwies Min.Rat Weiler auf den Umstand, daß de lege lata einzelne Grundrechte nur für Staatsbürger, die anderen aber für jedermann garantiert sind. Bei der Behandlung der einzelnen Grundrechte werde zu prüfen sein, ob und wieweit es richtig ist, den Grundrechtsschutz auf die Staatsbürger zu beschränken. Als Beispiel hiefür nannte Min.Rat Weiler die derzeitige Beschränkung des Gleichheitssatzes auf die Staatsbürger. Möglicherweise werde hier das Egalitätsdenken positiv zu bewertende neue Gesichtspunkte zeigen. Es stelle sich aber über die einzelnen Grundrechte hinaus die Frage, ob das Problem des persönlichen Geltungsbereiches der Grundrechte nicht einer grundsätzlichen Diskussion bedürfte.

Sektionschef Loebenstein ersuchte sodann die Mitglieder des Kollegiums, zu folgender Frage Stellung zu nehmen:

Ergeben sich aus egalitären Erscheinungen, wie wir sie heute feststellen können, Auswirkungen, die im Bereiche einer Gestaltung der Grundrechtsordnung positiv oder negativ gewertet und berücksichtigt werden sollen?

Da *Prof. Gschnitzer* ersuchte, ihm eine Stellungnahme zu dieser Frage durch ein Beispiel für Maßnahmen auf dem Gebiete der Grundrechte zur Abwehr von Auswirkungen des Egalitarismus zu erleichtern, verwies *Sektionschef Loebenstein* auf den fortschreitenden Abbau der Sonderstellung des öffentlichen Dienstes. *Prof. Klecatsky* nannte als einen „geradezu klassischen Anwendungsfall" das Minderheitenrecht. Die weitere Frage von *Prof. Gschnitzer*, ob auch das Unehelichenrecht ein Beispielfall wäre, wurde von *Sektionschef Loebenstein* bejaht.

Sekt.Rat Ringhofer ersuchte um eine Klarstellung dahin, daß die zur Diskussion gestellte Frage deren Bejahung nicht vorwegnehmen soll und auch die Frage offen läßt, in welcher Richtung den festgestellten Egalitätstendenzen Rechnung getragen werden soll.

Sektionschef Loebenstein anerkannte die Berechtigung dieser Frage und führte aus, es sei jetzt zu entscheiden, ob bei der Behandlung der einzelnen Grundrechte auf das Egalitätsphänomen Bedacht genommen werden soll. Bei den einzelnen Grundrechten werde dann zu entscheiden sein, ob eine Maßnahme im Sinne des oder gegen das Egalitätsdenken erforderlich ist oder ob auf Maßnahmen in jeder der beiden Richtungen verzichtet werden kann bzw. verzichtet werden muß, da ansonsten im Sinne der Ausführungen von Prof. Klecatsky „andere Grundrechtswerte dadurch vollständig niedergerissen werden könnten".

Prof.Floretta bemerkte, er verstehe das so, daß man etwa dazu kommen könnte, den Bund zur Schaffung eines einheitlichen Arbeitsgesetzbuches zu verpflichten.

Sektionschef Loebenstein ersuchte sodann zu der von ihm bereits formulierten Frage Stellung zu nehmen.

Die Umfrage ergab:

Dr. Winkler: „Ich war am Vormittag geneigt, und habe es auch ausgesprochen, die Frage schlechthin zu verneinen. Das Beispiel des Kollegen Weiler hat mich überzeugt, daß es immerhin Gesichtspunkte gibt, die sich von vornherein auf alle Grundrechte erstrecken, Staatsbürgerrecht oder Menschenrecht liegt auf dieser Linie, und ich kann daher die Frage so formuliert, Herr Sektionschef, nur bejahen".

Prof. Werner: Jawohl.

Prof. Walter: Ja.

Prof. Pfeifer: Ja.

RA Rosenzweig: Ja.

Sekt.Rat Ringhofer: Ja.

Abg. Nemecz: Ja.

Abg. Mark: Ja.

Prof. Marcic: Ja.

Hofrat Lora: Ja.

Hofrat Lehne: Ja.

Dr. Kummer: Ja.

Dr. Kobzina: Ja.

Hofrat Klecatsky: Ja.

Hofrat Kaltenberger: Ja.

Staatssekr. Gschnitzer: Ja.

Prof. Floretta: Ja.

Präs. Dietrich: Ja.

RA Beck: „Ja, mit einem Zusatz. Es läßt sich die Frage im Allgemeinen nur beantworten, wie egalitäre Erscheinungen zu regeln sind, wenn ein leitendes Prinzip als Maßstab angelegt wird. Danach ergeben sich 3 Gruppen, drei mögliche Gruppen. Die Egalisierung ist geboten – Ausweitung des Gleichheitssatzes auf Menschen von Staatsbürgern; die Egalisierung ist neutral, also gestattet – Staatsangestellte Privatangestellte gleiches Arbeitsrecht; der Egalisierung ist entgegenzutreten – Verbesserung des Status wie jetzt im Gesetzentwurf betr. die unehelichen Kinder als dem Prinzip der Familie, dem Grundwert der Familie entgegenlaufend. Drei Beispiele für drei Gruppen mit einem Maßstab gemessen".

III.

Sektionschef Loebenstein schlug vor, aus dem Abschnitt B 3 des Fragenprogramms noch das Problem der besonderen Gewaltverhältnisse zu behandeln und nannte als Beispiele hiefür den öffentlichen Dienst und die Stellung der Angehörigen des Bundesheeres. Es gehe um die Frage, ob das besondere Gewaltverhältnis Differenzierungen im Bereich der Grundrechte zu rechtfertigen vermag. Der Art. 7 Abs. 2 des B.-VG. habe, wie Sektionschef Loebenstein weiter ausführte, für den Bereich der politischen Rechte der Angehörigen des öffentlichen Dienstes und des Bundesheeres die Unzulässigkeit von Einschränkungen bereits klargestellt.

Prof. Werner führte aus, das Institut der besonderen Gewaltverhältnisse sei seinerzeit gewiß „eine großartige Entdeckung der deutschen Theorie" gewesen, heute aber im Lichte des Art. 18 (1) des B.-VG. sei es „einigermaßen überholt".

RA Rosenzweig vertrat die Meinung, die Angelegenheit sei derzeit im B.-VG. nicht klar geregelt, weshalb eine Regelung erforderlich sei. Als Beispiele für Personengruppen, bei denen das Problem Bedeutung besitzt, nannte RA Rosenzweig die Untersuchungs- und die Strafgefangenen, die Angehörigen des Bundesheeres und die Schüler. Wenn man etwa die Ermahnung des Lehrers gegenüber dem Schüler oder die Erklärungen des Aufsehers gegenüber dem Gefangenen oder gewisse Handlungen eines Vorgesetzten gegenüber dem Untergebenen im Bundesheer als Bescheid auffasse, so komme man zu sehr unklaren und ungeklärten Verhältnissen. Das Rechtschutzinteresse müsse aber auch hier gewahrt sein. Probleme ergäben sich auch dadurch, daß Pflichten, die mit einem besonderen Gewaltverhältnis verbunden sind, mit Grundrechten kollidieren können. So könnte etwa die Frage gestellt werden, ob die Ausübung des Rechts auf Freiheit der Meinungsäußerung oder des Versammlungsrechts mit den Pflichten des Beamten vereinbar ist. RA Rosenzweig vertrat die Auffassung, daß die Tatsache des Bestehens solcher besonderer Gewaltverhältnisse nicht zu einer Einschränkung der allgemeinen Grundrechte führen dürfe.

Prof. Marcic führte aus, daß sich der Wandel der sozi[al]en Struktur und der politischen Formen auch hier auswirke. So sei etwa der Beamtenkörper in der Monarchie vor allem Repräsentant des Monarchen gewesen, während er heute nicht nur einen Zweig der Staatsgewalt, sondern das gesamte Volk repräsentiere, und damit eine breitere, egalitäre und demokratische Basis erreicht habe. Eine „gewisse Lockerung" der besonderen Gewaltverhältnisse werde nicht zu verhindern, "die Grundrechtsbasis" werde zu erweitern sein. Abschließend stellte Prof. Marcic fest, die von Sektionschef Loebenstein vorgeschlagene Problemstellung sei berechtigt und es werde bei den Beratungen darüber, wie ein neuer Grundrechtskatalog im einzelnen gestaltet werden soll, auf diese Problemstellung Bedacht zu nehmen sein.

Prof. Winkler führte aus, besondere Gewaltverhältnisse ergäben sich auch daraus, daß „der Staat oder die Gesellschaft mehr und mehr verbandlich durchstrukturiert wird". Es gehe hier um die Stellung des Einzelnen im Verband. Es sei die Frage zu prüfen, „ob man etwa in Grundrechtsform Privilegierungen innerhalb dieser Bereiche ausschließen, zulassen oder garantieren soll". Man werde sich in diesem Zusammenhang vor Augen halten müssen, „daß immerhin die Eigenart der Rechtsstellung des Einzelnen aus der Zugehörigkeit zu einem solchen Verband, zu einem solchen besonderen Gewaltverhältnis bestimmte Verpflichtungen und Rechtsbindungen von vornherein impliziert, denen ein anderer nicht unterstellt ist. Standespflichten u. dgl. mehr". Sodann gab Prof. Winkler zu bedenken, daß die Frage des besonderen Gewaltverhältnisses auch für die Familie gestellt werden könnte. Hier müsse jedoch auf die wesentlichen Unterschiede etwa gegenüber den Verbänden oder dem Bundesheer Rücksicht genommen und der Familie ein staatsfreier Raum gesichert werden. Eine Generalformel werde sich für alle diese Probleme nicht finden lassen. Es sei eine den jeweiligen besonderen Verhältnissen angepaßte Lösung anzustreben.

Sektionschef Loebenstein stellte hiezu fest, er verstehe die Ausführungen von Prof. Winkler dahin, daß bei der Behandlung der einzelnen Grundrechte zu fragen sein werde, „ob das Bestehen von besonderen Rechtsverhältnissen zwischen dem Staat und anderen Kollektiverscheinungen und dem Einzelnen hier einerseits besondere Sicherungen zugunsten des Grundrechtsschutzes erfordert und andererseits, ob solche besonderen Rechtsverhältnisse vielleicht gewisse Beschränkungen der Grundrechtsausübung ermöglichen oder erfordern".

Parl.Rat Kobzina bemerkte, er wolle „nicht so weit gehen wie Krüger, der die besonderen Gewaltverhältnisse als eine Art vorrechtsstaatlichen Urwald bezeichnet". Man müsse aber doch sagen, „daß im besonderen Gewaltverhältnis die Ursprünglichkeit des Zwecks und die Unmittelbarkeit der Gewalt weder durch die Grundrechte noch durch einen Rechtsschutz gebrochen ist". Auf dem Boden der österreichischen Bundesverfassung könne es nicht zweifelhaft sein, daß auch das besondere Gewaltverhältnis in Konkordanz mit den Grundsätzen des formellen und materiellen Rechtsstaates in Übereinstimmung zu bringen ist. Vor allem relevant erscheine die Frage, ob der Zweck des besonderen Gewaltverhältnisses sich an den Grundrechten auszurichten hat oder aber ob die Grundrechte nur insoweit in diesem Fall gelten, als sie nach dem Zweck des besonderen Gewaltverhältnisses als möglich eingeräumt werden können. Es sei der Standpunkt zu vertreten, daß die Zwecksetzung des besonderen Gewaltverhältnisses nur nach Maßgabe der Wertungen der Verfassung und insbesondere nach Maßgabe ihrer freiheitsgewährenden Grundrechte Anerkennung finden kann.

RA Beck vertrat die Meinung, man müsse etwa beim öffentlichen Dienst unterscheiden, ob es sich um Funktionäre handelt, welche eine Befehlsgewalt oder eine Jurisdiktion haben, richterliche Gewalt, entscheidender Verwaltungsbeamter, oder aber etwa um Kanzleibeamte. Die Frage der Zulässigkeit von Grundrechtsbeschränkungen – etwa hinsichtlich der Freiheit der Meinungsäußerung oder der Koalitionsfreiheit – werde für beide Personengruppen verschieden zu beurteilen sein.

Prof. Pfeifer machte darauf aufmerksam, daß das Problem der besonderen Gewaltverhältnisse auch in der MRK an mehreren Stellen auftritt, etwa im Art. 11; von den an der Schaffung der Konvention beteiligten Staaten sei also offenbar die Notwendigkeit von Einschränkungen anerkannt worden. Ähnlich verhalte es sich mit der Bestimmung der Europ. Sozialcharta über das Streikrecht. Man werde sich daher mit dem Problem bei den Beratungen über die einzelnen Grundrechte auseinandersetzen müssen.

Min.Rat Weiler führte aus, der Begriff des besonderen Gewaltverhältnisses stamme aus dem Staatsrecht der konstitutionellen Monarchie, er habe dort sicherlich seine Berechtigung gehabt, er habe diese Berechtigung aber in der Demokratie und vor allem im Rechtsstaat, wie er heute verstanden wird, verloren. Soweit dieser Begriff heute angewendet wird, diene er nur mehr zu einer Verschleierung von Rechtsproblemen, die der Lösung bedürfen. Die Rechtsprechung des VerfGH. auf dem Gebiet zeige eine gewisse Unsicherheit. So vertrete etwa der VerfGH. die anfechtbare Meinung, daß der Eintritt in den öffentlichen Dienst – gemäß dem Satz: volenti non fit iniuria – dem Verzicht auf gewisse Rechte gleich kommt. Insbesondere habe die Anfechtbarkeit dieser Judikatur auch Pernthaler in seinem Buch über den „Rechtsstaat und sein Heer" dargelegt. Es werde notwendig sein, sich mit diesem Problem auseinanderzusetzen, um präzise klar zu stellen, wo für die betroffenen Personengruppen die Grenzen ihrer Rechte liegen. Daß eine nähere Untersuchung die Notwendigkeit bestimmter Grundrechtsbeschränkungen erweisen werde, könne angenommen werden. Diesen Beschränkungen müßten aber wieder besondere Garantien gegenüberstehen, die den mit jeder Beschränkung von Grundrechten verbundenen Gefahren entgegenwirken. Auf die besonderen Probleme des öffentlichen Dienstes aber werde im Zusammenhang mit der Institutionengarantie des Berufsbeamtentums einzugehen sein. Min.Rat Weiler vertrat in diesem Zusammenhang die Auffassung, daß „weitgespannte Egalitätstendenzen" der besonderen Situation des Berufsbeamtentums nicht gerecht werden könnten.

Prof. Marcic knüpfte an die Ausführungen von Min.Rat Weiler an und erklärte, daß er sich ihnen voll anschließe.

Prof. Floretta legte dar, daß „die neueren soziologischen Erkenntnisse, die im Recht ihren Niederschlag finden, über diese historisch überlieferten besonderen Gewaltverhältnisse hinausgehen". Man solle alle Fälle erfassen, in denen „eine besondere Vormachtstellung, sei es eines Kollektivs, so wie wir es schon vormittag gesagt haben, oder eines Einzelnen besteht". In allen diesen Fällen gehe es um den status negativus. Insbesondere handle es sich um die Freiheit der Meinungsäußerung und um das Koalitionsrecht. Bezüglich des von Prof. Pfeifer erwähnten Streikrechts bemerkte Prof. Floretta, er hätte Bedenken, es als Teil des Koalitionsrechts anzusprechen oder es als gesondertes Grundrecht zu normieren. Der Intensität der Vormachtstellung müsse, führte Prof. Floretta weiter aus, d[ie] Gestaltung des status negativus entsprechen. Darüber hinaus bestehe das Bedürfnis, „einen, wenn auch in der Konsequenz nicht sehr befriedigenden, status positivus einzuräumen, u.zw. wiederum, daß der Gesetzgeber, hier der einfache Gesetzgeber, entsprechend der Intensität der Vormachtstellung verpflichtet ist, eine größere Fürsorgepflicht dem in diesem Verhältnis Abhängigen zukommen zu lassen". Der Intensität der Abhängigkeit hätte also ein entsprechendes Maß an Fürsorgepflicht gegenüber zu stehen. Durch eine entsprechende Gestaltung der Grundrechte sollte der Richter in die Lage versetzt werden, diese Fürsorgepflicht auch dann durchzusetzen, wenn der Gesetzgeber nähere Regelungen nicht getroffen hat.

Sektionschef Loebenstein stellte sodann fest, daß weitere Wortmeldungen nicht mehr vorliegen. Er ersuchte um Stellungnahme zu folgenden Fragen:

Ist es notwendig, bei den Beratungen über die Gestaltung der einzelnen Grundrechte auch zu untersuchen, ob der Bestand von Rechtsverhältnissen besonderer Art, wie etwa des Berufsbeamtentums, der Heereszugehörigkeit, des Strafgefangenen, des Untersuchungsgefangenen, besondere Maßnahmen zugunsten der Sicherung der Grundrechte einerseits und hinsichtlich einer Beschränkung der Grundrechte andererseits erfordert?

Die Umfrage ergab:

Hofrat Lehne: „Ich bin durchaus der Meinung, daß die eingetretenen Entwicklungen eine solche konkrete Entscheidung erfordern."

Abg. Kummer: „Ich bin auch der Meinung."

Parl.Rat Kobzina: „Ich möchte auch diese Frage bejahen."

Hofrat Klecatsky: Ja.

Hofrat Kaltenberger: Ja.

Staatssekr. Gschnitzer: Ja.

Prof. Floretta: Ja.

Präs. Dietrich: Ja.

RA Beck: Ja.

Prof. Ermacora: Ja.

Prof. Werner: Ja.

Prof. Winkler: Ja.

Prof. Walter: Ja.

Prof. Pfeifer: Ja.

RA Rosenzweig: Ja.

Sekt.Rat Ringhofer: Ja.

Abg. Nemecz: Ja.

Prof. Marcic: Ja.

Hofrat Lora: Ja.

IV.

Sekt.Chef Loebenstein schritt hierauf zur Behandlung des nächsten Tagesordnungspunktes nämlich der Diskussion der „Veränderungen in der Struktur der politischen Kräfte und in ihrem Verhältnis zueinander", und im Zusammenhang damit „der Entwicklung zur Parteiendemokratie". Um die Diskussion zu eröffnen, stellte er folgendes Problem zur Debatte: „Haben die faktische Durchorganisierung des Parteienapparates und gleichartige Erscheinungen, die wir heute finden, gegenüber Verhältnissen, wie sie zur Zeit der Schaffung der österr. Grundrechtsordnung bestanden haben, in dieser Hinsicht neue Erwägungen und neue Betrachtungen für den Grundrechtsschutz an den Tag gefördert und erfordert etwa die Freiheit des Einzelnen, zwischen politischen Gruppen zu wählen, ohne etwa Diskriminierungen erwarten zu müssen, hier besondere Maßnahmen?" Weiters sei im Zusammenhang mit den Fragen der Entwicklung der Parteiendemokratie zu erörtern, „ob diese Entwicklung, wie wir sie heute vielfach vorfinden, und die im Rahmen des demokratischen Prinzipes begründet ist, und die damit verbundene Abschwächung des Gewaltentrennungsprinzips im materiellen Sinn besondere Maßnahmen auf dem Gebiet der Grundrechte erfordert". Insbesondere sei auch zu prüfen, ob die freie Ausübung der politischen Rechte, Teilnahme an der Staatswillensbildung, gegenüber solchen Erscheinungen, insbesondere auf dem Gebiete der Gewaltentrennungsminderung, zusätzliche Sicherungen für den Einzelnen auf dem Gebiete des Grundrechtsschutzes erforderten.

Hofr. Lehne wies zunächst auf die bekannte Entwicklung von der Honoratiorendemokratie durch das allgemeine Wahlrecht zur Massendemokratie hin, die nur mittels der Parteien möglich sei, die als die soziologisch notwendigen politischen Handlungseinheiten gesehen werden müßten, und die Auswirkung dieser Entwicklung auf die Grundrechte. Er glaube, daß eine solche Auswirkung nicht bestritten werden könne. Wenn man von der totalitären Partei,die ja durch ihr Wesen die Aufhebung der Grundrechte darstelle, ausgehe, könne man untersuchen, inwiefern in den nicht totalitären Parteien, „die sich also doch als partes fühlen und anerkennen, daß es also andere geben kann und geben muß, trotzdem gewisse Restbestände und Ansätze eines totalitären Denkens enthalten sind, die grundrechtsgefährdend sind"; ob also straff organisierte und herrschaftlich strukturierte politische Verbände eine andere Situation herbeischafften als sie szt. gegeben gewesen sei, aber unwiederherstellbar sei, weil eine Wiederkehr zur Honoratiorendemokratie weder wünschenswert noch möglich sei. Wenn man von dieser Situation ausgehe, glaube er, daß die Relevanz sehr groß sei. U.zw. immer dort, wenn sich Tendenzen zeigten, „Erfordernisse des Lebens abhängig von Parteibekenntnissen zu machen, die bekannten Erscheinungen also der Partei und Wohnung, Partei und Posten sind zweifellos Dinge, die zeigen, daß das Aufwachsen der Parteienmacht von sehr großer Bedeutung für die Praxis des Grundrechtsschutzes ist". Die alten Sätze aus der Auseinandersetzung der Konfessionen „cuius regio, eius religio" und von dem „flebile privilegium emigrationis" etc. seien heute am ehesten im Raum der Auswirkungen der Parteienmacht faßbar oder zumindest gewisse Traditionen von dort hier wirksam. Wie allerdings dem Abhilfe geschaffen werden könne, wieweit diese gegebene faktische große Bedeutung der Entwicklung für die Grundrechte von den Institutionen her gebändigt werden könne, sei sicher eine sehr schwierige Frage. Es hänge das auch zusammen mit einem großen Themenkreis, der ja hier nicht zu erörtern sei, nämlich mit dem Verhältnis Verfassung und Parteien überhaupt; ferner auch mit der Struktur der Parteien, mit der Auseinandersetzung der Verfassung mit dem sogenannten „ehernen Gesetz der Oligarchie". Man müsse hinsichtlich jedes einzelnen Grundrechtes ganz konkret prüfen, inwiefern diese Entwicklungen, die hier eingetreten seien und neue, ganz entscheidende Mächte hervorgebracht hätten, eine andere und präzisere Formulierung des betreffenden Grundrechts im Hinblick auf diese

Situation erforderten. Er glaube, daß das bei einer ganzen Reihe von Grundrechten erforderlich sein werde.

Prof. Marcic wies zunächst darauf hin, daß der Staat heute durch die Parteien und durch die Verbände getragen sei und die Entscheidungen auch für die private Existenz im Bereich entweder irgendeines Verbandes oder irgendeiner politischen Partei fielen. Deshalb glaube er, daß man die Wirklichkeit der heutigen Parteiendemokratie und der Verbandsdemokratie für die Neufassung der Grundrechte sehr wohl berücksichtigen müsse. Z.B. die Frage, ob eine Partei öffentlich und allgemein zugänglich sei, oder ob man aus einer Partei austreten könne, ohne zu gewärtigen, daß man dann irgendwelche Konsequenzen ziehen muß, die sich gegen die Grundrechte richten. Alle diese Fragen, genauso auf dem Verbandswesen, seien so wirksam und gingen so „an den Nerv des Einzelnen", daß man vielleicht keinen Wandel in der Soziologie und im politischen Bereich sosehr zu berücksichtigen habe wie gerade diesen Wandel zum Parteienstaat und zum Verbändestaat.

RA Beck führte aus, daß er noch am letzten Juristentag für eine Institutionalisierung der Parteien eingetreten sei, ähnlich dem Bonner Vorbild, jetzt aber aus folgenden Gründen davon abgekommen sei. „Partei" hänge enge mit dem Begriff des Parlamentarismus zusammen, kontradiktorische Parteien, Mehrheit und Minderheit. In Österreich sei dies nicht der Fall, aber er beuge sich vor der tatsächlichen Entwicklung, die eine legitime sei. Die beiden Parteien seien mehr oder weniger zwei Flügel einer Partei. Es gäbe auch nicht mehr die Kontrolle Parlament gegen Monarchen oder Verwaltung, denn die Regierung sei nur „ein Ausschuß des Parlamentes". Daher halte er zwei Dinge für vordringlich:

1. ein Grundrechtssystem, welches den Einzelnen schützte und das auf einem zentralen Grundwert beruhte.
2. Die Kontrolle muß beim Verfassungsgericht liegen. Der Richter habe die Rolle übernommen, die früher in der konstitutionellen Monarchie das Parlament gehabt habe. Das Parlament sei inaktiv und nur mehr eine Vertretung der verschiedenen Mächte, Gewerkschaftsbund usw., Kammern u.dgl. geworden, aber der Richter, der Verfassungsrichter, sei die echte Kontrolle.

Prof. Ermacora vertrat die Auffassung, der Wandel der Verhältnisse in der Struktur der politischen Kräfte und ihrem Verhältnis zueinander sei eng verbunden mit der Frage der Institutionalisierung der politischen Partei. Er glaube, der Zusammenhang mit den Grundrechten ergebe sich durch eine Formulierung nach der Art des Art. 21 Abs. 1 erster Satz des Grundgesetzes, der normiere, daß die Parteien in ihrer inneren Ordnung den demokratischen Grundsätzen und den Grundsätzen des staatlichen Denkens entsprechen müßten. Er wies in diesem Zusammenhang daraufhin, daß es einen Vortrag von Minister Broda gebe, den er im Jahr 1959 in Innsbruck auf dem von der Landesregierung veranstalteten Kongreß

„Freiheit und Parteidisziplin" gehalten habe, ein Vortrag, der offenbar nicht im Druck veröffentlicht sei, aber für die Frage der Grundrechtsstruktur im Parteiwesen von ganz grundlegender Bedeutung sei. Man werde sicherlich in den Besitz dieses Vortrages noch gelangen können. Broda habe u.a. ausgesprochen, daß gewisse Grundrechte schon in der Parteistruktur beachtet werden müßten, etwa wie das Recht auf freie Meinungsäußerung und Ähnliches. Es erhebe sich die Frage, „ob man im Zusammenhang mit der Gestaltung eines modernen Vereinsrechtes, das sich vielleicht auch die Aufgabe setzt, die Frage der politischen Parteien zu behandeln, ob man hier den politischen Parteien nicht den Auftrag erteilen sollte, in ihrer inneren Parteiorganisation in Form von Schiedsgerichten allfällige Streitigkeiten über derartige Grundrechte auszutragen". Im wesentlichen werde es ja in der Regel um politische Rechte gehen und nicht um ein Problem der persönlichen Freiheit, zumindest nicht im Normalfall, d.h. nicht um ureigenste Rechte, sondern um Rechte, die im Zusammenhang mit der Gemeinschaft auftauchen. Anders sehe er das Problem nicht lösbar.

Sekt.Chef Loebenstein stellte als Diskussionsrichtlinie zur Erwägung, daß man die Frage, ob man ein Parteiengesetz brauche oder nicht oder es für zweckmäßig erachte, vielleicht ausklammern könnte, denn über diese Frage könnte man eine Enquete abhalten, die noch länger dauern würde als die gegenständliche. Es sei ja nicht das Hauptziel, jetzt eine Idealparteiorganisation aufzustellen, sondern die Frage zu erörtern, ob aus dem Durchorganisieren der Parteien, – sei es faktischer oder rechtlicher Art -, gegenüber dem Einzelnen sich irgendwelche besonderen Grundrechtsreflexnotwendigkeiten ergeben und ob insbesondere die Entwicklung zur Parteidemokratie, so wie er früher gesagt habe, gewisse Abschwächungen im Gewaltentrennungsprinzip zu erkennen gebe, die wiederum einen reflexrechtlichen Bezug auf die Grundrechte erforderten. Über die Frage „Rechtliche Ordnung der Parteien" habe die Bundesregierung dem Parlament einen Bericht erstattet, der derzeit im Verfassungsausschuß des Parlamentes anhängig sei.

Prof. Pfeifer führte aus, daß es wesentlich sei, gewisse Grundsätze über die Parteien in der Verfassung festzulegen, was ja derzeit in der österreichischen Verfassung völlig fehle. Wenn Österreich nun einmal eine Demokratie sei, so müßten einmal demokratische Grundsätze für das Innenleben der Parteien festgelegt werden, die freie Parteibildung klar ausgesprochen werden. Fragen, die umschrieben seien mit dem Schlagwort „Parteiengesetz" würden dringend der Lösung harren und seien ein Kardinalproblem des Staates, den man heute Parteiendemokratie nenne und insbesondere könne hier auch gewissen Auswüchsen des Parteilebens begegnet werden. Es sei ja der Sinn des diesbezüglichen Berichtes, der in Deutschland vom Innenministerium unter Beratung verschiedener bedeutender Rechtslehrer verfaßt wurde, der gewesen, daß man sich fragte, wie kann darauf hingewirkt werden, daß nicht anstelle der Demokratie eine reine Parteienherrschaft da sei, die zum Schluß die Demokratie ausschaltet. Er meine, diese Gefahr sei immanent und ihr könne nur in dieser Weise begegnet werden. In diesem Zusammenhang täten sich auch eine Reihe anderer Probleme auf, das Prinzip des freien Mandates, das eigentlich nur ein spezieller Ausdruck von gewissen Grundrechten sei, nämlich des Grundrechtes der freien Meinungsäußerung, der Redefreiheit usw. Man wisse ja, daß es in der Wirklichkeit etwas anderes sei als es in der Verfassung stehe, und hier sei natürlich die Frage Parteiendemokratie und Grundrechte gestellt worden.

RA Rosenzweig hielt zunächst fest, daß „die Form der Parteiendemokratie, die wir in den letzten 20 Jahren haben, nicht verfassungsrechtlich verankert ist, sondern eine zeitgegebene Bedingtheit ist". Man dürfe über den Eigenarten der Demokratie in Form der Koalition von 2 großen Parteien die Möglichkeit und die Notwendigkeit des Funktionierens der Verfassung und des Parlamentarismus für den Fall, daß eine solche Koalition nicht bestehe, nicht außer Acht lassen. Er glaube, eine der entscheidenden Notwendigkeiten sei die Erhaltung der Verfassung und der Garantien der Verfassung auch für den Fall, daß keine Koalition der beiden Parteien bestünde, die die überwiegende Mehrheit der Bevölkerung darstellten. Man müsse auch Rücksicht nehmen auf die Möglichkeit einer knappen Mehrheit und einer großen Opposition. Insoferne glaube er, daß in dem Augenblick das angeschnittene Problem der Gewaltentrennung dann anders aussehen würde. Denn momentan gehe doch das Wort offenbar von der Gegebenheit aus, daß in einem Koalitionsausschuß der Parteien schon das vereinbart werde, was später im Ministerrat beschlossen und dann im Nationalrat durchgeführt werde, d.h., daß also in vielen Belangen das, was sich nach der Verfassung im normalen Beratungsprozeß im Parlament abspielen sollte, schon in Stadien vorher verlegt worden sei. Das würde sich allerdings alles sofort ändern, wenn das gegenwärtige System einer Koalition aufhören würde und er glaube, daß die strenge Judikatur des VfGH. zum Art. 18 B.-VG. von ganz entscheidender Bedeutung in der Richtung der Wahrung der Rechte des Parlaments gegenüber der Vollziehung sei, daß nicht die Vollziehung dann Akte setze, die in Wirklichkeit Aufgabe des Gesetzgebers wären. Etwas, was heute in seiner Bedeutung gar nicht so besonders groß sei, aber jeden Augenblick von ganz entscheidender Bedeutung werden könne, wenn das gegenwärtige Koalitionssystem sein Ende finden würde.

Sekt.Chef Loebenstein wies in einem Zwischenruf darauf hin, daß dasselbe umgekehrt gelte, indem sich der Gesetzgeber nicht Akte anmaße, die durch die Verfassung der Vollziehung zugewiesen seien.

RA Rosenzweig fuhr fort, daß man andererseits der Tatsache Rechnung tragen müsse, daß „unsere Form der Demokratie sich in Form der Parteiendemokratie darstellt, daß diese Parteien Parteidisziplin haben, und daß das freie Mandat, das unsere Verfassung anerkennt, im Grunde genommen auf dem Papier steht". Auch wenn der Verfassungsgerichtshof im Sinne der Verfassungsbestimmung über das freie Mandat sage, daß ein Abgeordneter, der aus seiner Partei ausscheide, deswegen nicht sein Mandat verliere, was zweifellos auf Grund der Verfassung die notwendige und gegebene Entscheidung sei, so tauche doch die Frage auf, ob im Rahmen einer Parteiendemokratie eine solche Regelung, die irgendwelche Einzelgänger für bestimmte auslaufende Perioden schaffe, viel Sinnvolles in sich habe. Sie hätte dann einen Sinn, wenn der Betreffende die Möglichkeit hätte, nach Ablauf der Gesetzgebungsperiode wieder als Wahlwerber aufzutreten und gewählt zu werden, etwas, was „sich aber normalerweise nach dem Funktionieren unserer Demokratie eigentlich als vollkommen unmöglich erweist". Er glaube, daß sich diese Frage nicht vollkommen von der Frage eines Parteiengesetzes trennen lasse. Es sei notwendig, für die Parteien gewisse Voraussetzungen festzulegen, insbesondere, daß die „Parteidemokratie" gewahrt sei, d.h. daß innerhalb der Parteien selbst eine demokratische Willensbildung erfolge. Es hänge damit auch das viel diskutierte Problem der Finanzierung der politischen Parteien zusammen, wobei er persönlich ein Gegner der Finanzierung durch öffentliche Mittel sei, ferner hänge damit die Forderung nach Offenlegung der Mittel einer politischen Partei zusammen, womit man meine, von welcher Quelle her sie die Mittel wirklich habe und auch, wie sie diese Mittel verwende. Das entscheidenste Problem in dem Zusammenhang scheine aber die Frage der Zugänglichkeit der öffentlichen Ämter zu sein. Der gegenwärtige Zustand, daß, „soferne nicht gesetzliche oder vereinbarte Proporzvereinbarungen bestehen, überwiegend die Parteirichtung des Ministers oder des Landesrates für den Zugang und die Beförderung zu den öffentlichen Ämtern maßgeblich ist", scheine ihm eine in der Demokratie höchst bedenkliche Tatsache zu sein. Das, was zu erstreben wäre, sei die Ernennung und Beförderung nach sachlichen Gesichtspunkten. Das dürfe freilich nicht zu der Verschleierung führen, daß "sachlich" immer das sei, was dem zuständigen Minister mit Rücksicht auf seine Parteizugehörigkeit eben als sachlich erscheine, sondern es müsse eine objektive Sachlichkeit sein, d.h. es müßten Stellen öffentlich ausgeschrieben werden und es müsse die Möglichkeit bestehen, daß die Besetzung der Stellen in sachlicher Weise vorgenommen werde; es müßten ebenso die Beförderungen durchgeführt werden und er glaube, daß die gegenwärtige Regelung des Proporzes nur ein Zwischenweg auf diesem Ziel sei. Es sei immerhin besser, die Macht sei verteilt, als daß sie einseitig besetzt sei, solange unsere Demokratie noch nicht so weit entwickelt sei, daß eine Sachlichkeit der Besetzung gewährleistet sei. Das in Amerika oft geübte System, daß mit einem Wechsel der Regierung auch der Beamtenapparat ausgewechselt werde, wovon man in Amerika auch immer mehr und mehr abgehe, scheine kein vernünftiges System zu sein. Er sei auch gegen „ein System der Schaffung einer Kaste, daß die Beamten selbst für ihre Ergänzung und Erweiterung sorgen und die

Richter selbst für ihre Ergänzung und Erweiterung, sorgen", weil dies „zu gefährlichen Tendenzen" führen würde.

Sektionschef Loebenstein warf in einem Zwischenruf die Frage auf, ob der Grundsatz der Gleichheit, die in diesem Bezug ja immer wieder dem Gerichtshof vor Augen gestellt werde, keine genügende Abhilfe schaffen könne?

RA Rosenzweig erwiderte, daß in der gegenwärtigen Judikatur des VerfGH., die von früher her übernommen worden sei, die Auffassung herrsche, die Verweigerung einer Ernennung verletze kein subjektives Recht und darum sei nicht die Möglichkeit einer Beschwerde gegeben, und daß ohne eine Änderung der Verfassungsrechtslage eine Änderung dieser Spruchpraxis nicht zu erwarten sei. Es seien aber offenbar auch noch andere Änderungen erforderlich, denn wenn man eine Beschwerde zulasse, der Beschwerde stattgegeben werde und in der Zwischenzeit der Posten längst besetzt worden sei, so sei ja damit dem Beschwerdeführer auch nicht gedient.

Professor Winkler gab seiner Überzeugung Ausdruck, daß „die Parteien sich gewissermaßen als neue Feudalherren gebärden, und daß an die Stelle des Treueverhältnisses, das früher einmal zum Staat für den einzelnen Bediensteten oder ihm Zugehörigen zweifellos bestanden hat, nunmehr das Treueverhältnis zur politischen Partei stärker und stärker in den Vordergrund tritt". Es dränge sich natürlich auf, auch über die Institutionalisierung der Parteien zu sprechen. Im Zusammenhang des Themas über die Grundrechte müsse man sich bemühen, festzustellen, welcher Personenkreis, der durch Gattungsmerkmale erfaßt werden könne, durch die Entwicklung zum modernen Parteienstaat in der heutigen Zeit gefährdet sei. Zunächst sei die Position des Parteifunktionärs von Interesse, der Aufgaben im Staat zu besorgen habe und der in der Besorgung der Aufgaben ja zwei Verantwortungsbereiche in seiner Person vereinige. Den Verantwortungsbereich der politischen Partei, die ihm das Vertrauen gegeben habe, und den Verantwortungsbereich, der ihm aus der staatlichen Ordnung, der Besorgung der Gemeinschaftsaufgaben zuwachse. Selbst unter Berücksichtigung der Voraussetzung, daß jemand einer politischen Partei zugehöre und legitimerweise in „politische Staatsämter" von den politischen Parteien entsendet werde, müsse er doch für die Dauer der Ausübung der Staatsämter jene Unabhängigkeit zweifelsfrei garantiert bekommen, die zur pflichtgemäßen Ausübung der Staatsämter im Sinne des Allgemeininteresses in erster Linie und nicht des Parteiinteresses notwendig sei. Das sei ganz plastisch und deutlich bei der Freiheit des Mandates und es wäre seiner Meinung nach durchaus sinnvoll, das freie Mandat ausdrücklich grundrechtsförmig zu verankern. Er sei nicht der Auffassung RA Rosenzweigs, daß „der Einzelgänger als nicht ins Gewicht fallend gewissermaßen mit einer Handbewegung abgetan werden kann". Für die demokratische Willensbildung sei der Einzelgänger sicher nicht erwünscht und nicht der Idealzustand und er sei auch kein wirkungskräftiger Faktor im Parlament. Aber wenn man den Einzelgänger ausschließe, so bedeute das, „daß man den politischen Parteien von vornherein die Möglichkeit läßt, den Einzelnen auch gegen sein Gewissen zur bestimmten Entscheidung zu binden. Er wolle nicht gegen den Klubzwang reden, den er als Disziplin zur Willensbildung im Parteieninteresse für sehr sinnvoll halte, aber es gebe eben für jeden Abgeordneten die Schranke der gewissensmäßigen Bindung. Man sollte den Abgeordneten nicht zwingen, gegen sein Gewissen zu stimmen und müßte ihm die Freiheit lassen. Und es sei ein indirekter Zwang insoferne gegeben, als, wenn jemand aus dem Parteiinteresse heraustritt und in einem bestimmten Punkt die Interessen der Partei nicht mehr vertritt, die Partei ihn nicht mit der Folge des Mandatsverlustes ausschließen kann. Das sei eben doch ein präventiver Faktor für die Haltung des Abgeordneten, der sich zu einem eigenen Standpunkt ermutigt sehen müsse. Der andere Gesichtspunkt sei die Stellung des Parteifunktionärs in der Partei, die nicht verbunden mit der Innehabung von Staatsämtern sei. Hier sei in erster Linie das Parteistatut maßgebend. Der Einzelne habe die Möglichkeit, sich wählen zu lassen und im Rahmen der Parteiorganisation Funktionen zu übernehmen und hier natürlich sich den Willensbildungsgesetzen und den Zielen zu unterordnen, die im Parteistatut und im Parteiprogramm festgelegt seien. Er bleibe ja auch in dieser Tätigkeit durchaus innerhalb der Ordnung der politischen Partei, wobei selbstverständlich die allgemeinen Gesetze (z.B. das Strafgesetz), nicht verletzt werden dürften. Die 3. Frage sei die Frage nach dem Privaten, sei er nun einfaches Parteimitglied oder sei er nicht Parteimitglied, also außerhalb der Parteien stehend, im Verhältnis zu den Parteien, also z.B. der Zugang zu den Parteien für den Privaten und darüber hinaus der Zugang zu den Errungenschaften, die die Gesellschaft geschaffen hat und die dem Einzelnen zur Bewältigung seines Lebens dienen, wie eben die Berufsausübung über eine bestimmte Berufsposition oder eine existenzielle Lebensnotwendigkeit, die ja heute im Wesentlichen oder vielfach durch die Gemeinschaften oder die Gemeinschaft zur Verfügung gestellt werden. Für diesen Fall müßte auch ein Grundrecht für den Einzelnen geschaffen werden, u.zw. nicht, daß er einen Anspruch habe auf dieses oder jenes, aber daß er einen Anspruch darauf habe, daß bei der Vergabe von Wohnung oder Posten etwas aus Gründen der Parteizugehörigkeit nicht verweigert werden dürfe. Das scheine auch unter der heutigen Koalitionsherrschaft ein durchaus legitimes Begehren. Man sollte also auf die Stellung des Einzelnen in den verschiedenen Funktionen im Staat, in der Partei, gegenüber der Partei, oder bloß als Privater in der Gesellschaft Bedacht nehmen und man werde zu durchaus unterschiedlichen schutzwürdigen Gesichtspunkten gelangen.

Prof. Floretta machte zunächst auf den Zusammenhang der erörterten Frage mit dem Problem der negativen Koalitionsfreiheit aufmerksam. Es gehe weitgehend um die Frage, daß der Einzelne die Freiheit habe, vom Verband und der

Partei fernzubleiben, ohne deswegen – und das richte sich nicht allein gegen den Verband und die Partei, sondern gegen jedermann – in seinen Rechten beschränkt oder benachteiligt zu werden. Das wäre geradezu ein „Grundrecht der Nichtorganisierten", sei es bei freiwilligen Verbänden oder sei es bei den Parteien. Ebenso müßte die Freiwilligkeit des Beitrittes gewährleistet sein. Wie die Partei gewissermaßen keinen Beitrittszwang ausüben könne, so dürfe die Partei natürlich nicht gezwungen sein, jedermann in ihre Partei aufzunehmen. Hier sei gewissermaßen das Kollektiv geschützt. Während der Parteizugehörigkeit sei insbesonders das Problem der freien Meinungsäußerung und der dadurch eventuell bedingten Nachteile zu erwägen. Doch man müsse bedenken, ob das Grundrecht hier „in seiner ganzen Größe" bestehe, speziell beim Abgeordneten natürlich, was den Klubzwang betreffe, oder ob es doch unter einer gewissen Interessenabwägung beschränkt sein solle. Habe ein Dienstnehmer bei einem solchen Verband oder bei einer Partei („Tendenzbetriebe") nicht auch besondere Pflichten? Lege das nicht doch eine gewisse Beschränkung auf, damit dieses Verhältnis überhaupt disziplinär abgewickelt werden kann? Wenn dies der Fall sei, daß hier Beschränkungen auferlegt würden, wäre besonders wichtig, „daß er gerecht beurteilt" werde. Dem scheine das Schiedsgerichtswesen, wie es jetzt in den Parteien bestünde, und eine völlig interne Sache sei, nicht zu entsprechen, da man keine Möglichkeit habe, dagegen bei einem Gericht ein Rechtsmittel einzubringen.

Min.Rat Weiler führte aus, daß ihn die Diskussionen über gewisse Abhängigkeitsverhältnisse von politischen Mächten und Lebenserfordernissen irgendwie an das berühmte Zitat von Anatole France erinnern, daß das Gesetz in seiner Erhabenheit dem Reichen und dem Armen in gleicher Weise garantiere, unter den Brücken zu schlafen. Er wolle damit sagen, daß man mit allgemeinen Formulierungen, mit dem Gleichheitssatz allein nicht auskommen werde. Neben diesen Abhängigkeitsverhältnissen und ihren Problemen sei in besonderer Weise der status activus des Staatsbürgers durch die Verhältnisse berührt, die die Parteiendemokratie, die Verbandsdemokratie, mit sich gebracht haben. Auch in dieser Richtung dürften doch gewisse zusätzliche Sicherungen notwendig sein, um eine volle Entfaltung der Demokratie und der demokratischen Willensbildung zu ermöglichen. In der Frage der Zugänglichkeit der öffentlichen Ämter stimme er vollkommen zu, daß zusätzliche Maßnahmen notwendig seien. Allerdings müsse hier auch dem Problem der Institutionengarantie des Beamtentums besondere Beachtung geschenkt werden, weil diese Institutionengarantie ja die Laufbahn im öffentlichen Dienst garantieren müsse. Es sei daher auch die Frage besonders zu beachten, wo denn die Gewährleistung der Zugänglichkeit des öffentlichen Amtes einzusetzen und anzusetzen habe, welche Ämter es sein könnten, die in den Kreis der Ausschreibung, oder wie es dann immer heißen möge, einbezogen werden sollten und wie sie einbezogen werden sollten, welcher Personenkreis dafür in Betracht komme. Es sei keine Frage, daß die richtige Gestaltung der Rechtsverhältnisse auf diesem Gebiet den Grundrechtsstatus wieder berühre, daneben natürlich auch die Frage einer leistungsfähigen Beamtenschaft. Es sei ganz klar, daß man sonst, wenn man in der Frage der Zugänglichkeit der öffentlichen Ämter nicht den richtigen Weg gehe, auf jedenfall die Leistungsfähigkeit entscheidend reduzieren werde. Die amerikanischen Verhältnisse seien ja bekannt, besonders aus dem vorigen Jahrhundert, die so trübe gewesen seien, daß man sich nach zwei oder drei Jahrzehnten doch wieder dem Laufbahn-Beamtentum zugewendet habe, als der angemessenen Form. Die derzeitigen Institutionen reichten einfach nicht aus und es werde sich vielleicht doch in der Auslese ein Zusammenwirken von politischen Faktoren, d.h. also den obersten Verwaltungsorganen mit ihrer Verantwortlichkeit dem Parlament gegenüber, und der Beamtenschaft selbst als zweckmäßig erweisen. Das sei ein Weg, der in anderen Staaten als der richtige erkannt und auch von der Verwaltungslehre heute empfohlen werde.

Prof. Werner wies darauf hin, daß in Bezug auf die freie Zugänglichkeit der öffentlichen Ämter schon auf dem Boden der bestehenden Verfassungslage einigermaßen eine Abhilfe möglich wäre. Er sei fest davon überzeugt, daß schon die Rechtsprechung des Reichsgerichtes und ihr 100%ig folgend der VerfGH. dieses Grundrecht falsch ausgelegt habe. Das Wort „zugänglich“ bedeute etwas ganz anderes als die Bewerbungsfreiheit, nämlich doch, „in den Besitz eines öffentlichen Amtes“ zu kommen. Wenn eingewendet werde, daß das praktisch nicht möglich sei, weil inzwischen der Dienstposten anderweitig besetzt worden sei, so sei nur etwa an ein Zweiparteien-Baubewilligungsverfahren zu erinnern, in dem der VerwGH., vielleicht auch der VerfGH. über eine Anrainerbeschwerde die erteilte Baubewilligung aufhebe. Hier könne man schon auf dem Boden unserer Rechtsprechung Abhilfe schaffen. Nur müßte sich endlich einmal der VerfGH. aufschwingen, hier doch das Grundrecht richtig, wie es szt. gemeint wurde, auszulegen. Ein weiterer wesentlicher Gesichtspunkt bei dieser Debatte sei die Möglichkeit, daß auch derjenige des Schutzes teilhaftig sein müsse, der aus irgendwelchen Gründen der Meinung sei, einer politischen Partei nicht beitreten zu wollen. Er erinnere etwa an den Entwurf des österreichischen Richterdienstgesetzes, wo einmal der Satz gestanden sei, daß einem Richter die Zugehörigkeit zu einer politischen Partei untersagt sei.

Sektionschef Loebenstein stellte dazu in einem Zwischenruf fest, daß "heute schon die Situation auf dem Gebiete der Zugänglichkeit der öffentlichen Ämter nicht so ganz trist“ sei, wie sie dargelegt worden sei, denn wenn z.B. eine Person zu Unrecht pensioniert worden sei und diese Pensionierung durch den VerfGH. oder denVerwGH. aufgehoben werde, sei der Zustand herzustellen, der der Rechtsansicht des VerfGH. oder des VerwGH. entspreche. Dann müsse eben die

Verwaltung bzw. der Gesetzgeber z.B. einen neuen Dienstposten beschaffen, sodaß der Betreffende wieder eingestellt werden könne.

Parl.Rat Kobzina führte aus, daß „vielfach die fehlende verfassungsmäßige Zuordnung und Einordnung der politischen Parteien beklagt" worden sei. Nicht immer die nötige Aufmerksamkeit sei aber dem Phänomen zugewendet worden, das darin bestünde, daß die höchsten Parteistellen in der gleichen Weise über ihre dem allgemeinen Vertretungskörper zugehörenden Mitglieder und ebenso über ihre, der Vollziehung, insbes. aber der staatlichen Verwaltung, zugehörigen Organe Einfluß nähmen. Damit entfalle die Gewaltenteilung und damit das Wesen dessen, was den formellen Rechtsstaat ausmache, nämlich die Trennung der generellen, abstrakten Norm vom individuell-konkreten Vollziehungsakt. Es werde in diesem Zusammenhang vielfach davon gesprochen, daß das Parlament von der Verwaltung entmachtet werde. Das sei falsch oder nur zur Hälfte richtig. Richtig erscheine ihm vielmehr, daß sowohl das Parlament als auch die Verwaltung – insgesamt also die legalen Machtträger – zugunsten rechtlich noch nicht oder nicht genügend legitimierter Machtträger in ihren Rechten beschränkt würden. Aber auch sonst sei die Möglichkeit zu tiefgehenden Eingriffen der politischen Parteien in das Leben des Einzelnen eröffnet. Es sei ja schon von der Wohnungsvergebung, von der Stellenvermittlung gesprochen worden und er wolle es auch mit diesen Beispielen sein Bewenden sein lassen. Noch etwas sehr Wesentliches entfalle nach dem gegenwärtigen Bild der politischen Wirklichkeit, nämlich die Geltendmachung der rechtlichen und die Geltendmachung der politischen Verantwortlichkeit. Er halte von der rechtspolitischen Postulierung dessen, was de lege lata bereits verbrieft sei, nämlich das sogenannte freie Mandat, nichts, da es sich ja zeige, daß es sich hier um ein nicht oder nur in ganz seltenen Fällen durchsetzbares Recht handle. Mehr halte er von einer Grundrechtsabsicherung, die sich hier in erster Linie anbiete. Des weiteren könnte man vieles durch eine weitergehende und immer fortschreitendere innere Demokratisierung der politischen Parteien erreichen, dazu gehörten auch die heute schon erwähnten Parteigerichte, und weiters müßte man jede Gelegenheit zur Relativierung der Macht nützen, so z.B. die möglichste Vermeidung einer Kumulierung von Parteiamt und Regierungsamt. Darüberhinaus scheine ihm der Schutz des Berufsbeamtentums schlechthin ein Strukturelement des formalen Rechtsstaats. Nicht allein die freie Zugänglichkeit zu den Ämtern, sondern eine gewisse Garantie einer verantwortlichen Amtsführung wäre das, was ihm als ein Minimum an Forderung erschiene.

Abg. Mark stellte zunächst fest, daß der Übergang zur Parteiendemokratie nichts anderes bedeute, als daß heute bestimmte Gruppen als Machtträger auftreten, die sich in den Parteien konzentrierten. Es sei nichs Neues, daß bestimmte Gruppen in der Gesellschaft tatsächlich die Macht in der Hand haben. In der Monarchie sei das der Hof, die Kirche, der Adel und andere Gruppen von Menschen gewesen, die praktisch die Macht in der Hand gehabt hätten. Als er im Jahre 1918 auf die Universität gekommen sei, habe man ihm beigebracht, er könnte der „Germania" beitreten und dadurch einen sicheren Posten in der Polizeidirektion bekommen. Es habe also die Korporationen gegeben, die ihre festen Machtpositionen gehabt hätten. Nur sei das alles viel weniger klar gewesen. In der heutigen Demokratie würden die Machtträger deutlich in Erscheinung treten und das betrachte man als eine neue Angelegenheit, die jetzt neu behandelt werden müsse. Machtgruppen und Gruppenmacht hätte es aber zu allen Zeiten gegeben und es sei in allen Zeiten gleich notwendig gewesen, sie einzudämmen. Zum Wort „cuius regio, eius religio" verweise er darauf, daß er vor ein paar Jahren im Parlament im Budgetausschuß eine Untersuchung über die Zusammensetzung des leitenden Beamtenstabes der österreichischen Ministerien vorgetragen habe. Er habe damals festgestellt, daß auch unter den von Sozialisten verwalteten Ministerien fast keines gewesen sei, in dem mehr wie ungefähr 1/10 aller leitenden Stellen von Sozialisten bekleidet war (Innenministerium, Justizministerium etc.). Es sei nur im Verkehrsministerium etwas stärker gewesen, was vielleicht damit zusammenhänge, daß die meisten Beamten des Verkehrsministeriums aus der Praxis herauskämen, irgendeinmal Dienst gemacht haben auf Stationen etc., in unmittelbarer Verbindung mit den Eisenbahnern gestanden und vielleicht dadurch politisch auch mitbeeinflußt seien. Aber sonst gäbe es das praktisch nicht. Es habe sich vielleicht in den 5 oder 6 Jahren seit diesem Zeitpunkt etwas geändert, aber es habe sich nicht so stark geändert. Zur „Wohnungsfrage" bemerke er, daß er Obmann einer sozialistischen Bezirksorganisation in Döbling sei. In Döbling seien ungefähr 15 Wahlsprengel, die nur aus Gemeindebauten bestünden. Es gäbe keinen dieser Sprengel, in dem mehr als 70% sozialistische Stimmen seien. Die Sprengel, die die Gemeindebauten umfaßten, die in den letzten Jahren besiedelt worden seien, lägen zwischen 50 und 60%. Und es seien nicht nur sozialistische Stimmen und ÖVP-Stimmen, sondern ebenso kommunistische und freiheitliche Stimmen in diesen Sprengeln da. Hier zu sagen, daß man eine Wohnung nur bekomme, wenn man ein Parteibuch habe, sei also eine effektive Unwahrheit. Er verfolge das schon mindestens seit 1953, als man systematisch versucht habe, Gemeindebauten vorauszuschätzen, um das feststellen zu können. Es gäbe in den erwähnten Gemeindebauten eine Reihe von Leuten, die sich zur sozialistischen Partei bekannt hätten, aber auch andere, „die ostentativ eine rot-weiße oder rot-weiß-rote Fahne herausgesteckt haben, während die anderen die rote Fahne mit den drei Pfeilen herausstecken". Obwohl man das wisse, wohnten sie weiter dort, das sei gar keine Frage und sie seien ja auch hineingekommen, „ohne daß man das gefragt hätte". Es ginge ihm hier nur darum, festzustellen, „daß davon keine Rede sein kann, daß das systematisch geschieht". Zur Frage „Einzelgänger" bemerke er, daß man ungefähr ein halbes Dutzend Leute gehabt habe, die aus der

Partei ausgeschieden seien. Sie seien entweder ausgeschieden und hätten ihr Mandat behalten oder sie hätten es nicht behalten. Es sei praktisch nicht so, daß alle ihre Mandate zurücklegen mußten. Alle, die versucht hätten, dann selbständig wieder in das Parlament zu kommen, hätten Schiffbruch erlitten, aber das sei ja nicht Sache der Partei, aus der sie ausgeschieden seien. Das hänge auch mit der Frage des Klubzwanges zusammen. Er habe im Parlament schon einmal darüber gesprochen und gesagt, Klubzwang sei „eine freiwillige Vereinbarung". Dadurch, daß man bei einer Partei kandidiere, erkläre man, sich der Disziplin dieser Partei zu unterwerfen. Man habe das Recht, „Konsequenzen zu ziehen" und erst vor kurzem habe ein Abgeordneter, der aus der Sozialistischen Partei ausgeschlossen sei, die Konsequenz gezogen, daß er weiter im Parlament bleibe und die Partei könne ihn nicht daran hindern. Sie habe zwar versucht es zu tun, weil er sich ja verpflichtet hätte. Ein anderer, Erwin Scharf, der vor langer Zeit ausgeschieden sei, habe sich dieser Disziplin unterworfen und sei, als er aus der Sozialistischen Partei ausgeschieden sei, nicht Mitglied des Parlamentes geblieben. Es sei also nicht so, daß der Klubzwang etwas absolut Bindendes sei. Auch habe seine Partei in ihren Statuten die Bestimmung, daß "dort, wo eine Gewissensbelastung angenommen wird, entweder die Stimme dagegen oder die Enthaltung möglich ist". Er habe selbst in mehreren Fällen davon Gebrauch gemacht. Er habe seinem Klub mitgeteilt, „in diesem oder jenem Fall möchte ich nicht dafür stimmen, enthebt mich". In den meisten Fällen sei es ihm gestattet worden, sich der Stimme zu enthalten, ja es habe eine Reihe von Abstimmungen gegeben, in denen der Klubzwang überhaupt aufgehoben worden sei. Prof. Gschnitzer und er hätten ihre beiden Klubs „dazu gezwungen" – es sei eine gemeinsame Aktion gewesen – bei der Frage der Todesstrafe den Klubzwang aufzuheben. Es sei also nicht so, daß der Klubzwang unter allen Umständen verpflichtend sei.Was die Aufnahme in die Parteien betreffe, so sei an sich zwar jede Partei bereit, jeden aufzunehmen, der sich zu den Grundsätzen dieser Partei bekenne. Aber das könne nicht dazu führen, daß „jeder hineingeht und sucht die Partei von innen umzugestalten". Die Unterwanderung, die alle sehr bitter erlebt hätten, müsse eine demokratische Partei von sich abhalten können. Es sei demokratisch von ihr, daß sie diese Unterwanderung abhalten könne. Die Glaubwürdigkeit einer Erklärung müsse doch dem überlassen bleiben, der sie anzunehmen habe. Das müsse einer Partei überlassen bleiben, wenn man nicht wolle, daß sie von innen zersetzt werde. Gerade das hätte man doch deutlich – vielleicht weniger in Österreich als im Deutschland der Weimarer Republik – erlebt, wie die Parteien von innen zersetzt worden seien. Persönlich sei er weiter der Meinung, daß man Parteien nicht aus öffentlichen Mitteln finanzieren soll, aber er glaube nicht, „daß es richtig wäre, den Parteien zuviele reglementäre Vorschriften zu machen.

Hofrat Lora stellte zur Frage der freien Mandatsausübung fest, daß nach der gegenwärtigen Auslegung der Verfassung, diese als verfassungsgesetzlich gewährleistetes Recht – sogar ausgedehnt auf Gemeindemandatare – anzusprechen sei. Er könne RA Rosenzweig nicht folgen, daß diese Garantie ganz so bedeutungslos sei, wie er dargestellt habe. Derjenige, der damals von der Partei ausgeschlossen worden sei, als der VfGH. seiner Anfechtung keine Folge gegeben habe, der sei „jetzt Bürgermeister in der Provinz". In der Selbstverwaltung habe dieses Prinzip vielleicht doch Bedeutung.

Hofrat Lehne warnte anschließend vor zwei möglichen „großen Fehlhaltungen". Die eine messe an unwirklichen Idealen, stelle sich eine Demokratie ohne Parteien vor oder halte Patronage für schlechthin abschaffbar und die andere sage, „alles, was wirklich ist, ist Recht", d.h. nehme die Gegebenheiten hin, wie sie seien, und sage, das sei alles in Ordnung. Was die Apostrophierung des Satzes „cuius regio, eius religio" anlange, stimme er mehr der Ansicht zu, daß die „Gesamtverteilung" zu berücksichtigen sei und daß es auf eine Untersuchung des Zuwachses ankäme. In der Wohnungsfrage würde er auch nicht unmittelbar meinen, daß nur einer eine bekommen könne, der einer bestimmten Partei angehöre. Aber daß das eine Rolle spiele, sei ein Faktum, das schwer wegzudiskutieren sei, auch durch die Zahlen nicht. Es sei auch denkbar, daß Personen, die einmal, um einen Vorteil zu erlangen, eben die Zugehörigkeit auf sich genommen hätten, dann anders stimmten. Was das freie Mandat anlange, glaube er nicht, daß es sinnlos sei. Abg. Mark habe ja sehr dankenswert darauf hingewiesen auf die schönen Initiativen zu Freigaben der Abstimmung usw. Er glaube, daß „die Position der Herren im Parlament, die so etwas wollen, viel stärker ist, solange das freie Mandat in der Bundesverfassung steht".

Sekt.Chef Loebenstein wies in einem Zwischenruf darauf hin, daß vom prozessualen Standpunkt der Nachweis der politischen Mißbräuche vor den Gerichtshöfen des öffentlichen Rechts sehr schwierig sei. Wenn eine geschickte belangte Behörde vor dem Gerichtshof plädiere, werde der Gerichtshof schwerlich dieses Moment entdecken können. Man werde dann bei Remeduren näher zu besprechen haben, wie man erreichen könne, daß solche Dinge ausgeschaltet werden.

Hofr. Lehne fuhr fort, daß sehr richtig auf das Problem der Unterwanderung hingewiesen worden sei, das besonders kraß in Amerika auftrete. Das sei aber nur die eine Seite der Sache. Andererseits gehöre es natürlich zum Wesen einer demokratischen Partei, daß sie auf dem Prinzip der freien Werbung beruhe. Und wenn sie sich in der Richtung entwickelte, sich abzuschließen und schon grundsätzlich irgendwie Mißtrauen bekunde, wenn es da keine ausreichende Kontrolle gebe, dann sei das von der anderen Seite gefährlich. Er sehe den Schutz vor der

Unterwanderung durchaus ein, aber es gebe auch einen Schutz „vor der Schließung privilegierter Kasten".

Prof. Pfeifer führte aus, daß die Wirksamkeit des Gleichheitsgrundsatzes verbessert werden könnte, wenn man den gegenwärtigen Art. 3 des Staatsgrundgesetzes ergänze. Im Gesetz über die Grundrechte des deutschen Volkes, das die Frankfurter Nationalversammlung beschlossen habe, hätte dieser Satz ein Wort mehr gehabt. Er habe nämlich gelautet: „Ist für alle Befähigten gleich zugänglich". Hier sei also ein sachliches Moment hineingekommen, das in Art. 3 StGG. ganz fehle, aber doch wesentlich sei. Man habe ja schon wiederholt versucht, das ganze Ernennungs- und Besetzungsverfahren neu zu regeln und irgendwie unter Kontrolle zu stellen, indem man die Posten ausgeschrieben habe, um zu wissen, wer sich bewerbe und zum Schluß bekannt gegeben habe, wer sie bekommen habe. Ein weiteres, was zu dem Grundsatz der Gleichheit vor dem Gesetz zu sagen sei, wäre folgendes: Wenn die Begründung überall gegeben werden müßte, würde die Sache wesentlich verbessert werden, aber das sei im Augenblick nach dem Dienstrechtsverfahren im Gegenteil ausgeschlossen. Es müßten überhaupt bei Akten des freien Ermessens – ein besonders typisches Beispiel sei die Besetzung von Dienstposten [und] die Ernennungen – irgendwie die Gründe angeführt werden, warum von mehreren dieser Eine bevorzugt wurde; das werde auch einen gewissen Schutz gegen die Ämterpatronage bieten. Ein weiteres Moment, auf das er hinweisen wolle, liege in den Koalitionsvereinbarungen, denn man dürfe die Augen davor nicht verschließen, daß die Koalitionsvereinbarungen selbst zum Teil verfassungswidrige Bestimmungen über die Vergebung gewisser Stellen und Posten enthielten und es sei von Merkl und anderen und auch von ihm darauf hingewiesen worden, daß diese Bestimmungen der Koalitionsvereinbarung verfassungswidrig seien. Hier stoße man an ein anderes Problem, nämlich daß augenblicklich solche Koalitionsvereinbarungen der Kontrolle des VfGH. nicht unterlägen. Es sei ein erwägenswertes Problem, ob nicht – ebenso wie die Staatsverträge – eines Tages Koalitionsvereinbarungen irgendwie auf ihre Verfassungsmäßigkeit hin geprüft werden können sollten. Bei der Frage der Rechtsstellung des Abgeordneten (Prinzip des freien Mandates) sei auch die Frage der Aufstellung der Wahlwerber zu berücksichtigen. Das sei eine entscheidende Frage in der Demokratie und speziell in der parlamentarischen Demokratie, die in Österreich einer gesetzlichen Regelung überhaupt noch nicht zugeführt sei, während sie in anderen Staaten gesetzlich geregelt sei. Z.B. gelte in Deutschland bei der Aufstellung der Kreiswahlvorschläge die Vorschrift, daß sie entweder von einer Wählerversammlung oder von einer Delegiertenversammlung gewählt sein müßten. Es sei ausdrücklich ausgeschlossen, daß etwa bloß ein Parteivorstand bestimmen könne, wer als Kandidat aufgestellt werde. Wenn in dieser Hinsicht eine Änderung herbeigeführt werde, werde natürlich die Position des einen, der hier aus Überzeugung gegen etwas gewesen sei und jetzt sozusagen strafweise nicht mehr aufgestellt werde, wesentlich anders sein. Wenn hier also auch demokratische Voraussetzungen geschaffen würden, würde die Situation wesentlich verbessert werden. Dieses Problem sei mit dem der Demokratisierung des Parteilebens von innen heraus auf's innigste verknüpft. Es sei ungeheuer wichtig, daß die Demokratie eben nicht in eine Oligarchie weniger Parteiführer ende, sondern daß doch zumindest, wenn schon nicht alle Wähler sich daran beteiligten, wenigstens alle, die dieser Partei angehören, hier ein Wort mitsprechen können.

Sekt.Chef Loebenstein schlug abschließend vor, die Umfrage über diesen Diskussionsgegenstand für die nächste Sitzung zu formulieren und dann zur Diskussion zu stellen, weil bereits sehr viele Teilnehmer vorzeitig aufgebrochen seien. Die nächste Sitzung werde am Mittwoch, den 2. Juni, abgehalten. Er würde ferner vorschlagen, im Sept. einen Termin am 17. zu machen. Abschließend dankte er den Herren für die rege Anteilnahme und schloß damit die Tagung.

Protokoll über die am Mittwoch, den 2. Juni 1965 im Bundeskanzleramt abgehaltene 6. Arbeitstagung des Expertenkollegiums für Probleme der Grund- und Freiheitsrechte

Vorsitzender:	Bundeskanzler Dr. Josef Klaus.
Berichterstatter:	Sektionschef Dr. Edwin Loebenstein.
Teilnehmer:	Rechtsanwalt Dr. Hans Beck; Rechtsanwalt Dr. Armin Dietrich, Präsident der Rechtsanwaltskammer für Kärnten; Univ.Prof. Dr. Hans Floretta, Kammeramtsdirektor der Kammer für Arbeiter und Angestellte in Salzburg; Hofrat der oberösterreichischen Landesregierung Landtagsdirektor Alfred Kaltenberger; Univ.Prof. Dr. Hans Klecatsky; Parl.Rat Alfred Kobzina; Abgeordneter zum Nationalrat Dr. Karl Kummer; Hofrat des Verwaltungsgerichtshofes Dr. Friedrich Lehne; Univ.Prof. Dr. René Marcic; Abgeordneter zum Nationalrat Rechtsanwalt Dr. Alexander Nemecz; Univ.Prof. Dr. Helfried Pfeifer; Sektionsrat Dr. Kurt Ringhofer; Rechtsanwalt Dr. Wilhelm Rosenzweig, Mitglied des Verfassungsgerichtshofes; Univ.Prof. Dr. Robert Walter; Min.Rat Dr. Hans Weiler; Univ.Prof. Dr. Leopold Werner, Senatspräsident des Verwaltungsgerichtshofes, Mitglied des Verfassungsgerichtshofes; Univ.Prof. Dr. Günther Winkler.
Entschuldigt:	Univ.Prof. Dr. Felix Ermacora; Prok.Koär. Dr. Michael Graff; Mitglied des Bundesrates Leopold Gratz; Staatssekretär a.D. Univ.Prof. Dr. Franz Gschnitzer Mitglied des Bundesrates;

Hofrat der Kärntner Landesregierung Dr. Helmuth Lora;
Abgeordneter zum Nationalrat Karl Mark;
Abgeordneter zum Nationalrat Dr. Emil van Tongel.

I.

Zu Beginn der Tagung begrüßte *Bundeskanzler Dr. Klaus* als Vorsitzender die Tagungsteilnehmer und dankte den Teilnehmern für die „großartige Arbeit", die sie zusammen mit dem BKA leisteten.

Sektionschef Loebenstein brachte zunächst in Erinnerung, daß der Freitag, 17. September zur Fortsetzung der Beratungen vereinbart sei und suchte, den nächsten Oktobertermin unter Abstimmung der Verpflichtungen der Tagungsteilnehmer, inbes. unter Berücksichtigung der Session des VerfGH. und anderer wichtiger Termine festzulegen. Es wurde vorläufig beschlossen, den 29. Oktober als fix anzunehmen und – noch im Laufe der Tagung – über die Einschiebung eines weiteren Termines am 1. Oktober zu entscheiden. Anschließend gab Sektionschef Loebenstein die Namen der Herren bekannt, die sich entschuldigt hatten.

In die Tagesordnung eingehend erinnerte Sektionschef Loebenstein, daß das Expertenkollegium in der letzten Tagung „die Veränderungen in der Struktur der politischen Kräfte und deren Verhältnis zueinander und im Zusammenhang damit die Entwicklung zur Parteiendemokratie" diskutiert habe. Die Wortmeldungen zu diesem Thema seien erschöpft, sodaß zu einer diesbezüglichen Umfrage geschritten werden könnte.

Auf eine ausdrückliche Einladung zur Wortmeldung erklärte *keiner der Tagungsteilnehmer*, weitere Stellungnahmen abgeben zu wollen.

Sektionschef Loebenstein formulierte hierauf folgende Umfrage:

„Machen die Gegebenheiten der Parteiendemokratie, insbes. auch die Abschwächung des Gewaltenteilungsprinzips, sowie die Struktur der heutigen politischen Parteien besondere Maßnahmen auf dem Gebiete der Grundrechte erforderlich?"

Sämtliche Tagungsteilnehmer bejahten diese Frage ohne irgendwelchen Vorbehalt.

Während der Umfrage erschien – sich wegen der Verspätung entschuldigend – *Parl.Rat Kobzina* und gab an, zum gegenständlichen Thema noch eine Äußerung abgeben zu wollen. Dies wurde nach kurzer Geschäftsordnungsdebatte über eine allfällige Unterbrechung der Umfrage zugelassen.

Parl.Rat Kobzina wies in seiner anschließenden Äußerung vor allem auf die Bedeutung des im Arbeitsübereinkommen vom 29.3.1963 festgelegten Proporzes zwischen den Regierungsparteien „bei der Besetzung von Leitungsfunktionen" hin. Parl.Rat Kobzina machte in diesem Zusammenhang auf folgende Normen aufmerksam, in denen „ein Vorbehalt gewisser staatlicher Funktionen für einen bestimmten Personenkreis nach einem vereinbarten Parteischlüssel“ involviert sei: „Auf § 6 Abs. 1 des Bundesgesetzes vom 22. Juli 1959, BGBl. Nr. 173, mit dem der Wirkungskreis der Bundesregierung und der Bundesministerien hinsichtlich verstaatlichter Unternehmen neu bestimmt wird, auf § 3 Abs. 2 des Bundesgesetzes vom 21.3.1962, BGBl. Nr. 94, über die Rekonstruktion der Austrian Airlines, auf § 7 Abs. 2 des ERP-Fonds-Gesetzes, BGBl. Nr. 207/1962, und last not least auf § 7 Abs. 1 der Satzung der österreichischen Rundfunk GesmbH“. Der in diesen Normen ausgesprochene Vorbehalt widerspreche den Art. 2 und 3 des Staatsgrundgesetzes über die allgemeinen Rechte der Staatsbürger vom 21. Dezember 1867. Auch die Bestellung dieser Organe habe „ohne Beachtung irgendeiner Parteizugehörigkeit oder eines Proporzes zu erfolgen“. Dabei sei eine Verletzung des Gleichheitssatzes – der normativen Ausprägung des Rechtsstaatsprinzips – besonders schwerwiegend, weil man „in ihm jene Rechtstechnik verletze, die der politischen Freiheit Inhalt und Halt“ gebe (Adolf Merkl).

Im Anschluß an diese Äußerung des Parl.Rates Kobzina entspann sich eine Debatte darüber, ob über diesen Gegenstand die Diskussion wiedereröffnet oder auf den Zeitpunkt der Behandlung des betreffenden Grundrechtes verschoben werden sollte.

Sektionschef Loebenstein berichtete, daß man über das von Parl.Rat Kobzina angeschnittene Problem schon in verschiedenen Zusammenhängen diskutiert habe und daß es – vorausgesetzt, daß die Tagungsteilnehmer derselben Meinung seien – nicht ratsam scheine, die Diskussion darüber im gegenwärtigen Zeitpunkt erneut zu eröffnen.

RA Rosenzweig spricht sich gleichfalls in diesem Sinne aus und erinnerte an seine bekannte abweichende Meinung.

RA Beck stellte zur Diskussion, ob über allgemeine Abhilfen – außerhalb der einzelnen Grundrechte – schon im gegenwärtigen Zeitpunkt gesprochen werden sollte.

Dazu wiederholte *Prof. Pfeifer* seinen bereits vorgebrachten Vorschlag einer Ausdehnung der Zuständigkeit des VerfGH. auf die Prüfung „derartiger Vereinbarungen“.

Sektionschef Loebenstein wies erneut darauf hin, daß gleichartige Bemerkungen schon in der abgeführten Diskussion vorgebracht worden seien und man über “Abhilfen“ im Sinne der Äußerung RA Becks im Zusammenhang mit den einzelnen Kapiteln des Fragenprogramms diskutieren müsse.

RA Beck verallgemeinerte sein Vorbringen darauf hin in der Weise, daß man gesondert über den Mißbrauch der politischen Macht diskutieren müßte.

Sektionschef Loebenstein trat dem mit dem Geschäftsordnungshinweis entgegen, daß dieses – sehr interessante – Thema für die gegenständliche Grundrechtsdebatte zu weitgespannt sei.

RA Beck wies auf grundrechtliche Auswirkungen seines Vorbringens, z.B. hinsichtlich der gleichen Zugänglichkeit der Ämter, der Vergabe von Wohnung und nichtstaatlicher Ämter hin.

Parl.Rat Kobzina wies darauf hin, daß er mit seinem Beitrag an sich nicht eine neuerliche Diskussion entfachen wollte, sondern diesen Beitrag noch vor der abgehaltenen Umfrage – als nach seiner Auffassung für den Gegenstand wesentlichen Aspekt – deponieren wollte.

Auch *Prof. Winkler* machte neuerlich darauf aufmerksam, daß über das Thema des Beitrages von Parl.Rat Kobzina und RA Beck bereits diskutiert worden sei und daß ein neuerliches Eingehen in die Debatte – das auch die Gegenmeinung Dr. Rosenzweigs berücksichtigen müßte – jetzt nicht erforderlich sei.

Sektionschef Loebenstein schloß daraufhin die Debatte über den Beitrag von Parl.Rat Kobzina, indem er ihn zur Behandlung bei den einzelnen jeweils sachlich einschlägigen Punkten vorbehielt. Der Beitrag RA Becks müßte auf die Probleme der Grund- und Freiheitsrechte hin eingeschränkt werden und andere Fragen wie etwa der Staatsorganisation ausschließen.

II.

Sektionschef Loebenstein ging sodann zur Behandlung des Tagesordnungspunktes „wehrhafte Demokratie“ (B1 letzter Punkt des Fragenprogrammes) über, indem er einleitend über diese Begriffsbildung berichtete. Vor allem sei mit dem Begriff „wehrhafte Demokratie“ eine Wertung dieser Staatsform verbunden, analog etwa wie mit dem Begriff des „materiellen Rechtsstaates“ die Wertbezogenheit betont werden sollte. Konkreter gesprochen sei damit ein System von Schutzbestimmung[en] gegen demokratiefeindliche Bestrebungen von Einzelnen oder Gruppen gemeint, wie z.B. Verlust oder Suspendierung von Grund- (politischen) Rechten. Weiters könnten darunter Ermächtigungen subsumiert werden, die Grundrechte zu gewissen Notzeiten generell zu suspendieren, wobei an den ehemaligen Art. 20 des Staatsgrundgesetzes über die allgemeinen Rechte der Staatsbürger und das dazu erflossene Ausführungsgesetz vom 5.5.1869, RGBl. Nr. 66, zu erinnern sei (vgl. auch die bezügliche VO. des Gesamtministeriums Nr. 158/1914). Aber auch in grunddemokratischen Verfassungen, wie jenen der USA, der Schweiz und des Kelsenschen Vorentwurfes zu unserer Bundesverfassung seien derartige Normen enthalten. Wollte man ein derartiges „Staatsnotstandsrecht“ – der Ausdruck sei an sich abzulehnen – inartikulieren, müßten Voraussetzungen, Schranken, Kompetenzen und Kontrollmöglichkeit aufs genaueste untersucht und festgelegt werden, um Mißbräuche hintanzuhalten. Abschließend wies Sektionschef Loebenstein erneut auf den bes. von Kägi herausgestellten Zusammenhang der Begriffe Rechtsstaat im materiellen Sinne und dem zur Debatte stehenden Begriff hin.

Prof. Marcic wies in seinem Diskussionsbeitrag zunächst darauf hin, daß das zur Debatte gestellte Thema der typische Fall einer "offenen Frage" sei, bei der es immer Argumente pro und contra geben werde, und eine Einigung auch im Kreise der Tagungsteilnehmer schwer zu erzielen sein dürfte. Man könne über „wehrhafte Demokratie" zunächst überhaupt nur diskutieren, wenn man von der Voraussetzung einer wertgebundenen Demokratie und nicht von einer relativistisch verstandenen ausgehe. Die historische Entwicklung sei so verlaufen, daß die Demokratie in einer Zeit des Kampfes um ihre Etablierung keinerlei Beschränkungen theoretischer Art unterworfen wurde. Heute sei die Demokratie dagegen keine Kampfform gegen den Obrigkeitsstaat mehr und habe daher ein Interesse daran, sich selbst und ihre Wertordnung vor Umstürzungen zu schützen. Dieser Gedanke sei in der Ideengeschichte der Demokratie schon sehr alt, als ein frühes Beispiel seiner Institutionalisierung nannte Prof. Marcic die Art. 17 und 35 der Salzburger Landesverfassung von 1921. Die Probleme der „wehrhaften Demokratie" lägen allerdings nicht so sehr in dieser Wertung und in der ihr entsprechenden Institutionengarantie, sondern in der Frage allfälliger Grundrechtsbeschränkungen. Prof. Marcic nannte als Grund dieser Schwierigkeiten die Diskrepanz philosophischer und metaphysischer Konzeptionen über die Natur des Menschen und die Wahrheit. „Optimistische" Auffassungen, die davon ausgingen, daß sich – infolge der wesenhaften Güte des Menschen – Freiheit und Wahrheit in freiem Spiel der Kräfte am besten durchsetzten, seien grundsätzlich gegen jede Einschränkung der Grundrechte, weil dadurch nur die Gefahr des Mißbrauches der Staatsgewalt (zur Beschränkung der persönlichen Freiheit) institutionalisiert würde. (Diese Auffassungen seien auch im Lager der christlichen und katholischen Rechts- und Staatsphilosophie vertreten.) Die „pessimistischen" Auffassungen, die von der „natürlichen" Schlechtigkeit des Menschen ausgingen und in der Überzahl seien, müssen natürlich zum Schutze jeder beliebigen Staatsform (auch der freiheitlichen) Beschränkungen der individuellen Freiheiten institutionalisieren. Für einen Rechtsphilosophen auf katholischer Basis ergäbe sich die Zulässigkeit gewisser Beschränkungen der Grundrechte aus der in der Demokratie – als offener Ordnung – stets bestehenden Gefahr der Auseinandersetzungen „auf der Straße", d.h. vor parakonstitutionellen und außerrechtlichen Foren. Um dieser Gefahr zu begegnen und den Selbstschutz des Rechtes und der Demokratie – der unabdingbar sei – zu gewährleisten, müsse die richterliche Gewalt über Grundrechtsmißbräuche absprechen können. Nur die richterliche Funktion gewährleiste nach Auffassung von Prof. Marcic auf Grund der traditionellen Geisteshaltung und politischen Neutralität, daß „gewisse Bewegungen, die die Freiheit bedrohen, verhindert“ und zugleich im Zweifel immer „pro libertate“ entschieden werde.

Prof. Winkler hob zunächst hervor, daß die Frage nach der wehrhaften Demokratie richtigerweise im Zusammenhang gestellt werde mit der Frage der wertgebundenen Demokratie, ein Problem, das er nicht von einem idealen Standpunkt, sondern im Wege einer – auch historischen – Verfassungsvergleichung erörtern wolle. Er gehe von der bekannten rechtstheoretischen Auffassung Kelsens aus, daß das Recht jeden beliebigen Inhalt haben könne. Diese Aussage sei – besonders im Zusammenhang mit der Kelsen´schen Grundnorm – für jeden Juristen, der mit dem positiven Recht zu tun habe, deshalb höchst beunruhigend, weil man dadurch auf eine „ganz formalistische und inhaltsentleerte Formel der Legitimierung der Macht“ komme. In einer rechtsvergleichenden Sicht über die Jahrhunderte oder gar Jahrtausende menschlicher Rechtsgeschichte scheine sich der Satz Kelsens an der Mannigfaltigkeit der verschiedenen Rechtsinhalte zu bewahrheiten. Diese Sicht sei aber nicht für eine in den Determinanten einer bestimmten historischen Situation geltenden Ordnung zutreffend. Hier gebe es keinen „beliebigen“ Rechtsinhalt, sondern schon die rein soziologischen Bezüge setzten der Rechtsgestaltung enge Grenzen, die nur durch Terror, Zwang, Revolution u.ä. überschritten werden könnten. Ein weiterer Gesichtspunkt für das angeschnittene Thema sei die Frage nach der Möglichkeit einer grenzenlosen „Offenheit“ der Rechtsordnung. In dieser Hinsicht sei das Thema dem Problem der rechtlichen Erlaubtheit des Selbstmordes (Versuch, Beihilfe) vergleichbar. Sei die Demokratie eine Ordnung, die ihre eigene Zerstörung zulasse, ja mehr noch, rechtlich schütze und sanktioniere? Als handgreifliches Beispiel für die Fragestellung stehe die historische Entwicklung der Weimarer Republik zum totalitären Regime deutlich vor Augen. In der Literatur der frühen Dreißigerjahre seien die totalitären Kräfte offen mit dem Ziel aufgetreten, die demokratische Staatsform nur zur „Machtübernahme“ zu benutzen, d.h., sie nach Erreichung der “demokratischen“ Mehrheit ein für alle Mal abzuschaffen, zugunsten einer totalitären Machtordnung, in der auch der Einzelne – als solcher – keinen Bestand mehr haben sollte. Außer dieser Lehrmeinung habe es auch Staatsrechtler gegeben, die nicht einmal die formale Legitimation gesucht hätten, sondern ganz offen von einer revolutionären Abschaffung der Demokratie sprachen. Auch hiergegen müßte sich natürlich das System einer wehrhaften Demokratie bewähren.

Wenn man dieses Problem allerdings vom Grundsätzlichen her betrachte, so müsse man erkennen, daß die Frage der Suspendierung von Grundrechten nur ein Teilaspekt desselben sein könne und daß er daher in dieser Phase der Diskussion zu dieser Frage nicht Stellung nehmen werde. Das grundsätzliche Problem sei vielmehr, ob eine Verfassung „eine Legitimierung für ihr Gegenteil“ sei, oder aber, – wie er meine – eine klare Grenze für die kontinuierliche und weitere Legitimierung anderer Konzepte setze, sodaß „der Revolutionär als Revolutionär in Erscheinung zu treten verpflichtet ist“ und seine Maßnahmen nicht aus einem demokratischen Konzept her rechtfertigen könne. Der Formel einer relativistischen und inhaltsleeren Demokratie könne sich jeder Machtlüsterne bedienen, um eine scheinbare Legitimierung vor der Geschichte und vor allem vor der Öffentlichkeit (Bevölkerung) zu haben. Wenn auch die „Gesamtänderung“ der Verfassung (in ein totalitäres Regime) keine Sanktion habe und Revolutionen, letzten Endes, durch die Formen des Rechts nicht verhindert werden könnten, so soll die Verfassung nicht selbst die Rechtfertigung für Revolutionen abgeben und daher die Unabänderlichkeit – oder der Wert derselben – in der Verfassung selbst begründet sein.

Das sei freilich nur das Grundsätzliche. Über Details des Verfassungsschutzes müsse man auf Grund konkreter Sachkenntnis sprechen. Deshalb gäbe er auch über das Problem des Mc-Carthyismus an dieser Stelle kein Urteil ab. Aber nur, wenn man die grundsätzliche Frage der Bestandsgarantie des Verfassungsgefüges bejahe, könne man über die konkreten Auswirkungen, etwa der Suspendierung von Grundrechten in kriegszustandsähnlichen Situationen und anderen Notstandslagen politischer Art diskutieren.

Parl.Rat Kobzina wies zunächst darauf hin, daß der Gedanke des Schutzes der Verfassung gegen Umbrüche zu fast allen Zeiten den Gesetzgeber beschäftigt habe und gab als frühe Beispiele für derartige Bestimmungen Art. 92 der franz. Konsulatsverfassung vom 13.12.1799 und Art. 1 Abschn. 9 Abs. 2 der amerikanischen Bundesverfassung von 1787 an. Auch die österr. Verfassungsgeschichte kenne seit dem Kremsierer Entwurf das Institut des Belagerungszustandes und damit im Zusammenhang die Suspension der Grundrechte. Eine geradezu vorbildliche Regelung sei Art. 20 des Staatsgrundgesetzes vom 21.12.1867 und das damit zusammenhängende Ausführungsgesetz vom 5.5.1869, RGBl. Nr. 66 gewesen, das Rechtssicherheit in weit höherem Maße garantiert habe als etwa der so moderne Art. 18 des Bonner Grundgesetzes. Denn in dem zit. Art. 20 StGG. seien die Ausnahmeverfügungen und ihre Wirkungen inhaltlich genau umschrieben gewesen und ebenso die Voraussetzungen, unter denen sie angeordnet werden durften. Ein Anhang habe die strafbaren Handlungen taxativ aufgezählt, auf welche eine inhaltlich durch Gesetz genau begrenzte Suspension von Grundrechten Anwendung finden sollte. Die vom Gesamtministerium zu treffende und zu publizierende Verfügung mußte – bei sonstigem Erlöschen – dem Reichsrat bei seinem nächsten Zusammentritt unter Darlegung der Gründe der Ausnahmeverfügung vorgelegt und die Beschlußfassung des Reichsrates eingeholt werden. Auch der schon erwähnte Vorentwurf zur Bundesverfassung von 1920 nehme sich in einer analogen Bestimmung Art. 20 StGG. zum Vorbild. Daß diese Regelung ebenso wie der Art. 20 StGG. nicht ins geltende Bundesverfassungsrecht aufgenommen worden ist, sei nach Parl.Rat Kobzina deshalb wohlbegründet, weil sie ihrer Natur nach wohl in die monarchische Ordnung – die sie vor Umsturz von unten bewahren sollten – nicht aber in eine demokratische Ordnung, wo andere Regeln herrschten, gehörten. Schon Kelsen habe darauf hingewiesen, daß die republikanische Verfassung mit ihren Grundrechten, insbes. der freien Meinungsäußerung und der Freiheit der Wissenschaft und ihrer Lehre, den Kampf gegen sich selber rechtlich garantiere. Auch Hans Huber sage: „Dem Rechtsstaat ist der glatte Sieg der Staatsraison im innersten zuwider." Anschließend zitierte Parl.Rat Kobzina die bekannte Stelle aus Kelsens „Allgemeiner Staatslehre", in der das sogenannte Staatsnotrecht als „politisch-naturrechtliches Raisonement" des jeweiligen Machthabers bezeichnet wird. Seiner persönlichen Auffassung nach seien Grundrechte ein nicht zu unterschätzendes Hindernis für die Entstehung absolutistischer Tendenzen, während die Möglichkeit der Suspension von Grundrechten sich noch nie als Palatin der Demokratie, sondern im Gegenteil als Möglichkeit ihrer Vernichtung erwiesen hat. Diesbezüglich sei an das Beispiel der Weimarer Republik und Österreichs erster Republik zu erinnern. Die Gefahr der Zerstörung einer Rechtsordnung „von oben" sei viel höher zu bewerten und gegen diese Gefahr sei das Widerstandsrecht gerichtet, dessen Kodifikation allerdings nicht anzustreben sei. Es sei auch nicht richtig, daß man bei einer „pessimistischen" Auffassung vom Menschen im Sinne der Ausführungen des Prof. Marcic dem Staat Vollmachten geben müsse (gegen einen allfälligen Grundrechtsmißbrauch); viel eher müsse man nach einer solchen Auffassung gegen die Einräumung solcher Vollmachten sein, weil diese ja noch viel mehr Anlaß zu Mißtrauen gegenüber den staatlichen Organen böten, denen sie eine allzuleichte Handhabe für Machtmißbrauch gewährten.

Sektionschef Loebenstein führte hierauf – in Ergänzung seiner einleitenden Ausführungen – als eine moderne einschlägige Bestimmung noch Art. 15 der Europ. Menschenrechtskonvention an, wonach im Falle eines Krieges oder anderen öffentlichen Notstandes gewisse Grundrechte außer Kraft gesetzt werden können.

RA Beck wies einleitend darauf hin, daß die Frage der „Wertgeladenheit" der Grundrechte und der Rechtsordnung einer typischen „Anti-Haltung", nämlich im Verhältnis zu den totalitären Staatsordnungen, entspringe. Die Reaktion auf diese Staatsform sei freilich in Deutschland und Österreich verschieden gewesen: Das Grundgesetz habe man als eine wertgeladene Verfassung konstruiert – einer der wesentlichsten Schritte in der Rechtsentwicklung überhaupt – während man sich in Österreich mit einer Restauration der Kelsenschen Verfassung – einer wertfreien Verfassung nach Art der Weimarer Reichsverfassung – zufrieden gegeben habe. Das Grundgesetz sei aber nicht primär wertorientiert, sondern eben typisch

„anti“, d.h. im Gegensatz zu anderen Staatsordnungen, vor allem der Weimarer Republik, dem Nationalsozialismus und – neuerdings – dem Kommunismus. Den Übergang zu einer positiven Haltung stelle die Auffassung dar, daß das Grundgesetz selbst an ein übergeordnetes Prinzip, das durch den Ausdruck „Menschenwürde“ bezeichnet werde, gebunden sei. Auch in der österr. Rechtswissenschaft sei ein Fortschritt zu einer wertbezogenen Rechtsauffassung wahrnehmbar „und zwar bezeichnender Weise durch die Untersuchungen von drei Kommissionsmitgliedern“. Prof. Ermacora knüpfte noch an das deutsche Vorbild an, indem er die Menschenwürde als „materielle Grundnorm“ des österr. Rechtsstaates bezeichnete; Prof. Walter (in: Heft 7 Jahrgang 1965 der ÖJZ) spreche davon, daß in der verfassungsrechtlichen Grundordnung die grundlegende Rechtsüberzeugung der Gemeinschaft zum Ausdruck komme; einen entscheidenden Beitrag in dieser Entwicklung stelle schließlich Sektionsrat Ringhofers Referat „Die vollziehende Gewalt im Rechtsstaat“ (Tagung der österr. Juristenkommission, Weissenbach/Attersee 1965) dar, in dem er von einer grundlegenden Entscheidung für den Primat des Menschen vor dem Staat gesprochen und als den grundlegenden Wert der staatlichen Ordnung die Freiheit des Individuums bezeichnet habe. Ähnliches klinge auch schon im Art. 2 GG (freie Entfaltung der Persönlichkeit) an. Freilich müsse man den Wert, den der Mensch verkörpere, noch näher umgrenzen, damit nicht eine Leerformel zugrundegelegt werde. Aber immerhin sei die Bewegung in Richtung auf eine positive inhaltserfüllte Rechtsauffassung und damit die Abwendung von der Reinen Rechtslehre schon deutlich wahrnehmbar. Zwar seien die rechtstechnischen Errungenschaften, die unsere Rechtsordnung, insbes. das B.-VG. der Lehre Kelsens verdankten, unbestritten, aber von der rein formalen Rechtsauffassung habe man sich zurecht abgewandt. Übrigens scheine auch Kelsen die letzten Konsequenzen seines Formalismus abschwächen zu wollen, was aus gewissen Diskrepanzen zwischen der 1. und 2. Auflage der reinen Rechtslehre hervorgehe. Eine weitere Frage sei die nach der Möglichkeit der Suspendierung der Grundrechte, die das GG. ebensowenig kenne wie das B.-VG. RA Beck erklärte sich gegen diese Möglichkeit. Auch die „Verwirkung der Grundrechte“ nach Art. 18 GG., die als eine „Entpolitisierung“ gedacht sei, könne er nicht unbedingt unterstützen, da sich diese Institution noch nicht bewährt hat. (Ein einziger Fall vor dem Bundesverfassungsgericht sei eingestellt worden.) Noch weniger könne er ein „Parteienprivileg“ im Sinne des Art. 21 Abs. 2 GG. bejahen, wohl aber das "Grundprinzip, welches im GG. enthalten ist, die Sicherung der Freiheit durch Abstriche von den individuellen Grundrechten und Grundfreiheiten“. Dies könne man auch die „Schranken der Grundrechte“ nennen. Am Beispiel der Pressefreiheit erläuterte RA Beck, worin das Wesen seiner Auffassung liege: Dem möglichen Mißbrauch der Pressefreiheit könne man durch Zensur begegnen oder indem man die Pressefreiheit schon so umgrenzt, daß schon aus dem Grundrecht hervorgeht, was als „Mißbrauch“ der Pressefreiheit zu bezeichnen wäre. Die Zensur – die dem Staatsnotrecht entspreche – sei ebenso abzulehnen wie eine Verwirkensbestimmung; das geeignete Mittel sei, entsprechende Schranken der Pressefreiheit zu finden, also etwa die Möglichkeit, „im Verwaltungsweg eine Zeitung einzustellen“ oder Rechte des Einzelnen gegen den Mißbrauch der Presse festzulegen. Das müsse noch bei der Formulierung der Grundrechte bzw. ihrer „Ausführungsbestimmungen“ besprochen werden. Jetzt sei es aber schon notwendig, festzuhalten, daß „die Demokratie auf einen Grundwert (nicht eine Grundwertvorstellung) hin gerichtet“ sei, der der Grundrechtsordnung als „das Absolute“ vorgegeben sein muß.

Sektionschef Loebenstein suchte hierauf in einer kurzen Wechselrede mit RA Beck zu klären, ob es hiernach seine Auffassung sei, der Gedanke der wehrhaften Demokratie solle nicht in einer allgemeinen Formel, sondern in speziellen Grundrechtsvorbehalten zum Ausdruck kommen.

RA Beck präzisierte daraufhin seine Auffassung in die Richtung, daß er sowohl an eine allgemeine Formel – die den Grundwert der Demokratie zum Ausdruck bringen sollte – als auch an spezielle Grundrechtsschranken gedacht habe.

RA Rosenzweig stellte zunächst fest, daß die Kelsensche Feststellung „Das Recht kann jeden beliebigen Inhalt haben“ nicht dahin mißverstanden werden darf, daß das positive Recht nicht inhaltlich von bestimmten Wertvorstellungen (des Gesetzgebers) beherrscht sei. Auch eine Grundrechtskodifikation solle von bestimmten Wertvorstellungen ausgehen, wobei er der Auffassung sei, daß von der Wertvorstellung auszugehen sei, die Demokratie und die Freiheit sei gegen ihre Vernichtung zu schützen. Dabei sei unter Demokratie das Prinzip der Mehrheitsherrschaft mit voller Garantie der Minderheit – einschließlich der Möglichkeit, einmal Mehrheit zu werden – und die Garantie der Freiheitssphäre des Einzelnen (Grund- und Freiheitsrechte) zu verstehen. Im Rahmen des Schutzes der Grundrechte bzw. der Demokratie überhaupt müsse man unterscheiden den Schutz in äußeren Notlagen (Krieg, Notstand u.ä.), der zu generellen Einschränkungen der Grundrechte nach Art des ehem. Art. 20 StGG. oder des Art. 15 Europäische Menschenrechtskonvention oder zu einem Notverordnungsrecht führen könnte; daneben aber auch den Schutz gegen innere Feinde der Demokratie, die unter Ausnützung ihrer Freiheit diese zu zerstören trachten und gegen die etwa Art. 17 Europäische Konvention und Art. 10 des Staatsvertrages von Wien gerichtet sei. Zur erstgenannten Institution erklärte RA Rosenzweig, daß er jedenfalls gegen Maßnahmen sei, die – nach der Art eines Notverordnungsrechtes – in die Kompetenz (Ermessen!) der Vollziehung fallen würden. Nach seiner Auffassung sollen derartige Maßnahmen nur vom Verfassungsgesetzgeber getroffen werden können (auch Art. 15 Europ. Konvention sei in dieser Richtung auszulegen), wobei er glaube, daß es sich diesfalls nicht um eine „Gesamtänderung der

Bundesverfassung", sondern um „einfaches Verfassungsgesetz" handeln würde. Zur zweitgenannten Institution führte RA Rosenzweig aus, daß sich nach seiner Auffassung aus den erwähnten Normen die verfassungsrechtliche Pflicht (des Gesetzgebers) ergäbe, auf die Sicherung der Grund- und Freiheitsrechte – etwa auch durch Maßnahmen gegen die Propagierung antidemokratischer Auffassungen – bedacht zu sein. Wenn man sich zur Institutionalisierung derartiger Maßnahmen entschließe, solle man allerdings nicht zu generellen Grundrechtsbeschränkungen greifen, sondern gegen „gewisse Personen" gerichtete Maßnahmen vorsehen. Die tatsächliche Entscheidung solle bei den Gerichten bleiben. Schließlich wies RA Rosenzweig darauf hin, daß in der Tat der Sinn all dieser Schutzeinrichtungen darin läge, den Revolutionär zu zwingen, als solcher aufzutreten. Er glaube allerdings persönlich, daß es in einer echten Demokratie – die ja gerade das System sei, Revolutionen überflüssig zu machen – keine Revolutionen, sondern nur mehr „Reaktionen, d.h. Rückfall in antidemokratische, autokratische, diktatorische Systeme" gäbe.

Sektionschef Loebenstein berichtete hierauf, daß Prof. Kelsen die Protokolle des Expertenkollegiums laufend zugesandt würden und Prof. Kelsen selbst zugesagt habe, zu den wichtigsten der aufgeworfenen Fragen Stellung zu nehmen. Sektionschef Loebenstein wandte sich anschließend gegen die Auffassung RA Rosenzweigs, Art. 17 der Europ. Konvention bedürfe einer einfachgesetzlichen Ausführung; diese Frage müsse erst im einzelnen geprüft werden.

Prof. Pfeifer präzisierte, daß das zur Diskussion stehende Thema drei Fragen aufwerfe: Die „Verwirkung" der Grundrechte (Art. 18 GG.); Die Frage des Parteienverbotes (Art. 21 Abs.2 GG.); und schließlich die generelle Suspendierung der Grundrechte (Art. 20 StGG.). Die Möglichkeit der Verwirkung von Grundrechten sei abzulehnen; diese Einrichtung sei auch nur deshalb ins GG. gekommen, weil dort die Gesetzesvorbehalte der Grundrechte zu dürftig seien. Wenn diese Möglichkeit vorgesehen würde, müßte selbstverständlich das Verfassungsgericht entscheiden. Im Parteienverbot nach der Art des erwähnten Art. 21 GG. sei gegenüber der gegenwärtigen Lage sogar noch ein Fortschritt zu erblicken, weil ja jetzt die Vereinsbehörde über die Auflösung der politischen Parteien zu entscheiden habe. (Prof. Pfeifer wies in diesem Zusammenhang auf die privilegierte Stellung der drei „von den Alliierten zugelassenen Parteien hin); ein Parteiverbot durch Verwaltungsbehörde sei zweifellos grundrechtsgefährdender als durch ein Höchstgericht. Zur Frage der Suspendierung von Grundrechten wies Prof. Pfeifer auf die Gefahren hin, die durch eine Ermächtigung nach Art des Art. 48 Weimarer Verfassung der Demokratie drohten; deshalb habe man ja offenbar auch den ehemaligen Art. 20 des StGG. nicht ins geltende Verfassungsrecht übernommen und nach seiner Meinung sei auch Art. 15 der Europäischen Menschenrechtskonvention nicht unmittelbar anwendbares Recht, sondern müsse durch den Verfassungsgesetzgeber (nach Art. 44 Abs. 2 B.-VG!) vollzogen werden. Das sei aber offenbar im Falle einer akuten Gefahr undurchführbar und irreal. Man müsse sich daher über irgendwelche Notstandsregelungen wohl Gedanken machen, wobei Prof. Pfeifer auf die seit Jahren andauernden diesbezüglichen Diskussionen in der Bundesrepublik Deutschland verwies. Das Wesentliche für diese Regelungen sei, der vollziehenden Gewalt ein „verkleinertes Parlament", d.h. einen parlamentarischen Ausschuß zur Seite zu stellen, etwa nach dem Modell des österreichischen Notverordnungsrechtes (Art. 18 Abs. 3-5 B.-VG.). Ferner sollten nur „im äußersten Notfall" gewisse genau bezeichnete Grundrechte auf kurze Zeit suspendiert werden können. Ohne diese zeitliche Beschränkung sei die Gefahr des Mißbrauches des Instituts – das zeige auch das Beispiel des Art. 20 StGG. in der monarchischen Praxis – noch viel größer. Wenn man also von der erwähnten Möglichkeit der Europäischen Konvention Gebrauch machen wolle, seien noch sehr spezielle verfassungsrechtliche Regelungen notwendig.

Prof. Walter vertrat hierauf die grundsätzliche Auffassung, daß „die wehrhafte Demokratie keine Demokratie mehr sei". Er begründete diese seine These zunächst mit einer Äußerung Kelsens, daß Demokratie nur dann tolerant bleibe, wenn sie „friedliche Äußerungen antidemokratischer Anschauungen nicht unterdrückt". Gerade diese Toleranz mache das Wesen der Demokratie und ihren Unterschied von der Autokratie aus. Allerdings habe auch die demokratische Regierung das Recht, gewaltsame Umstürze bzw. deren Versuche oder Vorbereitung „durch geeignete Mittel zu verhindern". Das bedinge eine klare Grenzlinie zwischen der Verbreitung gewisser Ideen und der Abwehr gegen Umstürze. Das letztere verstünde man aber offenbar nicht unter dem Ausdruck „wehrhafte Demokratie", sondern die Auffassung, daß nur politische Ansichten und Gruppierungen zugelassen werden – auch wenn sie „friedlich" sind -, die sich zur Demokratie bekennen. Das sei aber selbst eine undemokratische Haltung, denn „die Demokratie müsse auch dem Antidemokraten die Möglichkeit geben, tätig zu werden". In dieser Hinsicht sei die österr. Bundesverfassung – mit ihrem Art 44 Abs. 2 B.-VG. – das typische Beispiel einer nicht wehrhaften Demokratie. Jeder könne – wenn er wolle – heute für eine Gesamtänderung der Verfassung, d.h. für eine andere Staatsform als Demokratie eintreten.

In einem Zwischenruf fragte *RA Rosenzweig*, ob Prof. Walter aus den praktischen Erfahrungen mit dieser Auffassung zwischen den beiden Kriegen in Deutschland und Österreich keine Konsequenzen für den Gegenstand der Debatte ziehe.

Prof. Walter erklärte, daß eine Analyse der erwähnten Situationen hier viel zu weit führen würde und für seinen Standpunkt, die Demokratie bedinge die Möglichkeit der demokratischen Änderung, keine Gegenargumente liefere.

Prof. Klecatsky ging in seinen Ausführungen vom Unterschied zwischen Demokratie und Liberalismus aus. Während der Begriff der Demokratie – so umstritten er auch sein möge – Antwort auf die Frage gebe, wer im Staat die Macht haben solle, beziehe sich der Liberalismus auf die Frage nach den Grenzen der Macht. Denn selbstverständlich könne die Freiheit auch bedroht sein, wenn alle oder die Majorität die Macht hätten. Im Rahmen der Grundrechtsreform stünde das Problem der Freiheit im Mittelpunkt; das der Macht nur insoweit, als die Macht – um der Freiheit willen – begrenzt werden solle. Ein weiterer Gesichtspunkt sei in diesem Zusammenhang das Prinzip des Art. 17 Europäische Menschenrechtskonvention. Dieses Prinzip sei keinesfalls eine Ermächtigung an den einfachen Gesetzgeber, Beschränkungen der Grund- und Freiheitsrechte zu verfügen, sondern besage als Selbstverständlichkeit, daß alle Bestimmungen der Konvention – bzw. der österr. Rechtsordnung überhaupt – aufeinander abzustimmen seien, „um die konkrete Norm herauszufinden, die im konkreten Falle die Freiheitssphäre des Menschen" bestimmte. In diesem Sinne würde die Rechtslage nicht anders zu beurteilen sein, wenn der Art. 17 Europ. Konvention nicht gelten würde. Im konkreten sei zu fragen, gegen wen die Formel von der „streitbaren Demokratie" gerichtet sei, d.h. „wen diese Formel vor wem schützen soll". Die Formel wäre sinnlos, wenn dadurch „das Kollektiv" gegen den Einzelnen geschützt werden sollte, weil „das Kollektiv immer stärker ist". Auch wenn dadurch die Majorität vor unmittelbarer Machtanwendung durch die Minorität geschützt werden sollte, sei die Formel überflüssig, weil die österr. Rechtsordnung derartige Machtanwendung schon jetzt verpöne. Das folge vor allem aus Art. 9 des Staatsvertrages von Wien, der den Nationalsozialismus, den Faschismus – diesen im weiteren Sinne verstanden – und paramilitärische Verbände aller Art (nicht nur nationalsozialistische oder faschistische) treffe. Damit seien alle Gefahren ausgeschaltet, die der Demokratie dadurch drohen könnten, daß die Minderheit der Mehrheit ihren Willen gewaltsam aufdränge. Es bleibe die Frage des Schutzes der Minderheit vor der Mehrheit. Diese könne aber nur durch Grund- und Freiheitsrechte, nicht durch Beschränkung derselben erfolgen. Jede Beschränkung derselben durch eine Formel nach der Art des Art. 18 GG. trage den Gedanken der Freiheit zu Grabe.

Hofrat Lehne ging in seinem Diskussionsbeitrag von der Theorie des Kreislaufes der Staatsformen aus und zitierte die These Platos (Politeia, Buch 8, Kap. 14 und 15), daß die Tyrannis aus der Demokratie, „die wildeste Knechtschaft aus der übertriebensten Freiheit", hervorginge. Dieser Satz habe eine gewisse Bestätigung in den Vorgängen zwischen den beiden Weltkriegen gefunden und daher sei die Frage, ob die Demokratie sich selbst verteidigen kann, ohne ihr Wesen aufzugeben, an sich wohl berechtigt. Freilich sei man vom Standpunkt des Relativismus, der glaube, daß nur er Toleranz und nur Toleranz die Demokratie gewährleisten könne, ganz andererAuffassung. Er persönlich glaube zwar, daß die echte Toleranz ganz andere Wurzeln habe, würde aber „alles dafür einsetzen, daß auch die relativistische Meinung vertreten werden könne“ (Voltaire). Aber selbst vom relativistischen Standpunkt aus sei man berechtigt, die Demokratie gegen autoritäre Auffassungen zu verteidigen, weil diese letzteren die Möglichkeit des „peaceful change“ (wie der Diskussion überhaupt) verneinen. Gerade diese Möglichkeit sei aber die Voraussetzung sowohl nach relativistischer wie anderer Auffassungen, die Freiheit des Menschen zu Selbstbestimmung und Selbstverantwortung aufrecht zu erhalten. Daraus folge, daß es eine legitime Selbstverteidigung der Demokratie gäbe, die mit ihrem Wesen vereinbar, ja von dort her gefordert werde. Eine andere Frage sei freilich, welche institutionelle Ausformung dieser Gedanke erfahren sollte. Auch er sei der Auffassung, daß Art. 18 GG. in dieser Hinsicht keine erstrebenswerte Lösung sei. Parteienverbote – durch Gerichte – seien zwar von der Demokratie her gesehen nicht grundsätzlich illegitim, wohl aber in den meisten Fällen (politisch) unklug. Die Ideallösung wäre offenbar eine entsprechend begrenzte Formulierung der Grundrechte, die auch der österreichischen Grundrechtstradition gemäß sei. Eine Beteiligung des Gesetzgebers unter Kontrolle durch die Verfassungsgerichtsbarkeit würde allenfalls vorzusehen sein. All das müßte an Hand der einzelnen Grundrechte konkret methodisch durchberaten werden.

Prof. Winkler führte in Ergänzung seines Diskussionsbeitrages aus, daß man bei Kelsen sehr formale, aber auch politisch inhaltsvolle, geradezu bekenntnishafte Formulierungen finden könne. Seine in der Reinen Rechtslehre niedergelegte Auffassung sei aber eine grundsätzliche rechtstheoretische Konzeption, die Prof. Winkler in ihrer Haltung zur Wertlehre für unrichtig halte. Auch der Reinen Rechtslehre wäre an sich – nach ihrem Ausgangspunkt – eine Wertlehre etwa nach Art der von Viktor Kraft zugänglich und in der zweiten Auflage der Reinen Rechtslehre sehe man ja bereits „zaghafte Ansätze, eine Wertlehre zu versuchen“. Es sei also zweifellos möglich, eine objektive Wertlehre des positiven Rechts zu betreiben, die auch den Vergleich mit anderen, absoluten Wertlehren sinnvoll mache. In einer demnächst erscheinenden Arbeit werde Prof. Winkler seine methodische Grundauffassung ausführlich begründen. Ein anderer Gesichtspunkt sei der nach den Grenzen der Toleranz in der Demokratie. Diese müßten vor allem auch gegenüber der „totalitären“ Demokratie, d.h. einer Herrschaftsform, die die Minderheit ignoriert, unverrückbare Grenzen – die im Verfassungskonzept vorgesehen sein müßten – setzen. Sowohl in dieser Beziehung als auch in Beziehung auf das dadurch verpönte Verhalten dürfe man die „wehrhafte Demokratie“ nicht zu pauschal auffassen. So sei z.B. das bloß wissenschaftliche Bekenntnis für den totalitären Staat mit der Demokratie durchaus vereinbar, ja sogar – wegen der Notwendigkeit der Auseinandersetzung – fruchtbar, während die Begründung oder Unterstützung einer politischen Bewegung zur Durchsetzung desselben Zieles ganz anders zu beurteilen wäre. Das Kelsensche Postulat der Toleranz beziehe sich offenbar nur auf die Freiheit der Meinungsäußerung und hier gäbe es in der Tat keine „Grenzüberschreitung", ohne daß die Demokratie, deren Wesen in Diskussion, Dialog und Kompromiß der Meinungen bestünde, sich auflöse. In dieser Richtung dürfe es daher auch keine Grundrechtsbeschränkungen geben. Anders sei die Situation in Notlagen zu beurteilen. Hier seien Situationen denkbar, wo die Existenz der Gemeinschaft von der Möglichkeit von Grundrechtsbeschränkungen abhängen könne. Zu denken sei auch an die Situation des Soldaten, der ohne legitime Eingriffsmöglichkeit wegen Grundrechtsverletzungen zur Verantwortung gezogen werden könnte. Andererseits sei die Formel des GG. wegen ihrer Reichweite unvertretbar, ja zerstöre „im Grunde die Grundrechte und die Demokratie unserer Konzeption".

RA Beck erwiderte auf die Ausführungen von RA Rosenzweig, daß Art. 17 der Europ. Menschenrechtskonvention nicht isoliert interpretiert werden dürfe, sondern vor allem im Zusammenhang mit Art. 15 Abs. 2, der „eine Art völkerrechtlicher Vertrag zugunsten dritter, nämlich der Untertanen" sei. Art. 15 Abs. 2 hebe gewisse Aspekte hervor, die „absolut unabänderlich" seien, nämlich das Recht auf Leben, Freiheit, menschenwürdige Behandlung und die Nichtrückwirkung von Strafgesetzen. Bezüglich der „Wehrhaftigkeit" der Demokratie sei die Auffassung RA Rosenzweigs genau wie die des GG. dadurch charakterisiert, daß sie eine „typische Anti-Haltung" sei, d.h. in ihrer Konzeption selbst wieder abhängig vom Gegner sei, den sie bekämpfe. Im Begriff „Feinde der Demokratie" sei zunächst der Begriff „Demokratie" zu klären. Demokratie könne man nicht (wie z.B. im KPD–Urteil des BVerfG.) allein durch das Prinzip der Mehrheitsherrschaft erklären, weil der Wille der jeweiligen Mehrheit theoretisch durchaus die Freiheit vernichten könne; auch „Republikanismus" sei nicht mit Demokratie gleichzusetzen (siehe das Gegenbeispiel der englischen Monarchie) und ebensowenig der Parlamentarismus. Die Demokratie sei vielmehr „die Staatsform, in der die freie Entfaltung der Persönlichkeit des Einzelnen gewährleistet ist". Durch welche Staatsform oder Gesetze diese Gewährleistung erfolge, sei nicht wesentlich. Dabei müsse man festhalten, daß „eine bestimmte Form der Menschennatur" der gesamten Rechtsordnung zugrunde liegen müsse, die er als den „an das Sittengesetz gebundenen Menschen" formulieren möchte. Nur dieser Begriff der Demokratie, der wertbezogen auf die Freiheit des Menschen sei, verdiene „den ewigen Schutz, um den wir uns bemühen". Das bloße Mehrheitsprinzip verhindere nicht die Machtübernahme durch totalitäre Regime nach der Art des Nationalsozialismus oder Kommunismus. Davor die Augen zu verschließen, gleiche der „Haltung des Kaninchens vor der Schlange."

Abg. Nemecz wies darauf hin, daß es nicht angehe, die Probleme der wehrhaften Demokratie aus einer rein theoretischen Schau zu diskutieren und die „eigene leidvolle Vergangenheit“ nicht zu berücksichtigen. Es sei nicht richtig, daß es sich die Demokratie leisten könne, auch antidemokratische Tendenzen frei zuzulassen. Wenn man Hitlers Bewegung früh genug entsprechend ihren unverhüllten Absichten (siehe „Mein Kampf“) gewürdigt und nicht als „lächerliche Bande von Radaubrüdern“ hingestellt hätte, wäre die Weltgeschichte anders verlaufen. Wenngleich die Lage in Österreich glücklicher sei, weil die Extreme so schwach seien, daß Umstürze nicht zu befürchten seien, dürfe man den Schutz der Demokratie nicht allein dem Strafgesetz überlassen, sondern sollte ihn auch in irgendeiner Form in der Verfassung verankern.

Prof. Werner betonte, daß auch er aus einer leidvollen persönlichen Erfahrung die zur Diskussion stehenden Probleme beurteilen könne, weil er seit dem Jahre 1929 im öffentlichen Dienste stehe. Nach seiner Auffassung sei das Entscheidende für die Aufrechterhaltung von Rechtsstaat und Demokratie die „verfassungstreue Haltung der Staatsorgane“, wozu er auch das Staatsvolk zähle. Diese müßten aus sich heraus fähig und willens sein, gewisse Grundwerte – die unabänderlichen Charakter hätten – zu achten. Wenngleich auch er der Meinung sei, die demokratischen Einrichtungen dürften nicht zur Liquidierung der Demokratie benützt werden, sei bei der Wahl der „rechtstechnischen Mittel“ gegen diese Möglichkeit äußerste Zurückhaltung geboten. Keinesfalls scheine eine Suspension der Grundrechte das geeignete Mittel, weil dadurch jedenfalls der Mensch in seiner Würde getroffen wäre. Das Wichtigste scheine ihm – auch nach seinen persönlichen Erfahrungen – „die Erziehung des Staatsvolkes zu den Grundwerten, die in der demokratischen Verfassung gelegen sind“.

Sekt.Chef Loebenstein machte als Diskussionsleiter auf folgende Problemkreise aufmerksam, die noch eingehender zu erörtern seien. Der eine sei die Frage des zugrundezulegenden Idealbildes der Demokratie, wobei er für die Formulierung wäre: „Der Staat ist nicht um seiner selbst willen da, sondern um der Bürger willen, und muß daher das Individuum – als das Vorgegebene respektieren.“ Der zweite Problemkreis sei die Erkennbarkeit der von RA Rosenzweig so genannten „Falschspieler“ in der Demokratie. Denn es sei offenbar nicht möglich, auf die „Absichten“ eines Menschen oder einer Gruppe abzustellen, um dies zu beurteilen, solange sich die Betreffenden in korrekter Weise den demokratischen Spielregeln unterwerfen. Wer sei befugt, die Motive dieser Personen zu beurteilen, und sie als „Falschspieler“ zu qualifizieren, da doch diese selbst von ihrem Standpunkt über die Gegenpartei dasselbe Urteil fällen könnten? Diese Frage müsse in irgendeiner Weise – wenn auch sicher nicht in ideal „richtiger“ Weise – gelöst werden, um das Problem der Sicherung der Grundrechte in Angriff nehmen zu können.

Prof. Klecatsky griff den Gedankengang von RA Rosenzweig wieder auf, indem er als Kernpunkte der zu diskutierenden Probleme die geschichtlichen Erfahrungen der Jahre 1920-1945 und die Frage des demokratischen „Falschmünzers“ hervorhob. Allein der zweite Fragenkreis sei heute verfolgenswert, denn die Erfahrungen der totalitären Regime hätten in die geltende österreichische Rechtsordnung schon in entsprechender Weise Eingang gefunden. In diesem Zusammenhang verwies Prof. Klecatsky erneut auf Art. 9 des Staatsvertrages von Wien, der nicht nur faschistische, sondern auch andere antidemokratische Organisationen und Bestrebungen im weitesten Sinne verpöne und Österreich zu entsprechenden Maßnahmen (im Wege von Verfassungsgesetzen) verpflichte. Dagegen sollte man mit besonderer Aufmerksamkeit die Analyse des „demokratischen Falschmünzers in unserer Zeit“ betreiben, um dessen Gestalt zu erkennen und im Interesse der Demokratie auszumerzen.

RA Rosenzweig stellte fest, daß die geltende österr. Rechtsordnung in der Tat wesentliche Elemente einer wehrhaften Demokratie enthalte. Es frage sich nur, ob die Verfassungsnormen des Art. 9 des Staatsvertrages bereits anwendbares Recht seien, was er – im Gegensatz zu Prof. Klecatsky – bejahen würde. Art. 9 sei selbst eine Verfassungsnorm und könne durch den einfachen Gesetzgeber ausgeführt werden, allerdings nur durch generelle Normen, nicht durch Individualmaßnahmen gegen bestimmte Personen, da sonst der Gleichheitsgrundsatz verletzt würde. Auf eine Zwischenfrage von *Sekt.Chef Loebenstein* ergänzte RA Rosenzweig seine Ausführungen dahin, daß dasselbe auch für die übrigen Grundrechte gelte, soweit sie nicht den Gesetzesvorbehalt enthielten (z.B. nicht unbegrenzte Festhaltung entgegen dem Grundrecht auf Freizügigkeit usw.). Zum Problem der Erkennbarkeit des demokratischen „Falschspielers“ wies RA Rosenzweig auf die bedeutenden Schwierigkeiten hin, die sich in der praktischen Anwendung der Schutzbestimmungen gegen den Neonazismus und Neofaschismus ergäben. Die diesbezüglichen Anklagen seien wegen der Unklarheit der gesetzlichen Formulierungen geradezu „ein Lotteriespiel“. Es sei also vor allem nötig, den „Falschspieler“ als solchen gesetzlich genau zu bezeichnen, wobei die Entscheidung im konkreten Falle den Gerichten vorbehalten bleiben müsse. Zur Frage des Parteienverbotes wies RA Rosenzweig auf Art. 9 Staatsvertrag von Wien hin, der auch für die Auslegung des Vereinsgesetzes maßgebend sei und, wie von *Sekt.Chef Loebenstein* in einem Zwischenruf mitgeteilt wurde, vom Verfassungsgerichtshof auch in dieser Weise gehandhabt werde. Weiters wies RA Rosenzweig darauf hin, daß es wohl auch nach seiner Auffassung notwendig sei, eine Grenze zwischen der bloßen Äußerung einer Auffassung und dem Zeitpunkt zu finden, ab dem diese Äußerung zu einer Gefahr für die Demokratie wird. So sei z.B. ein Unterschied zwischen den antidemokratischen Äußerungen eines Lehrers, der die Aufgabe habe, Menschen zu erziehen, und eines beliebigen Privatmannes in einem Buch oder Artikel. Gegen Prof. Winkler, der den Schutz der bloßen Mehrheitsherrschaft als ungenügend bezeichnet hatte, hielt RA Rosenzweig an seiner Definition der Demokratie fest, die als wesentliches Element den „Schutz der Minderheit, d.h. ihre Möglichkeit, einmal Mehrheit zu werden, und die Freiheitssphäre des Einzelnen" enthalte.

Prof. Winkler machte in einer Zwischenfrage an RA Rosenzweig darauf aufmerksam, daß die Gestalt des Falschmünzers nicht nur im Hinblick auf verdeckten Neofaschismus oder Neonazismus zu sehen sei, sondern auch im Hinblick auf „Machtpolitiker, die sich durch willkürliche Verfassungsinterpretationen Positionen verschaffen wollen, die sie durch demokratische Mehrheitslegitimierung nicht erreichen". Als konkretes Beispiel nannte Prof. Winkler die Auffassung, daß es als eine „juristische Spitzfindigkeit" abgetan werde, ob ein Mandatar aus einem bestimmten Anlaß sein Mandat verliere oder nicht und welche Gründe dafür maßgebend seien. Hier sei noch viel Erziehung nötig, um ein politisches Ethos unabhängig von der Günstigkeit der jeweiligen Lage konsequent aufrecht zu erhalten.

RA Rosenzweig beantwortete die Zwischenfrage dahin, daß man „Äußerungen von Politikern als das werten müsse, was sie sind" und es „zweifellos keine Bedrohung der Demokratie" darstelle, wenn gegen eine Entscheidung der Verwaltungsbehörde Kritik geübt werde, man aber nicht einmal ein Rechtsmittel dagegen ergreife, womit man zu erkennen gebe, daß man seinen Rechtsstandpunkt für schwach halte.

Das sei für den einfachen Staatsbürger schwer zu erkennen, machte *Prof. Winkler* in einem Zwischenruf dagegen geltend.

Sekt.Chef Loebenstein regte an, dieses Problem im Rahmen der Frage über die Rechtskontrollen zu erörtern, indem man etwa die Rechtsbehelfe oder Rechtskontrollen zugunsten der Minderheiten irgendwie verstärken könnte, wobei auch „vom Erziehungssektor her" gewisse Auswüchse der Demokratie beseitigt werden müßten.

RA Beck wies gegen RA Rosenzweig darauf hin, daß durch „demokratische Falschmünzer" trotz des Art. 9 des Staatsvertrages von Wien etwa eine kommunistische Herrschaft chinesischen oder stalinistischen Musters angestrebt werden könnte, oder etwa auf dem Wege von Außerkraftsetzung der Judikatur oder der Grundrechte im Wege von Verfassungsbestimmungen, formale Verfassungsgesetze o.ä. Dem müsse man – unabhängig vom erwähnten Art. 9 begegnen.

RA Rosenzweig erwiderte dem, daß die Frage nach dem Verbot oder der Beschränkung der Vorbereitung kommunistischer Auffassungen eine solche nach der Gefährlichkeit derselben für die österreichische Demokratie sei. Eine solche Gefährlichkeit halte er im gegebenen Augenblick nicht für ausreichend, um etwa die Betätigung der kommunistischen Partei unter Sanktion zu stellen. Die zweite

Art der Gefährdung der Demokratie, die RA Beck erwähnt habe, sei eine „Frage der klugen oder schlechten Entscheidung des Verfassungsgesetzgebers", solange die verfassungsmäßigen Formen – also insbesondere auch die Vorschriften über die Gesamtänderung der Verfassung – eingehalten würden. Diese Frage könne mit rechtlichen Vorschriften offenbar nicht mehr gelöst werden.

Min.Rat Weiler stellte zunächst den Zusammenhang zwischen dem Begriff „wehrhafte Demokratie" und Grundrechtsordnung her und betonte, daß die Schwierigkeiten des gegenständlichen Fragenkreises in der Definition des Grundrechtsmißbrauches lägen. Auch er vertrete die Auffassung, daß als solcher Mißbrauch jedenfalls nicht die Vertretung von gegenteiligen wissenschaftlichen Lehrmeinungen anzusprechen sei, da ja diese geradezu „lebensnotwendig für die Demokratie und die Entfaltung ihrer Kräfte seien". Die Gefahr für die Demokratie beginne dort, wo hinter diesen Auffassungen Mächtegruppierungen, „Kollektive" u.ä. stünden, wie ja auch die historischen Beispiele lehrten. Möglicherweise müsse man aber auch die Gefahr des Mißbrauches einbeziehen, die von einzelnen Machtträgern – auch öffentlicher Natur – drohten. Wenn man daran denke, daß gegen Grundrechtsmißbrauch strafrechtlich vorgegangen werden sollte, müßte zunächst geklärt werden, ob an die geltenden oder an neu zu schaffende Strafrechtsnormen gedacht werde. Art. 17 der Europ. Menschenrechtskonvention halte er für keinen ausreichenden Mißbrauchsschutz, es müsse vielmehr der Gedanke verwirklicht werden, daß gewisse Bewegungen oder Organisationen, die Grundwerte der Demokratie glattweg verneinen bzw. bekämpfen, überhaupt nicht die Möglichkeit haben, in dieser Demokratie legal zu werden. Als ein wesentlicher demokratischer Grundwert sei die schon mehrmals erwähnte Möglichkeit des peaceful change anzusprechen, d.h. die Chance der Minderheit auf legalem Weg wiederum in den Besitz von Regierungsfunktionen zu gelangen. Diese Möglichkeit bedürfe gerade heute, im Zeitalter der lenkbaren Massenbeeinflussung und Meinungsbildung, einer entsprechenden Institutionalisierung, "vielleicht in besserer Weise als dies heute der Fall" sei.

Parl.Rat Kobzina ging vom Begriff der „demokratischen Spielregeln" aus und legte dar, daß nach seiner Auffassung der Einbruch der totalitären Regime in die Demokratie gerade nicht unter Benutzung dieser Spielregeln, sondern durchaus „autoritärer Spielregeln" – nämlich des Art. 48 Weimarer Verfassung und des kriegswirtschaftlichen Ermächtigungsgesetzes – gelungen sei. Auch der Begriff Falschspieler sei zu klären. Er verstehe unter dem Begriff Falschspieler denjenigen, der Spielregeln verletze. Jemand, der Spielregeln nicht verletze, könne kein Falschspieler sein, sondern nur Spieler. Es sei denn, man verdächtige jemandes Absichten, das liege aber außerhalb der Spielregeln, über die man ohne Verletzung der Intimsphäre ja gar nicht Kenntnis erlangen könne. Mit anderen Worten: Wenn eine solche Norm bestünde, die Gruppen ermächtige, andere Gruppen des

„Falschspieles", also im nicht logischen Sinn zu bezichtigen, dann würde eine solche Verdächtigung ausreichen, um Gruppen innerhalb des Staatsganzen zu diskriminieren, die Atmosphäre zu vergiften, das wäre ja wieder das Ende der Demokratie überhaupt. Das Expertenkomitee sollte sich schon hier die echte Aufgabe der Rechtswissenschaft, die sie ganz selten erfüllt habe, zu eigen machen, und in die Zukunft schauen. Man werde untersuchen müssen, ob der Begriff des Falschmünzers rechtlich faßbar sei. Hier würden sich alle jene Erscheinungsformen in die Diskussion drängen, „wie die Demagogie, die Sophistik und all´das".

Prof. Floretta bekannte sich am Beginn seiner Ausführungen zu einer wertgebundenen Demokratie. Diese wertgebundene Demokratie insinuiere natürlich, daß der Satz „das Recht kann jeden beliebigen Rechtssatz enthalten", unrichtig sei, denn das Recht sei irgendwo zu messen. Wenn man versuche es zu messen, könnten zumindestens die guten Sitten als Maßstab dienen und diese guten Sitten würden eben durch diese gewissen Rechtsprinzipien verkörpert. Insofern glaube er, daß Kelsen nicht recht habe. Zur wehrhaften Demokratie, die damit automatisch in irgendeiner Weise verbunden sei, sei gesagt worden, der intensivste Fall sei die Suspendierung während des Krieges. Er glaube, daß man die Suspendierung während des Krieges bejahen müßte. Wenn man von Feinden der Demokratie spreche, sei sehr wesentlich, wirklich zu unterscheiden, „ob es ein Einzelner ist oder ob es ein Machtgebilde ist". Den Einzelnen schlechthin, ohne daß er ein Machtgebilde sei, sollte man grundsätzlich keinen Grundrechtsbeschränkungen unterwerfen; natürlich müßte man durchdiskutieren, bei jedem Grundrecht, ob es nicht notwendig sei, trotzdem Beschränkungen ins Auge zu fassen. Er glaube aber, daß man bei den Mächten, bei den Gruppen, wirklich die Möglichkeit der Einschränkung der Grundrechte ins Auge fassen müsse, sei es, daß man kollektive Grundrechte anerkenne, sei es, daß der Bestand dieser kollektiven Mächte gemeint sei, oder was er insbesondere meine, die Tätigkeit dieser kollektiven Mächte gemeint sei, also die Tätigkeitsgarantie, die dann in gewissen Zeiten eingeschränkt werden könnte. Er dürfe aus seinem Fachgebiet den Fall des Koalitionsrechtes herausgreifen und die Möglichkeit einräumen, daß verfassungsrechtlich diesen Koalitionen das Koalitionsmittel der Tarifverträge und eventuell der Koalitionszweck, der Abschluß der Tarifverträge, eventuell sogar die Arbeitskämpfe, also die Koalitionskampfmittel, eingeräumt werden. Es könne Fälle geben, wo also das Gemeinwohl, das bonum commune, wirklich gefährdet werde und daß für diese Fälle eine Einschränkung dieser verfassungsmäßig gesicherten Garantie eventuell eintrete. Die große Frage sei nur, wer diese Einschränkung treffen solle. Soll diese Einschränkung der Verfassungsgesetzgeber treffen oder soll darüber durch Richterspruch entschieden werden. Er würde in diesem Fall wirklich dafür plädieren, daß die Einschränkung zumindestens durch einen

Richterspruch überprüft werden müßte. Eine weitere Konzession „an die klaren und nicht einschränkbaren individuellen Grundrechte“ sei, daß – wie Art. 15f. der Europäischen Menschenrechtskonvention verfüge – eine ganze Anzahl von Grundrechten unabänderlich seien und daß diese auch durch Richterspruch nicht eingeschränkt werden könnten. Es müßte das alles einer ganz genauen Diskussion bei den einzelnen Grundrechten unterzogen werden, ob es im Einzelfall möglich sei, daß man das sehr wesentliche Grundrecht der freien Meinungsäußerung, vielleicht auch noch das der Wissenschaft und Lehre, individuell einschränken soll, auch vielleicht selbst dann einschränken soll, wenn damit eine Werbung verbunden sei gegen die verfassungsmäßige Ordnung und ferner die Frage, ob man hier auch durch Richterspruch eine Einengung zulassen sollte. Bei der Mehrheit der Grundrechte der Individuen sollte das nicht geschehen.

Präs. Dietrich führte aus, daß er die Möglichkeit eines Mißbrauches der Grund- und Freiheitsrechte für viel weniger gefährlich halte als den Mißbrauch der Macht. Er glaube daher, daß jede, auch zeitweise Aufhebung, durch die Vollziehung oder durch den einfachen Gesetzgeber, abgelehnt werden müsse. Er glaube auch, daß die Wehrhaftigkeit der Demokratie ihre unbedingte Schranke in den Grund- und Freiheitsrechten finden müsse, auch auf die Gefahr hin, daß die Wehrhaftigkeit dadurch in ihrer Wirkung etwas herabgesetzt sein könne. Es sei im Zusammenhang mit der Wehrhaften Demokratie von „ewigen Werten“ und von einem „ewigen Schutz“ gesprochen worden. Er bekenne sich zu solchen ewigen Werten, aber den ewigen Schutz halte er derzeit für einen Wunschtraum, denn er könne sich nicht vorstellen, wie man verfassungsrechtlich irgendeinen Wert wirklich unabänderlich schützen könne. Man könne die Mehrheitsbestimmungen für eine Abänderung einer verfassungsrechtlichen Norm hinaufsetzen. Man könne die Volksabstimmung dafür für erforderlich erklären, aber abänderlich müsse es für den qualifizierten Gesetzgeber doch immer bleiben. Und daher glaube er, sei es nicht realistisch, von einer solchen Unabänderlichkeit überhaupt zu sprechen. Hier komme man in das Gebiet, wo die schriftliche Norm in ihrer Wirksamkeit aufhöre und vielleicht die Erziehung einsetzen könne und diese Erziehung wieder könne nur durch einen funktionierenden Staat, durch eine funktionierende Demokratie geschehen, denn „je besser die Demokratie funktioniert, umso weniger bedarf sie des konkreten Schutzes“.

Prof. Werner wies in Ergänzung seiner Ausführungen darauf hin, daß Professor Merkl einmal vor einigen Jahren in einem Vortrag auch auf den Art. 8 des Staatsvertrages hingewiesen habe und daraus, durchaus einwandfrei abgeleitet habe, daß auch hier Österreich eine völkerrechtliche Verpflichtung auferlegt sei, die demokratische Staatsform unabänderlich beizubehalten.

Prof. Klecatsky präzisierte in einem Zwischenruf, daß Merkl „die freiheitliche Demokratie im Gegensatz zur Volksdemokratie“ gesagt habe.

Prof. Werner stimmte dem zu, hielt es aber doch für das „wichtigste, daß das Bewußtsein der Grundwerte, die in der Verfassung enthalten sind, wirklich ein Allgemeingut wird". So hätte sich das englische Königtum bis zum heutigen Tag kaum halten können, wenn unter den staatstragenden Parteien in England, etwa da eine Übereinstimmung bestünde, daß das Königtum zu liquidieren sei. Der Schutz des Staates könne niemals Privatarmeen übertragen werden, sondern müßte bei den Staatsorganen selbst liegen, die eben eine verfassungsgetreue Haltung an den Tag legen müßten. Und hiefür komme seiner Meinung nach doch letzten Endes nur das Staatsorgan in Frage, das aus seiner Struktur heraus das gewährleistet, das sei der unabhängige Richter.

Hofrat Lehne führte aus, daß es wohl richtig sei, daß ursprünglich Demokratie und Liberalismus verschiedene Richtungen verfolgt hätten, daß die Entwicklung aber doch eine gewisse Integration dieser Traditionen gebracht habe und diese Entwicklung eben Ausdruck etwa auch in der Definition finde, die von der Herrschaft der Mehrheit unter Schutz der Minderheit, man könnte hinzufügen unter Wahrung ihrer Chance, Mehrheit zu werden, und Wahrung der Grundrechte spreche. Hier sei schon offenkundig die Einbeziehung ursprünglich liberaler Momente in die Definition der Demokratie gegeben. Im gegebenen Zusammenhang müsse man aber das Begriffsmerkmal „Herrschaft der Mehrheit" etwas ins Auge fassen. Er glaube nämlich, daß die realistische Schau der Demokratie, die allein geeignet sei, die Demokratie zu retten, dazu führen müsse, daß man die Demokratie nicht als die Herrschaft der Mehrheit erkenne, sondern jede Herrschaft als eine Herrschaft der Minderheit erkenne – das habe auch Rousseau erkannt -, und [daß man] die Angewiesenheit der herrschenden Minderheit auf die Zustimmung der Mehrheit bzw. die Abhängigkeit der herrschenden Minderheit von der Zustimmung der Mehrheit hervorhebe. Das sei eine realistische Schau, denn eine echte Herrschaft der Mehrheit des Volkes könne es nicht geben. Was das Idealbild der Demokratie betreffe, das im Gedanken der Herrschaft für das Volk zum Ausdruck komme, so sei die Herrschaft für das Volk natürlich auch wieder keine Definitionsmöglichkeit der Demokratie, denn die Herrschaft für das Volk könne das Anliegen auch einer Autokratie sein. Z.B. sei Josef II. offenbar von der ehrlichsten, heiligsten Überzeugung erfüllt gewesen, für das Volk zu herrschen, aber bei allem Respekt vor seinen Anschauungen ein Autokrat gewesen und so glaube er, daß die Angewiesenheit der Herrschenden auf die Zustimmung der Mehrheit und der Schutz der Minderheit, die Wahrung ihrer Chancen Mehrheit zu werden, das Wesen der Demokratie ausmache. Die rechtspolitische Aufgabe, die im gegebenen Zusammenhang gestellt sei, könne durch den absolut richtigen und sehr wesentlichen Hinweis auf die Art. 8 und 9 des Staatsvertrages an sich nicht ganz entscheidend bestimmt werden. Denn die Lösung des Staatsvertrages komme eben aus einer ganz bestimmten Situation heraus. Insbesondere

Art. 9, der eben nur die Auflösung der nationalsozialistischen und der faschistischen Organisationen vorsieht, sei aus dieser Situation durchaus begreiflich, aber wenn man überhaupt ein Auflösungsrecht in Betracht ziehe unter dem Gesichtspunkt der wehrhaften Demokratie, so müsse es natürlich ein umfassenderes sein, eben immer dann, wenn „diese Grundvoraussetzungen in Frage gestellt werden". Er wolle absolut nicht für Normen wie den Art. 21 GG. eintreten, man könne sie auch ablehnen, aber nicht aus Gründen der mangelnden Legitimität, sondern aus Gründen der Zweckmäßigkeit. Er glaube, diese ganze Frage des Freiheitsschutzes durch Normen sei deswegen so schwierig, weil das Problem des Schutzes der Freiheit weitgehend eine „Frage der Pädagogik und des Ethos" sei und die Normen hier irgendwie „ein Stück Ohnmacht an sich tragen". Und deswegen und auch gerade um der Freiheit willen sei es eben notwendig, „das Ganze überhaupt unter den tragenden Kategorien der Verhältnismäßigkeit und Erforderlichkeit", also „Übermaß und Verfassungsrecht" zu sehen und nach dem abzuwägen. Und daher sollte man zunächst einmal versuchen, von den Grundrechtsformulierungen her des Problems Herr zu werden und nur im äußersten Notfall darüber hinauszugehen. Es sei weiters sicher richtig, daß der Selbstmord der Demokratie auch durch einen Mißbrauch von Staatsnotstandsrechten hervorgerufen wurde. Aber die wertlose, wertfreie Demokratie habe sich auch selbst umgebracht, weil der Mißbrauch dieser Staatsnotstandsrechte ja vielfach dadurch hervorgerufen worden sei, daß eben nicht koalitionswillige und nicht koalitionsfähige und einander mit einer falschen und undemokratischen Intoleranz gegenüberstehende Gruppen einander begegnet seien.

Sekt.Chef Loebenstein warf ein, daß das Staatsvolk das primärste und unmittelbarste Staatsorgan sei und daß die Diskussion der Grund- und Freiheitsrechte in Zielrichtung auf das Staatsvolk erfolgen solle. Die gesamte Staatslehre habe es bisher noch nicht zuwege gebracht zu behaupten, daß das Staatsvolk kein Staatsorgan wäre. Alle anderen Organisationsformen des Staates seien „nur Krücken, weil das Staatsvolk als solches eben nicht als ganzes immer den Staatswillen kreieren, nicht konkretisieren kann". Daher seien alle Staatsorgane wieder im Bezug auf das Staatsvolk zu sehen.

Hofrat Lehne stellte zur Klarstellung fest, daß er die Frage behandelt habe, ob am Ende der Demokratie primär der Mißbrauch gewisser Notstandsrechte durch die Staatsgewalt oder die undemokratische Einstellung im Volk schuld gewesen sei. Kobzina habe gemeint, der Mißbrauch des Staatsnotstandsrechts sei schuld. Er habe betont, daß man wohl auch dem undemokratischen Denken im Volk die Schuld zumessen könne.

Prof. Marcic deutete zunächst an, daß die sogenannte Unabänderlichkeit gewisser Fundamentalstaatsnormen, sogenannter Sperrklauseln, „schon ihren tiefen Sinn doch habe, aus rein psychologischen Gründen, weil es sich immer wieder zeigt, daß jeder Machthaber, wenn er auch noch so willkürlich herrscht, versucht, sich in den Ornat des Rechts zu kleiden". Das sei eben „das Mysterium der de-jure-Wirkung", über die man nicht hinwegkomme. Jeder Machthaber versuche, „sich ein Mäntelchen der Legalität und Legitimität umzuhängen". Wenn man ihm nun dieses Mäntelchen nehme, indem man gewisse Fundamentalnormen oder Grundwerte, über die wirklich der consensus omnium bestehe, in die Verfassungsordnung einfüge und festlegte, so habe das schon einen tiefen Sinn. Kelsen habe es weiters nicht nötig, daß man „ihn sozusagen in Schutz nimmt und verteidigt." Aber der Hinweis, daß das „Recht beliebigen Inhalt haben kann", werde insofern mißverstanden, als Kelsen damit zum Ausdruck bringe, daß „es nicht so sehr bei der Rechtsordnung auf das Was ankommt als auf das Wie, auf den modus procedendi, auf die vollkommene Einhaltung des Zustandekommens, des Verfahrens". Fast alle Normen des nationalsozialistischen Dritten Reiches, gegen die man quasi „den Schutz des Naturrechts" anrufe, hätten es nicht nötig, denn sie seien gar nicht verfassungsrechtlich richtig zustandegekommen. Hans Welzel habe „wunderbar nachgewiesen, daß alle diese betreffenden und die entscheidenden Normen ja gar nicht kundgemacht worden seien und infolgedessen auch nach dem damaligen Recht, rechtlich nicht zustandegekommen seien – hier sähe man den tiefen Sinn des sogenannten und vielverpönten Formalismus. Prof. Marcic führte weiter aus, daß heute eine Art Integration des liberalen und des demokratischen Gedanken- und Ideenkreises stattgefunden habe. Das sei „eigentlich eine erfreuliche Erscheinung", auf die auch Imboden hinweise und die Aufgabe der Gegenwart sei, „Demokratie und Rechtsstaat oder Liberalismus und Demokratismus sozusagen zu vereinen". Wenn man das Wesen der Demokratie im Schutz der Minorität sehe, so sei das zu wenig und das sage auch Kelsen immer wieder in seiner Schrift über den Wert und das Wesen der Demokratie. Es gehe nicht nur um den Schutz der Minorität, sondern um „die wirksame Garantie der Mitwirkung der Minorität, daß nämlich die Minorität mitbeteiligt ist am demokratischen Willensprozeß". Das sei das Problem der Opposition und damit zusammenhängend das Problem der Kontrolle. Die Kontrolle sei immer dort notwendig, wo die Majorität beginne, sich über die Minorität hinwegzusetzen. Deshalb sei er auch der Meinung, daß man letztlich „ohne die gerichtsförmige Kontrolle nicht auskommen könne" und daß eine gewisse Wirksamkeit der Garantien nur dort gegeben sei, „wo der Richterspruch am Ende steht". Das Wesen der Demokratie, daß die Minorität mitwirke, pflanze sich gedanklich in der Staatstheorie fort bis zum Einzelnen. Und deshalb sei die übereinstimmende Lehre des Mittelalters und der Neuzeit unter den Reichspublizisten, daß „von Rechts wegen eine Verfassungsänderung und eine totale Verfassungsänderung nur möglich ist bei Einstimmigkeit". Das sei natürlich nur Theorie. Aber alle diese Theorien seien nur möglich bei Beobachtung der Kontrolle, der Wirksamkeit der Kontrolle. Ein

Element der Demokratie, das noch viel zu wenig berücksichtigt worden sei, sei die Garantie der Mitwirkung durch die Publizitätsmaxime, d.h. „die Publizitätsmöglichkeit im Lichte der Öffentlichkeit". Die „Scheu vor dem Licht und die Flucht ins Geheime" sei ja das Typische des Autokratischen, des Falschmünzers der Demokratie. Die absolute Unabänderlichkeit der demokratischen Verfassung habe auch theoretisch ihre tiefe Rechtfertigung gefunden im Grundgedanken des „größten Theoretikers der Demokratie und der Volkssouveränität, nämlich Johannes Althusius". Johannes Althusius sagte wortwörtlich: „Das Volk hat nicht das Recht, sich seiner Volkssouveränität zu begeben." Es gebe also gewisse Grundrechte, auch Grundrechte des Volkes, die unverzichtbar seien, es könne auch „das freie Volk sich nicht seiner eigenen Freiheit begeben". Er halte daher zweierlei für erwägenswert. Das Eine, daß man doch an gewisse Sperrklauseln denken sollte, das ende dann wieder beim Verfassungsgericht und in der Kontrolle, sodaß „nicht einmal der einfache Verfassungsgesetzgeber willkürlich verfahren kann". Und zweitens werde es auf die Fassung der einzelnen Grundrechte ankommen. Er gebe zu, daß diese Methode die geeignetere sei als die Methode des Art. 18 GG. Allerdings dürfe man in diesem Artikel nicht nur die Idee der Möglichkeit der Verwirkung der Grundrechte sehen. Art. 18 GG. habe auch noch einen anderen Grundgedanken, nämlich, daß der Verdächtige geschützt werde und daß auch der Verdächtige nur vom Verfassungsgerichtshof zur Verantwortung gezogen werden könne und daß dann seine Sache vor dem Verfassungsgerichtshof und nicht auf der Straße, vor dem Bundeskanzleramt auf dem Ballhausplatz ausgetragen werde. Es gehe ja nicht nur um die Möglichkeit des Staates, einzugreifen, sondern im Gegenteil darum, um den Einzelnen zu schützen, und daher sei es etwas unlogisch und unkonsequent, wenn man dem Art. 18 [GG.] zum Vorwurf mache, daß er bis jetzt nie verwendet wurde. Wenn eine Bestimmung sozusagen präventiv wirke, so habe sie ja zum Teil ihren Sinn schon erfüllt. Er glaube, daß „solche Erscheinungen in dem Ausmaße, wie wir sie in Österreich erlebt haben, die Bundesrepublik Deutschland gerade in Anbetracht des Damoklesschwertes von Art. 18 GG. nicht erlebt hat".

Prof. Walter gab zunächst der Überzeugung Ausdruck, daß es der Klarheit der Diskussion nicht dienlich sei, wenn man „die Gedanken der Demokratie und den Gedanken des Liberalismus vermischt und das eine echte Demokratie nennt". Er sei der Auffassung, daß der Gedanke der Demokratie mit dem Gedanken des Liberalismus in einen Gegensatz treten könne, u.zw. in einen sehr entscheidenden Gegensatz. Der Gedanke, daß gewisse Grundrechte unabänderlich seien und Ähnliches, widerspricht nun einmal dem Gedanken der Demokratie, denn es würden ja dann diese Werte auch unabänderlich, wenn sämtliche Staatsbürger der Meinung wären, sie wollten von diesen Prinzipien abgehen. Das sei „vielleicht etwas sehr Gutes, aber etwas anderes als Demokratie", wobei er hier einen bestimmten Begriff der Demokratie unterstelle und versucht habe, diesen Begriff möglichst klar erkennen zu lassen. Er sei durchaus bereit zu sagen, daß „der dialektische Prozeß zwischen Minderheit und Mehrheit notwendig“ sei, aber er könnte nicht so weit gehen zu sagen, es sei außer den dazu notwendigen Grundrechten noch ein weiteres Grundrechtssystem erforderlich, um ein System als demokratisch bezeichnen zu können. Wenn man von „wehrhafter Demokratie“ spreche, so sollte das hier ja offenbar nur unter dem Gesichtswinkel der Grundrechte geschehen. Wenn man die einzelnen Grundrechte betrachte, dann müßte man das auch unter diesem Gesichtspunkt tun und da scheine doch die Frage sehr wesentlich zu sein, wo das überhaupt eine Rolle spiele. In sehr vielen Punkten werde Übereinstimmung darin bestehen, daß der Gedanke der wehrhaften Demokratie keine Rolle spielen solle. Nirgends sei der Gedanke angeklungen, daß etwa der Gleichheitsgrundsatz nicht für alle Staatsbürger gelten solle, sondern nur für jene, die sich zur Demokratie bekennen, oder daß die Gewährleistung des Eigentums nur für diejenigen gelten solle, die sich zur Demokratie bekennen, während die anderen davon ausgeschlossen sein sollten. Wesentlich scheine es hier auf die Meinungsfreiheit anzukommen, auf die Frage also, ob jemand nichtdemokratische Meinungen äußern könne oder ob ihm das untersagt werden könne. Die Zulässigkeit einer Verbindung von mehreren sei schon einen Schritt weiter. Er müßte also insbesondere bei der Meinungsfreiheit seinen früheren Gedanken wiederholen, daß es ihm mit dem Gedanken der Demokratie ganz unvereinbar erscheine, hier eine Einschränkung vornehmen zu wollen. Von allen Diskussionsteilnehmern sei anerkannt worden, daß es im Notstandsfall Situationen geben könne, wo Einschränkungen notwendig seien, und es sei nur die durchaus berechtigte Frage aufgeworfen worden, „wie soll das vor sich gehen, wie soll diese Einschränkung vorgenommen werden“. Der Gedanke, daß nur der Verfassungsgesetzgeber hier eingreifen sollte, scheine aus der Erwägung heraus nicht haltbar, weil hier doch Maßnahmen unter Umständen getroffen werden müßten, die sehr rasch zu treffen wären, sodaß hier vielleicht an die Stelle des Gesetzgebers ein kleinerer, vielleicht auch demokratisch legitimierter Körper treten müßte, wie Hauptausschuß oder Unterausschuß, weil es ja bekanntlich schwierig sei, „einen solchen Prozeß, der möglicherweise sehr rasch vor sich gehen muß, im ganzen Gremium durchzuziehen“.

Sektionschef Loebenstein schritt hierauf zur Formulierung einer Umfrage über die einzelnen Punkte, die sich während der Diskussion ergeben hätten:

Die *erste* Frage wolle er einmal dahin stellen, „ob überhaupt mit der Möglichkeit des Mißbrauches von Grundrechten zu rechnen ist und ob auf dieses Moment, welches hier im Rahmen der Diskussion erörtert worden ist, bei der künftigen Kodifikation Rücksicht zu nehmen sein wird oder nicht.

Der *zweite* Gesichtspunkt sei dann der, „ob auf diese eben genannte Möglichkeit im Rahmen des Grundrechtskataloges dann Bedacht zu nehmen sein wird".

Der *dritte* Gesichtspunkt sei der, „ob die schon wiederholt besprochenen immanenten Schranken der Grundrechte den erforderlichen Schutz gewähren oder nicht".

Die Fage *vier* sei dann, „ob eine Ausschaltung von Grundrechten gegenüber Einzelpersonen in Erwägung zu ziehen ist" (Beispiel des Art. 18 GG.) und die

Frage *fünf* sei die, „ob eine generelle Suspension von Grundrechten durch generelle Rechtsetzungsakte bei Zutreffen gewisser Voraussetzungen, die dann näher noch zu umschreiben wären, im Einzelfalle, in Betracht zu ziehen sei u.zw. entweder durch einen Akt der Vollziehung, sei es eine Verordnung der Verwaltung oder ein Akt der Gerichtsbarkeit, oder durch ein einfaches Gesetz oder durch ein einfaches Verfassungsgesetz".

Die Frage *sechs* wäre dann: „Ist bei diesem Schutz gegen Mißbrauch der Grundrechte zwischen Kollektiven und Einzelpersonen zu unterscheiden?"

Die *siebente* Frage würde er dahin stellen, „ob spezielle Sicherungen gegen einen Mißbrauch von Institutionen gegen den Grundrechtsmißbrauch erforderlich sind (Mißbrauchsicherung)" und schließlich sei

noch eine Frage zu stellen, nämlich „ob im Rahmen der Grundrechtsordnung Maßnahmen zur Garantie der politischen Minderheiten erforderlich sind oder nicht". Er werde die Fragen aber natürlich einzeln beantworten lassen, weil ja verschiedene Möglichkeiten gegeben seien. Er beginne mit der oben formulierten *Frage 1*:

Prof. Winkler: „Mit den Möglichkeiten des Mißbrauches ist zu rechnen."

Prof. Werner: „Ja."

Prof. Walter: „Nicht zu rechnen."

Dr. Rosenzweig: „Zu rechnen und darauf Rücksicht zu nehmen."

Dr. Ringhofer: „Dasselbe".

Prof. Pfeifer: „Ja."

Abgeord. Nemecz: „Ja."

Prof. Marcic: „Ja."

Hofrat Lehne: „Ja."

Parl.Rat Kobzina: „Ja."

Prof. Klecatsky: „Ja."

[HR] Kaltenberger: „Ja."

Präs. Dietrich: „Nein."

Dr. Beck: „Ja."

Sekt.Chef Loebenstein: *Zweite Frage*: „Ist auf diese Möglichkeit im Grundrechtskatalog Bedacht zu nehmen?"

Prof. Marcic: „Ja, aber im Zusammenhang mit der Frage 3, als immanente Grenze."

Abgeord. Nemecz: „Dasselbe."

Prof. Pfeifer: „Ja."

Dr. Ringhofer: „Im Grundsätzlichen ja."

RA Rosenzweig: „Ja."

Prof. Walter: „Nein."

Prof. Werner: „Grundsätzlich ja."

Prof. Winkler: „Nein."

RA Beck: „Ja, als immanente Schranke."

Präs. Dietrich: „Nein."

Prof. Floretta: „Ja."

Dr. Kaltenberger: „Ja."

Prof. Klecatsky: „Nein."

Parl.Rat Kobzina: „Ja."

Hofr. Lehne: „Ja, immanente Schranke."

Sekt.Chef Loebenstein: Die *Frage 3* wäre dann: „Gewähren die immanenten Schranken des Grundrechtes den erforderlichen Schutz?"

Hofrat Lehne: „Das ist sehr schwer zu beantworten, aber ich würde sagen, die Vermutung spricht für die Lösung der Frage durch immanente Schranken, aber es wird extreme Fälle geben, siehe Notstand, wo das nicht der Fall ist."

Parl.Rat Kobzina: „Ja."

[Prof.] Klecatsky: „Ja."

Hofr. Kaltenberger: „Im Sinne von Dr. Lehne."

Prof. Floretta: „Ja."

Präs. Dietrich: „Ja."

RA Beck: „Ja, immanente Schranken."

Prof. Winkler: „Ja."

Prof. Werner: „Ja."

Prof. Walter: „Ja."

RA Rosenzweig: „Mir scheint die Berufung auf immanente Schranken zu ungewiß zu sein, also ich bin für Spezifizierung."

SR Ringhofer: „Im Prinzip ja, nur glaube ich, daß sie davon abhängen wird, von der prozessualen Form ihrer Erkenntnis."

Prof. Pfeifer: „Allgemein glaube ich, immanente Schranken genügen, es kann in Einzelfällen etwas anderes sein."

Abgeord. Nemecz: „Grundsätzlich ja."
Prof. Marcic: „Grundsätzlich ja."

Sekt.Chef Loebenstein: *4. Frage*: „Ist eine Ausschaltung von Grundrechten gegenüber Einzelpersonen in Erwägung zu ziehen?"

RA Beck: „Nein."
Präs.Dietrich: „Nein."
Prof. Floretta: „Grundsätzlich nein."
Hofr. Kaltenberger: „Grundsätzlich nein."
Prof. Klecatsky: „Nein."
Parl.Rat Kobzina: „Nein."
Abgeord. Nemecz: „Nein."
Hofr. Lehne: „Nein."
Prof. Marcic: „Nein."
Prof. Pfeifer: „Nein."
SR Ringhofer: „Nein."
RA Rosenzweig: „Nein."
Prof. Walter: „Nein."
Prof. Werner: „Nein."
Prof. Winkler: „Nein."

Sekt.Chef Loebenstein: *5. Frage*: „Ist die generelle Suspension von Grundrechten im Wege der generellen Rechtsetzung, die Frage des sogenannten Staatsnotstandes, in Erwägung zu ziehen, entweder durch Verordnung, oder durch einen Richterspruch, einfaches Gesetz oder einfaches Verfassungsgesetz?"

RA Rosenzweig: „Entweder einfaches Verfassungsgesetz oder verfassungsmäßig durch Verfassungsgesetz erklärter Notstand mit Möglichkeit eines einfachen Gesetzes."

SR Ringhofer: „Ich kann die Frage nicht so spezifisch beantworten, ich kann mich nur festlegen darauf, daß diese Maßnahme zu treffen ist von einer politischen, nicht von einer gerichtlichen Instanz."

Prof. Pfeifer: „Grundsätzlich verfassungsrechtlich, eventuell mit einem Ausschuß, wenn man das Plenum nicht einberufen kann."

Abg. Nemecz: „Wie Dr. Pfeifer."

Prof. Marcic: „Grundsätzlich ja, unter Beibehaltung der verfassungsgerichtlichen Kontrolle."

Hofr. Lehne: „Unter Beteiligung der Gesetzgebung unter verfassungsgerichtlicher Kontrolle und nur unter extremen Voraussetzungen."

Parl.Rat Kobzina: „Eingeschränkt die Möglichkeit im wesentlichen auf Krieg. Wenn, so durch Gesetz unter Kontrolle des VerfGH."

Hofr. Kaltenberger: „Ja, in äußersten Notfällen durch Verfassungsgesetzgeber unter Kontrolle durch das Gericht."

Prof. Floretta: „Unter Kontrolle durch Richterspruch."

Präs. Dietrich: „Nur durch Verfassungsgesetz."

RA Beck: „Ich glaube, man muß unterscheiden hier zwischen Menschenrechten und Bürgerrechten. Die Menschenrechte sind grundsätzlich nicht beschränkbar, bezw. soll die für Ausnahmsfälle notwendige Beschränkung schon in dem betreffenden Grundrecht in seiner Formulierung enthalten sein. Beispiel: Im Kriegsfall kann Meinungsäußerung noch weiter beschränkt werden durch Verordnung."

Prof. Winkler: „Ich bin für eine beschränkte Einschränkung und das nur durch Verfassungsrecht."

Prof. Werner: „Jawohl, durch Verfassungsgesetz unter der ausdrücklichen Voraussetzung einer genauen Festlegung des Begriffes dieses sogenannten Notstandes."

Prof. Walter: „Einschränkung nur gewisser Grundrechte unter ganz strengen Bedingungen, in der Regel nur durch Verfassungsgesetz, nur in besonderen Fällen durch Verordnung der Bundesregierung mit Zustimmung des Hauptausschusses und stets nur unter effektiver richterlicher Kontrolle."

Hofr. Kaltenberger: „Bitte, mit der Bejahung dieser Frage hat man ja nichts gesagt über das Ausmaß der Beschränkung?"

Sekt.Chef Loebenstein: „Nein, Nein."

Hofr. Kaltenberger: „Nur weil jetzt manche Herren das noch ausdrücklich betont haben."

SR Ringhofer: „Darf ich vielleicht meine Antwort noch ergänzen, weil das in der Runde dann nicht zum Ausdruck gekommen ist. Auch meine Antwort ist so zu verstehen, daß eine richterliche Kontrolle natürlich nachträglich notwendig ist."

Sekt.Chef Loebenstein: „Jetzt haben wir noch die *6. Frage* zu beantworten: Ist beim Schutz gegen Mißbrauch der Grundrechte zwischen Kollektiven und Einzelpersonen zu unterscheiden oder nicht?"

Prof. Klecatsky: „Ja, ich habe verneint, weil ich die Möglichkeit eines Mißbrauches – aber wenn ich also stante concluso, nur also Kollektiv und Mißbrauch."

Parl.Rat Kobzina: „Wenn Mißbrauch, so auf das Kollektiv eingeschränkt."

Hofr. Lehne: „Ja, es ist zu unterscheiden."

Abgeord. Nemecz: „Es ist zu unterscheiden."

Prof. Marcic: „Es ist zu unterscheiden."

Prof. Pfeifer: „Ja."

SR Ringhofer: „Nicht zu unterscheiden."

RA Rosenzweig: „Je nachdem, verschiedene Schutzmaßnahmen erforderlich. Also es ist zu unterscheiden, aber ich sage nicht, daß damit gegen Einzelpersonen keine Schutzmaßnahmen notwendig sind."

Prof. Walter: „Wie Herr Prof. Klecatsky."

Prof. Werner: „Ja."

Prof. Winkler: „Ja, ist zu unterscheiden."

RA Beck: „In der Durchführung können sich Unterschiede ergeben, grundsätzlich ist nicht zu unterscheiden zwischen Kollektiv, Personenmehrheit, loser Form und Einzelnem."

Präs. Dietrich: „Es ist zu unterscheiden."

Prof. Floretta: „Zu unterscheiden."

Hofr. Kaltenberger: „Zu unterscheiden."

Sekt.Chef Loebenstein: „Jetzt kommen wir zur *7. Frage*: Sind spezielle Sicherungen gegen einen Mißbrauch dieser Institution gegen den Grundrechtsmißbrauch erforderlich?"

Prof. Floretta: „Ja."

Präs. Dietrich: „Ja."

RA Beck: „Wenn man sich beschränkt auf den Schutz durch immanente Schranken nicht erforderlich, sonst erforderlich."

Prof. Winkler: „Ja, erforderlich."

Prof. Werner: „Ja."

Prof. Walter: „Ja."

RA Rosenzweig: „Bei Formulierung der Maßnahmen ist darauf Bedacht zu nehmen, daß sie keine Mißbrauchsmöglichkeit geben."

SR Ringhofer: „Grundsätzlich ja."

Prof. Pfeifer: „Grundsätzlich ja."

Abgeord. Nemecz: „Ja."

Prof. Marcic: „Ja."

Hofr. Lehne: „Ja."

Parl.Rat Kobzina: „Wenn man sich zu dem Grundsatz bekennt, ja."

Prof. Klecatsky: „Stante concluso, ja."

Hofr. Kaltenberger: „Ja."

Sekt.Chef. Loebenstein: „Jetzt ist die *letzte Frage* noch zu stellen: Sind im Rahmen dieser Grundrechtsordnung Maßnahmen zur Garantie der politischen Minderheiten erforderlich?"

Prof. Marcic: „Ja."

Abgeord. Nemecz: „Ja."

Prof. Pfeifer: „Ja, insbesondere dadurch, daß die Minderheit, was Kelsen schon vorgeschlagen hat, den Verfassungsgerichtshof anrufen könnte."

SR Ringhofer: „Grundsätzlich ja."

RA Rosenzweig: „Ja, womit ich nicht sagen will, daß die gegenwärtigen verfassungsgesetzlichen Maßnahmen nicht ausreichen."

Prof. Walter: „Ja."

Prof. Werner: „Ja, insbesondere der Weg zum Verfassungsgerichtshof."

Prof. Winkler: „Ja."

RA Beck: „Ja, wie Prof. Pfeifer und Werner."

Präs. Dietrich: „Ja."

Prof. Floretta: „Ja."

Hofr. Kaltenberger: „Ja."

Prof. Klecatsky: „Ja."

Parl.Rat Kobzina: „Ja."

Hofr. Lehne: „Ja."

Sekt.Chef. Loebenstein wies abschließend darauf hin, daß noch eine Umfrage zu behandeln sei, „ob der Grundrechtskatalog einen Spiegel der augenblicklichen gemeinsamen Wertvorstellungen des Staatsvolkes darstellen soll oder von diesen unabhängig sein soll."

III.

Am Beginn der Nachmittagssitzung schlug *Sektionschef Loebenstein* vor, die mehrmals zurückgestellte Frage in Behandlung zu nehmen, ob der Grundrechtskatalog „einen Spiegel der augenblicklichen gemeinsamen Wertvorstellungen des Staatsvolkes darstellen soll oder von diesen Wertvorstellungen etwa im Interesse einer größtmöglichen Bestandfestigkeit unabhängig sein soll". Sektionschef Loebenstein stellte zur Erwägung, ob es nicht möglich wäre, über diese Frage auf Grund der bisherigen Beratungen unter Verzicht auf eine neuerliche Diskussion sofort die übliche Umfrage durchzuführen.

Prof. Winkler meldete Bedenken gegen die Bezugnahme auf die herrschenden Wertvorstellungen an, da nicht ohne weiteres feststehe, welche dies sind. Er schlug vor, zu fragen, „ob im Hinblick auf bestimmte neue Wertvorstellungen und neue gesellschaftliche Konstellationen der Grundrechtskatalog verändert werden muß".

RA Rosenzweig führte aus, die bisherige Diskussion habe gezeigt, „daß eine Reihe unbestrittener gemeinsamer Wertvorstellungen vorhanden sei. Das ist der Rechtsstaat, der soziale Rechtsstaat, die Demokratie und die Freiheit". Die Frage sei, „ob man irgendwelche Wertungen in Form von unbestimmten Gesetzesbegriffen in die Verfassung aufnehmen soll, in ähnlicher Form, wie dies im Bonner Grundgesetz geschehen ist, z.B., indem also der Grundsatz der Rechtsstaatlichkeit als Grundsatz in die Verfassung aufgenommen wurde". Er sei, fuhr RA Rosenzweig fort, gegen die Aufnahme solcher unbestimmter Begriffe, da sie „nur eine gewisse Unsicherheit für die Judikatur schaffen". Man solle sich darauf beschränken, „die Wertungen, die wir haben, bei der Formulierung der einzelnen Grundrechte zum Maßstab zu nehmen". Nur eine weitere Konkretisierung von Wertungen, der allerdings grundlegende Bedeutung zukomme, sei notwendig, nämlich die von Sektionschef Loebenstein am 1. österr. Juristentag vorgeschlagene Festlegung von Verfassungsbestimmungen, deren Änderung als Gesamtänderung der Bundesverfassung anzusehen ist.

Sektionschef Loebenstein stellte zu diesen Ausführungen fest, daß sie der von ihm vorgeschlagenen Fragestellung nicht widersprechen.

RA Beck führte aus, ihm erscheine wesentlich, daß „ein beständiger Grundrechtskatalog nicht möglich ist, wenn ihm nicht ein absoluter Grundwert zugrundeliegt und vorangestellt wird". Diesen Grundwert zu finden, sei notwendig und auch möglich. Außerdem komme es, fuhr RA Beck fort, nicht auf die Vorstellungen, sondern auf das Sein an. Des weiteren sei der Auffassung von RA Rosenzweig zuzustimmen, „daß nichts gewonnen wäre, wenn wir einen unbestimmten Begriff hier voranstellen würden". Es gehe „um die Grundnorm, die Grundnorm, wie sie Kelsen ursprünglich formuliert hat als Voraussetzung, also als einen Akt des Glaubens". Diese Grundnorm müsse mit einem Sinn erfüllt sein. Prof. Ermacora habe dies mit Hilfe der Menschenwürde versucht. Gerade die Menschenwürde sei ein Wert, „den man auch einstimmig nicht abschaffen kann. Auch wenn das gesamte Bundesvolk, Mann für Mann und ohne Stimmenthaltung beschließt, es soll keine Menschenwürde geben, so gibt es sie dennoch, weil sie eben vorgegeben ist". Er sei aber, fuhr RA Beck fort, mit Prof. Walter einer Meinung, daß mit dem Wort "Menschenwürde" „noch nichts Genügendes bestimmt ist. Die Begriffe können leer sein und wir müssen sie mit einem Inhalt erfüllen. Dieser so inhaltserfüllte Wert sei „dann vorauszustellen". Damit sei, erklärte RA Beck, die gestellte Frage schon positiv beantwortet, aber anders, als Sektionschef Loebenstein sie gestellt habe. Die Meinung, daß man einem Grundrechtskatalog keine Werte zugrundelegen soll, werde wohl von allen Mitgliedern des Kollegiums abgelehnt. Als absoluter Grundwert sei nun – einigermaßen unbestimmt – „die Menschenwürde oder schlechthin der Mensch" erfaßt worden. Ebenso die Freiheit des Menschen. Auch das sei richtig, aber noch zu wenig. Die Freiheit des Menschen bedürfe einer näheren Bestimmung. Und sie sei im Sinne des Art. 2 des Bonner Grundgesetzes im Sittengesetz gegeben. Die Begründung dafür sei, „daß der Mensch, gerade wie wir ihn hier erfassen, als soziales Wesen eben ein zoon politikon ist und er sein Verhältnis zum Nebenmenschen, damit sein soziales Verhalten, ja gar nicht einrichten kann, er wäre unfähig irgend eine Entscheidung in sozialer Hinsicht zu treffen, wenn eben nicht eine sittliche Ordnung und eine Verantwortung zugrundegelegt ist". Diesen Erwägungen könnte, schloß RA Beck seine Ausführungen, durch folgende Bestimmung Rechnung getragen werden: „Grundrechte und Einrichtungsgarantien (Menschenrechte). (1) Die Grundrechte und Einrichtungsgarantien schützen und sichern den Menschen in der Freiheit und gleichen Würde seiner sittlichen Persönlichkeit. (2) Die Grundrechte und Einrichtungsgarantien sind teils ihrer Natur nach unabänderlich, teils können sie nur unter besonders erschwerten Bedingungen, darunter einer Abstimmung des gesamten Bundesvolkes, abgeändert werden. (3) Welche Rechte insbesondere den Staatsbürgern durch die Verfassung gewährleistet sind, wird in dem folgenden Hauptstück bestimmt."

Sektionschef Loebenstein bemerkte zu diesem Formulierungsvorschlag, er habe ihn so verstanden, daß es sich um eine den anderen Grundrechtsnormen voranzustellende Bestimmung handelt, die den Grundwert normiert, „von dem aus alle anderen Normen sich dann ableiten".

Parl.Rat Kobzina warf die Frage auf, ob „es sich bei dem diesen Wertvorstellungen zugrundeliegenden Wert um einen solchen Wert handelt, der in einer Normentsprechung besteht oder um einen Wert, der in einer Wunschentsprechung besteht". Er selbst, erklärte Parl.Rat Kobzina, könnte sich keinem „solchen emotionalen Wert" anschließen, sondern sich nur zu einem Wert bekennen, „der durch eine objektiv gültige Norm konstituiert wird". Diese Norm sei für ihn das B.-VG. Jeder zu schaffende Grundrechtskatalog könne sich daher nur an den „Grundprämissen des B.-VG." orientieren, da „hier zweifellos jene gemeinsamen Wertvorstellungen des Staatsvolkes vorliegen, zu denen sich jeder Staatsbürger bekennen muß". Dieses Postulat rechtfertige sich auch aus dem weiteren Grund der Einheit der Rechtsordnung. Als durch das B.-VG. konstituierte Werte nannte Parl.Rat Kobzina jenen der Demokratie und jenen des materiellen Rechtsstaates. Das Prinzip des materiellen Rechtsstaates sei auch durch die Art. 6 und 8 des Staatsvertrages von Wien „weithin zementiert". Es handle sich um „eine freiheitliche Ordnung, der eine außerstaatliche menschliche Existenz vorgegeben ist". Der Grundrechtskatalog könne sich nur als Spiegelbild dieser Wertvorstellungen darstellen. Zum Spiegelbild der gemeinsamen Grundvorstellungen gehöre außerdem das Gewaltenteilungssystem, dessen Erhaltung und zeitgemäßer Ausbau eine besondere Forderung zum Schutze der Freiheitsrechte des Einzelnen sei. Zum Beleg für diese seine Auffassung zitierte Parl.Rat Kobzina Hermann Heller: „Es ist eine grundsätzliche und gefährliche Verkennung des konstitutionellen Rechtsstaates, wenn neuerdings Gewaltenteilung und Grundrechte als zwei von einander unabhängige Einrichtungen aufgefaßt werden. In Wahrheit bedingen sich die

Tendenz zur planmäßigen rechtsstaatlichen Organisation der Staatsgewalt und die auf Freiheitsverbürgung gerichtete Tendenz wechselseitig".

Sektionschef Loebenstein bemerkte zu diesen Ausführungen, er glaube daraus schließen zu können, daß Parl.Rat Kobzina mit der zur Diskussion stehenden Fragestellung doch einverstanden wäre.

Hofrat Lehne führte aus, genetisch betrachtet müsse der Grundrechtskatalog sicherlich ein Spiegel der gemeinsamen Wertvorstellungen sein, da er ja anders auf demokratischem Wege nicht zustande kommen könnte. Man müsse aber gegenüber dem in der Fragestellung enthaltenen Wort „augenblicklich" Wert darauf legen, daß „es kein Jahresspiegel ist und ein dauerhafter Spiegel, daß wir also nicht in Deklamationen verfallen, sondern Normen schaffen, stabile Normen schaffen und nicht Deklamationen, die nach dem Fluß der Meinungen einen verschiedenen Inhalt bekommen".

Prof. Marcic stellte zunächst unter Hinweis auf den bisherigen Diskussionsverlauf fest, daß es „gewisse gemeinsame Wertvorstellungen gibt". Zu prüfen sei, „ob man nun dieses Minimalprogramm in eine Verfassung einbauen soll oder nicht". Das müsse nicht unbedingt sein. Es habe sich „ja gezeigt, gerade beim Bundesverfassungsgesetz 1920, daß man solchen Fragen auch ausweichen kann, daß man sie dilatorisch behandeln kann, daß es vielleicht oft gut ist, den dilatorischen Kompromiß anzuwenden und daß man dann den Weg geht der Interpretation und meint, gewisse Grundwerte, die uns allen gemeinsam sind, setzt die Verfassung voraus". Es sei wohl nicht daran zu zweifeln, „daß die Rechtsstaatlichkeit ein normatives Grundprinzip, wenn nicht überhaupt die Grundnorm unserer Bundesverfassung ist, obwohl die Bundesverfassung nirgends davon spricht". Ebenso wäre es vorstellbar, „daß ein Grundrechtskatalog, den wir entwerfen, von der Menschenwürde als zentralem Wert ausgehen wird, ihn voraussetzt, ohne ihn beim Namen zu nennen". Das sei der eine Weg, der sehr vieles für sich habe und auch heute empfehlenswert sei. Außerdem gebe es den „Weg des offenen Bekenntnisses", der sicherlich Gefahren berge, aber auch Vorteile habe. Wenn das österreichische Volk heute sagen könnte, „nach 40 Jahren sind wir uns klargeworden, daß es doch gewisse gemeinsame Wertvorstellungen gibt, zu denen wir uns heute bekennen können, wo immer wir stehen", so wäre ein solches Bekenntnis zum Rechtsstaat, zur Menschenwürde, zur richterlichen Kontrolle nach dem Vorbild des Art. 19 (4) des Bonner Grundgesetzes – abgesehen von der normativen – auch von psychologischer Bedeutung. Gewiß sei es richtig, daß jene Grundsätze, die am tiefsten verwurzelten, die „gemeinsamsten" sind, von denen man am wenigsten spricht. Aber der "Weg des offenen Bekenntnisses" hätte den Vorteil, daß die Öffentlichkeit weiß, „worin man eigentlich Konkordanz übt" und er würde außerdem „auch dem Rechtsanwender, selbst auf der höchsten Stufe, auch dem einfachen Gesetzgeber, der ja auch Verfassungsanwender ist, eine gewisse Interpretationsnorm und eine Leitnorm an die Hand geben, ganz zu schweigen vom Richter oder vom Verwaltungsbeamten". Er sei daher schon der Meinung, fuhr Prof. Marcic fort, „daß es gut wäre, als zentralen Wert, sozusagen axiologisch zu fixieren die Menschenwürde". Dabei könnte die Menschenwürde „materialiter kurz angedeutet werden", durch die Unterscheidung des status negativus „d.h. die Unantastbarkeit des menschlichen Persönlichkeitskernes", des status positivus, d.h. daß „jeder Mensch das Recht hat, vom Staat geschützt zu werden, wenn sein Grundrecht angegriffen wird" und des status activus, d.h. daß „jeder Einzelne das Grundrecht hat, mitzuwirken an der Ordnung, in der er lebt, an ihrer Wahrung, an ihrer Entfaltung und meinetwegen an ihrer Beseitigung". Man könne, wenn man von Menschenwürde spricht, keinesfalls sagen, daß es sich um eine Leerformel handelt.

Prof. Walter führte aus, die Diskussion scheine ihm „an einer gewissen Unklarheit des Verhältnisses zwischen Norm und Wert zu kranken". Er wolle daher zu dieser Frage seinen Standpunkt klarlegen. Norm und Wert stünden in untrennbarer Verbindung. „Wenn eine Norm sagt, daß etwas Bestimmtes sein soll, dann ist dieses Gesollte eben von Wert". Daraus folge, daß es „eine wertfreie Normordnung einfach nicht gibt". Jede normative Ordnung sei „jedenfalls immer auch eine Wertordnung". Die Alternative, „Werte in die Rechtsordnung hineinzugeben oder sie heraußen zu lassen", bestehe nicht. Man könne sich nur fragen: „Zu welchen Werten bekennt man sich und wie formt man nun diese Werte in eine Normordnung um?" Auch in der Reinen Rechtslehre sei völlig klar, „daß die normative Ordnung immer eine Wertordnung ist, nur bleibt die Wertbetrachtung außerhalb des Kreises der Erwägungen". Auf dem Boden dieser Erwägungen könne man den ersten Teil der Frage, ob der Grundrechtskatalog einen Spiegel der gemeinsamen Wertvorstellungen des Staatsvolkes darstellen soll, nur so beantworten, wie er von Hofrat Lehne beantwortet wurde. Es sei unvorstellbar, wie „in unserer pluralistischen Gesellschaft ein Grundrechtskatalog zustande kommen sollte, der nicht im Wesentlichen den Wertvorstellungen der Gemeinschaft entspricht". Die Realisierung des zweiten Teiles der Fragestellung („oder von diesen Wertvorstellungen im Interesse größtmöglichster Bestandfestigkeit des Grundrechtskataloges unabhängig sein soll") sei daher nicht vorstellbar. Die ganze Fragestellung sei für ihn, fuhr Prof. Walter fort, nur im Sinne folgender Frage erklärbar: „Gibt es Werte, zu denen wir uns heute bekennen und von denen wir annehmen dürfen, daß sie für lange Zeit die leitenden Werte sein werden und gibt es vielleicht auch Werte, zu denen wir uns zwar heute bekennen, von denen wir aber annehmen dürfen, daß sie in kürzester Zeit nicht mehr den allgemeinen Auffassungen entsprechen". Im Sinne dieser Differenzierung könne man berechtigterweise die Frage aufwerfen, ob „man nur besonders wahrscheinlich langdauernde oder, wenn Sie wollen, ewige Werte in diesen Katalog aufnimmt oder auch solche, die vielleicht nur für eine vorübergehende Zeit von Bedeutung sind". Die Beantwortung dieser Frage sei aber wieder davon abhängig, wie stark die Grundrechte gesichert werden. Grundrechte, „von denen man meint, daß sie besonders wesentlich sind und wahrscheinlich kaum abgeändert werden, die kann man dann mit erhöhten Bestandsgarantien versehen, die anderen vielleicht mit weniger weitgehenden Garantien". Grundrechte mit Unabänderlichkeit auszustatten, die wahrscheinlich nur für eine vorübergehende Zeit von Bedeutung sind, würde „sozusagen die Revolution notwendig machen". Das von RA Beck vorgetragene „Anliegen eines Wertsystems" verstehe er, erklärte Prof. Walter, durchaus, aber er sehe „eigentlich noch keinen Weg, wie man zu dieser Lösung kommen sollte". Er sehe nicht, daß sich die im Grundrechtskatalog zu berücksichtigenden Werte mit logischer Notwendigkeit aus einem höchsten Wert ableiten ließen. Wenn man sage, alle im Grundrechtskatalog zu berücksichtigenden Werte zusammen sind der Wert der Menschenwürde, und deshalb „normieren wir die Menschenwürde als obersten Wert", so sei dagegen nichts einzuwenden, aber man müsse sich klar darüber sein, daß „es eigentlich nichts anderes als eine logische Systematisierung ist, von der ich prima vista nicht sehe, welche Bedeutung sie hat, solange man exakt bleibt. Solange man nämlich exakt bleibt, ergibt sich dann aus diesem Begriff der Menschenwürde nichts anderes als das, was man zuerst hineingeschrieben hat". „Hingegen erscheint es mir sehr wesentlich, jene Normen, die gewisse Werte, zu denen sich die Gemeinschaft bekennt, widerspiegeln, jene Werte mit möglichst großer Exaktheit zu formulieren und möglichst von Wandlungen der Auffassungen unabhängig zu machen. Nur so sei eine echte Schutzfunktion der Grundrechte denkbar."

RA Beck erklärte hiezu, er fasse die Menschenwürde „nicht als einen sozusagen positiven Befehl auf, sondern was der Menschenwürde, die ich konkretisiere, widerstreitet, wenn ein Gesetz dem widerstreitet, so ist es nicht oder aufhebbar". Es handle sich um eine Schranke, die aus einer anderen Ordnung kommt.

Sektionschef Loebenstein bemerkte hiezu, daß die Menschenwürde in der von RA Beck vorgeschlagenen Formulierung zum „Bestandteil der positiven Rechtsordnung" würde.

Prof. Pfeifer verwies auf die Präambel der Allgemeinen Erklärung der Menschenrechte, wo „die Würde und die Gleichheit und Unveräußerlichkeit der Rechte und dann die Freiheit, die Gerechtigkeit und der Friede besonders herausgestellt" seien und auch von der „Herrschaft des Rechts" die Rede sei. Auch in den drei französischen Verfassungen von 1791, 1793 und 1795 seien „immer wieder einige Hauptwerte an die Spitze gestellt und dann erst die einzelnen Grundrechte aufgezählt". Vor allem gehe es um Freiheit, Gleichheit und Brüderlichkeit, aber auch das Eigentumsrecht komme einmal vor. Ebenso seien auch andere Werte genannt. In der Diskussion sei zutreffend auch das Rechtsstaatsprinzip, u.zw. im materiellen Sinn, also im Sinne der Gerechtigkeit, als ein zu nennender Grundwert erwähnt worden. Er könne sich daher vorstellen, fuhr Prof. Pfeifer fort, daß „wir solche Grundwerte in Form einer Präambel doch vorausstellen, weil sie für die Auslegung der ganzen Verfassung dann von Bedeutung sind, unabhängig davon, daß natürlich jedes einzelne Grundrecht, das dann geschaffen wird, ja an sich Werte darstellt; die meisten sind ja Freiheitsrechte und daher liegt die Freiheit drinnen“. Schließlich wies Prof. Pfeifer darauf hin, daß in der Würde des Menschen nicht nur die Freiheit, sondern auch die Gerechtigkeit angesprochen sei; sie sei „etwas ganz anderes wie die Freiheit“. Man müsse daher jedenfalls auch die Gerechtigkeit nennen.

Prof. Marcic erklärte, er müsse sich gegen die Anführung der Gerechtigkeit aussprechen, weil „kein Wort ist so irreführend, wie das Wort Gerechtigkeit“. Jeder verstehe darunter „etwas anderes und leider ist es auch in der Rechtswissenschaft und in der gesamten Literatur so“. Sehr wichtig sei, fuhr Prof. Marcic fort, die von Prof. Walter getroffene „Trennung von ephemeren Werten und transhistorisch-ubiquitären Werten“. Auch er sei der Meinung, daß der – für die Interpretation wichtige – Geist der Verfassung „nicht überladen werden soll und sein soll mit ephemeren Werten, weil die Verfassung sich dadurch selbst entwertet, aber, daß sich der Geist der Verfassung doch ausdrücken soll in gewissen zentralen Werten, die also tatsächlich transhistorisch-ubiquitär sind, die sich also irgendwie heute als Gemeingut der Menschheit schon herauskristallisiert haben“; darunter verstehe man aber „in der Tat die Menschenwürde, als einen Wert, der auch in die Zukunft weist und der für Generationen sozusagen der zentrale Wert der Gesellschaftsordnung sein wird“. Er trete für die Positivierung der Menschenwürde ein, u.zw. aus folgendem Grund: „Wenn wir heute de lege lata die Frage zu beurteilen hätten, in der Situation, es steigen wieder die Sexualmorde an und plötzlich sagt man, im Namen der Strafverfolgung sollen die psychochemischen Untersuchungsmittel gestattet sein, d.h., um die Mörder zu fassen, um mit diesen Sexualmorden ein Ende zu machen, soll die Möglichkeit für die Untersuchungsbehörden gegeben sein, also auch durch Narkoanalyse und andere psychochemische Mittel zur Wahrheit zu kommen. Wenn wir aber in der Verfassung als Grundwert die Menschenwürde haben, die als Geist der Verfassung alle übrigen Normen leitet, dann wird man darüber gar nicht diskutieren können, ohne zu erkennen, daß die Einführung von psychochemischen Mitteln zum Zwecke der Strafverfolgung ausgeschlossen ist, schon wegen der Leitnorm der Menschenwürde, weil ja jedes psychochemische Mittel die Menschenwürde zerstört.“ Da man einen Grundrechtskatalog auf lange Sicht entwirft, müsse man sich fragen: „Woher drohen heute die großen Gefahren? Was ist in der Zukunft zu schützen? Wo besteht die Gefahr, daß etwas untergeht? Was wollen wir abwehren?“ Und man müsse feststellen, daß „sich alles drängt zu einer großen Anbetung des Kollektivs". Die Gefahr der Zukunft scheine darin zu liegen, „daß das Individuum total untergeht in dieser Anbetung des Kollektivs". Gewiß sei auch das Kollektiv zu fördern, „aber das Individuum darf nicht verloren gehen. Am Individuum hängt nun letztlich doch, glaube ich, die Welt, in der wir leben". Es müsse daher versucht werden, die Menschenwürde auch im individuellen Sinn zu sichern. Man müsse den Einzelnen retten, damit er neben dem Kollektiv bestehen kann. Und deshalb sei er der Meinung, schloß Prof. Marcic, „daß wir die Menschenwürde als zentralen Wert an den Anfang eines neuen Grundrechtskataloges stellen sollen".

Hofrat Lehne knüpfte an seine früheren Ausführungen an und stellte fest, er halte das Bekenntnis zur Menschenwürde nicht für eine Deklaration, sondern vertrete die Auffassung, daß dieses Bekenntnis an die Spitze des Grundrechtskataloges gehört. Schließlich führte Hofrat Lehne zur Frage der Geltung von Rechtsnormen aus, es gebe neben der normlogischen Geltung und der Effektivität als einem „soziologischen Geltungsmoment eben noch eine Geltung in einem dritten Sinn". Der Satz: „Alle Rothaarigen sind hinzurichten" könne Geltung im Sinne der ersten beiden Bedeutungen haben, nicht aber im dritten Sinne haben.

RA Rosenzweig sprach die Befürchtung aus, „daß man an Formulierungen denkt, die einen jeden VerfGH. überfordern". Gewiß habe „gelegentlich bei Prüfung von Gesetzen der VerfGH. kein anderes Mittel der Verfassungswidrigkeit gefunden, als daß er gesagt hat, es steht im Widerspruch zum rechtsstaatlichen oder zum demokratischen Prinzip". Er sei aber der Meinung, daß „das Ausnahmen sein sollen und daß man überhaupt Aussprüche dieser Art womöglich dadurch vermeiden soll, daß man das rechtsstaatliche oder demokratische Prinzip soweit wie möglich durch Individualnormen konkretisiert". Deshalb habe er Bedenken gegen die „Voranstellung von irgendwelchen unbestimmten Gesetzesbegriffen, zu denen auch der Begriff der Menschenwürde gehört, in die dann jeder beliebige Inhalt hineingelesen werden kann". RA Rosenzweig erinnerte sodann daran, „welche verschiedene Inhalte den heutigen Werten, von denen wir ausgehen, während der nationalsozialistischen Zeit zur Verfälschung des Rechts zugrundegelegt wurden". Je unbestimmter ein Begriff ist, desto weiter sei die Möglichkeit „die verschiedensten Inhalte hineinzulegen in einen solchen Begriff und darum auch umso geringer das Prinzip der Rechtssicherheit". Man müsse daher bei der Ausarbeitung des Grundrechtskataloges – ausgehend vom Wert der Menschenwürde – fragen, „was ist notwendig, um die Rechte des Menschen, die sich daraus ergeben, konkret zu formulieren" und man solle sich nicht auf unbestimmte Begriffe verlassen, „die dann von einem Gerichtshof aber auch von Regierungen und Gesetzgebern in kritischen Situationen ausgefüllt werden können zur Verfälschung des Inhalts der Verfassung". Unbestimmte Begriffe soll man „wirklich nur dort verwenden, wo man nicht anders auskommen kann".

In einer anschließenden Wechselrede machte *Sektionschef Loebenstein* RA Rosenzweig darauf aufmerksam, daß seine Hinweise auf die Notwendigkeit einer Orientierung an Werten den Auffassungen von RA Beck nahe kämen.

RA Rosenzweig erwiderte, er stimme mit Prof. Walter überein, daß jede Normsetzung von Werten ausgehe. Es sei das Wesen der Rechtspolitik, „daß man bestimmte Werte in Normen zu konkretisieren versucht".

Prof. Walter führte aus, es sei Aufgabe der Rechtsordnung, ihre Anordnungen mit möglichster Klarheit zu prüfen. Sein Bedenken sei, daß das "Voranstellen bestimmter Werte oder etwa auch des Wertes der Menschenwürde" zu große Unbestimmtheit bringen würde. Gewiß könne „eine solche Deklaration eine normative Bedeutung gewinnen, es wurde schon angedeutet, etwa als Interpretationsprinzip". Aber ein solches Bekenntnis, etwa zur Menschenwürde lasse doch sehr viele Auslegungen zu und daher auch sehr viele Interpretationen. Er denke hier, setzte Prof. Walter fort, etwa an die Auseinandersetzungen in der deutschen Literatur über den Begriff des sozialen Rechtsstaates. Ähnliche Gefahren würden sich auch aus einem Bekenntnis zur Menschenwürde ergeben, wenn nicht ganz präzise gesagt werde, was darunter zu verstehen ist. Die Meinung, ein solches Bekenntnis werde schon richtig aufgefaßt werden, sei zu optimistisch. Welcher Gewalthaber werde nicht die ausreichende Zahl von Juristen haben, die Menschenwürde so zu interpretieren, daß genau das herauskommt, was sich der Betreffende wünscht. Dafür gebe es historisch genügend Beispiele. So wäre etwa die Meinung nicht ausgeschlossen, daß es der Würde bestimmter Menschen entspricht, getötet zu werden. Wenn man bereit ist, Menschenwürde in einem ganz konkreten Sinn aufzufassen, dann sei doch der bessere Weg der, das, was sich aus der Menschenwürde ergibt, „in exakte Normen umzugießen", sodaß man der allgemeinen Deklaration nicht mehr bedürfe.

Prof. Winkler führte aus, die bisherige Diskussion habe die Zweckmäßigkeit der diskutierten Frage erwiesen. Man habe nun „ziemlich dicht als Überzeugung gewonnen, daß man von gemeinsamen Wertvorstellungen ausgeht", nämlich: „der Rechtsstaatlichkeit, des sozialen Rechtsstaates, der individuellen Freiheit, ja, wie sich nun auch zeigt, der Menschenwürde". Das könne wohl zu aller Genugtuung festgestellt werden. Der so gewonnene Konsens könne „als Arbeitsprogramm für die Formulierung jedes Grundrechtes dienen". Jedem, der die Menschenwürde als Wert anerkennt, könne es, fuhr Prof. Winkler fort, sinnvoller erscheinen, „die Menschenwürde möglichst konkret zu sichern, als sie möglichst schön zu formulieren oder möglichst in einem Satz zu formulieren". Der größere Gewinn sei die konkrete Sicherung in Gefährdungssituationen, die wir kennen oder die wir erwarten. Wenn man die derzeit noch nicht beantwortbare technische Frage zurückstelle, ob ein „Auffangrecht, wie es das Grundrecht der Menschenwürde im Bonner Grundgesetz ist", notwendig ist, könnte man der Ansicht sein, daß es genügen würde „durchleuchten zu lassen, daß wir diese Grundwerte bei allen Grundrechten zu unseren Hauptvorstellungen zählen".

Prof. Marcic erklärte unter Hinweis auf seine früheren Ausführungen, daß dieser Weg und diese Methode durchaus akzeptabel seien, „daß man per Saldo zum selben Ergebnis kommen wird und daß man dadurch vielleicht gewissen Gefahren ausweicht, das ist richtig". Man müsse aber doch beachten, daß auch das B.-VG. im Art. 1 nicht auf das Bekenntnis zur demokratischen Republik verzichtet hat. Es sei daher nicht einzusehen, warum man sich nicht genau so bekennen sollte „zur Menschenwürde und genau so bekennen zum Rechtsstaat und genauso bekennen zum allgemeinen Rechtsweg". Wenn schon Bekenntnisse abgelegt werden, sei nicht einzusehen, „warum das demokratische Prinzip und das republikanische Prinzip normativ gesehen ranghöher oder rangklarer, besser gesagt, normativ klarer zum Ausdruck kommen sollen als die Menschenwürde und der Rechtsstaat". Daß diese Frage nicht bedeutungslos ist, habe sich in der Causa Habsburg gezeigt, „wo in der Tat es darum ging: Was wiegt schwerer, der Rechtsstaat oder die Demokratie? Sind es Gegensätze, sind es keine Gegensätze?" Es wäre gut, „wenn in Österreich so das Rechtsstaatsprinzip, das Prinzip der Menschenwürde, der individuellen Freiheit, genau so tief verwurzelt würde u.zw. klar, expressis verbis", wie das demokratische und das republikanische Prinzip. Es sei nicht einzusehen, warum nur zu einem Teil der gemeinsamen Wertvorstellungen ein ausdrückliches Bekenntnis abgelegt werden soll, zumal heute die Menschenwürde genau so schwer wiege wie die Demokratie. Prof. Topitsch, der ja im übrigen kein Jurist sei, stehe mit seiner Auffassung, daß Begriffe, wie jener der Menschenwürde, Leerformeln sind, „ziemlich einsam in der Philosophie". Im allgemeinen sei man sich heute – gerade auf Grund der Lehren, die gezogen wurden – klar darüber, was unter dem Begriff der Menschenwürde zu verstehen ist. Das beweise auch die Diskussion in der BRD. Der Consens zeige sich zumindest im Negatorischen, also in der Frage, wodurch die Menschenwürde verletzt wird. Die Meinung, daß mit dem Begriff der Menschenwürde ein „diffuser Begriff" eingeführt würde, sei daher abzulehnen. Und letzten Endes könne der Gesetzgeber ohne unbestimmte Begriffe gar nicht auskommen.

Min.Rat Weiler bemerkte, die augenblickliche Diskussion zeige die Nachteile des Zurückstellens einer aus den Beratungen erwachsenen Frage. Die in Verhandlung stehende Frage habe sich im Zusammenhang mit den Beratungen über die Rangordnung der Grundrechte und über die Entfaltung des weltanschaulichen Pluralismus ergeben. Die Diskussion biete den Eindruck, daß die Fragestellung nicht mehr ganz plausibel erscheint. Es sei daher notwendig, sich den „geistigen Nährboden", aus dem sie erwachsen ist, in Erinnerung zu rufen. So gesehen sei die Fragestellung dahin zu verstehen, ob anzustreben ist, daß ein möglichst umfassender Consens über Grundwerte gesucht wird, diese Grundwerte in ein System gebracht werden und von diesem System ausgehend dann eben die Realisierung eines Grundrechtskataloges versucht wird. Der Begriff des Spiegelbildes könne in diesem Zusammenhang verschieden gedeutet werden. Es könne daran gedacht werden, die Grundwerte selbst zu inartikulieren. Es könne aber auch erwogen werden, nur ihre „Ausfaltungen" in das positive Recht zu übertragen. Im letzteren Fall könnte man sich darauf beschränken, nach dem Vorbild des StGG. bestimmten, konkret gegebenen Gefahren mit konkreten Normen entgegenzutreten. Das wäre gewiß auch ein Spiegel gemeinsamer Wertvorstellungen. Es wäre aber nicht das geschlossene System, das vom Kollegium im Rahmen der Diskussion über die Rangordnung der Grundrechte als erstrebenswert bezeichnet worden ist.

Sektionschef Loebenstein stellte zur Erwägung, einen Grundrechtskatalog zu schaffen, der die einzelnen von den erörterten Prinzipien geforderten Grundrechte möglichst konkretisiert „und dann noch in einer Präambel eine Einführung macht, die also akzentuiert, welche Motive für die ganze Regelung maßgebend sind".

RA Beck führte aus, daß im Kollegium ebenso wie in der wissenschaftlichen Literatur zwei Begriffe vermengt würden, die scharf zu scheiden seien. Es handle sich um die Begriffe „präpositiv" und „vorrechtlich". Wenn etwa der VerfGH. von der Natur der Sache spreche, begebe er sich auf das präpositive Gebiet. Hingegen sei der Begriff der Menschenwürde vorrechtlicher Natur. Er gehöre der Rechtsordnung nicht an, sondern sei ihr vorgegeben. Er gehöre einer Ordnung an, in der „das Recht eingebettet" sei, die der Rechtsordnung Schranken setze. Und so komme man zu der grundlegenden Entscheidung, ob man die Rechtsordnung als etwas Unabhängiges ansehen wolle, wie es Kelsen versuche, wobei sie eben dann unter mehreren Grundnormen im Nichts hänge oder ob man sie, wie andere Ordnungen, als eine von einer anderen Ordnung abhängige ansehen müsse, ebenso, ob man den Menschen als vollkommen, autonom, von nichts abhängig ansehen wolle oder aber erkenne, daß er abhängig ist. Es gehe hier letztlich um eine Willensentscheidung. Die Menschenwürde komme, schloß RA Beck, von „wo anders". Wenn man versuche, zu erkennen, was sie für die Rechtsordnung bedeutet, werde man sehen, daß sie „äußerst ergiebig, äußerst konkret und sehr präzise ist". Und daß man daran die Gesetzgebung messen kann.

Prof. Walter knüpfte an die Ausführungen von Prof. Marcic an und erklärte, er sei nicht der Meinung, daß die Deklaration des Art. 1 des B.-VG. weitere Deklarationen notwendig mache. Er wäre einverstanden, wenn auch die Deklaration des Art. 1 beseitigt würde, was aber nicht zur Diskussion stehe. Zu beachten sei, was Kelsen – Fröhlich – Merkl in ihrem bekannten Kommentar zum Art. 1 gesagt haben: Eine Verfassung habe die Aufgabe, demokratisch zu sein, aber nicht zu sagen, sie sei demokratisch. Zu der Meinung aber, die Menschenwürde sei etwas höchst Bestimmtes, sei zu sagen, daß dann eben jene Normen geschaffen werden sollen, die diesem bestimmten Begriff entsprechen, um jeder Gefahr der Mißdeutung vorzubeugen.

Prof. Marcic stellte hiezu die Frage, warum kein Gesetzgeber etwa auf den Begriff der guten Sitten verzichtet. Dieser Begriff sei genau so unbestimmt und trotzdem sei damit nur sehr selten Mißbrauch getrieben worden. Auch habe sich Hitler bei seinen Judenmorden nicht auf die Menschenwürde berufen. Es sei undenkbar, daß unter Berufung auf die individuelle Menschenwürde gemordet wird. „Menschenwürde heißt nämlich, daß ich niemanden seiner Subjektstellung berauben kann. Also ganz konkret gesprochen: Unter Berufung auf die Menschenwürde kann ich keine Gaskammern aufziehen, auch nicht unter Berufung auf gute Sitten."

Prof. Winkler erinnerte in einem Zwischenruf an die Erklärung Hitlers, daß von nun an zwischen Recht und Moral kein Unterschied mehr sei.

Prof. Marcic erwiderte, daß er von Moral nicht sprechen wolle.

Prof. Pfeifer führte aus, daß der Begriff des Rechtsstaates fast ebenso unbestimmt sei wie jener der Gerechtigkeit. Es sei notwendig zu sagen, „es genügt nicht bloß, daß wir einen Gesetzesstaat haben, einen Staat mit Rechtsmitteln und Rechtsinstanzen, Gerichten als oberste Schirmer des Rechts", und auf diese Weise klarzustellen, daß ein Staat mit ungerechten Gesetzen kein Rechtsstaat ist. Deshalb habe er, fuhr Prof. Pfeifer fort, die Bezugnahme auf die Gerechtigkeit vorgeschlagen. Das Postulat der Gerechtigkeit sei ja „heute schon im Grundsatz der Gleichheit drinnen, nur daß das besser formuliert werden müßte. Nicht Gleichheit vor dem Gesetz, sondern Gleichheit in den Gesetzen, also Gleiches gleich und Ungleiches ungleich zu behandeln." Zutreffend sei festgestellt worden, daß vor den Gerichtshöfen des öffentlichen Rechts die Frage der Gleichheit eine weitaus größere Rolle spiele als jene der Freiheit. Hier gehe es um „die primitivsten Rechtsempfindungen des Menschen und der Menschheit und das liegt ja im richtig verstandenen Rechtsstaat drinnen". Aber der Rechtsstaat könne auch von „reinen Formalisten" mißverstanden und dahin gedeutet werden, es genüge „ein Staat, der alles genau normiert und unter Rechtssicherheit stellt, aber das Normierte kann dabei der Gerechtigkeit ins Gesicht schlagen". Hier handle es sich um einen „leitenden Gesichtspunkt", von dem zweifelhaft sei, ob er im Begriff der Menschenwürde enthalten ist. Wohl sei er im Gleichheitssatz enthalten und deshalb müsse auch der im Kollegium unter Berufung auf Carl Schmitt vertretenen Meinung entgegengetreten werden, daß die Grundrechte nur Freiheitsrechte seien. Bei der Gleichheit gehe es um andere Dinge und deshalb habe schon die Französische Revolution neben der Brüderlichkeit Freiheit und Gleichheit unterschieden. Gerechtigkeit sei ein viel ursprünglicherer Begriff als jener des

Rechtsstaates. Er müsse ein „Zentralbegriff sein für ein System von Grundrechten neben Freiheit, neben Brüderlichkeit".

Nun ergriff *Bundeskanzler Klaus* das Wort und führte aus, er habe die Diskussionen des Kollegiums mit großem Interesse verfolgt und habe sich auch über jene Beratungen des Kollegiums, an denen er nicht teilnehmen konnte, laufend informieren lassen. Ausgangspunkt der Arbeiten des Kollegiums sei der Gedanke einer Neuformung der Grund- und Freiheitsrechte in Österreich. Diesem Ausgangspunkt gemäß sei die Diskussion in zwei Richtungen gegangen. Einmal habe man sich gefragt: „Welche Prinzipien, welche Ideen, welche Leitbilder, welche Wertvorstellungen ganz gleich, wie wir das nun nennen, sollen wir dem Ganzen unterlegen?" Zum anderen frage man sich, welche einzelnen Sachverhalte dann berücksichtigt werden sollen. Die Diskussion habe schon viele Ergebnisse gebracht und es sei besonders erfreulich, daß diese Ergebnisse Aussicht auf einen Konsens bieten. Dafür sei er, stellte Bundeskanzler Klaus fest, „sehr, sehr dankbar". Im Hinblick darauf stehe man nun vor der Frage, wie jene Wertvorstellungen, zu denen man sich bekennt, im Grundrechtssystem berücksichtigt werden sollen, „ob sie etwa nur innerhalb der Sachverhalte transparent werden sollten – dafür spricht manches – oder ob sie zweitens in eine Präambel nur nominatim, also nur mit einem Wort, eingebaut werden sollten oder ob man, was verlangt worden ist, wenn schon Begriffe genannt worden sind, diese so umschreibt, daß jeder weiß, was gemeint ist". Letzteres, „die Freiheit, die Menschenwürde, den Rechtsstaat näher zu definieren und das in eine Präambel zu verpflanzen", scheine allerdings sehr schwierig zu sein. Wenn man sich aber auf die Nennung der in Betracht kommenden Begriffe beschränke, sei zu überlegen, „ob alle diese Begriffe dann wirklich auch in dem Katalog immer wieder aufscheinen werden". Übereinstimmung in dieser Hinsicht sei jedenfalls erforderlich. Er sei, erklärte Bundeskanzler Klaus, der Auffassung, daß der Begriff der Menschenwürde diese Übereinstimmung gewährleisten könnte. Ob die Freiheit neben der Menschenwürde genannt werden müßte, sei noch zu prüfen. Die Anführung des Rechtsstaates aber sei deshalb problematisch, weil dieser Begriff weit über die Grund- und Freiheitsrechte hinausgreife. Institutionen wie etwa die Unabhängigkeit der Gerichte, die Gewaltenteilung, die Gesetzmäßigkeit der Verwaltung gehörten wohl zum Begriff des Rechtsstaates, nicht aber zu den Grund- und Freiheitsrechten. Es sei daher zu überlegen, ob man sich nicht mit einem Begriff, der auch die Freiheit einschließt, begnügen könnte. Der Begriff der Menschenwürde sei hiefür geeignet. Sodann gab Bundeskanzler Klaus zu bedenken – und er bezeichnete diesen Gesichtspunkt als ein persönliches Anliegen – daß es heute bei den Grund- und Freiheitsrechten nicht nur um den Menschen, sondern, als Folge der „starken Vergesellschaftung" – auch um Gemeinschaften gehe. Das Kollegium habe sich mit diesem Problem unter dem Arbeitstitel der Instituts- und Institutionengarantien befaßt. Diese Bezeichnung sei für die Arbeiten des Kollegiums sicher richtig, für das Gesetz aber müßten andere Bezeichnungen gewählt werden. Es stelle sich in diesem Zusammenhang die Frage, ob nicht die kleinen Gemeinschaften oder die „Gemeinschaften als solche“ genannt werden sollten, um „alles das, was die Familie oder die Berufskörperschaft oder die kleinen Gebietskörperschaften u.dgl. betrifft“, auch zu erfassen.

Prof. Klecatsky ging auf die von Bundeskanzler Klaus gestellte Frage ein, ob in eine Präambel das Wort Freiheit aufgenommen werden sollte und führte aus, „daß heute ja keine Macht mehr sich gegen den Einzelnen wendet. Jede Macht erklärt ja, daß sie für den Einzelnen da ist, jedes Kollektiv sagt ja nicht, daß es um seiner selbst willen existiert, sondern daß es eben als Kollektiv auftritt, um dem Einzelnen seine Rechte zu verschaffen“. Mit dieser Entwicklung müsse gerechnet werden. Imboden und Marti hätten sie zurückgeführt „auf einen Wandel der archetypischen Bilder, also auf den Übergang vom Bild des Großen Vaters zum Bild der Großen Mutter“, wobei sie mit dem Bild des Großen Vaters die Begriffe Föderalismus, Rechtsstaat, Verfassung, Gesetz, das also über eine gewisse Zeit hin Dauer entfalten kann, Naturrecht, kurz die Vorstellung verbinden, „daß nicht das Leben die Ordnung schafft, sondern daß umgekehrt, die Ordnung das Leben zu prägen hat, daß das Gesetz dauern soll“. Während der Archetypus der Großen Mutter „bald als die Hilfe reichende, hegende, schützende, lehrende, liebende Mutter auftritt, bald aber als die schreckliche, verschlingende, auflösende“. Die Daseinsvorsorge des modernen Wohlfahrtsstaates sei zweifellos eine matriarchale Komponente im Sinne dieser Untersuchungen. Sodann ging Prof. Klecatsky auf die Frage ein, ob Formulierungen geschaffen werden sollen, „in denen Wertvorstellungen größeren Ausmaßes vorkommen“ und sprach sich gegen solche Regelungen unter dem Gesichtspunkt aus, daß die Grundrechte eben nur eine Grenze für das Kollektiv zu setzen haben. Jenseits dieser Grenze solle volle und freie Selbstbestimmung zunächst des Einzelnen und dann auch kleiner Gemeinschaften herrschen. Aber zunächst freie Selbstbestimmung des Einzelnen, u.zw. freie Selbstbestimmung nicht eines erdachten Einzelnen, der auch wieder nur ein Erzeugnis kollektiver Gedankengänge ist, sondern freie Selbstbestimmung des wirklich Einzelnen. Diese Problematik habe Kierkegaard in einer sehr vorausschauenden Weise erkannt, wenn er sagte: „Es kommt darauf an, eine Wahrheit zu finden. Die Wahrheit ist für mich, die Idee zu finden, für die ich leben und sterben will. Und was nützte es mir dazu, wenn ich eine sogenannte objektive Wahrheit auffände, wenn ich mich durch die Systeme der Philosophen arbeitete und, wenn es verlangt würde, Revue über sie halten könnte?“ Die Frage sei also nicht, ob ein abstrakter Einzelner geschützt werden soll, sondern „ob es uns gelingt, mittels der Rechtsnormen einen Raum abzugrenzen, in dem jeder für sich der Einzelne sein kann, der er sein will und der *er* sein will und nicht, wie das Kollektiv es haben will". Daher sei er, fuhr Prof. Klecatsky fort, der Ansicht, daß den Rechtsschutzeinrichtungen der allergrößte Raum einzuräumen sei, daß es weiters notwendig sei, „die Grenze, die dem Kollektiv gesetzt ist, möglichst präzise abzugrenzen", daß aber an die Spitze gesetzt werden müsse „das Prinzip der Selbstbestimmung des Einzelnen und nicht die Menschenwürde, die wiederum belastet ist mit allen diesen kollektiven Vorstellungen, die halt heute im Schwunge sind. Die Selbstbestimmung u.zw. die Selbstbestimmung des konkreten Einzelnen und nicht eines abstrakten und erdachten Einzelnen".

Prof. Floretta knüpfte an die Forderung von Prof. Pfeifer an, unter die zu nennenden Grundwerte auch die Gerechtigkeit aufzunehmen und erklärte, er hielte dies für bedenklich. Dies auf Grund der Erwägung, daß die Menschenwürde, so wie sie von der Wissenschaft verstanden wird, lediglich jene Rechte erfasse, die ein Existenzminimum zusichern, während dessen die Gerechtigkeit viel weiter gehe, wenn man sie absolut in ein Grundrecht kleidet, da sie den Rang der „verteilenden Sozialpolitik" einnehme, also die Forderung, daß „angemessene Bedingungen schlechthin vom Gesetzgeber zugesichert werden". Die Menschenwürde etwa gebiete, daß überhaupt Urlaub gewährt wird, die Gerechtigkeit aber, daß ein angemessenes Maß an Urlaub gewährt wird. Sodann ging Prof. Floretta auf die Ausführungen von Bundeskanzler Klaus ein und sagte, auch er glaube, daß „diese Gemeinschaften die Menschenwürde zur Grundlage haben, weil auch die Gemeinschaften mittelbar zumindestens dazu dienen, daß die Menschenwürde eben geachtet wird, daß sie berücksichtigt wird, daß sie geschützt wird, wie ja die Grundrechte alle eine Schutzfunktion vornehmlich haben". Aber auch unter diesem Gesichtspunkt könne die Menschenwürde die oberste Norm sein, so wie sie Prof. Marcic umschrieben habe, im individuellen Sinn. In der Konkurrenz mit Gemeinschaftsinteressen hätte diese individuelle Menschenwürde den Vorrang. Sodann ging Prof. Floretta auf den Gedanken Prof. Klecatskys ein, daß die „Entfaltung der persönlichen Freiheit, daß die Vertragsfreiheit", die man mit anderen Worten auch „Parteiwillkür" nennen könne, vielleicht die Spitze einnehmen soll. Es handle sich hier um einen Ausfluß der Menschenwürde, der seine „Grenze dort hat, wo eben diese individuelle Menschenwürde verletzt ist". Diese Begrenzung aber ergebe sich aus den guten Sitten. Letztlich sei daher doch die individuelle Menschenwürde als „zentrale Norm" anzusehen. Was aber Topitsch betreffe, so habe er zwar den Standpunkt vertreten, daß die Rechtswissenschaft in ihrer Tätigkeit wertfrei sei, dann aber doch zugeben müssen, daß die Rechtspolitik „ein Erkennen ist aus dem präpositiven Recht, daß in der Rechtspolitik die Werte absolut gegeben sind". Richtig sei, daß unter der Herrschaft des Nationalsozialismus „ein großer Schwulst von Werten immer wieder angewendet wurde". Das „Gesetz zur Ordnung der nationalen Arbeit" könne hier als Beispiel dienen. Es handle sich aber hier nicht um ein demokratisch entstandenes, sondern um ein oktroyiertes Wertsystem.

RA Rosenzweig führte aus, die Diskussion bestärke ihn immer mehr in der Auffassung, daß die Menschenwürde zwar als "zentrales Motiv der Normsetzung", nicht aber „als zentrale Norm" angesehen werden könne. Man könne „den Gedanken von einer Präambel nur dann verwenden, wenn man vorher die Gedankengänge so in Normen individualisiert hat, daß die Möglichkeit, noch irgendeinen Norminhalt in die Präambel hineinzusetzen, auf fast Null reduziert wird". Andernfalls begebe man sich auf einen sehr gefährlichen Weg, ähnlich wie die BRD, „wo also aus irgendwelchen vagen Begriffen Systeme aufgebaut werden, als Recht erklärt werden, wobei aber die realen Grundlagen fehlen". Ebenso gefährlich sei es, den Begriff der materiellen Rechtsstaatlichkeit in einen Grundrechtskatalog aufzunehmen. Man möge sich daran erinnern, daß unter der Herrschaft des Nationalsozialismus „mit dem Begriff der Rechtsstaatlichkeit verteidigt wurde das Abgehen von der Bindung an das Gesetz. Es wurde gesagt, ja wir stellen ja dem Begriff der Bindung an das Gesetz den viel höheren Begriff der Rechtsstaatlichkeit entgegen. Das ist eine überholte Sache, die Bindung an das Gesetz". Ähnlich verhalte es sich mit dem Begriff der Gerechtigkeit. „Was gerecht ist, das hat der Gesetzgeber auf Grund der politischen Kämpfe, die diesbezüglich ausgetragen werden, zu konkretisieren. Das ist keine Rechtsfrage." Die Frage, was gleich ist, sei wohl eine Rechtsfrage, aber die Frage, was gerecht ist, sei „eine Wertung des Gesetzgebers und nicht ein Rechtsbegriff, der in eine Verfassungsnorm kommen kann". Auch das Argument mit den guten Sitten vermöge nicht zu überzeugen. Schließlich und endlich habe man im bürgerlichen Recht auch das Gewohnheitsrecht. Im Bereich der Verfassung aber „wollen wir doch nur gebunden sein an das geschriebene Wort und wollen alle diese vagen Begriffe vermeiden. Dazu geht es eben doch um Dinge, die von ungeheuer entscheidender Bedeutung sind."

Parl.Rat Kobzina führte aus, es sei verfrüht, sich mit der Frage auseinanderzusetzen, ob die Menschenwürde als Deklaration expressis verbis oder nur in ihren Ausfaltungen im Grundrechtskatalog Berücksichtigung finden soll. Richtig wäre es hingegen, zu prüfen, welche Wertvorstellungen im Sinne der Fragestellung überhaupt in Betracht kommen. Prof. Walter sei bei seiner Feststellung, daß es keine wertfreie Norm gibt, gewiß beizupflichten, aber das Kollegium habe es ja noch nicht mit Normen, sondern mit der Frage zu tun, wie ein „künftiger Grundrechtskatalog beschaffen sein soll". In dieser Sicht aber sei die Frage von Relevanz, welche Werte maßgebend sein sollen. Er habe, fuhr Parl.Rat Kobzina fort, sich in dieser Hinsicht bereits erklärt, wolle aber seine Erklärung mit Rücksicht auf den Stand der Diskussion wiederholen. Wesentlich sei, ob es sich „um einen Wert handelt, der in einer Normentsprechung liegt, oder in einer Wunschentsprechung". Wenn man etwa „die Menschenwürde, in welcher Weise immer, in der Form, wie es Prof. Marcic meint, oder in der Form, wie es Dr. Rosenzweig meint, institutionalisiere", so lasse „sich das durchaus am bisherigen Verfassungsnormbestand rechtfertigen. Art. 2 des Staatsgrundgesetzes, Art. 7 des Bundesverfassungsgesetzes, Art. 6 des Staatsvertrages von Wien". In allen diesen Fällen könne man, „sei es aus dem Gleichheitssatz, sei es im Staatsvertrag, der ausdrücklich von den Menschenrechten spricht, die Institutionalisierung, die zusätzliche, die neue von Menschenrechten und Menschenwürde ablesen". Ein Gleiches werde hinsichtlich des Wertes der Freiheit gelingen. Auch das vom Herrn Bundeskanzler bezogene Subsidiaritätsprinzip werde man aus der bestehenden Verfassungsrechtsordnung normbezogen ableiten können, aus der Gemeindeautonomie. Wenn man aber vom Sozialstaat spreche, so sei festzustellen, daß man „das aus der Verfassungsrechtsordnung nicht ableiten kann und es sich hier nicht um einen normbezogenen, sondern um einen wunschbezogenen Wert handelt". Er selbst habe sich, stellte Parl.Rat Kobzina fest, nur zu den normbezogenen Werten bekannt. Und er könne sich „einen Grundrechtskatalog für die Zukunft nur als einen an den bestehenden verfassungsrechtlichen Normen, institutionalisierten Werten ausgerichteten vorstellen". Mit dem Problem des unbestimmten Gesetzesbegriffes wolle er sich noch nicht auseinandersetzen. Er wolle aber doch sagen, daß er der inhaltlich erfüllten Norm den Vorzug gebe vor Deklarationen.

Prof. Winkler führte aus, man solle „hier nur festlegen, daß diese Wertvorstellungen, die als gemeinsam erkannt worden sind, Leitgedanken für unsere weitere Diskussion sein sollen bei jedem einzelnen Grundrecht". Erst in einem späteren Zeitpunkt solle dann entschieden werden, „was wir den konkret erarbeiteten Grundrechten voranstellen in Form grundsätzlicher Aussagen einer Präambel oder irgendwelcher Feststellungen, die uns geeignet erscheinen, um dem Ganzen ein einheitliches Gesicht zu geben".

Hofrat Lehne führte aus, „wenn man eine Norm von der Art des § 16 ABGB an die Spitze des Grundrechtskataloges stellen würde, so wäre gleichzeitig dem Gedanken der Menschenwürde Ausdruck gegeben und eine präzise juristische Aussage gemacht, die aber gleichzeitig einen großen Gehalt hat und die Menschen bewegen kann, weil dieses Problem immer aktuell bleibt". Man soll sich „tatsächlich um juristische Präzision bemühen, gleichzeitig aber auch darum bemühen, daß eine gewisse Besserung der Lage in Bezug auf die Einstellung des Volkes zur Rechtsordnung vielleicht durch unsere Arbeit herbeigeführt wird, wenn man eben durch eine entsprechend klare sprachliche Fassung, die aber auch den Menschen anspricht, das bewirkt, und dann vielleicht eben durch eine Präambel". Schließlich knüpfte Hofrat Lehne an die Ausführungen von Bundeskanzler Klaus an und erklärte, auch er sei „ein Anhänger des Gedankens, daß die

Freiheit auf der Subsidiarität ruht und daß also nicht nur die Person, sondern auch die Gemeinschaften Schutz verdienen". Man werde sich allerdings fragen müssen, ob es genügt, solche Gemeinschaften, wie etwa die Familie, zu garantieren, oder „ob es auch sinnvoll sein wird, etwa in einer Präambel auch diesen Gedanken zum Ausdruck zu bringen".

Prof. Marcic wies darauf hin, daß die Regelung des § 16 deshalb in das ABGB aufgenommen wurde, weil der "Codex Politicus Theresianus" nicht zustande kam. Deshalb habe man diese Regelung in das ABGB „hineingeschmuggelt". Tatsächlich habe man schon damals „die Menschenwürde als zentralen Wert" gewollt. Sodann verwies Prof. Marcic auf eine Abhandlung Scheuners, wo nachgewiesen sei, daß man "schwer normativ-systematisch Ausfaltungen betreiben kann, wenn man nicht den zentralen Wert beim Namen nennt". Man könne „nicht über die einzelnen Grundrechte und Menschenrechte sprechen, wenn man nicht den zentralen Wert Menschenwürde, der ja das Ganze trägt, das ganze System" nennt. Abschließend betonte Prof. Marcic, daß man auch „den anderen Weg" gehen könne und daß er dazu durchaus bereit sei.

Sektionschef Loebenstein stellte nunmehr fest, daß weitere Wortmeldungen nicht vorlägen, und schlug wegen der Abwesenheit mehrerer Kollegiumsmitglieder vor, die übliche Umfrage zur zuletzt behandelten Fragestellung erst in der nächsten Tagung durchzuführen. Bei der nächsten Tagung werde, führte Sektionschef Loebenstein weiter aus, der Abschnitt B des Fragenprogramms abzuschließen und dann auf den Abschnitt D einzugehen sein, wobei im Rahmen dieses Abschnittes zuerst die von RA Rosenzweig zur Diskussion gestellten, bei der 5. Tagung schriftlich bekannt gegebenen Fragen zu behandeln sein werden. Bei Punkt 5 dieser Zusammenstellung werde es auch notwendig sein, Vertreter der gesetzlichen beruflichen Vertretungen anzuhören. Vorher werde allerdings zweckmäßigerweise vom Kollegium intern über diese Frage zu beraten sein.

Gegen diese Vorschläge wurde kein Einwand erhoben. Als weitere Tagungstermine wurden der 17. und der 30. September sowie der 29. Oktober [1965] festgelegt.

Sodann schloß Sektionschef Loebenstein die Tagung, dankte den Mitgliedern des Kollegiums für ihre Mitarbeit und wünschte ihnen einen guten Urlaub.

Auszug aus dem Protokoll der am 17. September 1965 abgehaltenen 7. Arbeitstagung des Expertenkollegiums für Probleme der Grund- und Freiheitsrechte – Protokollpassage betreffend die am Schluß der 6. Arbeitstagung von Sektionschef Loebenstein angekündigte Umfrage

[...]
Sektionschef Loebenstein: Nach diesen prozeduralen Fragen komme man zu Punkt 1 der Tagesordnung, zur Umfrage über die bereits diskutierte Frage, ob der Grundrechtskatalog ein Spiegel der gemeinsamen Wertvorstellungen des Staatsvolkes darstellen oder von diesen Wertvorstellungen etwa im Interesse größtmöglicher Bestandfestigkeit unabhängig sein soll. Diese Frage sei bedauerlicherweise wiederholt zurückgestellt worden, sodaß dadurch vielleicht der Zusammenhang, aus dem diese Frage gestellt worden ist, verlorengegangen sei. Ausgangspunkt der Fragestellung sei „die Rangordnung der Grundrechte bzw. die Fragestellung nach der Entfaltung des weltanschaulichen Pluralismus" gewesen. Die Frage konzentriere sich darauf, „ob anzustreben ist, daß ein möglichster Consens über die Grundwerte gesucht wird, dann diese Grundwerte in ein System gebracht werden und von diesem System ausgehend die Realisierung in einem Grundrechtskatalog versucht wird". Der eine extreme Standpunkt in den Debatten der letzten Tagung sei der gewesen, daß man gemeint habe, es sollten gewisse Werte wie z.B. Menschenwürde, Gerechtigkeit, Rechtsstaat, Freiheit ausdrücklich in einem Artikel des Grundrechtskataloges festgehalten werden. Das gegenteilige Extrem sei gewesen, daß man darauf überhaupt verzichten könnte. Schließlich sei noch diskutiert worden, ob man gewisse, als maßgebend anzusehende Werte „in den einzelnen Grundrechtsnormen zum Ausdruck bringen und dann in Form einer Präambel, die gewissermaßen transparent die Wertvorstellungen des gesamten Grundrechtskataloges wiedergibt", festhalten solle.

Sodann ersuchte *Sektionschef Loebenstein* die Mitglieder des Kollegiums, zu folgender Frage Stellung zu nehmen:

Soll der Grundrechtskatalog einen Spiegel der gemeinsamen Wertvorstellungen des Staatsvolkes darstellen oder von diesen Wertvorstellungen etwa im Interesse größtmöglicher Bestandfestigkeit unabhängig sein?

Die Umfrage ergab:

Prof. Ermacora: „Ich muß mich enthalten, weil ich in der letzten Sitzung nicht anwesend war und das Problem im Moment zu wenig übersehe."

RA Beck: „Ein gemeinsamer Grundwert, welcher in Form einer Präambel im Grundrechtskatalog vorangestellt wird, wobei die Präambel zur Interpretation der einzelnen Grundrechtsnormen heranzuziehen ist."

Prof. Floretta: „Ebenso."

Prok.Koär. Graff: „Keine Erklärung. Ich war nicht anwesend."

Hofrat Kaltenberger: „Im gleichen Sinne wie Herr Dr. Beck."

Hofrat Klecatsky: „Ebenfalls."

Parl.Rat Kobzina: „Ebenfalls."

Abg. Kummer: „Ebenfalls, wie Dr. Beck."

Hofrat Lehne: „Ebenfalls."

Hofrat Lora: „Ich war in der letzten Sitzung nicht anwesend."

Prof. Marcic: „Präambel."

Sektionsrat Ringhofer: „Präambel mit der Einschränkung, die szt. RA Dr. Rosenzweig vorgebracht hat, nämlich, daß die Präambel lediglich eine solche sein soll, um zu vermeiden, dass unabhängig von den individualisierten Grundrechten die Präambel zur Grundlage eines Systems mehr oder weniger rechtsprechungsbedingter Erkenntnisse würde. RA Dr. Rosenzweig hat damals gesagt, der Katalog soll so durchgebildet sein, daß die Präambel wirklich nur deklarativen Wert hat, um sich nicht zur Grundlage einer solchen ... machen zu können. Ich bin daher eher gegen als für eine Präambel."

RA Rosenzweig: „Wie Herr Dr. Ringhofer."

Prof. Werner: „Präambel plus genau fixierte Grundwerte."

Prof. Winkler: „Ich schließe mich der Meinung von Prof. Werner an."

[*Prof. Pfeifer – schriftl. abgegebene Stellungnahme*]: „Zu der als erstem Tagesordnungspunkt der Sitzung am 17.9. angekündigten Umfrage erlaube ich mir meine Meinung dahin zu äußern, daß jeder Grundrechtskatalog m.E. einen Spiegel der allgemeinen Wertvorstellungen darstellt. Unser auf das Jahr 1867 zurückgehender Grundrechtskatalog war es auch; nur hat die politische und soziale Entwicklung die allgemeine Wertvorstellung in dem seither verflossenen Jahrhundert wesentlich erweitert. Das zeigen die Menschenrechtskonvention, die sie ergänzende Europäische Sozialcharta und moderne Verfassungen wie die der Bundesrepublik Deutschland und der Republik Italien. Fraglich ist m.E. höchstens, inwieweit über dieses Mindestmaß an europäischen allgemein anerkannten Grundrechten und Grundprinzipien noch einige sonstige neue Grundrechte in den neuen Katalog aufzunehmen sein werden, so z.B. das Asylrecht und das Verbot der Auslieferung von Staatsbürgern an fremde Staaten und die im 4. Zusatzprotokoll zur MRK enthaltenen Grundrechte."

Prof. Marcic: Er sei im Gegensatz zu Dr. Ringhofer der Meinung, daß die Präambel selbstverständlich normativen und interpretativen Charakter habe, dies sei der Sinn einer Präambel, ansonsten habe man eine kommunistische Verfassung, die zwar großspurig von Menschenrechten spreche, aber dann fehle der „Witz der Sache". Schon Plato sage, daß das Wichtigste beim Gesetz die Präambel sei u.zw. selbstverständlich als normativer Bestandteil. Wenn man in der Präambel großspurig die Menschenwürde verkünde und dann der Richter das nicht einmal als Interpretationsnorm anwenden dürfe, dann könne man sich das „schenken", dann sei man unaufrichtig.

Dr. Rosenzweig: Er glaube, falsch verstanden worden zu sein. Der Gedanke sei der, „daß die Konkretisierung der Grundwerte, die in der Präambel enthalten sind, durch konkrete Normen so weitgehend erfolgen soll, daß ein weiterer Spielraum für den normativen Inhalt der Präambel sich fast auf Null reduziert und sie also lediglich eine Interpretationsnorm ist". Er glaube, „die Großspurigkeit und Bedeutungslosigkeit kommunistischer Verfassungen liegt darin, daß sie eben nur Grundwerte ohne Konkretisierung verkünden und dann die Realität sehr weit von diesen verkündeten Grundsätzen abweicht". Gegen diese Gefahr könne man sich nur schützen, wenn man trachte, „Wertvorstellungen in konkreten Normen möglichst genau zu präzisieren".

Prof. Marcic: Ein so „geistesscharfer und geschliffener Jurist wie Dr. Rosenzweig" werde genau wissen, daß es keine Norm gäbe, „die so konkretisiert werden kann, daß sie nicht noch tausend Möglichkeiten der Auslegung freigibt". Er – Prof. Marcic – sei daher der Meinung, daß die Präambel sehr ernst zu nehmen sei und die Grundwertvorstellungen sehr ernst zu formulieren seien, damit man die Präambel heranziehen könne, wo „ein konkretes Grundrecht nicht hinreichend konkretisiert ist". Gewiß müsse man sich um konkrete Formulierungen bemühen, jedoch hätten Kelsen und Merkl am besten nachgewiesen, daß es keine Normanwendung gibt, „wo nicht ungezählte Potenzialitäten der Anwendung bestehen". Zweitens sei die Präambel auch deshalb wichtig, „weil ja dieser Staat hie und da den Eindruck erweckt, daß er aus zwei Staaten besteht, aus dem ÖVP-Staat und aus dem SPÖ-Staat. Und wir wollen eine concordia, eine amicitia politica, nämlich: Ein gewisser Consensus von Grundwerten soll auch in diesem Grundrechtskatalog der Öffentlichkeit und dem österreichischen Volk zeigen, das sind die Werte, wo die ÖVP und die SPÖ und alle Österreicher übereinstimmen". Es gäbe „keinen Staat, keine gute Koalition und keine gute Zusammenarbeit der politischen Kräfte, wenn es nicht gewisse Grundwerte gibt, über die es überhaupt nichts mehr zu diskutieren gibt". Diese Grundwerte müsse man herausfinden. Wenn es nicht gelinge, gewisse Grundvorstellungen auszuarbeiten, die der ganzen Gesellschaft gemeinsam sind, sei „die ganze Kommission sinnlos".

Sektionschef Loebenstein: Bereits bei der letzten Debatte über diese Frage habe durchgeleuchtet, daß man nicht einen Leerformelkatalog aufstellen wolle, der beispielsweise erkläre: „Das Eigentum ist geschützt.", auf die Frage aber, was Eigentum ist, antworte: „Es gibt kein Eigentum." Ergebnis der Debatte und der

Umfrage sei gewesen, daß ein „werterfüllter Katalog“ aufgestellt werden soll. Nachdem bei der letzten Beratung eine Reihe solcher Grundwerte genannt worden sei, werde man im einzelnen bei der Besprechung der konkreten Grundwerte diese Frage zu prüfen haben.

[...]

Ausblick

Das am 1. Dezember 1964 ausgesandte Fragenprogramm A-D, Zahl 144.405-2/64, wurde in der 7., 8. und 9. Arbeitstagung (17. September, 30. September und 29. Oktober 1965) abschließend behandelt. Die I. Tagungsperiode war somit geschlossen.

Die äußerst umfangreichen Protokolle der 7., 8. und 9. Arbeitstagung des Expertenkollegiums für Probleme der Grund- und Freiheitsrechte werden aus Platzgründen nicht mehr in vorliegenden Band aufgenommen, sie wären in einem gesonderten Folgeband zu edieren.

Am Ende der 9. Arbeitstagung trat das Kollegium in die Beratungen über ein „Arbeitsprogramm für die II. Tagungsperiode des Expertenkollegiums für Probleme der Grund- und Freiheitsrechte" ein. Das Programm wurde den Mitgliedern vom Bundeskanzleramt-Verfassungsdienst in später nur mehr geringfügig modifizierter Weise am 23. September 1965, Zahl 124.367-2/65 (Änderungen unter BKA-VD Zl. 124.903-2/65 vom 8. November 1965) zugesandt. Dieses Arbeitsprogramm wurde 1969 veröffentlicht: Peter Pernthaler: Die Grundrechtsreform in Österreich, in: Archiv des öffentlichen Rechts 94 (1969), 31-84, hier 79-84.

Im folgenden werden jeweils die einleitenden Ausführungen des Vorsitzenden Edwin Loebenstein zitiert, um einen Ausblick auf den Abschluss der I. Tagungsperiode zu ermöglichen:

Edwin Loebenstein in der 7. Tagung am 17. September 1965:

(Protokoll, Seite 5f., 41)

[1]

„Man könne nun zu Punkt 4 des Abschnittes B des Fragenprogramms übergehen, der sich ´mit den Änderungen im Bereiche der Staatengemeinschaft und mit neuen Entwicklungen im Bereiche des Völkerrechtes` beschäftige. Es sei nicht zu erörtern, wie internationale Abkommen oder völkerrechtliche Verpflichtungen in die nationale Grundrechtsordnung oder Verfassungsordnung transponiert werden, sondern es sei das Umgekehrte zu erörtern, ob aus völkerrechtlichen Verpflichtungen oder völkerrechtlichen Verträgen Situationen entstehen können, die die Grundrechte des Einzelnen oder den in der nationalen Rechtsordnung vorgesehenen Grundrechtsschutz beeinflussen könnten. Man müsse fragen, ob nicht etwa der nationale Grundrechtsschutz dadurch an Effektivität verliere, daß Teile der staatlichen Souveränität auf supranationale Instanzen übertragen werden und dadurch der nationale Grundrechtsschutz entweder unvollkommen oder überhaupt wirkungslos wird. Damit sei die weitere Frage verbunden, ob und inwieweit eine Organisation, etwa supranationale Instanzen, innerhalb derer z.B. das Gewaltentrennungsprinzip in der klassischen Form, in der man es in den klassischen Verfassungordnungen wiederfinde, nicht verwirklicht ist, neue Gefahren für das Individuum bieten könnte oder ob es notwendig ist, anläßlich der Übertragung nationaler Hoheitsrechte an irgendwelche völkerrechtliche Organisationen entsprechende Schutznormen zugunsten des Grundrechtsbereiches des Individuums vorzubehalten. Wenn man derartige Maßnahmen für notwendig erachte, müsse man gemeinsam mit Völkerrechtlern prüfen, ob solche überhaupt möglich wären. Gefahren könnten sich vor allem bei den supranationalen Organisationen ergeben, die nicht über Einrichtungen zur Effektuierung des Grundrechtsschutzes verfügen."

[2]
Edwin Loebenstein eröffnet die Diskussion über Punkt B 5 des Fragenprogramms, d.i. „Weiterentwicklung der Naturwissenschaften und der Technik, z.B.: Erkenntnisse über die 'Manipulierbarkeit' des Menschen; Gefährdung des der Menschenwürde angemessenen Lebensraums."

Edwin Loebenstein in der 8. Tagung am 30. September 1965

(Protokoll, Seite 1-3, 64 und 104-106)

[1]
„Gegenstand der heutigen Tagesordnung sei der Abschnitt D des 1. Fragenprogramms. Das Kollegium sei übereingekommen, die von RA Rosenzweig formulierten Fragen am Anfang der Debatte zu behandeln und dann erst die übrigen Punkte des Abschnittes D zu erledigen. Sowohl in der Literatur als auch im Kollegium sei einhellig die Auffassung vertreten worden, daß 'die Perfektion des Rechtsschutzes das Essentiale für die Effektivität der Grund- und Freiheitsrechte' sein werde. Es sei aber allgemein zu untersuchen, ob der Rechtsschutz hinsichtlich der Grund- und Freiheitsrechte in allen Erscheinungsformen des staatlichen Lebens vollkommen sei. Der Rechtsschutz in Bezug auf die Grund- und Freiheitsrechte sei nicht nur im Bereiche der Gesetzgebung und der Verwaltung von Interesse, sondern es sei auch zu untersuchen, wieweit dieser Rechtsschutz im Bereiche der ordentlichen Gerichtsbarkeit gewährleistet ist, 'soweit eben im

Rahmen der ordentlichen Gerichtsbarkeit Fragen zu entscheiden sind, die Grund- und Freiheitsrechte berühren können'.

Zu fragen sei daher auch, ob sich im Bereich der Gerichtsbarkeit allenfalls Mängel gezeigt haben, die einer Abhilfe bedürfen. Zu dieser Frage werde man im Begutachtungsverfahren die ordentlichen Gerichte und das Justizministerium anhören müssen. Ein nachhaltiger Schutz der Grund- und Freiheitsrechte im Rahmen der ordentlichen Gerichtsbarkeit sei vor allem dann von Bedeutung, wenn man bei einzelnen Grundrechten eine Drittwirkung instituiere. Die Bedeutung des Grundrechtsschutzes im Rahmen der ordentlichen Gerichtsbarkeit ergäbe sich aus einer Reihe von Judikaten des Obersten Gerichtshofes. Zu erinnern sei hier beispielsweise an die bekannte Divergenz der Rechtsansichten des Obersten Gerichtshofes und des VerfGH. in der Frage des § 67 des Personenstandgesetzes, der vom OGH. in ständiger Spruchpraxis als grundrechtskonform, vom VerfGH. aber schließlich als grundrechtswidrig erkannt wurde. Auch eine Reihe von Wissenschaftlern habe sich mit dem Problem des Grundrechtsschutzes im Bereich der Gerichtsbarkeit auseinandergesetzt, so Herr Prof. Pfeifer und Herr Prof. Marcic, der sich in seinem Buch 'Vom Gesetzesstaat zum Richterstaat' auf S. 124 insbesondere mit dem Schutz der Grund- und Freiheitsrechte im Rahmen der Strafgerichtsbarkeit beschäftige. Ferner habe Prof. Spanner und er – Sektionschef Loebenstein – selbst dieses Problem auf dem 1. Österreichischen Juristentag nachhaltig dargelegt. Er wolle aber mit dieser 'Perfektionierung des Rechtsschutzes auf allen Gebieten des staatlichen Lebens' keineswegs einem 'System des Rechtswegestaates' das Wort reden, das ein 'Reichskammergericht in Wetzlar Nr. 2' etabliert. Dennoch sei diese Frage eingehend zu untersuchen. Wenn man einem Höchstgericht eine so umfassende, den Schutz der Grund- und Freiheitsrechte auf jegliches Staatshandeln erstreckende Kompetenz einräumen wolle, sei auch zu prüfen, ob man eine generell-abstrakte Definition dessen finden kann, was als Grundrecht anzusehen ist, oder ob man etwa gewisse Artikel in Bezug auf alle staatlichen Vollzugsakte beim Verfassungsgericht justiziabel machen soll, wie es das Bonner Grundgesetz bezüglich seiner Art. 1-17 und Art 139 getan habe. Diese Probleme habe Prof. Spanner in seinem Gutachten vor dem 1. Österreichischen Juristentag eingehend erörtert. Auch das BM. f. Justiz habe sich im Rahmen seiner Strafprozeßnovelle mit dieser Frage der Perfektionierung des Rechtsschutzes beschäftigt und insbesondere eine Ausdehnung der Nichtigkeitsbeschwerde erwogen. [...] RA Rosenzweig zitierte zunächst die erste der von ihm zur Diskussion gestellten Fragen: 'Ist es mit einem wirksamen Grundrechtsschutz vereinbar, daß nach der derzeitigen Spruchpraxis Tatsachenfeststellungen der Verwaltungsbehörden bei Grundrechten mit einem Gesetzesvorbehalt weder von Seiten des Verfassungs- noch des Verwaltungsgerichtshofes hinsichtlich der Beweiswürdigung einer richterlichen Prüfung unterliegen, sondern daß diese Tatsachen nur hinsichtlich Willkür, Denkunmöglichkeit und Verfahrensmängel von einem unabhängigen Gericht überprüft werden können?'"

[2]
„Mit Einverständnis des Antragstellers RA Rosenzweig könne man daher Kapitel D des Fragenprogramms weiter behandeln, dessen 1. Frage die Auswirkungen einer Grundrechtsreform auf die Rechtsordnung, insbesondere hinsichtlich einer allfälligen Rechtsunsicherheit durch materielle Derogationswirkungen zur Diskussion stelle. [...]

Sektionschef Loebenstein stellte sodann die auf Grund der Diskussion vorliegenden Vorschläge dar:

a) Der weitestgehende Vorschlag sei der von Prok.Koär. Graff gewesen, alle mit dem neuen Grundrechtskatalog in Widerspruch stehenden Normen sollten verfassungswidrig sein; dieser Vorschlag sei dann dahingehend modifiziert worden, die auf Verfassungsstufe stehenden Normen seien aufzuheben, alle anderen als verfassungswidrig zu erklären.
b) Der 2. Vorschlag sei der gewesen, alle auf Verfassungsstufe stehenden Normen formell außer Kraft zu setzen, bezüglich der übrigen dem VerfGH. eine Kompetenz zur Aufhebung gemäß Art. 139 und 140 einzuräumen.
c) Der 3. Vorschlag habe eine Aufhebung der auf Verfassungsstufe stehenden Bestimmungen verlangt sowie nach Möglichkeit eine formelle Derogation der einfach-gesetzlichen Vorschriften. Dieser Vorschlag sei seiner Meinung nach nicht zielführend, weil eine vollständige enumerative Aufzählung dieser Normen nicht möglich sei.
d) Der 4. Vorschlag sei der von Parl.Rat Kobzina gewesen, die Verfassungsgesetze im formellen Sinn ausdrücklich aufzuheben und alle anderen Vorschriften der materiellen Derogation zu unterwerfen.
e) Der 5. Vorschlag habe gelautet, die Verfassungsgesetze im formellen Sinn aufzuheben, für die einfache Gesetzgebung eine Anpassungsfrist vorzusehen und nach Ablauf dieser Frist solle materielle Derogation eintreten, wobei die Feststellung dieser Derogation in die Kompetenz des VerfGH. fallen soll, sodaß ein anderes Gericht oder eine andere Verwaltungsbehörde über die Frage der materiellen Derogation nicht absprechen dürfte. Dies sei eine auf den Grundrechtsschutz beschränkte teilweise Vorwegnahme des Vorschlages, daß das Verfassungsgericht zur Feststellung berufen sein soll, ob einer Norm früherer einfach-gesetzlicher Art durch eine Norm späterer einfach-gesetzlicher Art derogiert wurde.
f) Der 6. Vorschlag sei der von RA Beck gewesen, daß Verfassungsgesetze im formellen Sinn ausdrücklich aufzuheben seien und ex constitutione eine Anpassung der einfach-gesetzlichen Normen an das Verfassungsgesetz einzu-

treten hätte. Der Richter habe dann an Hand der Grundnorm und der früheren Gesetze selbst Recht zu finden. Dies bedeute die Einführung des Richterrechtes, Prof. Marcic habe einen Fürsprecher bekommen. Wie diese Anpassung zu erfolgen habe, sei im Detail erst später zu besprechen."

Edwin Loebenstein in der 9. Tagung am 29. Oktober 1965

(Protokoll, Seite 1f., 28f., 55f., 67-69, 82-85)

[1]
„In Fortsetzung der Diskussion zu Abschnitt D sei Punkt 3 dieses Abschnittes zu erörtern, der die Frage der 'Justiziabilität von sozialen Grundrechten und von Richtlinien für die Wirtschafts- und Sozialpolitik' sowie die 'Bedeutung einer Zuständigkeit des VerfGH. zur Rechtsprechung in diesem Bereich für dessen Struktur' zum Gegenstand habe. Anknüpfend an die bereits zu Abschnitt B geführten Diskussionen sei in diesem Zusammenhang die Frage zu erörtern: 'Könnte man in der Einräumung der Kompetenz eines Gerichtshofes zur Messung der Rechtsordnung an allgemeinen, verfassungsgesetzlich verankerten Grundsätzen oder Prinzipien etwa eine Überforderung der Gerichtsbarkeit zu Lasten der Gesetzgebung erblicken?' Weiters stelle sich die Frage, 'ob etwa die Volkssouveränität, wie sie im Art. 1. der Bundesverfassung festgelegt ist, beeinträchtigt werden könnte, wenn allgemeine Verfassungsprinzipien sich nicht an den Gesetzgeber sondern an die Gerichtsbarkeit wenden würden'. Eine weitere Frage sei, ob man die Gefahren, die mit dem Einbau solcher Prinzipien für die Gesetzgebung oder mit der Begründung subjektiver Rechte verbunden sein könnten, vermeiden könne, weil vielleicht auf anderen Gebieten viel wirksamere Mittel zur Verfügung stehen, um 'alle möglichen Interessen auf dem Gebiete der Kultur, der sozialen Entwicklung usw.' zu schützen oder weil in den letztgenannten Bereichen Gefährdungen überhaupt nicht bestehen. Wenn man aber solche Programmsätze aufstelle, sei zu erörtern, wie sie beschaffen sein müßten, um eine geeignete Grundlage für die Rechtsprechung durch ein Gericht zu bieten. Da man bei der Diskussion zum Abschnitt B weitgehend die einheitliche Auffassung vertreten habe, daß das Prinzip der Drittwirkung an sich zu bejahen ist, über die Frage des Grundrechtsschutzes daher nicht nur der VerfGH., sondern auch die ordentlichen Gerichte entscheiden müßten, entstehe das Problem, 'daß solche Grundsätze so präzisiert sein müssen, daß sie nicht nur für ein Verfassungsgericht, sondern für jedwedes Gericht eine brauchbare Grundlage für die Judikatur bilden können'. Die aufgezeigten Probleme könnten keinen Anspruch auf Vollständigkeit erheben. Man könne nicht die Debatten zum Abschnitt B wiederho-

len, sondern es gehe lediglich um die Frage der Überforderung der Gerichte durch solche ´allgemeinen Grundsätze´."

[2]
„Nun sei Punkt 4 des Abschnittes D zu besprechen: ´Die Auswirkungen einer Grundrechtsreform auf die staatspolitische Entwicklung.´ [...] Bei der gestrigen Zusammenkunft [des Grundrechtskollegiums – Anm.d.Hrg.] habe der Herr Kardinal [Franz König – Anm.d.Hrg.] die Frage gestellt, ob man nicht angesichts der weitreichenden Wirkung einer Neukodifikation der Grundrechte die Bevölkerung auf die Bedeutung dieser Rechte besonders aufmerksam machen sollte. Es stelle sich auch die Frage, ob die Reform der Grundrechte auch eine aktivere Teilnahme des Staatsvolkes am Staatsgeschehen mit sich bringen könnte. Ferner sei vom Kollegium zu untersuchen, ob eine Grundrechtsreform als Totalreform dem Verfahren nach Art. 44 Abs. 2 B.-VG. zu unterziehen sein wird und ob der Zeitpunkt hiefür günstig ist. Man müsse sich auch die Frage vorlegen, ob etwa gegen die Auslösung einer Diskussion in der Bevölkerung anläßlich einer Volksabstimmung Bedenken bestünden, und ´welche Haltung die politischen Parteien, die sich mit dem Gesetzgebungswerk im Nationalrat etwa identifizieren würden, bei einer solchen Volksbefragung zwecks Beeinflussung der öffentlichen Meinung vertreten würden´. Die Frage der Behandlung gemäß Art. 44 Abs. 2 sei eine Institutionenfrage, die andere sei eine allgemeine staatspolitische Frage."

[3]
„Man könne nun zu Punkt 5 des Abschn. D übergehen: ´Auswirkungen einer Reform auf den Geschäftsanfall des VerfGH. und die Folgen eines stark vermehrten Geschäftsanfalles.´ Diese Frage sei noch dahin zu erweitern, daß nicht nur ein stärkerer Geschäftsanfall bei den Gerichten des öffentlichen Rechtes zu erwarten ist, sondern auf Grund der Drittwirkung – die, wie die Diskussionen gezeigt haben, in vielen Fällen eintreten werde – auch ein erhöhter Geschäftsanfall bei den Gerichten überhaupt eintreten könnte. Man müsse sich mit der Frage weiter beschäftigen, ob eine Reform des Art. 144 zu erwägen ist, u.zw. in der Form, daß man seine Wirkung zur Entlastung des VerfGH. auf die Grund- und Freiheitsrechte beschränkt oder ob man es bei der heute geltenden Regelung des Art. 144 belassen soll, die die verfassungsgesetzlich gewährleisteten Rechte schlechthin umfasse. Mit diesem Problem habe man sich bereits mehrmals beschäftigen müssen, es dürfe daher im Zuge eines Ausbaues der Grundrechtsordnung nicht unterdrückt werden. Ferner müsse man die Frage untersuchen, ob irgendwelche organisatorischen Maßnahmen nötig sind, insbesondere ob das durch die Novelle des VerfGG. ausgebaute System der Betrauung kleinerer Senate einen Ausweg für eine zu starke Inanspruchnahme des VerfGH. als Vollsenat bilden könnte. Damit

sollten keine negativen Auswirkungen verbunden sein, es solle vielmehr die Schlagkraft der Gerichtsbarkeit, die den Rechtsschutz zu effektuieren habe, garantiert werden. Es solle nicht eine zwar schöne Grundrechtsordnung geschaffen werden, die aber zu einem System führe ähnlich dem Reichskammergericht in Wetzlar, das seiner Aufgabe durch Jahrhunderte leider nicht gerecht werden konnte. [...]

1\. Frage: Ist im Zusammenhang mit der Reform der Grundrechte auch eine Reform der Verfassungsgerichtsbarkeit ins Auge zu fassen? [...]

2\. Frage: Ist für die Fälle der Individualbeschwerde eine Zweistufigkeit der Verfassungsgerichtsbarkeit in Betracht zu ziehen? [...]

3\. Frage: Wäre auch eine verfassungsgerichtliche Kontrolle der Gerichtsbarkeit in Betracht zu ziehen. [...]

4\. Frage: Ist die Verfassungsgerichtsbarkeit zum Teil an Berufsrichter zu übertragen? [...]

5\. Frage: Ist die Übertragung von Teilen des Grundrechtsschutzes an die ordentlichen Gerichte zu erwägen?“

[4 –
Die I. Tagungsperiode des Expertenkollegiums für Probleme der Grund- und Freiheitsrechte wurde sodann in der 9. Tagung mit folgender Umfrage zu Abschnitt C des Fragenprogramms abgeschlossen:]

„*Sektionschef Loebenstein*: Das Problem der Gesamtänderung sei, wie die früheren Diskussionen ergeben hätten, im wesentlichen ein materielles Problem. Bei einer Neukodifikation, bei der nur in der Rechtsordnung bereits enthaltene Rechte rezipiert würden, könne sich daher das Problem einer Gesamtänderung nicht ergeben. Auf Grund des Abschnittes C des Fragenprogramms sei nunmehr zu folgenden Fragen Stellung zu nehmen:

1. Ist eine Totalreform zu erwägen?
2. Kann mit Änderungen an der bestehenden Grundrechtsordnung das Auslangen gefunden werden?
3. Würde eine Zusammenfassung der bestehenden Grundrechtsnormen in einem Katalog genügen?
4. Besteht zu legislativen Maßnahmen kein Anlaß?

Prof. Ermacora: ‛Es könnte mit Änderungen der bestehenden Grundrechtsordnung das Auslangen gefunden werden.′

RA Beck: ‛Totaländerung notwendig.′

Präs. Dietrich: ‛Totaländerung.′

Hofrat Kaltenberger: ‛Totaländerung, wenn möglich.′

Prof. Klecatsky: ‛Totaländerung oder überhaupt nichts.′

Parl.Rat Kobzina: 'Änderungen am bestehenden Grundrechtskatalog.'

Abg. Kummer: 'Totaländerung.'

Hofrat Lehne: 'Totaländerung ist zu erwägen, anzustreben. Wir dürfen auch nicht verzweifeln, wenn wir mit dem Punkt 2 vorliebnehmen müssen.'

Prof. Pfeifer: 'Totaländerung, mit möglichster Berücksichtigung des bisher Gewordenen.'

Abg. Nemecz: 'Totaländerung.'

Sekt.Rat Ringhofer: 'Ich bin gleichfalls der Meinung, nur möche ich jetzt um Dinge, die jetzt doch irgendwie unterschwellig sichtbar geworden sind, den Ausdruck Totaländerung vermeiden. Sie wollen eine Gesamt-Neukodifikation.'

RA Rosenzweig: 'Neukodifikation.'

Präs. Werner: 'Natürlich Neukodifikation als anzustrebendes Ziel. Ist es aber nicht erreichbar, dann immerhin die Frage 2, die ich dann bejahe.'

Prof. Klecatsky: Er habe den von ihm verwendeten Ausdruck Totaländerung im Sinne des Art. 44 Abs. 2 verstanden. Es sei anzustreben, das, was hier im Grundrechtsbereich geschaffen werde, einer Volksabstimmung zu unterziehen, um klarzustellen, 'daß jeder Zugriff auf die Grundrechte eine Totaländerung der Verfassung bewirkt.' Davon abgesehen, sei er für eine Vorgangsweise gemäß der Frage 2.

Sektionschef Loebenstein: Man komme nun zur Vorbereitung der II. Tagungsperiode. Das BKA-VD habe den Entwurf des Arbeitsprogrammes ausgearbeitet; es liege dem Kollegium vor."

Register der Wortmeldungen

Personenregister

(mit Ausnahme der Mitglieder des Expertenkollegiums)

Werkregister

(direkt angesprochene Werke)

Walther Kastner: Gedanken über Gelegenheitsgesetze. Vortrag in der Wiener Juristischen Gesellschaft am 7. November 1962, in: Österreichische Juristen-Zeitung 18 (1963), 36-38. -*164*

Hans Kelsen: Allgemeine Staatslehre, Berlin 1925. - *75, 171, 201, 274*

Hans Kelsen: Reine Rechtslehre, 2. vollständig neu bearbeitete Auflage, Wien 1960. - *88, 124, 275, 280*

Hans Kelsen: Vom Wesen und Wert der Demokratie. Neudruck der zweiten umgearbeiteten Auflage von 1929, Aalen 1963. - *89, 290*

Hans Kelsen in Verbindung mit Georg Froehlich und Adolf Merkl (Hrg.): Die Bundesverfassung vom 1. Oktober 1920. Kommentar. (=Die Verfassungsgesetze der Republik Österreich V), Wien-Leipzig 1922. - *168, 308*

Hans Klecatsky: Interessenverbände und Parlament (1965), in: ders.: Der Rechtsstaat zwischen heute und morgen, Freiburg 1967, 207-236. - *150*

Franz Klein: Die Lebenskraft des allgemeinen bürgerlichen Gesetzbuches, in: Festschrift zur Jahrhundertfeier des Allgemeinen Bürgerlichen Gesetzbuches I. 1. Juni 1911, Wien 1911, 1-32. - *84*

Viktor Kraft: Die Grundlagen einer wissenschaftlichen Wertlehre, zweite, neubearbeitete Auflage, Wien 1951. - *280*

Herbert Krüger: Allgemeine Staatslehre, Stuttgart 1964. - *85*

Gerhard Leibholz: Die Gleichheit vor dem Gesetz, zweite Auflage, München-Berlin 1959. - *239*

Walter Leisner: Grundrechte und Privatrecht, München 1960. - *214*

Leitsätze (Beschlüsse) der privatrechtlichen Abteilung des ersten Österreichischen Juristentages zum Thema „Der Gleichheitsgrundsatz im österreichischen Privatrecht“, in: Bericht über den Ablauf der Arbeitssitzung der privatrechtlichen Abteilung des ersten Österreichischen Juristentages 1961, Wien 1962, 124 - *215, 217*

Edwin Loebenstein: Referat zum Gutachten von Hans Spanner über das Thema „Rechtliche und politische Grenzen der Verfassungsgerichtsbarkeit“, in: Bericht über den Ablauf der Arbeitssitzung der verfassungs- und völkerrechtlichen Abteilung des ersten Österreichischen Juristentags 1961, Wien 1962, 5-39. - *299, 323*

Edwin Loebenstein: Referat zum Gutachten von Ernst Kolb über das Thema „Das Förderungswesen unter dem Blickwinkel des Legalitätsprinzips“, in: Bericht über den Ablauf der Arbeitssitzung der verwaltungsrechtlichen Abteilung. Verhandlungen des zweiten Österreichischen Juristentags 1964, II/3, Wien 1964, 7-66. - *79f., 147*

Hermann v. Mangoldt - Friedrich Klein: Das Bonner Grundgesetz. Kommentar, Berlin-Frankfurt 1957-1959, 1964. - *105*

René Marcic: Vom Gesetzesstaat zum Richterstaat. Recht als Maß der Macht. Gedanken über den demokratischen Rechts- und Sozialstaat, Wien 1957. - *154, 323*

Theodor Maunz - Günter Dürig: Grundgesetz. Kommentar, München-Berlin 1958-1960. - *98*

Erwin Melichar: Die Entwicklung der Grundrechte in Österreich. Gutachten für den Zweiten Österreichischen Juristentag. (=Verhandlungen des Zweiten Österreichischen Juristentages 1964 I/2), Wien 1964. - *115, 215*

Adolf Merkl: Allgemeines Verwaltungsrecht, Wien-Berlin 1927. - *202*

Adolf Merkl: Die Antwort der Verfassung (ursprünglich 1959 im „Forum" unter dem Titel „Das Unbehagen im Parteienstaat"), in: ders.: Gesammelte Schriften 2/2, hrg. von Dorothea Mayer-Maly, Herbert Schambeck und Wolf-Dietrich Grussmann, Berlin 2002, 419-425. - *269, 287*

Jörg Paul Müller: Die Grundrechte der Verfassung und der Persönlichkeitsschutz des Privatrechtes, Bern 1964 - *222f.*

Hans Carl Nipperdey: Grundrechte und Privatrecht. (=Kölner Universitätsreden 24), Krefeld 1961.- *224*

Peter Pernthaler: Der Rechtsstaat und sein Heer. Strukturelemente der österreichischen Wehrverfassung, Wien 1964. - *248*

Peter Pernthaler: Die Grundrechtsreform in Österreich, in: Archiv des öffentlichen Rechts 94 (1969), 31-84. - *35, 321*

Helfried Pfeifer: Die Bedeutung der Europäischen Menschenrechtskonvention für Österreich, in: Festschrift für Karl Gottfried Hugelmann zum 80. Geburtstag I, hrg. von Wilhelm Wegener, Aalen 1959, 399-452. - *157*

Helfried Pfeifer: Die Honorarordnungen nach dem ASVG und der Gleichheitsgrundsatz, in: Österreichische Juristen-Zeitung 18 (1963), 505-509. - *148*

Plato: Politeia - *279*

Gerhardt Plöchl: Bemerkungen zum „Kompetenz-Gesetz", BGBl. Nr. 173/1959, in: Juristische Blätter 85 (1963), 126-136. - *164*

Kurt Ringhofer: Die vollziehende Gewalt im Rechtsstaat (Referat auf der Tagung der österreichischen Juristenkommission in Weißenbach am Attersee, Mai 1965), in: Österreichische Juristen-Zeitung 21 (1966), 57-60. - *275*

Ulrich Scheuner: Staatstheorie und Staatsrecht. Gesammelte Schriften, Berlin 1978. - *315*

Carl Schmitt: Verfassungslehre, München-Leipzig 1928. - *67*

Rudolf Smend: Verfassung und Verfassungsrecht, München-Leipzig 1928 (jetzt in Rudolf Smend: Staatsrechtliche Abhandlungen und andere Aufsätze, 2. Auflage, Berlin 1968, 119-276). - *125*

Hans Spanner: Rechtliche und politische Grenzen der Verfassungsgerichtsbarkeit. Gutachten für den ersten Österreichischen Juristentag, Wien 1961. - *323*

Heinrich Triepel: Wortmeldung im Rahmen der Tagung der Deutschen Staatsrechtslehrer zu Halle 28./29. Oktober 1931, in: Veröffentlichungen der Vereinigung der Deutschen Staatsrechtslehrer 7 (1932), 194-198. - *104*

Robert Walter: Der Stufenbau nach der derogatorischen Kraft im österreichischen Recht, in: Österreichische Juristen-Zeitung 20 (1965), 169-174. - *275*

Hans Weiler: Demokratie, Bundesstaat und Subventionen. Gestaltende Prinzipien, in: Wirtschaftspolitische Blätter 6 (1959), 127-130. - *176*

Günther Winkler: Wertbetrachtung im Recht und ihre Grenzen (= Forschungen aus Staat und Recht 12), Wien-New York 1969. - *280*

Rechtsquellenregister

Verfassungsentwürfe

Kremsierer Entwurf 1848/49 (Notstandsbestimmungen - abgedruckt in Edmund Bernatzik: Die österreichischen Verfassungsgesetze mit Erläuterungen, zweite, sehr vermehrte Auflage, Wien 1911, 115-145.) - 108, 273

Verfassungsentwurf, sozialdemokratischer 1920, d.i. Nr. 904 der Beilagen zu den Sten. Protokollen der konstituierenden Nationalversammlung, VII. Abschnitt Art. 155-177 (abgedruckt in Felix Ermacora: Handbuch der Grundfreiheiten und Menschenrechte, Wien 1963, 12-17.) - 100

Salzburger und Linzer Länder-Konferenzen zur Verfassungsfrage (Februar/April 1920, „Linzer Entwurf", abgedruckt in Felix Ermacora (Hrg.): Quellen zum Österreichischen Verfassungsrecht. Die Protokolle des Unterausschusses des Verfassungsausschusses samt Verfassungsentwürfen. (=MÖStA-Ergänzungsband 8), Wien 1967, 131-137 [IV. Abschnitt „Von den Grund- und Freiheitsrechten"].) - 100

Protokolle des Verfassungsunterausschusses der konstituierenden Nationalversammlung 1920 (abgedruckt in Felix Ermacora: Quellen zum Österreichischen Verfassungsrecht (wie oben), 268-379.) - 100

(Kelsenscher) Vorentwurf zur Bundesverfassung von 1919 (Kelsensche Vorentwürfe I-VI, abgedruckt in Georg Schmitz: Die Vorentwürfe Hans Kelsens für die österreichische Bundesverfassung. (=Schriftenreihe des Hans Kelsen-Instituts 6), Wien 1981, 113-307, hier 288.) - 270, 273

Aufgehoben-historische Rechtsnormen

Bundesverfassung vom 1. Mai 1934 („ständestaatliche Verfassung" BGBl. II/1/1934) - 60, 241

„Ausnahmezustandsgesetz" 1869 - Gesetz vom 5. Mai 1869, „womit auf Grund des Artikel 20 des Staatsgrundgesetzes vom 21. December 1867, RGBl. Nr. 142, die Befugnisse der verantwortlichen Regierungsgewalt zur Verfügung zeitweiliger und örtlicher Ausnahmen von den bestehenden Gesetzen bestimmt werden" (RGBl. 66/1869) - 270, 273

Verordnung des Gesamtministeriums vom 25. Juli 1914, womit Ausnahmen von den bestehenden Gesetzen verfügt werden (RGBl. 158/1914 - zeitweise Suspendierung von Art. 8, 9, 10, 12 und 13 StGG) - 270

Einfache Gesetze

Entwürfe (verfassungs-/einfachgesetzlich nach 1945)

Kodifikation des Arbeitsrechtes I. Teilentwurf, in: Das Recht der Arbeit 11 (1961), 51-80. - 31
§ 9 Abs. 1 - 220

Entwurf einer Verfassungsnovelle des Verfassungsdiensts zur divergierenden Judikatur 1960 („Bericht der Bundesregierung betreffend die Beseitigung von Widersprüchen in der Rechtsprechung der höchsten Gerichtshöfe“, in der 42. Sitzung des Nationalrats in der IX.GP. am 7. November 1960 dem Verfassungsausschuß zugewiesen - Vgl. Hans Klecatsky: Die Beseitigung von Widersprüchen in Entscheidungen der Höchstgerichte, in: Österreichische Juristen-Zeitung 17 (1962), 365-371.) - 110

Entwurf zum Richterdienstgesetz (?, Vgl. 506 und 522 der Beilagen zu den Stenographischen Protokollen des Nationalrats IX. Gesetzgebungsperiode und Richterdienstgesetz vom 14. Dezember 1961 [BGBl. 305/1961]) - 259

Entwurf der Bundesregierung über die rechtliche Ordnung der Parteien (1965 im Verfassungsausschuß anhängig - Vgl. Christine Keller: Das Recht auf freie Parteigründung. Verfassungsrechtliche Grundlagen, in: 50 Jahre Allgemeine Erklärung der Menschenrechte. Grund- und Menschenrechte in Österreich III, hrg. von Rudolf Machacek, Willibald P. Pahr und Gerhard Stadler, Kehl-Straßburg-Arlington 1997, 77-102, hier 81.) - 253

Judikatur

Erkenntnisse und Beschlüsse des Verfassungsgerichtshofs - Sammlung (=VfSlg [Nr.]):

VfSlg. Nr. 2311 vom 28. März 1952 („Verfassungsmäßigkeit der Dienstpragmatik“, Beschränkung des verfassungsgesetzlich gewährleisteten Rechts der freien Meinungsäußerung durch die Dienstpragmatik [§§ 21, 23, 24, u.a.]) und VfSlg. Nr. 2329 vom 18. Juni 1952 („Gleichheit vor dem Gesetz“, mit dem Eintritt in den öffentlichen Dienst Einschränkung von [Grund-] Rechten zumutbar) - 248

VfSlg. Nr. 2500 vom 26. März 1953 („Überprüfung des Handelskammergesetzes“) - 204

VfSlg. Nr. 2602 vom 9. Dezember 1953 („Die freie Zugänglichkeit der öffentlichen Ämter ist nur bei Verhinderung der Bewerbung um ein öffentliches Amt verletzt.“) oder VfSlg. Nr. 2982 vom 20. März 1956 („Gleiche Zugänglichkeit der öffentlichen Ämter“, bloß als Bewerbungsfreiheit ohne subjektiven Rechtsanspruch) - 188, 256, 259

VfSlg. Nr. 3033 vom 26. Juni 1956 und Nr. 3919 vom 14. März 1961 („Abgabenbegriff" - Erkenntnisse, dass der Finanzverfassung ein Vorbehalt der Abgabenerträge zugunsten der Hoheitsverwaltung fremd ist.) - 181

VfSlg. Nr. 3118 vom 8. Dezember 1956 („Verfassungsmäßigkeit des ersten Verstaatlichungsgesetzes") - 152f., 181, 191

VfSlg. Nr. 3496 vom 9. März 1959 („Begriff Gewerkschaft") - 210

VfSlg. Nr. 4157 vom 24. März 1962 („§ 3 Abs.1 Z.1 Kriegsopfer-Ernährungszulagengesetz 1957 ... Gleichheitsverletzung durch Gesetz") - 240

VfSlg. Nr. 4163 vom 26. März 1962 („Keine Verletzung ... der Erwerbsbetätigungsfreiheit") - 54

VfSlg. Nr. 4388-4390 vom 22. März 1963 (Art. 94 B-VG: „Auftreten der Gemeinde als Grundeigentümerin und Baubehörde in einer Person ist nicht verfassungswidrig.") - 185

VfSlg. Nr. 4486 vom 28. Juni 1963 („Keine Verletzung des Eigentumsrechts") - 56

VfSlg. 4885 vom 16. Dezember 1964 („Versammlungsgesetz 1953, § 3 gehört seit dem Inkrafttreten des Beschlusses der Provisorischen Nationalversammlung vom 30. Oktober 1918, StGBl. Nr. 3, dem Rechtsbestand nicht mehr an.") - 49

VfSlg. Nr. ? - Innsbruck-Wahlen: Ausschluß wahlwerbender Gruppen von der Benützung gemeindeeigener Plakatwände - 152

VfGH-Judikatur, die Übertragung von Staatsaufgaben an Fonds, Anstalten billigt - 199

Erkenntnis des Verwaltungsgerichtshofs:
VwGH-Erkenntnis Sammlungs-Nr. 5248 (A) vom 11. Juni 1907: Verbot des Schächtens in Wiener gemeindeeigenen Wirtschaftsbetrieben - Aufhebung (Art. 15 StGG, etc. [abgedruckt in Budwinskis Sammlung der Erkenntnisse des k.k. Verwaltungsgerichtshofes 31 (1907), Administrativrechtlicher Teil, hrg. von Rudolf Alter, Wien 1907, Nr. 5248 (A)]) - 164

Sachregister

(zufällig, marginal angesprochene Themen sind nicht erfaßt, das Sachregister ist beschränkt auf wichtige, orientierende Stichworte)

Auswahlbibliographie

Wolfgang Abendroth: Begriff und Wesen des sozialen Rechtsstaates. Diskussionsbeitrag auf der Tagung der Vereinigung Deutscher Staatsrechtslehrer 1953, in: ders.: Arbeiterklasse, Staat und Verfassung, hrg. von Joachim Perels, Köln 1975, 64-69.

Wolfgang Abendroth: Zum Begriff des demokratischen und sozialen Rechtsstaates im Grundgesetz der Bundesrepublik Deutschland (1954), in: ders.: Antagonistische Gesellschaft und politische Demokratie. Aufsätze zur politischen Soziologie, Neuwied-Berlin 1967, 109-138.

Richard Bäumlin und Helmut Ridder: Rechtsstaat, in: Kommentar zum Grundgesetz für die Bundesrepublik Deutschland. (=Reihe Alternativkommentare), 2 Bände, Neuwied-Darmstadt 1984, 1288-1337.

Walter Berka: Zur Geschichte der Menschenrechte in Österreich, in: Grund- und Menschenrechte. Historische Perspektiven - Aktuelle Problematiken, hrg. von Margarete Grandner, Wolfgang Schmale und Michael Weinzierl, Wien-München 2002, 160-179.

Wilhelm Brauneder: Die Gesetzgebungsgeschichte der österreichischen Grundrechte, in: 70 Jahre Republik. Grund- und Menschenrechte in Österreich, hrg. von Rudolf Machacek, Willibald P. Pahr und Gerhard Stadler, Kehl-Straßburg-Arlington 1991, 189-364.

Wilhelm Brauneder: Österreichische Verfassungsgeschichte, 8. Auflage, Wien 2001.

Josef Cerny: Wie steht es um die Ausprägung sozialer Grundrechte in Österreich?, in: Das Recht der Arbeit 15 (1965), 109-113.

Josef Cerny: Das Recht auf Arbeit als soziales Grundrecht, in: Das Recht der Arbeit 17 (1967), 1-9.

Felix Ermacora: Handbuch der Grundfreiheiten und der Menschenrechte. Ein Kommentar zu den österreichischen Grundrechtsbestimmungen, Wien 1963.

Hans Floretta und Theo Öhlinger: Die Menschenrechtspakte der Vereinten Nationen. Ein Beitrag zum Stand der Grundrechte in Österreich, insbesondere zu den sozialen Grundrechten, Wien 1978.

Astrid Fraberger (Red.).: Index zum österreichischen Reichs-, Staats- und Bundesgesetzblatt. Stand: 31. Dezember 2001, 23. Auflage, Wien 2002.

Bernd-Christian Funk: Grundrechtsschutz und Verwirklichung grundrechtlicher Werte, in: Kritik und Fortschritt im Rechtsstaat. Neue Wege des Grundrechtsschutzes. Tagung der Österreichischen Juristenkommission vom 1. bis 3. Juni 2000 in Weißenbach am Attersee, Wien 2001, 25-36.

Gerhart Holzinger: Grundrechtliche Gewährleistung von Sozialversicherung und Sozialhilfe (1987), in: Soziale Grundrechte. Sozialversicherung, Sozialhilfe. Beiträge anläßlich der 3. Grundrechtsreform-Enquete, hrg. vom Bundeskanzleramt-Verfassungsdienst, Wien 1988, 9-18.

Gerhart Holzinger: Die Grundrechtsreform in Österreich, in: 70 Jahre Republik. Grund- und Menschenrechte in Österreich, hrg. von Rudolf Machacek, Willibald P. Pahr und Gerhard Stadler, Kehl-Straßburg-Arlington 1991, 459-498.

Gustav Kafka: Referat zur „Entwicklung der Grundrechte in Österreich" (1964), in: Verhandlungen des Zweiten Österreichischen Juristentages II/2/1,Wien 1964, 7-25.

Otto Kirchheimer: Weimar - und was dann? Analyse einer Verfassung (1930), in: ders.: Politik und Verfassung, Frankfurt 1964, 9-56.

Hans R. Klecatsky: Die gegenwärtige Lage der Grundrechte in Österreich, in: Der Föderalismus und die Zukunft der Grundrechte, hrg. von R. Novak, B. Sutter, G.D. Hasiba, Wien-Köln-Graz 1982, 11-25.

Hermann Klenner: Studien über die Grundrechte. Mit Dokumentenanhang, Berlin 1964.

Edwin Loebenstein: Grundrechtsreform. Vortrag auf dem 5. Österreichischen Juristentag, in: Verhandlungen des 5. Österreichischen Juristentages 1973 II/6, Wien 1975, 22-47.

Edwin Loebenstein: Die Behandlung des österreichischen Grundrechtskatalogs durch das Expertenkollegium zur Neuordnung der Grund- und Freiheitsrechte, in: 70 Jahre Republik. Grund- und Menschenrechte in Österreich, hrg. von Rudolf Machacek, Willibald P. Pahr und Gerhard Stadler, Kehl-Straßburg-Arlington 1991, 365-457.

Theo Mayer-Maly: Rechtsphilosophie, Wien-New York 2001.

Erwin Melichar: Die Entwicklung der Grundrechte in Österreich. Gutachten für den Zweiten Österreichischen Juristentag. (=Verhandlungen des Zweiten Österreichischen Juristentages 1964 I/2), Wien 1964.

Franz L. Neumann: Die sozialen Grundrechte in der Weimarer Verfassung (1930), in: ders.: Wirtschaft, Staat, Demokratie. Aufsätze 1930-1954, hrg. von Alfons Söllner, Frankfurt 1978, 57-75.

Peter Pernthaler: Die Grundrechtsreform in Österreich, in: Archiv des öffentlichen Rechts 94 (1969), 31-84.

Eduard Rabofsky: Rezension von René Marcic: Vom Gesetzesstaat zum Richterstaat (Wien 1957), in: Das Recht der Arbeit (hrg. von der Kammer für Arbeiter und Angestellte für Wien) 8 (1958), 53-57.

Eduard Rabofsky: Vom Wert der Koalitionsfreiheit (1964), in: ders.: Wider die Restauration im Recht, Wien 1991, 81-83.

Eduard Rabofsky: Mit dem „Arbeitskampfrecht“ gegen die Arbeiter. Bürgerliche Rechtswissenschaft im Dienste der Manipulierung der Gesellschaft, in: Weg und Ziel 1972, 235-237.

Eduard Rabofsky: Zum neuen Arbeitsverfassungsgesetz (1973/74), in: ders.: Wider die Restauration im Recht. Ausgewählte Aufsätze und Artikel, Wien 1991, 98-115.

Eduard Rabofsky: Verschweigen und Vergessen. Österreichische Formen von Restauration, in: Restauration im Recht. Jahrbuch für Sozialökonomie und Gesellschaftstheorie, Opladen 1988, 73-99.

Reinhard Rack (Hrg.): Grundrechtsreform, Wien-Köln-Graz 1985.

Helmut Ridder: Die soziale Ordnung des Grundgesetzes. Leitfaden zu den Grundrechten einer demokratischen Verfassung, Opladen 1975.

Helmut Ridder: Schutz der verfassungsmäßigen Ordnung, in: Kommentar zum Grundgesetz für die Bundesrepublik Deutschland. (=Reihe Alternativkommentare), 2 Bände, Neuwied-Darmstadt 1984, 1408-1494.

Wilhelm Rosenzweig: Referat zur „Entwicklung der Grundrechte in Österreich“ (1964), in: Verhandlungen des Zweiten Österreichischen Juristentages II/2/1, Wien 1964, 26-58.

Robert Walter und Heinz Mayer: Grundriß des österreichischen Bundesverfassungsrechts, 9. Auflage, Wien 2000.

Günther Winkler: Wertbetrachtung im Recht und ihre Grenzen. (=Forschungen aus Staat und Recht 12), Wien-New York 1969.

Günther Winkler: Orientierungen im öffentlichen Recht. Ausgewählte Abhandlungen. (=Forschungen aus Staat und Recht 46), Wien-New York 1979.

Günther Winkler: Rechtstheorie und Erkenntnislehre. Kritische Anmerkungen zum Dilemma von Sein und Sollen in der Reinen Rechtslehre aus geistesgeschichtlicher und erkenntnistheoretischer Sicht. (=Forschungen aus Staat und Recht 90), Wien 1990.

Günther Winkler: Die Rechtswissenschaft als empirische Sozialwissenschaft. Biographische und methodologische Anmerkungen zur Staatsrechtslehre. (=Forschungen aus Staat und Recht 130), Wien 1999.

Nachwort

Die Protokolle des Grundrechte-Expertenkollegiums 1962-1965 in der von mir herausgegebenen Reihe publiziert zu sehen, ist mir eine besondere Freude. Noch 1991 mußte ich zur Geschichte der österreichischen Grundrechte folgende Feststellung treffen: „Weder die Arbeiten des Expertenkollegiums noch die des Redaktionskomitees sind der Öffentlichkeit bekannt gemacht worden" (in: Machcek-Pahr-Stadler, Grund- und Menschenrechte in Österreich, 355). Die vorliegende Edition beginnt nun diese Lücke in der Dokumentation der österreichischen Grundrechtsentwicklung zu schließen. Es ist ein großes wissenschaftliches Verdienst von Herrn Bundesminister für Justiz a. D. em. o. Univ.-Prof. Dr. Hans R. Klecatsky, der Wissenschaft diese Unterlagen im Wege der vorliegenden Publikation zugänglich gemacht zu haben. Als einem hervorragenden Vertreter der theoretischen wie auch praktischen Jurisprudenz gebührt ihm dafür großer Dank. Bedankt seien auch Univ.-Prof. Dr. Gerhard Oberkofler und Univ.-Doz. Dr. Peter Goller, welche sich der Mühe der Transkription, der Edition sowie der Erstellung der Register unterzogen haben.

Wien,
am Staatsgründungstag der österreichischen Republik
30. Oktober 2002

o. Univ.-Prof. Dr. Wilhelm Brauneder

RECHTS- UND SOZIALWISSENSCHAFTLICHE REIHE

Herausgegeben von Wilhelm Brauneder

Band 1 Wilhelm Brauneder (Hrsg.): Grundlagen transatlantischer Rechtsbeziehungen im 18. und 19. Jahrhundert. 1992.

Band 2 Wilhelm Brauneder/Kaname Nishiyama (Hrsg.): Lorenz v. Steins "Bemerkungen über Verfassung und Verwaltung" von 1889. Österreichisch-japanische Rechtsbeziehungen I. 1992.

Band 3 Edmund Günther Primosch: Bilaterale völkerrechtliche Verträge zwischen Österreich und der Bundesrepublik Deutschland im Lichte statusrechtlicher Normen. 1992.

Band 4 Christian Sima: Österreichs Bundesverfassung und die Weimarer Reichsverfassung. Der Einfluß der Weimarer Reichsverfassung auf die österreichische Verfassung 1920 bis 1929. 1993.

Band 5 Erich Reiter: Österreichische Sicherheits- und Verteidigungspolitik. Aufsätze und Essays. 1993.

Band 6 Marlies Raffler: Bürgerliche Lesekultur im Vormärz. Der Leseverein am Joanneum in Graz (1819-1871). 1993.

Band 7 Gerte Reichelt (Hrsg.): Europäisches Kollisionsrecht. Die Konventionen von Brüssel, Lugano und Rom. Ausländische Erfahrungen und österreichische Perspektiven. 1993.

Band 8 Stefan Bremicker: Schleswig-Holstein als Kondominium. Die österreichische Verwaltung in den Elbherzogtümern. 1994.

Band 9 Lothar Höbelt (Hrsg.): Österreichs Weg zur konstitutionellen Monarchie. Aus der Sicht des Staatsministers Anton v. Schmerling. 1994.

Band 10 Wilhelm Brauneder (Hrsg.): Internationalität der Finanzkontrolle. 1995.

Band 11 Erwin A. Schmidl (Hrsg.): Freund oder Feind? Kombattanten, Nichtkombattanten und Zivilisten in Krieg und Bürgerkrieg seit dem 18. Jahrhundert. 1995.

Band 12 Wilhelm Brauneder (Hrsg.): Österreichisch-deutsche Rechtsbeziehungen I. Rechtsangleichung 1850-1938. 1996.

Band 13 Sven Bielefeldt: Österreichisch-deutsche Rechtsbeziehungen II. Rechtsvereinheitlichung im Privatrecht 1938-1945. 1996.

Band 14 Gerhard Oberkofler/Peter Goller: Geschichte der Universität Innsbruck (1669-1945). 1996. 2., unveränderte Auflage 1996.

Band 15 Heinrich Schneider: Europäische Sicherheitsarchitektur. Konzeptionen und Realitäten. 1996.

Band 16 Gunther Hauser: Der Parlamentarismus während der ÖVP-Alleinregierung 1966-1970. 1996.

Band 17 Erich Reiter (Hrsg.): Europas Sicherheitspolitik im globalen Rahmen. 1997.

Band 18 Peter Goller: Naturrecht, Rechtsphilosophie oder Rechtstheorie? Zur Geschichte der Rechtsphilosophie an Österreichs Universitäten (1848-1945). 1997.

Band 19 Gerhard Schulz: Entwicklung und Perspektiven des österreichischen Devisenrechts. Ein System im Umbruch. 1997.

Band 20 Kazuhiro Takii (Hrsg.): Lorenz von Steins Arbeiten für Japan. Österreichisch-japanische Rechtsbeziehungen II. 1998.

Band 21 Wilhelm Brauneder/Elisabeth Berger (Hrsg.): Repräsentation in Föderalismus und Korporativismus. 1998.

Band 22 Elisabeth Berger (Hrsg.): Eine Zivilrechtsordnung für Liechtenstein. Die Entwürfe des Landvogts Joseph Schuppler. 1999.

Band 23 Susanne Lichtmannegger: Die Rechts- und Staatswissenschaftliche Fakultät der Universität Innsbruck 1945-1955. Zur Geschichte der Rechtswissenschaft in Österreich im 20. Jahrhundert. 1999.

Band 24 Wilhelm Brauneder/Norbert Leser (Hrsg.): Staatsgründungen 1918. 1999.

Band 25 Clausdieter Schott (Hrsg.): Das Freiburger ABGB-Gutachten. Gutachten der vorderösterreichischen Juristenfakultät Freiburg im Breisgau zum "Entwurf eines allgemein bürgerlichen Gesetzbuches" (1797). 2000.

Band 26 Bernhard Schöniger-Hekele: Die österreichische Zivilprozeßreform 1895. Wirkung im Inland bis zum Ausbruch des Ersten Weltkrieges 1914. Ausstrahlung ins Ausland. 2000.

Band 27 Sascha Ferz: Ewige Universitätsreform. Das Organisationsrecht der österreichischen Universitäten von den theresianischen Reformen bis zum UOG 1993. 2000.

Band 28 Michael Axmann: Genese europäischer Rechtsetzungsverfahren. 2001.

Band 29 Elisabeth Berger: Erwerb und Änderung des Familiennamens. 2001.

Band 30 Peter Goller / Gerhard Oberkofler (Hrsg.): Österreichische Grundrechtsreform. Die Protokolle des Expertenkollegiums für Probleme der Grund- und Freiheitsrechte (1962-1965). Unter Mitarbeit von Hans R. Klecatsky. 2003.

Kyra Strasser

Grundrechtsschutz in Europa und der Beitritt der Europäischen Gemeinschaften zur Europäischen Menschenrechtskonvention

Frankfurt/M., Berlin, Bern, Bruxelles, New York, Oxford, Wien, 2001.
XXIV, 170 S.
Europäische Hochschulschriften: Reihe 2, Rechtswissenschaft. Bd. 3282
ISBN 3-631-38104-2 · br. € 35.30*

Mit der ständigen Erweiterung der Kompetenzbereiche der EG bzw. der EU in neuerer Zeit, insbesondere durch die Verträge von Maastricht und Amsterdam, geht auch immer ein Teil nationalen Grundrechtsschutzes verloren. Damit stellt sich zunehmend drängend die Frage nach einem Grundrechtsschutz auf europäischer Ebene. Da im Gemeinschaftsrecht ein geschriebener und verbindlicher Grundrechtskatalog bisher nicht existiert, untersucht die Arbeit wie ein solcher Grundrechtsschutz durch die Rechtsprechung des EuGH gewährleistet wird und ob durch einen Beitritt der EU/EG zur europäischen Menschenrechtskonvention ein Mehr an Grundrechtsschutz gewonnen werden kann. Im Vordergrund steht dabei die rechtliche Möglichkeit des Beitritts der EG zur EMRK. In diesem Rahmen werden Inhalt und Auswirkungen des dazu ergangenen Gutachtens des EuGH beleuchtet und kritisch gewürdigt.

Aus dem Inhalt: Bedeutung der Grundrechte in der Gemeinschaft · Möglichkeit der Mitgliedstaaten zur Einhaltung ihrer Grundrechtsgarantien im Verhältnis zum EG-Recht · Beitritt der EG zur EMRK · Gutachten des EuGH 2/94 · Beitritt der EU zur EMRK · Vertragsrevision

FSC
www.fsc.org
MIX
Papier | Fördert gute Waldnutzung
FSC® C083411

Kolibri 360 GmbH
Ferdinand-Jühlke-Straße 7
99095 Erfurt, Deutschland
produktsicherheit@kolibri360.de

Druck:
CPI Druckdienstleistungen GmbH
im Auftrag der
Kolibri 360 GmbH
Ferdinand-Jühlke-Str. 7
99095 Erfurt